U0925580

中国县域科学发展研究

—— 神木的创新路径

陕西省社会科学院
中国特色社会主义理论体系研究中心
中共神木县委
神木县人民政府

人民出版社

2008年10月29日，中共中央总书记胡锦涛同志视察神木，与陕西省委十二届候补委员、神木县委书记雷正西（时任县长）亲切握手

2011年5月11日，中共中央政治局委员、国务院副总理张德江同志视察神木，省委书记赵乐际（左二）、副省长李金柱（右二），县委书记雷正西（右三）、县长黄建军（右四）陪同视察

2008年7月16日，陕西省委书记赵乐际在神木视查陕北能源化工基地建设情况

2011年3月28日，陕西省省长赵正永参观神木县第五届民营经济博览会

榆林市委书记胡志强（左一）在神木调研工业园区建设

榆林市政府市长陆治原（前中）在神木调研工业项目

编委会

序

我仔细阅读了《中国县域科学发展研究——神木的创新路径》一书，认为这是一本理论与实践相结合的佳作，值得一读。应编者邀请，要我为该书写序言，我满口答应了。现序言如下：

神木：中国特色社会主义科学发展的微观样本。

党的十七大报告指出："我们取得一切成绩和进步的根本原因，归结起来就是开辟了中国特色社会主义道路，形成了中国特色社会主义理论体系。""就是包括邓小平理论、'三个代表'重要思想以及科学发展观等重大战略思想在内的科学理论体系。"首先，就是明确了社会主义的本质："是解放生产力，发展生产力，消灭剥削，消除两极分化，最终达到共同富裕。"

发展生产力，是建设社会主义社会的基础，在我国社会主义初级阶段，还有许多阻碍和影响生产力发展的因素，因此必须解放生产力。新中国成立60多年来，我们在这方面进行了大量的工作，取得了巨大成就。陕西省神木地区，就是一个成绩卓著的一个全国百强、西北第一县。本书对此作了具体而微的论述和介绍，这是本书的最大特色。消灭剥削，消除两极分化。这是新中国成立后前30年重点解决的大问题，其间虽然由于"左"的思想和政策干扰受到比较严重的损失，但总的说来我国经济的发展还是比较大和快的。神木过去是一个国家级贫困县，但是近年来一跃成为全国工业强县，创造了"神木奇迹"，本书值得大家学习和研究。

我作为西部地区的一位经济学者，长期从事经济理论的教学和研究；特别是近十多年来，重点研究“西部大开发”的问题，对本书的学习尤为重要和必要。虽然我对本书初读了一遍，但仍然体会不深，认识较浅，我准备第三次到神木取“经”，深入神木经济社会发展的生动实践，为“西部大开发”贡献自己的一份力量。

何炼成 谨序

二〇一二年国庆前夕

前 言

神木之新，一曰经济之新。神木的经济并非传统之经济，也非一般的市场经济，而是一种现代民生经济。这种民生经济既不像传统经济那样，将自身局限在物质生活生产的生产、分配、交换、消费关系的经济运动之内。也不像一般市场经济那样，局限在通由无限竞争和垄断来不断获得经济利润和经济价值，来无限积累和积聚经济资本本身。它以人民生活为本，着力于不断改善人民的生活，着力于走共富之路。它以其混合所有制关系的模式创建，开辟了一条国民共进的科学之路。

神木之新，二曰政治之新。与众不同，神木县不仅着眼于亲民为民、民主和谐、创新发展来加强政府自身建设，着眼于从基础、本质、动力层次来定位政府自身建设，开创了一条政府自身建设的科学之路。而且着力于民主与民生、民主与集中、民主与法制三大关系建设，不断构建新型政治生活关系。不仅率全国之先，创造了独具特色的村矿和谐模式，而且率全国之先，制定了民主神木建设战略。

神木之新，三曰文化之新。一方面，神木人既在不断把马克思主义普遍真理和中国特色社会主义理论体系的一般原理，同其县域生活实际相结合中发展神木化的理念和理论，又以神木化理论直接指导他们的实践，从而在理论与实践相统一的与时俱进中不断创新他们的生产生活世界。另方面，他们在生活实践中凝炼出植根神木、以人为本、共建和谐、共享成果、奉献神木的独特价值观，并以其不断培育神木的人文精神，不断开辟自己的精神生产生活和意识新境界。

神木之新，四曰民生之新。民生之新是神木之新的核心。与其他县域不同，神木县既着力于现代民生体系的构建，创造了闻名全国的医改模式、教改模式和民生建设可持续模式，又着力于民营经济与民生建设良性关系的构建，创造了一系列民生建设奇迹。民生经济、民生政治、民生文化、民生生态等等，在神木人这里是统一的。

神木之新，五曰生态之新。神木的生态建设并不局限于人与自然之间良性关系构建，它还包含着经济生态、政治生态、文化生态等方面的建设。

神木之新，六曰党建之新。神木人不仅有着自己的廉洁观、学习观等等，而且创造了以“五联五创”为特色的神木党建模式。神木不仅有着一个开拓进取、与时俱进的县委领导班子，有着一批为群众利益克难攻坚的基层党组织，而且涌现着一批新时代的模范共产党员。

神木之新，根本在创新之新。神木的创新，不仅在于它包括各个生活领域的全面创新，尤其在于它有着独特的创新路径和方法。这种创新方法就是坚持“第二次相结合”，坚持神木化理论和实践的不断与时俱进。坚持这种方法，使神木得以“苟日新，日日新，又日新”。

一言以蔽之，神木之新，本质上是和谐发展之新，科学发展之新。神木县在践行科学发展观活动中，始终把构建和谐神木作为重中之重，着力于和谐经济、和谐政治、和谐文化、和谐生态关系的不断构建，从而在创造神木奇迹的过程中，不断获得科学发展。神木人究竟以怎样的理念和实践方式，来构建和谐神木？他们又究竟做了什么？创造了什么奇迹？读者在本著中可找到答案。

——本书编委会

神木概况

穿越浩瀚的历史时空，神木这片神奇土地上历经了沧海桑田的变幻，演绎了无数英雄志士的传奇，谱写了一串串激越豪迈的音符。这里有侏罗纪恐龙的嘶鸣，有大森林到大煤田的演变，有鼓角争鸣、群雄逐鹿的浩歌，有杨家将和神府红军等英雄群体的壮怀激烈，更有改革开放以来煤海惊世界、日月换新天的豪迈。

神木县境内五千多年前就有人类居住，后来成为中原汉族和北方少数民族融合的前沿，素为“南卫关中，北屏河套，左扼晋阳之险，右持灵夏之冲”的塞上重地。神木的建制始于秦汉，唐置麟州，金设“神木寨”，明称神木至今。相传城郭东南原有古松三株，遮天蔽日，冠如华盖，当地人皆称“神松”，神木县名由此得来。北宋时，以生长于麟州的一代名将杨业为代表的满门忠烈杨家将英雄群体，戍边卫疆，忠勇无敌，流芳百世。一代名臣范仲淹曾到此巡边，写下了不朽名篇——《渔家傲·麟州秋词》。神木也是著名的革命老区，1927 年创建了党组织，1934 年创建了红色政权，开辟了神府革命根据地，一大批仁人志士前赴后继，为人民的自由和解放事业作出了重要贡献。神木县域总面积 7635 平方公里，是陕西省面积最大的县，辖 15 个镇 629 个行政村，总人口 42 万。2011 年县域经济综合竞争力居全国百强县第 36 位、西北第 1 位。神木是陕西历史文化名城、国家级卫生县城、全国科普示范县、全国政务公开示范县、全国生态文明建设先进县、中国金融生态县和中国十大最关爱民生县。走进神木，人们便能感到这片古老土地上堆积的厚重，聆听历史舞台上演的风云激荡，感受科学发展的波涛澎湃，触摸催人奋进的激情脉搏。

历史的车轮滚滚向前。神木真正意义上的大发展，始于上世纪80年代初的神府煤田开发。近三十年来，神木人民紧紧抓住煤田开发、西部大开发和国家能源化工基地建设三大机遇，埋头苦干，锐意进取，经济社会发展取得了历史性成就。特别是县委、县政府立足“三富三不富”（财政富老百姓不富、少数人富多数人不富、北部有资源的乡镇富中南部黄河沿岸不富）和“四个不同步”（增长速度与发展质量不同步、经济建设与社会建设不同步、精神文明与物质文明不同步、干部素质与社会发展不同步）的真实县情，秉持“不唯书、不唯上、只唯实，不等待、不依赖、自己干，不争论、不抱怨、求发展”的施政理念，以民营经济和

民生建设为两大主题，以“亲民型、阳光型、创新型”政府建设和“十大惠民工程”为载体，把县域经济培育成了名副其实的“民生经济”。神木，一个现代化的幸福县域正在中国西部崛起！

神木区位优越，设施完善。神木县位于陕西省北部，秦晋蒙金三角地带，西北依鄂尔多斯，东隔黄河与吕梁相望，是国家级陕北能源化工基地的核心区域。神木交通条件优越，包（头）西（安）、包（头）神（木）、神（木）黄（骅港）等干线铁路和准（格尔）神（木）、红（柳林）柠（条塔）等支线铁路在神木交汇，包茂、榆神、神府、府店、杨陈、神盘、神佳等高等级公路沟通了与周边的联系，榆林、鄂尔多斯两个机场距县城仅百公里，全方位的立体交通格局已经形成。全县水利设施完善，瑶镇水库、采兔沟水库和县城引水工程等相继建成，电力、通信等设施不断优化，现代通讯网络覆盖全县。

神木资源富集，风景独特。神木县境内富藏煤、油、气、盐、石英砂等数十种矿产资源，其中以煤炭资源为最，储煤面积达4500平方公里，探明储量500多亿吨，占神府——东胜煤田总储量的1/4，且煤质优良，属特低灰、特低磷、特低硫、中高发热量的优质动力、气化和化工用煤。神木属黄河流域，黄河涉境流长98公里，主要支流窟野河、秃尾河流域面积分别占全县总面积的51.2%和31. 4%。塞上明珠红碱淖是陕西省最大的内陆湖，也是中国第一沙漠淡水湖。

因地处内蒙古草原和黄土高原过渡区域，旅游文化资源丰富而独特。在神木，人们可以饱览塞外毛乌素沙漠和尔林兔草原的秀美风光，体验陕北高原的黄土文化风情，感受黄河长城的雄宏壮阔，领略现代化煤都的开发盛况；在神木，二郎山、红碱淖、杨家城、明长城、九龙山、天台山、凯歌楼、四合院、石峁遗址、大保当汉墓群等自然人文景观交相辉映；在神木，酒文化，唢呐、三弦等民间乐器，民歌、秧歌、说书等民间文艺，地毯、剪纸、铜器等民间工艺共同构成独具神木地方特色的民俗文化。神木经济繁荣，产业发达。依托资源优势，立足技术创新，坚定实施“围绕煤、延伸煤、超越煤”的“三煤”战略，形成“煤炭、兰炭、电力、化工、载能、建材”六大支柱产业，铸就神木县域经济的坚实脊梁，金融、物流、加工制造、现代特色农牧业等非煤产业方兴未艾。2011 年，全县实现 GDP771 亿元，增长 27.4%；实现财政总收入 181 亿元，增长 37.7%，地方财政收入 45.3 亿元，增长 60%。

在“民营为主体、国进民不退”和“政府创造环境、企业创造财富、人民共享成果”的理念指导下，民营经济快速发展壮大，成为名副其实的县域经济主体，对县财政的贡献率超过 70%。积极引进神华、陕煤、陕投、延长等大型国有企业，建设了一大批重大能源化工项目，并开创了国有资本和民营资本合作共赢的混合所有制模式。

以民营企业为主导的地方特色工业体系日益完善，煤—电—载能—聚氯乙烯、煤—兰炭—载能（金属镁）—化工（化肥、建材）、煤—煤焦油—燃料油、煤—甲醇—醇醚产品等四大循环产业链不断延伸，科学发展之路愈走愈宽。诞生于神木的特色地标产业——兰炭，2008 年成功列入国家产业目录，国家工信部根据神木的实践创设了行业准入标准。锦界、柠条塔、石窑店、神木新村等“八区六园”，成为全省具有区域特色和竞争力的循环经济产业聚集区。

今日的神木，已成为中国第一产煤大县（亿吨级）、全国最大的兰炭基地（千万吨级）、全国最大的聚氯乙烯基地（百万吨级)、西部最大的火电基地（600万千瓦)、西部最大的浮法玻璃基地（600万重量箱)、西部最大的电石基地（百万吨级)，在国家能源安全体系中占有重要位置。

神木城乡统筹，协调发展。按照“工业化富裕农民，产业化发展农业，城镇化繁荣农村”和“农民市民化，农业生态化，农村集约化”的“3+3”模式，在尊重农民意愿、尊重地方历史文化传统、尊重自然生态环境条件的基础上，根据现有财力和老百姓实际需求，调整人口结构和产业布局，推进人口向“一体（县城）两翼（榆神、神大工业走廊)”城镇带集中，产业向园区、重点镇集聚，土地向适度规模经营集中，绿色版图在神木城乡大地加快扩展。

县城规划控制面积扩大到46平方公里，“一主四卫”，即一个中心城区（县城)、四个卫星城区（西沙、铧山、新村、二村）的城市框架基本成型。城区面貌日新月异，城区路网、广场、公园日臻完善，高标准实施引水、供热、供气、绿化、亮化等工程，人居环境大幅改善。

大力实施采煤沉陷区和火烧隐患区综合治理，还原矿区山水林田路；展开力度更大的第二次退耕还林（草）工程，发展林草产业，优化农业的生产功能，强化农业的生态功能，实现经济效益、生态效益、社会效益多赢。大柳塔、店塔、锦界、大保当等重点镇建设加快推进。全县城镇人口数量突破25万，城镇化率达到70%。工业反哺农业力度持续加大，畜牧、红枣、小杂粮三大主导产业不断发展壮大，农业产业化加快推进，涌现出一大批现代特色农业示范基地、农畜产品加工龙头企业及社会主义新农村建设典型。

神木民生幸福，社会和谐。神木坚持“发展为了人民、发展依靠人民、发展成果由人民共享”的理念，每年65%以上的县财政收入用于大民生保障。神木在国内率先实行了“十五年免费教育、全民免费医疗、城乡居民养老保险、民生慈善基金、城乡低保一体化”等重大民生工程，初步构建起以“十大惠民工程”为抓手，“全方位、广覆盖、高标准、可持续”的现代民生体系，群众最关心、最直接、最现实的利益问题基本解决。其中，神木县民生慈善基金已达成意向捐资43亿元，到位18.3亿元，成为全国迄今为止规模最大的非公募基金，预计到2020年，基金规模将扩大到100亿元。城乡居民收入持续稳步增长。2011年，全县城镇居民人均可支配收入达2.6万元，农民人均纯收入达1.07万元。社会各项事业全面繁荣。率先在西部由县级牵头兴办高等教育，投资8亿元创办了神木职业教育学院，县图书馆、体育馆和博物馆等一批省内一流的公共文化工程相继建成投用，以杨家将文化产业园为龙头的文化产业正在兴起。

今天的神木，已基本实现“学有所教、病有所医、劳有所得、住有所居、老有所养”的阶段性目标，正在向“学有优教、病有良医、劳有丰酬、住有宜居、老有颐养”的更高层次目标迈进。

放眼“十二五”，42万勤劳智慧的神木人，将继续深入贯彻落实科学发展观，以全国一流县为赶超对象，紧紧围绕“民生神木、创新神木、民主神木、人文神木、生态神木”重大战略，更加注重包容性增长和共享式发展，建设环保节能、循环利用的能源化工重地，发展民营经济和民生建设齐头并进、良性互动的现代民生经济，强力打造高端低碳的现代产业体系和以人为本的公共服务体系，实现社会和谐度高、人民幸福感强的阶段性目标。预计到2015年，全县地区生产总值（GDP）将达到1320亿元，财政总收入达到280亿元，地方财政收入达到65亿元，城镇居民人均可支配收入和农民人均纯收入分别达到38000元和19000元。率先走出一条物质文明、精神文明、政治文明、生态文明协调发展的道路，再造一个新神木！

目　录

第一篇　县域经济就是民生经济

第二篇　五个神木重大战略

民生神木

创新神木

民主神木

人文神木

生态神木

五个神木与幸福神木

第三篇　党的建设伟大工程

总论：科学发展观指导下的神木路径

一个地处西部的国家级贫困县，乘改革开放东风，在中国特色社会主义理论，尤其在科学发展观的指导下，依托丰厚的自然资源，短短不到30年，一跃成为陕西省第一个全国百强县和西北第一经济大县，创造了一个个发展奇迹。问题在于，与其他资源型地区相比，神木奇迹并非天然所赋，而是归功于神木人民的能动性创造，它承载着神木人民的辛勤和汗水，凝结着神木人民的智慧和价值。神木奇迹出现的根本原由也不在于自然资源，而在于该县有一个前后相继、求真务实、敢闯敢干、勇于探索、不断开拓和与时俱进的领导班子；在于其始终能立足县情，以人为本，把民生幸福作为施政的出发点和归宿；在于其能在中国特色社会主义理论体系指导下，一心一意贯彻落实科学发展观，创造了一系列神木特色的理念和理论，并在这些理念和理论的直接指导下不断开拓创新，开辟了独特的神木路径和科学发展道路。

一、神木路径与神木特色理论

改革开放之前，神木人同全国一样，生活在以两种公有制为基本经济结构，以单一指令性计划为指导的经济社会生活关系体系中，加之该县位于黄土丘陵沟壑区与内蒙古草原的交汇处，自然生存环境恶劣，丰厚的煤炭资源未能得到勘探开发，因而一直未能解决温饱问题。改革开放之后，神木人在历届县委领导班子的率领下，以中国特色社会主义理论为指导，解放思想，实事求是，紧抓机遇，勇于实践，在准确把握县情的前提下，不断开拓创新，与时俱进地推进中国特色社会主义的建设事业。20世纪八十年代中期伴随神府煤田的开发，神木经济社会发展驶入了快车道。在践行科学发展观的实践活动中，县领导班子坚持以人为本、科学发展、和谐发展的实践导向，领导全县人民大胆探索，“敢闯敢干”，把神木的经济社会建设不断推向新的高度。短短不到30年，神木县的国内生产总值由1985年的7064万元提高到2011年的771亿元，增长1091倍（按不变价格计算，下同）；城镇居民人均可支配收入由1985年的366元提高到2011年的26064元，增长71倍；农民人均纯收入由1985年的260元提高到2011年的10798元，增长41倍；神木由原来的传统农业县一跃成为全国工业强县，创造了神木奇迹。

然而，上述数字只不过是神木奇迹的一些外在现象，神木奇迹的真正奥秘在于神木特色理论的产生，在于神木路径的形成。神木人通过不断创新自己的社会关系体系，来打造自己的生产生活世界，从而创造了独具特色的神木路径。这个路径记载着神木人的实践业绩，表现在由秉持“六不理念”（不唯书、不唯上、只唯实，不等待、不依赖、自己干，不争论、不抱怨、求发展）到创建“三型政府”（亲民型、阳光型、创新型）、金融体制创新、民营经济发展、所有制关系变革、城乡统筹（3+3模式），经以“十大惠民工程”为内容的现代民生体系构建、打造现代民生经济、文化的不断繁荣，到建设“五个神木”（民生神木、创新神木、民主神木、人文神木、生态神木）的一系列实践活动中。

神木县城一角

（一）神木特色的理念和理论

特色路径的创造依赖于特色理论的直接指导。而特色理论的创生，则既在于人们对马克思主义普遍真理，以及中国特色社会主义理论体系一般原理的科学把握，又在于人们对其生活实情的科学了解，更在于人们不断把普遍真理及一般原理与其生活实践经验相结合、相统一。

神木人在践行科学发展观活动中秉承“六不理念”，在“第二次相结合”中，与时俱进地丰富他们的理念和理论，创造了一系列神木特色的理论成果。这些成果以其独特的方式，在神木县域总体包含着马克思主义普遍真理和中国特色社会主义理论体系的一般原理，具有丰富的科学价值和普遍借鉴意义。

就神木化的理念来看，除“六不理念”之外，还包括民生经济，民营为主体、国进民不退，广纳民谏、集中民智以及政府创造环境、企业创造财富、人民共享成果（双创一共享）等。就神木化的创新理论而言，其主要是“三型政府”、“五个神木”、“县域经济就是民生经济”、民营经济创新发展、城乡统筹发展、民主政治“三大关系论”。在这里，我们就其相关理念和理论创新的科学价值及意义加以扼要描述。

第一，“六不理念”，即“不唯书、不唯上、只唯实；不等待、不依赖、自己干；不争论、不抱怨、求发展”。在神木，“六不理念”家喻户晓，人们对其倍加赞赏，它作为神木人自己创造的思维原则和实践原则，无疑占据了神木特色理论的制高点。它并不局限于执政理念层次，而是以其内在的科学逻辑性成为创新神木的精髓，成为“五个神木”理论及一切神木特色的理念和理论的精髓。

“六不理念”是解放思想、实事求是、与时俱进、求真务实这一中国特色社会主义理论体系的基本思维原则和基本实践原则的神木化特殊形态，是实事求是这个马克思主义精髓的神木化形态。它与马克思主义理论和中国特色社会主义理论一脉相承，是结合神木实际的理论创新和发展。

第二，“三型政府”理论。神木人把“亲民型政府、阳光型政府、创新型政府”，简称“三型政府”。神木特色的“三型政府”理论，与那些仅仅从功能上、外延上等表层或现象上来定位的所谓三型政府、四型政府、五型政府等理论相比，不仅具有独特的科学理论价值，而且具有重要的实践意义。

在科学理论价值方面，其一，由于它从中国特色社会主义人民政府的基础、本质、动力层次定位政府，并从民生为本、亲民爱民、民主和谐、创新实践原则和动力层次，来规范政府的实践行为和权力归属与运行机制，来规范政府的责任、公信力和执政力、亲和力和凝聚力等等，从而既深化了对中国特色社会主义政府自身建设的基础和本质认识，又在县域层次探索并彰显了中国特色社会主义政府自身建设的内在规律。其二，由于它是神木人把科学发展观的以人为本理论、和谐社会理论以及创新发展理论，同神木政府自身建设实践相结合的理论产物。因此，其以神木政府自身建设的独特规定，丰富和发展了中国特色社会主义的政府自身建设理论，从而丰富和发展了科学发展观理论。

就其实践价值来看，“三型政府”建设的多年实践表明，神木的政府自身建设道路，是一条科学的、和谐的实践道路。这条道路，以其以人民生活为本，民主和谐，创新发展的科学本质规定，在县域总体展现了中国特色社会主义政府自身建设的必然道路。

第三，县域经济就是民生经济理论。这一理论的科学价值在于，其一，提出民生经济概念，着眼于人的生活视界解读经济概念，既揭示出经济范畴的人本观内涵，表明经济概念的内在前提规定是以人的生活为本（在神木是以神木人民生活为本），丰富了原有经济范畴的科学内涵，又从人们的政治生活、文化生活与经济生活的相互制约关系视域解读经济范畴，拓宽了原有经济概念的科学视界。

其二，提出县域经济就是民生经济的科学判断，进一步从中国特色社会主义经济实践的立足点、实践原则、归宿点（目的）的统一上，把公有制和多种所有制统称为民生经济，从而揭示了我国公有制和多种所有制经济存在及发展的共同基础和共同本质，即以广大人民的生活为本，走共同富裕之路，不断满足人民群众的物质需要，不断改善和提高人民的生活水平。在神木县域总体，丰富和发展了中国特色社会主义的基本经济制度理论。

其三，把民生经济看作以民营经济为主体的县域经济，着力构建民营经济与民生建设的良性互动的和谐关系，不仅以神木特色丰富和发展了马克思主义关于物质生活与政治生活、精神生活，乃至社会生活互为前提、相互制约的理论，而且在神木县域总体，丰富和发展了马克思主义社会生活实践过程的实践主体的能动性创造性理论。

其四，提出“一枚硬币”论，把民营经济与民生建设视为一枚硬币的两个面，把民生经济视为民营经济和民生建设互为条件、相得益彰的现代发展模式，着眼于不同范围、不同领域、不同层次的共建共享制度建设，在神木县域总体，丰富和发展了中国特色社会主义的和谐社会建设理论。

可见，县域经济就是民生经济理论，坚持以人的生活为本，坚持发展为了人民，发展依靠人民，发展成果人民共享的实践原则和价值取向，丰富和发展了科学发展观的以人为本理论。无论是民生经济的概念创新，还是

“县域经济就是民生经济”的判断和理论创新，都具有重要的科学意义。

第四，神木的“蛋糕”理论。这个理论以民生为本，反对先做再分，主张边做边分，它以做支撑分，以分促进做，做分一体，做分和谐互动，着眼于做“蛋糕”者的利益及积极性的调动，既是对神木构建民营经济和民生建设良性互动关系的实践经验总结，又是把党的十七大提出的新的分配原则和原理，同他们经验总结相结合相统一的独特理论创造。它在神木县域社会生活总体，正确坚持及贯彻了党的十七大的分配原理和原则，不断推动着县域民生经济的发展，以独特的方式，彰显了中国特色社会主义经济发展的必然道路。

如果说以往的蛋糕理论还局限于对邓小平先富带动后富最终达到共同富裕理论的表层理解，那么神木特色的“蛋糕”论则克服了以往各种“蛋糕”论的缺陷，展现了邓小平理论的本质。如果说以往蛋糕理论与党的十七大精神相悖，那么，神木特色的蛋糕论，便以神木民生经济建设的独特规定性，使党的十七大分配理论得到丰富和发展。如果说前者在实践上难以扭转两极分化趋势，或者盲目导致平均主义，那么后者则以其民生经济良性和谐关系的不断构建，不断推动着中国特色社会主义社会生活，沿着科学道路向前发展。

第五，“五个神木”理论。“五个神木”理论，作为神木人秉承“六不理念”，在不断把马克思主义普遍真理，中国特色社会主义理论体系的基本原理，尤其是把科学发展观的一般原理，同发展变化着的神木总体社会生活实际相结合的实践过程的重大理论凝结和创造，是神木化的崭新理论形态。这个理论形态，不仅是一个由民生神木论、民主神木论、人文神木论、生态神木论和创新神木论所构成并展现的理论体系，而且集践行科学发展观活动以来，神木人所创造的一切理念及理论之大成，是神木人不断实行“第二次相结合”，与时俱进地创造并丰富神木化理念和理论的总体性、体系性成果，其以独特的科学理论逻辑规定，以其丰富的科学内涵，在神木县域社会生活总体，丰富和发展了科学发展观理论，丰富和发展了中国特色社会主义的理论体系。

“五个神木”理论作为神木人不断把科学发展观理论同神木生活实践相结合的产物，既把科学发展观的以人为本具体化为以神木人民生活为本，即以神木民生为本，又把科学发展观的坚持全面、协调和可持续具体化为神木化的民生经济建设、民主建设、人文建设、社会生态建设的良性互动关系构建，坚持神木化的人与自然、人与社会和谐关系的构建，坚持民营经济与民生建设良性互动关系构建；也把科学发展观理论的统筹兼顾方法，具体化为神木特色的统筹城乡、统筹南北、统筹当代与后代，统筹经济与社会、经济与文化、经济与生态等的实践方法，又把科学发展观的发展是第一要务，具体化为通过建设五个神木，来使神木整个社会生活良性发展。因此，我们可以说，“五个神木”理论是科学发展观理论的神木化特殊形态。

从五个神木的概念内涵来看，它们之间既相互连接，互为一体，又具有特定的差异。如果我们仅从这些范畴的广义视域考察，它们所指的对象都是神木社会生活总体，它们之间因从各自的领域或者视域解读同一对象而存在形式差异，在本质上却是同一的，即神木的总体和谐关系构建。因而“五个神木”理论是一个密不可分、互为一体的逻辑体系。

如果我们从县域经济就是民生经济的视界来观察“五个神木”理论，那么，这个理论当然可以理解为以民生神木为基础、以创新神木为灵魂，以民主神木为保障，以人文神木为精神动力及价值观，以生态神木为保障的理论体系。如果我们把民生神木视为民生建设，那么，“五个神木”理论，便是以发展民生经济为基础，以“五个神木”为建筑，以幸福神木为本质和目标的理论体系。

然而无论怎样理解，“五个神木”的发展战略，都是一个涵盖经济、政治、文化、社会、生态、党的建设的科学发展战略，它既是一个体现以人为本，科学发展和包容性增长的体系，又是一个统筹兼顾，全面协调可持续发展的体系，也是一个人与自然、人与社会和谐共生体系。

（二）神木路径的形成

神木人高举中国特色社会主义大旗，秉持“六不理念”，在把科学发展观理论同神木社会生活实际的不断结合中，不但与时俱进地丰富和发展着神木化的特殊理论，而且以这种特殊理论作直接指导，不断创新着他们自己的生产生活关系，从而在创造出一系列举世瞩目的实践业绩的同时，不断创造并完善着独具特色的神木路径。

就县域经济建设来看，神木人以其民营经济发展论、民生经济建设论、城乡统筹论等为直接指导，不断创造着他们的物质生活、生产关系，并将其不断推进到一个个新的高度。在短短不到30年的时间里，神木经济不仅实现了生产力、经济体制、所有制结构的历史大跨越，而且实现了从传统产业体系向现代产业体系、从资源驱动向创新驱动、从做大做强向做精做优、从传统经营机制向现代企业制度的大转型。在工业经济领域，不仅突破了工业化的一般轨迹，突破了技术发展的一般路径，突破了工业资本成长的一般道路，而且创建了璀璨明珠——锦界工业园区、国进民不退的北元模式、以兰炭为代表的循环经济，并使民营企业快速集团化、股份化。在金融经济领域，不仅通过成立国有资产运营公司、小额资金贷款公司、村镇银行等为内容的金融制度创新，为民营经济搭建融资平台，引导民间资本支持民营经济发展，而且通过稳健发展金融服务业，引进境外大中银行等举措，为打造晋陕宁蒙金融中心创造条件。在城乡统筹建设上，神木不仅打造了"一体两翼"经济带和"八区六园"的构架及平台，推动城乡快速融合，而且创造了统筹城乡的"3+3模式"，即"工业化富裕农民+农民市民化"、"产业化发展农业+农村生态化"以及"城镇化繁荣农村+农村集约化"模式，使神木的城镇化率达70%，推动着城乡协调互动的快速发展。

建设中的神木新村

就民营经济发展来看，神木从2007年到2011年，先后制定了《关于促进民营经济更好更快发展的意见》和《关于促进民营经济持续健康发展的意见》（新旧60条），通过一系列创新性管理举措，有力地推动了民营经济发展，从而推动了县域经济的科学发展。从2006年到2011年，民营企业数量由1106家发展到2424家，规模以上企业达到270家，集团公司35家；

登记在册的个体工商户由8658户发展到20884户；民营经济总产值从23.6亿元上升到455亿元，年均递增63%。民营经济累计吸纳10万多人就业；城镇居民可支配收入的80%来自民营企业的投资性收入，农民纯收入的60%来自民营企业的务工收入。民营企业的快速发展，不仅使其成为神木县域经济的主体，而且以其卓越的财政贡献，支撑着神木民生建设和其他事业的快步推进。同时，政府以强有力的创新性规范性管理，赢得了民营企业家的信任，他们积极响应号召，为“双百帮扶”工程，为“神木民生慈善基金”慷慨解囊，踊跃捐款，为神木的民生建设提供了永续保障。

神木人在县域经济建设上的一系列创新，尤其是他们在所有制关系、金融制度、民营经济发展，以及城乡一体化方面的创新，具有重要的实践价值和意义。

在民生建设上，神木人以他们的“现代民生体系论”、“共建共享论”、神木特色的“蛋糕”理论以及“民生神木论”作直接指导，逐步形成了破解神木民生建设难题、构建和谐神木、以促进全县科学发展的思路，从而制定了符合神木实际的民生建设总体规划，即构建以人民幸福生活为本的“全方位、广覆盖、高标准、可持续”的现代民生体系。按照这个总体规划，神木人从2008年起，有步骤地实施了包括社保、扶贫济困、住房、医疗、文化、交通、安全、人居、教育、就业在内的“十大惠民工程。”

2008年，神木实行“12年免费教育”（2011将其延伸为15年）。免除学杂费后，还给予住校生每人每天5.5元生活补助。2009年，神木实行全民免费医疗，孤寡老人和重度残疾人免费供养，全面推行城乡居民养老保险制度。全民免费医疗，打破了干部职工与城乡居民的界限，第一次实现所有神木人在医疗上的平等待遇。而孤寡老人和重度残疾人的免费供养，以及城乡居民养老保险制度的建立，则实现了老有所养。与此同时，加快保障性住房建设，建立健全了廉租房、经济适用房、公租房、限价房四位一体的保障体系，基本上达到了住有所居。2009年“十大惠民工程”投入财政资金13.5亿元；2010年投入财政资金近20亿元；2011年投入财政资金29.1亿元。从2008年到2012年，民生建设投入财政资金近108亿元，初步建立起神木特色的现代民生体系。按照神木县经济社会发展的“十二五”规划，再用10年左右时间，神木要基本实现“学有优教、劳有丰酬、病有良医、老有颐养、住有宜居”的“幸福神木”目标，率先进入现代化初级阶段。

神木第二幼儿园小朋友放学后走出教学楼

神木人在实践上构建了以发展民营经济为支撑的“全方位、广覆盖、高标准、可持续”的现代民生体系。他们在“十大惠民工程”的建设中所进行的一系列制度性创新，尤其是他们创造的“医改模式”和“教改模式”以及民生建设可持续模式等，不仅享誉全国，而且具有重要的实践价值和导向意义。

在县域民主政治建设上，神木人以其“三型政府”理论以及“民主神木”理论作指导，以“三型政府”的创建为发端，从以民生为本、民主和谐、创新发展的社会主义本质上，加强政府自身建设，着力构建以和谐神木为本质的新型政治生活关系。在民主集中制建设、党代会和人代会及民主协商制建设、“政权型”民主建设、乡村自治民主建设、城镇社区民主建设以及混合所有制企业民主建设等方面，取得了一系列实践业绩。“县委书记县长公开电话”的开通，广纳民谏、集中民智机制的创立，“政府创造环境、企业创造财富”的经济民主建设，以及“任职公开承诺”制和公开选拔制度、任期制的开拓，监督制的完善，罢免制的探索，以及民主社区和民主乡村的制度性探索，都有力地推进了神木民主政治生活关系的不断创新。尤其是神木人首创的“村矿和谐”模式、“三型政府”模式，具有重要的实践价值和普遍的推广意义。

在文化建设上，即在人文神木建设领域，神木人在不断把中国特色社会主义的文化建设理论，同神木精神生产生活及意识形态建设的实际相结合的过程中，以其人文神木论作指导，即通过不断培育神木人以民生为本，植根神木、共建和谐、共享成果、奉献神木的独特价值观。通过不断着力打造展现这种价值观的神木现代人文精神，即打造独立自主、务实超越的人文创新精神，重信讲义、开放豪放的人文交往精神，追求卓越、敢为人先、英勇无畏的人文拼搏精神，舍小顾大、忠勇爱民的爱国主义精神，海纳百川、宽广包容的人文和谐精神，来推进神木特色的意识形态建设。又通过对其以杨家将为代表的传统文化产业，以神府革命根据地为代表的红色文化产业，以红碱淖为代表的生态文化旅游产业，以二郎山和九龙山为代表的宗教文化旅游产业，以及公益性文化事业建设，来不断创新他们的精神生产生活关系。

在生态建设上，神木人秉持他们的生态文明即环境治理新理念，以“生态神木”论作指导，通过着力打造绿色循环的生态产业体系，科学立体的生态保护体系，全面综合的生态治理体系，优美和谐的生态人居体系，以及健全文明的生态文化体系，来构建他们与自然、他们之间的和谐生态关系。不仅如此，神木还取得了产业发展生态化、生态建设产业化、环境治理人性化、节能减排刚性化以及采空塌陷治理系统化的可喜成绩。神木人关于经济生态、政治生态、文化生态建设的总体设想及实践，关于生态补偿的基本原则及其补偿机制的创新性实践，具有普遍的推广价值。

在党的建设上，神木人坚持立党为公、执政为民、科学执政、开拓进取、廉洁自律、拒腐防变的执政理念，在不断把马克思主义的建党理论和中国特色社会主义党建理论同神木党建实践相结合的过程中，不仅与时俱进地发展神木化的党建理论，而且坚持不懈地进行思想政治建设和党的作风建设，以及党内民主制度和组织制度建设。在党的各级领导班子建设、学习型党组织建设、党内民主集中制建设、惩治和预防腐败体系建设、党的基层组织建设、非公企业党的建设等一系列方面，进行了党建制度创新，形成了独具特色的神木党建模式。在这期间，神木涌现了一批先进党组织和模范共产党员。

神木人在党的建设上所取得的党建工作突出化、系统化、科学化、长效化的基本经验，在党的政治文明建设和制度建设方面所进行的一系列创新，尤其是他们在基层党组织建设上的“三大创新”，以及他们所创造的包括“五联五创”在内的神木党建模式，具有普遍的科学价值和推广意义。

概言之，神木人在践行科学发展观活动中，在县域经济建设、民生建设、民主政治建设、文化建设、生态建设和党的建设等诸多领域，进行了全面的理论和制度创新，取得了一系列重大理论和实践成果，从而在不断坚持科学发展、和谐发展原则的过程中，创造了神木奇迹。

“五个神木”战略，作为一个涵盖经济、政治、文化、社会、生态、党的建设的科学发展、和谐发展战略，是神木人贯彻科学发展观活动的总体性重大成果。随着“五个神木”总体战略的实施，建设“五个神木”活动便成为神木人践行科学发展观活动的响亮称谓。这也标志着神木人践行科学发展观活动进入了一个全新的发展阶段。如果说民生神木建设创生着神木的和谐社会路径，民主神木建设催生着神木的政治路径，生态神木建设创造着神木的生态模式，人文神木建设创造着神木的文化路径，那么，创新神木的建设则生成着经济路径与它们的统一。

“五个神木”创建活动的有序开展，推动着神木县物质文明、政治文明、精神文明、生态文明的健康发展，它既把践行科学发展观活动进一步引向深入，又标志着神木路径的初步全面形成。随着这一路径的拓展，神木人将创造出一个自己生活的美好世界。

二、神木路径的基本内涵

神木人在科学发展观的指导下，不断地创造着自己生活于其中的社会关系体系，与时俱进地创造着独具特色的神木路径，从而不断地打造着自己的生产生活世界。那么，这个路径究竟具有怎样的基本内涵及属性规定？它究竟向人们展示了什么样的发展道路？以又具有什么样的实践意义？就成为人们关注的焦点。

直观地讲，神木路径就是以民生经济为基础并以“五个神木”为建筑的神木人的生产生活方式。民生经济与“五个神木”互为前提，相互促进，相得益彰。前者为后者提供经济支撑，并推动后者发展；后者为前者的发展提供理论、文化、政治、社会、生态等环境和前提保障，并推动着前者科学发展。只要对神木人创造的生产生活关系构成及其基本内涵加以考察分析，就会看到神木路径还具有丰富的基本属性规定。

（一）中国特色社会主义基本经济制度的个别形态。首先，神木人所论的民营经济概念，并非是私有制经济的专属品，而是一个同传统的单一国有制经济或单一公有制经济相区别的概念。民营经济既包括国有制资本和集体所有制资本控股及参股的混合所有制经济（例如陕煤集团与民营神木北元化工合资建设的100万吨PVC项目，以及与民营兰炭企业合资组建神木能源发展有限公司等），也包括各种形式的私营企业和工商农牧个体经济，还包括由全体职工持股的股份制经济及合作制经济。

其次，在神木县境内，不仅存在着上述民营经济成分，还存在着资本雄厚的不同层次的国有制经济，这些国有制企业集团之间以各自拥有的不同比例股权组成为数不多的国有制股份公司。由于土地、河流、森林、矿藏等自然资源属国家和集体所有，加上这些国有制资产和它们在混合所有制中的资产，以及集体所有制资产，全体职工持股的股份制资产和合作制资产，各自所占有的社会资产份额，使得公有制资产在神木占据主体地位。然而，就民营经济对县域经济增长、对县财政的贡献来看，相对于传统单一公有制经济，民营经济在神木却居于主体地位（2011年，神木民营经济对全县GDP的贡献率为55%，对县财政的贡献率为80%）。公有制资产占主体和民营经济贡献为主体并行不悖，成为神木的经济特色。

最后，在公有制资产占主体地位的前提下，神木人大力发展民营经济，不仅通过一系列创新性管理措施促使民营经济做大做强，而且把打造和发展国有资本控股、参股的混合所有制经济作为工作重心，放在第一位。这种实践方式，既有效推动着公有制资本积累规模的扩大，又推动着私营经济社会化水平的不断提高，从而较好地实现了国民共进，不仅坚持了以公有制为主体多种经济成分并存，使多种经济成分真正成为推动公有制经济发展的补充，而且较好地发挥了以市场调节为基础、以政府宏观调控为主导的中国特色社会主义经济建设总方针的优势。可见，这种经济模式，以其独特的方式包含着中国特色社会主义经济模式的基本规定性。当然，这是中国特色社会主义基本经济制度的个别形态。

（二）中国特色社会主义民主政治制度的神木特色。神木人在坚持中国特色社会主义民主政治制度的前提下，把这个政治制度的基本原则同神木的政治生活实践相结合，形成了民主政治制度的神木特色。这种特色在于：

第一，提出构建民主神木的发展战略，并将其纳入“五个神木”的总体发展战略之中，是对中国特色社会主义民主政治建设原则的深化和具体化。改革开放以来，党的历次代表大会文件反复阐明不断探索、发展中国特色社会主义民主政治的指导思想、基本原则、实践路径、近期和远期目标以及主要任务等等。但是，就全国范围来看，在县域总体层次把建设社会主义民主政治作为战略任务之一凸显出来，提出建设民主神木的施政方略，并对其加以总体规划，当属首例。

第二，神木人坚持人民当家做主这一中国特色社会主义民主政治建设的根本制度原则，从其经济社会发展的客观要求出发，既把民主政治生活关系的构建奠立于以神木的人民生活为本的基础之上，又把其当作广泛集中民智，以实现科学决策，不断提高人民的参与度，以充分发挥人民群众积极性、创造性的政治生活治理模式，并以重大决策由多数人说了算，满意不满意，由老百姓说了算为实践原则和标准，在县域总体上深化了中国特色社会主义民主政治的根本原则。

第三，神木人把坚持党的领导、人民当家做主、依法治国相统一的中国特色社会主义民主政治建设原则，同自己的生活实际相结合，着眼于通过正确处理民生与民主、民主与集中、民主和法制的关系，通过建立广纳民谏、集中民智的长效机制，创造民主与集中相统一的和谐政治生活关系，来发展社会主义民主，形成了这个原则的独特实践方式。

第四，神木人把党内民主制度作为构建民主神木的核心，把以党内民主的创建引领人民民主政治建设作为首要原则和关键环节，并以充分落实党员、委员、常委们的知情权、参与权、监督权、选举权为先导，进而扩大到每个公务员和公民的实践方法发展社会主义民主。这些举措是对以党内民主带动社会民主这个民主政治建设原则的具体化和深化。

第五，神木人把坚持和不断完善民主集中制这一社会主义民主政治运行制度的核心作为建设民主神木的着重点，从生活实际出发，不仅把民主建设作为基础有步骤扎实推进，使集中真正建立在广泛的民主基础之上，而且着力探索把直接民主和间接民主相结合并与集中制相统一的实践路径。在基层，把多元提名、民主推荐和集体研究相结合，把公推直选和集中指导相结合来构建直接民主制和集中制相统一的民主政治生活新型关系。在上层，通过探索党代表常任制和人大代表常任制的建设，推动党代表、人大代表、政协委员列席党委常委会和政府常务会，以及政务公开等，来完善党代表大会制、人民代表大会制、民主协商制的核心政治制度和根本的基本的政治制度建设，不断扩大直接民主制成分，从而形成了神木民主集中制建设的特色。

（三）中国特色社会主义文化建设的神木特征。中国特色社会主义文化建设，既包括精神生活生产、分配、交换、消费关系的构建，又包括意识形态关系的建设。就前者来看，神木人不仅通过实行免费教育、建设文化设施、打造文化平台等方式，大力发展公益性文化事业，而且按照以公有制为主体多种经济成分共同发展的制度原则，大力发展文化产业，在提升自身文化产业竞争力的同时，不断满足人们精神生活消费的需要。就后者而论，神木人以科学发展观为指导，按照实事求是的思维原则和工作原则，在同神木经济、政治、文化、社会、生态文明及党的建设的实际相结合的过程中，与时俱进地发展具有神木特色的理论，并不断以这种特色理论指导神木的改革开放实践，而且通过宣传、教育、学习型党组织建设和社会组织建设、开设神木大讲堂，以及开展创优争先等一系列活动，来打造以马克思主义和中国特色社会主义为主导意识形态，在以社会主义核心价值体系引领各种社会思潮的过程中，形成并树立起具有神木特色的价值观，并不断打造凝结和展现这个价值观的道德规范，创造出独特的神木人文精神。神木人把树立先进的价值观和道德规范当作建设“五个神木”（民生神木、创新神木、民主神木、人文神木、生态神木）的根本，把先进文化建设与经济、政治建设并重，把挖掘杨家将文化、红色文化，打造神木人文精神作为发展战略之一，正是神木文化建设特征的表现。

（四）中国特色社会主义和谐社会建设的神木特色。神木人按照和谐发展这一科学发展观的本质规定，为了改变“三富三不富”（财政富老百姓不富、少数人富多数人不富、北部有资源的乡镇富中南部黄河沿岸不富）、“四个不同步”（经济增长速度与发展质量不同步、社会事业与经济建设不同步、精神文明与物质文明不同步、干部素质与社会进步不同步）的经济社会发展的不平衡状况，不仅创造出一个以“十大惠民工程”为内容的现代民生体系，而且通过一系列创新性社会管理，有力推动了神木民生经济的发展，构建起民营经济和民生建设的良性互动机制及关系，既使得神木的社会建设位居全国县域前列，又以其符合神木实际的社会保障制度建设，不断地化解因发展的不平衡所导致的各种利益矛盾，从而不断推动着神木沿着有一定程度差别的共同富裕道路发展，得以创造了一个个奇迹。而神木人所打造的“全方位、广覆盖、高标准、可持续”的现代民生体系，以及一整套创新性社会管理方式和一系列举措，表现着和谐社会建设的神木特色。这个模式以其独到的科学规定，彰显了中国特色社会主义和谐社会建设的普遍本质。

如果说，神木人在贯彻科学发展观活动中秉承“六不理念”，通过不断地“第二次相结合”，创立了“五个神木”理论，打造了中国特色社会主义理论体系之神木化形态，那么，他们在这个理论直接指导下所创造的神木社会生产生活关系，以其包含的丰富科学内涵，成为中国特色社会主义生活实践关系的个别形态。

三、神木路径及其意义

神木路径作为中国特色社会主义模式的个别形式，既以其包含的丰富科学规定在县域总体展现了中国特色社会主义生活实践关系的制度本质，又以其蕴含的科学社会主义的深刻实践逻辑内涵，在中国特色社会主义建设的个别层次展现了经济全球一体化实践中的中国特色社会主义发展道路及其实践逻辑轨迹，从而展现了当代世界社会主义发展的必然的科学逻辑路径。

首先，处于全球经济一体化环境的中国特色社会主义，既不是马克思在《哥达纲领批判》中所论的以生产资料的惟一全球社会所有制为基础的共产主义社会生活形态，也不是以全球社会所有制为基础的世界无产阶级专政社会主义的社会生活形态，而是一个处于世界无产阶级专政社会主义初期的、地域性存在的、单个民族国家总体的无产阶级专政社会主义初级阶段的特殊社会生活形态。这种逻辑历史地位，不仅决定了它的基本经济制度的结构形式及其本质，只能是以公有制为主体多种经济成分共同发展，而且必然地决定了它只能以宏观调控为主导，以市场调节为基础，并借助资本积累的外在方式，在主动参与全球资本竞争中获得发展，决定了它只能通过不断扩大改革开放，在不断扩大公有制资本积累规模的实践中获得科学发展。而不断扩大公有制资本积累规模的现实途径，既在于不断打造各种形式的国有股份公司（跨国公司），并以其雄厚的资本实力广泛参与全球竞争，又在于不断打造国有资本控股的股份公司（跨国公司），推动公有制资本积累规模的不断扩大，同时，也在于一方面通过创新性管理促使私营资本之间构建各种形式的股份公司，以在不断推动其做大做强的过程中，促使其社会化占有水平的不断提高，从而加速其在自身内的自我扬弃进程。另一方面，通过政府的有效监管和正确引导，使其主动承担起相应份额的社会建设责任与义务，从而真正实现其与公有制经济的相互补充。这就是说，既要通过创新性社会管理使其摆脱发展瓶颈制约而做大做强，并使其利润获得稳定增长，又要通过有效的财税调节和引导，使其对社会多做贡献，遏制看不见的手所不断加剧的两极分化弊端，以保证中国特色社会主义始终沿着有一定程度差别的共同富裕道路发展。而神木经济模式，正是以独特的发展方式，展现了中国特色社会主义基本经济制度的本质和实践逻辑路径。尤其是它把发展公有制资本控股的股份公司作为重心，通过一系列创新管理大力发展民营经济，推动民生建设的一整套成功经验，以及北元 100 万吨/年 PVC 项目、天元 50 万吨/年中低温煤焦油轻质化项目等混合所有制模式的成功实践，开辟了一条国民共进，县域经济发展的科学道路，具有普遍性的借鉴和推广意义。另外，神木已形成资源型产业和非资源型产业协同发展的格局，制造、金融、物流、文化、现代农牧业等新兴产业方兴未艾。

其次，马克思恩格斯所阐明的无产阶级专政社会主义的政治制度最终是惟一无产阶级专政世界国家的社会民主制（直接民主制），由于这种全球社会的直接民主制最终目标，从科学逻辑上规定着当代中国特色社会主义政治制度的实践路径及客观轨迹，因此，与时俱进地完善中国特色社会主义的政治制度，不仅在于随着社会主义物质生产生活的发展，通过不断改革来创建民主选举制、民主监督制和民主罢免制相统一的政治生活良性关系，及其实践运行体制和机制，进而不断完善上述根本的基本的政治制度。这即是把直接民主制和间接民主制相结合并把民主制和集中制相统一，按照自下而上，由党内到党外，走一步，看一步，错了就改的方式，根据政治生活实践的客观要求，不断扩大直接民主制的作用层次和范围，不断加深直接民主制的作用程度及规模，进而不断缩小集中制的作用层次、范围，以及作用程度及规模，从而创造出高于西方资产阶级民主制的社会主义政治生活关系新形态，并与时俱进地不断发展和完善这个新形态。

而神木人创造的政治模式，正在于其以独特的方式，展现了中国特色社会主义根本的基本的核心的政治制度的本质和实践逻辑路径。它把创建民主神木奠立于以民生为本的基础之上，通过“三型政府”建设，村矿和谐建设以及不断打造平安神木来不断创建神木的和谐政治生活关系，它通过正确处理民主与民生、民主与集中、民主与法制的关系，来完善党的领导、人民当家作主、依法治国相统一的社会主义民主政治建设原则，它通过党代表、人大代表和政协委员列席县委常委会、县政府常务会的方式，来打造党代会和人代会常任制，来完善民主监督制，尤其是他以党内民主引领人民民主的实践，它通过科学把握多元提名、民主推荐和集体研究的关系，把直接民主制同集中制相结合相统一的实践，彰显了中国特色社会主义民主政治建设的必然道路，具有普遍的借鉴和推广意义。

再次，在文化路径上，神木路径所具有的普遍性借鉴和推广的意义在于：其一，解放思想实事求是。把马克思主义和中国特色社会主义理论体系的普遍原理和基本原则同神木的县情相结合，一方面与时俱进地发展着具有神木特色的个别理论，一方面用不断发展着的理论指导自己的实践。其二，在以中国特色社会主义核心价值体系引领社会思潮的过程中，把社会主义核心价值体系的基本原则同神木的文化建设实践相结合，构建神木特色的社会主义价值观和道德行为规范，并在继承爱国主义和革命主义传统的同时着力打造凝结其价值观的神木人文精神，并以这种独特的人文精神来构建神木人的意识形态，来培养神木人民的崇高情操。其三，在大力发展公益性文化事业的同时，创建以公有制为主体多种所有制共同发展的基本文化产业制度，始终坚持社会效益优先，经济效益从属于社会效益的文化建设原则等等。神木的文化建设路径，彰显了中国特色社会主义精神生产生活及意识形态的必然道路。

最后，在和谐社会构建路径上，神木人不仅把构建和谐神木作为建设“五个神木”的本质，而且创造了以民生为本，通过不断创新社会管理，既打造现代民生经济，即打造民营经济与民生建设的良性互动关系，又不断构建城乡和谐、村矿和谐、南北（区域）和谐、干群和谐，以及持续和谐，着力打造现代民生体系。这种实践路径，在神木县域总体，彰显了中国特色社会主义社会和谐发展的必然道路，具有普遍的价值和意义。

总之，神木路径作为神木人自己创造的必然性生产生活关系，以其和谐本质，在神木县域社会生活总体，彰显了中国特色社会主义的科学发展道路。

当我们把神木路径同科学发展观指导下的唐山经验、广东经验加以总体比较，就会看到这个模式的独特实践意义。

一方面，如果说，唐山经验在于通过理念转变来不断完善科学发展的模式体系，那么，神木路径则在于按照实事求是的原则，把科学发展、和谐发展的原则同神木经济社会建设的实际相结合而获得的独特的理论作指导，来能动地创造神木的模式体系；如果说唐山人制定的科学发展模式主要包括新型工业化、新型城市化、城乡一体化、生态文明建设和社会建设，那么，神木路径则涵盖了经济、政治、文化、社会、生态文明和党的建设。

另一方面，如果说广东经验在于通过角色重塑，构建科学发展观的地域化类型，那么，神木路径则在于以科学发展观为指导，通过不断创造神木人的生活实践关系，来构建中国特色社会主义模式的个别形态。如果说广东经验还停留与一般地强调社会主义民主政治建设，那么，神木路径则不仅制定了建设民主神木的总体规划，而且彰显了中国特色社会主义民主政治建设的科学逻辑道路，等等。

总括而论，神木人以科学发展观为指导，解放思想、实事求是、与时俱进，在不断把马克思主义的普遍真理和中国特色社会主义理论体系的基本原则，同神木的生活实践相结合的过程中，不仅创造出一系列个别理论，而且通过一系列实践活动不断创造生活于其中的社会关系体系，从而形成了独具特色的神木路径，这个路径既以其丰富的科学规定成为中国特色社会主义个别生活形态，又以其置根于符合于神木生活实际的独特客观本性，为神木人开辟了一条科学发展道路。随着这个路径在实践中的不断完善，神木人将实现其理想，在全面建成小康社会后率先进入中国特色社会主义现代化社会的初级阶段。

第一篇　县域经济就是民生经济

神木人高举中国特色社会主义大旗，在不断把中国特色社会主义经济建设理论尤其是科学发展观理论，同神木县域经济建设实践相结合的过程中，既形成了他们的经济建设理念和理论，又以这些理念和理论作指导，不断创造着自己的物质生产生活关系，从而在取得一系列经济奇迹的同时，创造了独具特色的神木经济模式。考察这些理念，展示这些经济奇迹，阐明神木经济模式的独特科学规定性，至关重要。

一、经济建设理念

理念是理性认识的结晶，它来源于实践又指导实践。通过研究神木生动活泼的经济建设实践，发现许多带有神木特色的经济建设理念，并与实践相互推动。这里仅从从经济学三大基本问题的角度，即生产什么、为谁生产和怎样生产的角度，对其相关主要理念加以考察。

（一）资源禀赋理念

资源禀赋理念是比较成本优势理论的扩展和升华，即把单纯的劳动成本优势扩展到各种要素优势，其经典表述就是“一国的比较优势产品，也因而应出口的产品，是他需在生产上密集使用该国相对充裕而便宜的生产要素生产的产品”。神木县域较充裕而便宜的生产要素就是煤，围绕“煤”字做文章，是近30年来神木历届领导和群众不变的情怀。他们千方百计启动、利用和控制煤炭资源，从最初提出“以煤富县，以农富民”到提出并实施“围绕煤、延伸煤、超越煤”的“三煤”战略。在这一过程中，他们自豪地认为抓住了三大机遇。

第一次是抓住神府煤田开发的机遇，国家、集体、个人一起上，大中小一起上，大力发展煤炭工业，形成了以资源开发为特征的经济大发展格局，为经济起飞做准备。第二次是抓住国家实施西部大开发和国有企业三年攻坚战的机遇，大力调整经济结构，积极推动资源加工转化，煤电、化工、载能、建材等支柱产业迅速崛起，民营经济相应迅猛崛起，形成了以资源加工转化为特征的经济发展新格局，进入起飞阶段。第三次是“十一五”时期，神木县抓住贯彻落实科学发展观的机遇，针对资源型城市发展中普遍存在的资源浪费、环境污染、城乡差距扩大、社会发展滞后等问题，把转变发展方式作为主线，以新型工业化和“三煤”战略推动神木跨越发展，努力实现率先发展、科学发展、和谐发展。

神木人抓住第一次机遇，引进了以神华为代表的央企。抓住第二次机遇，使本土民营企业崛起。抓住第三次机遇，回报社会和善待自然。这三次机遇，说到底是工业化的不同阶段的机遇，对煤炭资源合理利用有了一次比一次更强的需求。

神木富集资源之所以派上了大用场，不仅得益于工业化的机遇，也得益于改革开放的机遇。没有改革开放，就没有县域经济的觉醒，更谈不上县域经济的崛起。如果沿用计划经济模式，神木无非是第二个铜川，尽管煤炭工业发展了，而当地的农民却分享不到一点利润，始终富裕不起来。正是县域经济意识，才产生了县域竞争意识。这种竞争意识，首先用于县域之间，其

次，也用于处理和中省市企业的关系。在煤炭资源问题上，这一竞争意识显得更加宝贵和重要。神木煤炭资源虽然富甲天下，但真正属于神木本县可开发利用的煤炭资源却少得可怜。神木县煤炭资源配置现实状况是，在探明储量500多亿吨中，已取得的采矿权和探矿权的，央属企业占有98.5亿吨煤炭资源，占探明储量的19.2%；省属企业占有240.98亿吨，占探明储量的46%；剔除未设置矿权和禁止开采区外，县上占有资源不足5%。

煤炭当中有自然；煤炭当中有利益；煤炭当中有政治，而且是大政治；煤炭当中有文化，人和自然、人和社会的良性互动文化。这就是神木人最重要的资源禀赋理念。

（二）民生经济理念

在为谁生产问题上，神木人从县域脱贫理念很快进入全面的县域民生经济理念。这是神木经济版的“以人为本”。

在此之前，他们认为：民营经济是民本经济，更是富民经济。民营经济的主体是中小企业，所以，必须紧紧抓住发展中小企业这个关键点，把其作为富民强县的基础工程抓实抓好。为此，必须在五个方面下功夫：一是进一步做大总量。二是进一步拓展发展领域。三是进一步提升企业综合竞争力。四是引导企业积极承担社会责任。五是全方位、多层面优化企业成长环境。

在此基础上，他们进一步提出民生经济的概念，认为民营经济和民生建设是民生经济的主要内容；民营经济和民生建设作为一枚硬币的的两个方面，互为条件，相得益彰。转变发展方式和做强民生经济成为今后神木经济发展的主线。

为什么人的问题，既是经济学的三大问题之一，也是根本的政治问题。神木人以民生经济的概念对此作了科学回答。

（三）创新发展理念

在如何生产方面，神木人把创新发展贯彻始终，在经济的各个方面都实现了周期创新；周期创新成为神木经济发展不竭的动力和源泉；现在，创新神木作为正在实施的五个神木发展战略之一。对此，创新神木一节将专门论述，这里仅仅把经济上的创新大体罗列，并简要分析其特点及渊源。

创新理论的创立者熊彼特认为，创新归根结底是“生产要素的重新组合”。这种新组合包括五种情况：一是采用一种新的产品；二是采用一种新的生产方法；三是开辟一个新的市场；四是掠取或控制原材料或半制成品的一种新的供应来源；五是实现任何一种工业的新的组织。有人把这五种新组合简称为“五个创新”，即产品创新、技术创新、市场创新、资源配置创新和组织创新。

县委书记雷正西（右二）深入企业调研

从产品创新来看，神木有兰炭产业浴火重生，白绒山羊克隆改良。从技术创新来看，大柳塔煤矿引进世界最先进采煤技术，天元公司发明了独具特色的煤制油技术；从市场创新来看，神木土路交通变为高速公路、铁路、航空、管道运输的立体交通，相应，神木煤、兰炭等能化产品行销天下；从资源配置创新来看，神木人有理、有利、有节争取县域煤炭资源开采权，积极介入煤炭深加工产业链，形成四大循环经济链；在组织创新方面，卓有成效地组织了神木县国有资产运营公司，以北元公司为代表的混合经济模式，以恒源公司为代表的民营集团公司，以及县级政府调控经济干预经济的系列政策与制度创新，如干部挂职和白领派遣、民营企业家代表作为县长联络员、创办县级万人职业技术学院、绘成一体两翼城镇带、促成中国金融生态县和引人瞩目的十大惠民工程等。

（四）科学发展理念

党的十六届三中全会首次正式提出科学发展观，其中强调了“五个统筹”，即“统筹城乡发展、统筹区域发展、统筹经济社会发展、统筹人与自然和谐发展、统筹国内发展和对外开放”。神木县根据自己的实际，自觉地创造性地贯彻落实科学发展观，直面和解决“三富三不富”、“四个不同步”

问题，直面和解决经济增长的同时环境严重污染与破坏的问题。只有这样，经济、社会、自然才能全面、协调可持续发展，经济增长的好处才能全民共享。

二、三大跨越与四大转型

（一）三大跨越

跨越发展不仅仅指数量上增长快，更重要是是要看在哪些方面跨越，跨越了哪个阶段。神木经济上的跨越，可以从三个方面的三个阶段来看。

1. 生产力大跨越

生产力发展是人类社会发展的基础；生产力革命是人类社会最根本的革命；生产力发展规律是人类社会发展最根本的规律。生产力的大跨越，意味着生产力的大革命，意味着超出了生产力某一方面发展的一般规律，例如，产业发展中的农轻重顺序转移规律、一二三产业顺序转移规律和劳动密集型、资本密集型、知识技术密集型顺序转移规律等。

神木的生产力革命，表现为从手工工具生产力迈向机器生产力，即工业革命，并且，它突破了工业化的一般道路，即农轻重顺序发展道路，直接从农牧业为主，跳跃到能源重化工业为主，跳跃了轻工业为主的阶段。所以，神木的工业化，是急剧的跳跃性的工业化。

神木的跨越发展之所以从可能性上升为现实性，原因主要是三点：第一，神府煤田大发现适逢其时——中国再次奏响实现四个现代化的号角，其中之一是工业现代化，重点是调整产业结构，改变重工业过重、轻工业过轻、农业太薄弱的格局，补轻工业的课，相应补发展民营经济的课，由此乡镇企业迅猛崛起，能源交通等显得更为薄弱，煤炭紧缺而值钱，开发迫在眉睫并有利可图。第二，单凭神木自身的经济技术管理等实力开发煤田，势单力薄，并且不可能跨越发展，必须借助中央和省上的大煤矿企业的力量来开发，当时的煤炭部报请国务院，破天荒地专门为开发神府煤田组建了独特的精煤公司（神华前身）。第三，神木煤田的开发，离不开中省市领导的关怀和支持，以及神木历届县委县政府的积极推动和正确领导。

神府煤田的大开发，使昔日的国定贫困县，快速进入国家百强县，且在百强县的位次逐年跳跃上升，2008 年神木县成为陕西省首个全国百强县，居全国第 92 位，2009 年升为第 59 位，2010 年升为第 44 位，2011 年升为第

36位，下一步阶段性的目标显然是进入前10或前5位，迈向全国一流。

现代化煤矿

2. 经济体制大跨越

经济体制是生产力和生产关系的中间环节，既是生产关系的具体化和实现形式，又是资源配置方式和经济运行方式。生产力和生产关系的变化，必然引起经济体制的变化。

一般来说，人类经济体制发展分为三个阶段，即自然经济、商品经济和计划经济。对一个大的社会而言，每一个阶段都是不可逾越的。我们中国过去从自然经济为主一下进到计划经济为主，企图逾越商品经济发展的历史阶段，实践证明这种做法带有一定的空想色彩，于是改革开放不得不补发展商品经济的课，现在称之为发展社会主义市场经济。尽管原有计划经济体制能够集中力量办大事，也的确办成了一些大事，但“有计划”地办错事的情况也不少，如1958年“大跃进”造成的20世纪60年代初的三年自然灾害，至今仍不堪回首。原有计划经济体制的弊端之所以越来越明显，主要原因是两条：信息传导机制不灵和利益刺激机制不足。在手工工具生产力如汪洋大海一般的情况下，全国范围内的无所不包的计划助长了官僚主义作风，而大锅饭必然养懒汉。

从运行角度来看，商品经济是市场经济，其产生存在发展及其检验的标准最基本的有两条，其一是社会分工，导致产品差别；其二是不同利益主体，导致利益差别。市场经济之所以优越于自然经济，就是由这两条决定的，尤其是由社会分工决定的。商品经济可为三个阶段。第一个是小商品经济阶段，它是自然经济占统治地位，夹缝中的商品经济；社会分工是古代农业占统治地位，工业处于手工状态；私有制主要以家庭形式存在。第二个阶段是，近代商品经济，过去称之为自由资本主义商品经济。此时，商品经济取代自然经济占据统治地位，最主要的社会分工是工业逐渐占据统治地位；私有制主要以企业形式存在，后面出现了股份制。第三个阶段是，现代商品经济或者说现代市场经济，它在社会分工方面主要表现为第三产业逐渐占统治地位，所有制方面，虽然私有制与混合所有制还是基础，但国家所有制及其调控力量确立并稳定运行，被称之为有国家宏观调控的市场经济。

改革开放之初，神木的经济体制虽然也名为计划经济，本质上却是自然经济，是一种集合的自然经济，犹如把分散的马铃薯装到一个口袋中，相互之间缺乏内在的联系。如果没有外来力量的介入，单凭神木县域自身的力量，经济体制的演化必然是小商品经济大量发展并向近代商品经济演化，绝无跨越到现代商品经济的可能。正是外来力量的介入，不仅使神木生产力大跨越，而且使神木经济体制大跨越，自然经济急剧萎缩，近代市场经济和现代市场经济突飞猛进。表现在社会分工上，很快形成“二、三、一”的产业格局，工业占据统治地位，相应，昔日的集市市场迅速被国内统一市场和国际市场为主所取代。表现在所有制上，家庭经济为基础被企业经济为基础所取代，国有经济扮演很重要的角色。表现在政府调控上，突破了政府干预强弱强的“U”型道路，即起初贫困时政府干预强，在神木表现为向上“要钱县长”，需要国家救济，开发项目需要国家直接扶持；第二阶段，民营经济发展了，处于自由竞争阶段，政府可以自由放任；第三阶段，富裕起来了，政府提供公共产品的内容增加了，因而干预经济的力量更强了。由于神木县从国家级贫困县转变为全国百强县速度太快，因而跨越了政府弱干预的阶段，直接从贫困时的强干预进入到富裕时的强干预。神木之所以从自然经济为主跳跃到有政府调控的现代市场经济为主，不仅因为中央企业和省属企业介入，而且因为这时整个国家经济体制在革命，从计划经济向市场经济转变，神华公司充当了这种革命的开路先锋，中央政府授予神华公司极大的自主权，计划单列，可以自己修运煤的铁路等，产供销一条龙。另一个特殊原因在于以煤致富导致的“三富三不富”“四个不同步”压力驱使。相应，还在于以煤致富富财政，神木县政府有调控县域经济的直接经济实力。

3. 所有制结构大跨越

所有制结构是生产关系结构的基础，体现了基本经济制度。生产力和经济体制的大变革，必然导致所有制结构的大变革，即导致经济制度的大变革。神木县生产力和经济体制的大跨越，导致了神木所有制格局的大变革，从过去单一的公有制（大量的农村集体所有制和小量的县属国有企业）演变成国有经济为先导，民营经济为主体，混合经济成方向；变换一个角度来说，就是外源型经济、内生型经济与混合型经济并存。这方面的跨越，不仅表现为私有经济从无到有，而且表现为私有经济本身加快跨域，走向集团化股份化；不仅表现为神木的中央企业从无到有，而且神木的中央企业成为全国中央企业的先锋队。

（1）国有经济为先导

国有经济包括中央、省、市、县四级政府企业与财政经济，是神木县域经济发展的先导力量。在产值、税收、就业、塌陷补偿、品牌、路水电等基础设施建设、技术及管理、城镇化小区示范、慈善事业等方面，为神木县域经济做出了先导性贡献，把神木县域经济推入了快车道。

（2）民营经济为主体

改革开放以来，神木非公有的民营经济发展和全国一样，从无到有、从小到大、从弱到强。所不同的，神木县非公有的民营经济起步艰难，做大做强更艰难，最重要的原因在于煤炭资源国家垄断以及政策的多变。“十一五”期间，民营企业数量由1106家发展到2011家，再到2011年的2424家；规模以上企业近300家；登记在册的个体工商户由8658户发展近2万户，再到2011年的20884户；民营经济总产值从23.6亿元上升到308亿元，年均递增65%，2011年，又上升到455亿元；民营经济累计吸纳10万多人就业；城镇居民可支配收入的80%来自民企的投资性收入，农民纯收入的60%来自民企的务工收入。民营企业的快速发展，不仅使其成为神木县域经济的主体，而且以其卓越的财政贡献，支撑着神木民生建设和其他事业的快步推进。

神木民营经济之所以能够成为县域经济发展的主体，除了自身奋发有为外，政府的创新管理至关重要。在2000年以前，神木民营经济的发展处于自发阶段，之后就转入自为阶段，标志性的事件是2001年《神木县人民政府关于扶持非国有经济发展的若干规定》的出台和2003年神木县国有资产运营公司的组建，以及形成和完善了“政府创造环境、企业创造财富、人民共享成果”的理念。具体的创新管理举措有八个方面。

县长黄建军（左三）调研工业经济运行情况

一是在2001年《神木县人民政府关于扶持非国有经济发展的若干规定》的基础上，2007年出台了《关于促进民营经济更好更快发展的意见》，简称“老60条”，2011年对此修改后的称为“新60条”。这是神木县发展民营经济全面而具体的政策纲领。

二是创新民营经济发展的产业引导机制。引导民营企业实施错位竞争，投身非资源性行业、加工制造业、现代服务业、劳动密集型产业，由主要依靠二产带动，向一、二、三产业协同发展转变。推动民营经济发展加快与城乡一体化建设相结合，与产业结构调整相结合，与优势资源的开发利用相结合，构筑支柱产业突出、产业体系健全、多元化支撑的民营经济发展新格局。

三是创新民营经济发展的人才支撑机制。推行“干部挂职”，领办创办民营企业，在带动全民创业的同时，为民营企业输入更多优秀管理人才，2011年，已经有468名干部到15家企业挂职，2006年至今干部挂职累计4253名，到210家企业挂职。实施白领派遣计划，由政府买单，计划派遣500名大学生到民营企业工作，为企业提供智力支持。2009年，由政府买单，先期向民营企业派遣大学生 109 名；2011 年，又派遣大学生 152 名。这一举措在解决神木籍大学毕业生就业问题的同时，为民营企业输入适用型人才。强化中等职业技术教育，发展高等职业技术教育，为民营企业培养实用技能型人才，仅神木职业技术学院投资已过 14 亿元。实施农村劳动力培训“人人技能工程”和“阳光工程”，为民营企业培养合格劳动力，2007 年以来，财政投资 1000 多万元培训农民 8 万人（次），转移就业 2 万人。

四是创新民营经济发展的融资支持机制。盘活各类国有经营性资产，带动和激活社会沉淀资本。加快组建村镇银行步伐。积极组建中小企业信用担保公司，到 2011 年年底，成立小额贷款公司 22 家，得到审批的担保公司 1 家，待审批的还有 36 家。完善政府对项目注资、贴息和担保等制度，县财政设立中小企业发展专项资金由 1000 万元上升到 5000 万元，主要为民营企业提供融资贴息支持。推动民营企业加快上市，在国内、国际资本市场融资。

五是要鼓励民营企业以股份制为纽带联合重组，解决建设资金不足的问题，共同发展大型产业项目。2012 年 4 月 19 日，第十次陕北能源化工基地交流会期间，全榆林仅有的三个工业大项目开工（100 万吨/年煤焦油加氢、12 万吨/年 1，4 丁二醇、15 万吨/年石脑油重整），都在神木，总投资 150 多亿元，参股的民营企业超过 20 家。

六是创新民营经济发展的品牌打造机制。统筹品牌策划，整合品牌资源，加强品牌推广，塑造良好的品牌文化，提高产品的知名度和美誉度，已经涌现出“麟州”、“四妹子”等 7 个陕西省著名商标。从 2007 开始，连续六年组织民营经济博览会，并大力表彰神木县民营经济十强企业等。

七是创新民营经济发展的技术进步机制。加快推进民营企业自主技术创新，努力构建以市场为导向、企业为主体的技术创新体系。大力引导、鼓励民营企业申报专利、研发新产品，加速科技成果的商品化、产业化。抓好节能技术、节材技术、节水技术和循环利用技术的推广运用。

八是创新民营经济发展的政府服务机制。政府部门在办事过程中对民营企业实行“三通”，该办的要迅速畅通，某个环节出现梗阻要及时疏通，与陈规有冲突的要主动变通。同时，选聘 38 名民营经济县长联络员，帮助政府及时准确地了解全县民营经济发展动态，提供决策依据，推动民营经济快速健康发展。

（3）混合经济成方向

在神木经济发展过程中，国有经济在煤炭资源开发中居于垄断地位，逼得民营经济在煤炭资源后续加工和非煤产业上大展拳脚，特别是兰炭产业的崛起和煤制油技术的突破。这样，双方逐步发现互为市场，有必要相互联合，相互进军，即国有企业向民营企业学习，向煤炭深加工进军；民营企业向国有企业学习，向煤炭开发进军，从而避免"国进民退"，创造了"国进民不退"的模式，即国有企业和民营企业组成股份制企业。其率先示范典型就是陕煤集团和十个民营企业抱团组成的北元公司。

按照一般逻辑，"国进民必退"，北元公司的国进民不退有两层含义：一是国进民也进，国有企业向煤炭加工进军，民营企业向煤炭开发进军；二是公司最大的股东陕煤集团虽然出任董事长，但不是最大股东说了算，而是陕煤集团和十个民企集合体协商。可见，这种股份制，既是一般的股份制，同时兼有合作制的特点。关键在于十个民营企业能够抱成团，团结在企业家王凤君周围，具有了集体谈判的力量。

股份制之所以成为神木经济今后发展的方向，根本原因就在于神木经济发展的基础性矛盾，即地上和地下的双重矛盾。从自然属性看，地下矿藏丰富，地表生态脆弱；从社会经济属性看，地下矿藏法律上国家所有，地表土地法律上主要是农民集体所有。二者紧密相连，开发地下煤炭，必然破坏地表生态和土地。解决这一基本矛盾的最好办法就是股份制。这既是富国富民的必由之路，也是经济发展和生态改善的必由之路。

（4）内源型经济、外源型经济与混合型经济共同发展

从企业是来源于县内还是县外的角度来考察，神木县域经济是"内源型、外源型、混合型"三种经济形态并存，其中，内源型是主体，混合型和外源型为补充。内源型主要指本土民营企业，它们以不到5%的煤炭资源占有量贡献了近80%的财政收入，已经成为县域经济的主体；混合型是近年来在神木兴起的由国有、民营等多种资本联姻，成立股份公司，联合发展的新型经济形式；外源型主要指中省大企业。

内源型经济、外源型经济和混合型经济，虽然整体上等于民营经济、国有经济和混合型经济，但各个部分并不对应相等。

内源型经济现阶段虽然主要是民营经济，但并不等于民营经济。其一，内源型经济还包括县级国有经济。第二，从发展眼光来看，民营经济既包括县内的个体、私营和集体经济，也包括县外的进入神木县内的个体、私营经济、集体经济。

亚洲规模最大的煤电一体化项目——国华锦能电厂

外源型经济现阶段虽然主要指中省大企业，但也包含县外非公有制企业，以及其他省市县的企业。从发展眼光来看，外来经济的比重将会上升。

混合型经济现阶段神木主要搞的是本县民营企业和省上企业的混合，当然还有不同私有企业的混合，下一步寄希望于本县国有企业和民营企业与中央企业的混合。混合型企业说到底，是两种类型的混合，即规范的股份制和以协议为主的合作制。

这种划分方法对神木县域经济发展具有极其现实的指导意义。如果完全或主要依赖外源型发展，那就是第二个铜川；如果这种外源型主要是外国资本，那么经济增长的利益主要就为外国资本拿去了。当然，这种内源型发展，努力方向是以本县经济为主，以为本县人民服务为主，但也尊重和承认多样化发展的互利共赢，承认自己的局部力量和外部局部力量的集合，并不把自力更生完全限定为自己所有资源在自己内部结合形成自己的力量。

（二）四大转型

神木经济真正的跨越是“十五”和“十一五”时期这十年。伴随着跨越发展也产生了新的问题，神木人概括为“三富三不富”和“四个不同步”。其实还有第五个不同步，即经济跨越发展与生态补偿恢复不同步。这十年中期，恰值全国开展践行科学发展观活动，并随着“十二五”开局，以科学发展为主题，以加快转变经济发展方式为主线，神木提出了一系列转型发展的思路和对策，在经济方面，就是四大转型。

1．从传统产业体系向现代产业体系转型

善于把资源变成资本，把传统产业作为转型平台，大力引进人才、技术、项目，加快进入制造、金融、文化、物流和高新技术等新兴产业领域，构建高端低碳、集约发展的现代产业体系。新兴产业既有大挑战大机遇，也有大风险大回报，更能展现企业家的视野和能力，更能实现企业家的抱负和价值。

2．从资源驱动向创新驱动转型

总结兰炭产业成功转型的经验，主动参与关键领域技术攻关，围绕技术升级、质量提升、节能减排开展技术改造，创设企业研发中心和工程技术中心，加快科技成果产业化。在价值链条上要敢于抓高端，发展资源深加工，提高产品附加值，在技术链条、价值链条的高端赚取利润。

3．从做大做强向做精做优转型

推动和引导有实力的民企跨地区、跨行业、跨所有制并购重组，培育更多像北元这样的行业领军企业，增强辐射带动效应。同时，鼓励更多中小企业做精做优，形成与大企业配套协作、互补发展格局。

4．从传统经营机制向现代企业制度转型

引导企业打破封闭的产权模式，实施股份制改造，支持有条件的企业开展上市融资和横向合作，通过吸收新的资本、技术和管理，改善企业的产权结构和治理模式，提升民企的可持续发展能力。

除了经济上的四大转型外，与经济密切相关的社会领域和自然生态领域，神木县也提出了三个转型。

一是推进社会结构由“二元”分割向城乡统筹协调发展转型。以工业化富裕农民、产业化发展农业、城镇化繁荣农村为基本导向，全力推进“三个集中”、“七个一体化”，加快构建“一河两川”、“一体两翼”和重点村组梯次推进的城乡发展新格局。

二是推进民生建设由满足一般的生存需求向人本化全面发展转型。民生建设坚持做到推进发展的速度和改善民生的力度相结合；解决倾向性、普遍性民生问题和解决特殊性、个案性民生问题相结合；满足群众基本生存需求和满足精神文化需求相结合；当前利益与长远发展相结合，加快由“雪中送炭”式的帮困救济向“锦上添花”式的全民福利转变。

三是推进生态建设由产业发展环境破坏向产业生态化和生态产业化转型。产业生态化，具体就是构建五大生态产业体系，即绿色循环的工业体系、生态农业、生态林业、生态畜牧业和生态旅游业，简而言之，就是发展绿色产业。生态建设产业化，就是以项目为抓手，以企业为运营主体，以发展现代林业为载体，规模化地围绕森林资源增加、生态环境改善、林业产业上档次、经济效益提升，不断拓展林业的生态效益、经济效益和社会效益。

三、工业经济铸就神木经济跨越发展的脊梁

神木经济的跨越发展，从产业角度来看，主要是工业的突飞猛进；突飞猛进的工业经济铸就神木经济跨越发展的脊梁。

（一）四个最大

1. 在神木县 GDP 中，工业 GDP 绝对大。用最新数据来说，2011 年神木县实现生产总值（GDP）771.003 亿元，其中，第一产业完成增加值 9.667 亿元；第二产业完成增加值 545.265 亿元；第三产业完成增加值 216.071 亿元。三次产业结构比重为 1.25：70.72：28.03，工业增加值占全县 GDP 的 70.72%！同年，陕西三大产业比例为 9.9：55.1：35.0，工业增加值占全省 GDP 的 55.1%；全国三大产业比例为 10.1：46.8：43.1，工业增加值占全国 GDP 的 46.8%；江苏三大产业比例为 6.3：51.5：42.2，工业增加值占江苏省 GDP 的 51.5%；山东省三大产业比例为 8.8：52.9：38.3，工业增加值占山东省 GDP 的 52.9%。可见，神木县工业 GDP 比重大大高于陕西、全国、江苏和山东的比重，至少高 15 个百分点。

2. 在神木工业 GDP 中，大企业 GDP 绝对大。2011 年全县完成工业增加值 541.180 亿元。其中，规模以上工业企业实现增加值 537.854 亿元，占 99.4%；规模以下工业企业实现增加值 3.326 亿元，占 0.6 %。同年，陕西省实现工业增加值 5727.76 亿元，其中规模以上工业增加值 5459.58 亿元，占 95.3%。

3. 在神木工业 GDP 中，煤炭工业 GDP 最大。神木已经形成的六大支柱产业——煤炭、兰炭、化工、电力、载能、建材，说到底，是煤炭工业及其延伸。

4. 在煤炭工业中，煤炭采掘又为最大，其中央企产量最大。2011 年，神木煤炭总产量为 17419 万吨，其中中央企业产量为 8862 万吨，占一半

以上。

现代化煤矿综采工作面

（二）四个抓手、一个时机

神木工业之所以能够成为神木县跨越发展的脊梁，就在于他们长期以来尤其是近五年来，紧抓四个抓手和一个时机。

第一，紧抓主导产业抓手。在县域经济发展中，主导产业、相关产业和基础产业是三位一体的，决定县域经济性质和方向的是主导产业。只有抓住主导产业，才会纲举目张，事半功倍。近30年来，神木从煤炭开发、深加工、旁侧效应等方面，打造主导产业。现已形成煤炭、兰炭、化工、电力、载能、建材六大支柱产业。2006年，神木的提法是：壮大煤炭、电力、建材、载能、化工等支柱产业；2007年的提法是：过去的五年，主导产业支撑作用明显增强，煤炭、化工、电力、载能、建材等骨干产业不断发展壮大；2009年的提法是：精心打造煤炭、兰炭、化工、电力、载能、建材六大支柱产业；2011年的提法是做强支柱产业；2012年的提法是大力发展能源化工产业、积极发展新能源和装备制造业。可见，神木主导产业的发展，说到底，是以煤为主的能源化工产业，咬定这个核心不放松，几十年如一日，收滴水穿石和金石可镂的功效。

第二，紧抓工业园区抓手。村村点火，户户冒烟固然是工业起步时的现象，但必然发展到向园区集中，这既可收到规模经济和范围经济的效果，同时又能促进城镇化的发展，形成工业化和城镇化的良性互动。近 30 年来，神木人逐步摸到这个规律，并日益得心应手运用，形成了六园八区的格局并继续发展。六园指大柳塔、店塔、锦界、大保当、石窑店、第二新村六个工业园区。其中，锦界工业园 2011 年被评为陕西省新型工业化煤化工产业示范基地，典型的北元化工集团的 100 万吨聚氯乙烯项目建成投产，累计完成投资 83.8 亿元；煤制油天元化工煤焦油轻质化等项目为国内规模最大且技术领先；神木化工、国华锦能等项目稳定运行。八区指以兰炭产业为主的八大集中区，即柠条塔、陈家湾、燕家塔、赵家梁、乌兰色太、永兴前店、上榆树峁、何家塔已成为产业升级转型的典范，23 户 60 万吨以上的兰炭生产线全部建成投运，配套建设的尾气综合利用、烟气脱硫、污水处理等项目基本建成。其中，柠条塔已入园项目 42 个、建成 25 个，项目总投资 110 亿元，累计完成投资 70 亿元；燕家塔已建成项目 40 余个，项目总投资 65 亿元，累计完成投资 42 亿元。神木县以县城为拐点的 L 形城镇带，基本是六园八区的连接线。

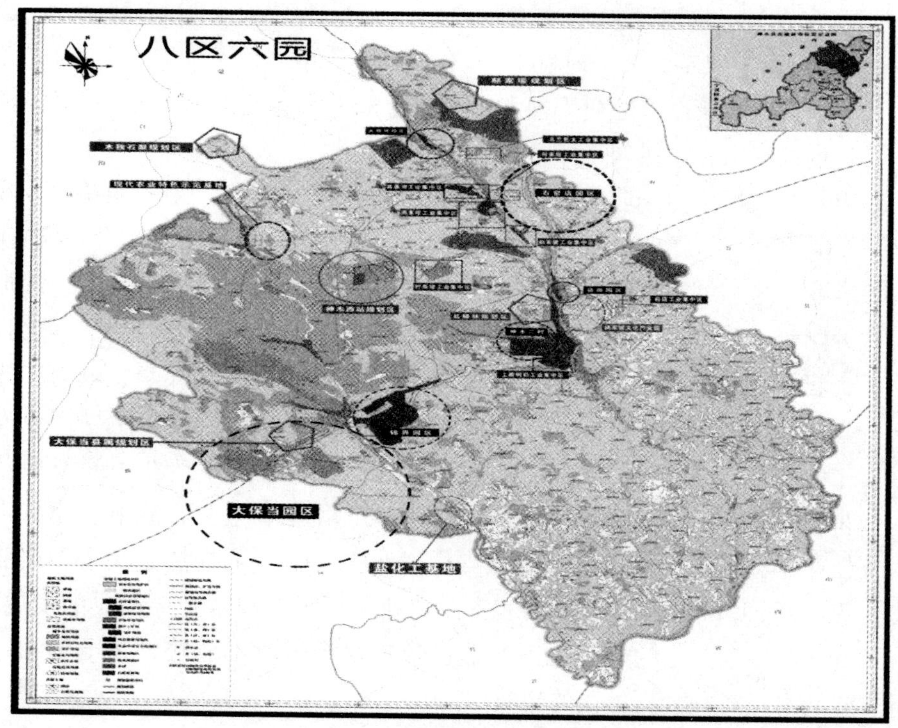

八区六园分布图

第三，紧抓项目尤其是大项目抓手。产业依托园区，园区靠项目支撑；

缺乏项目支撑的园区是沙滩上的大楼，迟早要倒塌。实施项目带动战略，几乎是县域经济发展的共同法则，神木县的不同之处是抓大项目，这固然与神木的煤炭资源集聚有关，也与神木人的豪气有关。在生产上，神木人创造了几个中国最大，如全国第一产煤大县（两亿吨级）、全国最大的兰炭基地（千万吨级）、全国最大的聚氯乙烯基地（百万吨级）、西部最大的火电基地（600 万千瓦）、西部最大的浮法玻璃基地（600 万重量箱）、西部最大的电石基地（百万吨级）。

之所以能够这样，就是因为神木县历届领导都重视这个抓手，如走“大项目、大循环、大园区、大产业、大市场”的路子，“推进重大项目建设”，“介入大项目”、重大项目“五个一”工作机制（即一个项目、一名领导牵头、一个班子服务、一个部门负责、一套实施方案管理）和大项目流失责任追究机制，开展“五大建设”，即加快建设“大基地、大园区、大项目、大企业、大集群”，千方百计谋划项目，千辛万苦争取项目，千军万马大干项目。

第四，紧抓企业尤其是民营企业抓手。产业、园区和项目，归根结底要靠企业来运作，因而，重视、尊重、爱护、扶持企业和企业家，是神木历届领导不变的情怀。从综合政策如新老“60 条”、产业政策、财政金融政策、人才政策和奖惩政策等方面给企业和企业家尤其是民营企业和民营企业家给予全方位的具体可行的支持。

第五，紧抓危中之机。神木人引以为豪的就是度过 2008 年爆发的世界金融危机。2009 年，神木县成为全省受危机影响最大的县。在最严重的 2009 年 1 月份，全县煤炭、兰炭、电石等主要工业产品价格下跌三成以上，甲醇、PVC 价格跌幅在 50% 以上。规模以上工业企业 90% 停产，用电负荷降到原来的 1/3，县属 139 处煤矿仅有 9 处在生产，兰炭、化工、载能等产业基本处于瘫痪状态。特别是对产业链的中间环节——兰炭影响巨大（①升级换代中的“上大关小”未完成，省市干扰大，阻力大；②产业政策和行业准入未定；③兰炭市场急剧萎缩；④块煤供应紧张；⑤企业的观望情绪在滋长），而兰炭产业一旦萎缩，煤炭——兰炭——载能（化工）主产业链就会断裂，将对神木工业经济产生致命性打击。

面对前所未有的挑战，神木人没有等待，他们在仔细调查研究和全面分析宏观形势后，果断出手，及时出台了“增量限价、减负降价、循环运作、银企对接、提升管理、规模营销”的保增长六大措施，帮助企业渡难关。

通过努力，全县90%以上的工业企业在年初短暂关停、观望之后启动运行，上半年坚持微利生产或者保本赔本抢占市场，到8月份后，随着大环境好转，企业生产开始发力，各项工业生产指标强劲反弹，实现了在金融危机冲击下企业少停产、市场不丢失、资金不断链、员工不裁减的目标。全年实现工业总产值525.6亿元，同比增长25.2%；工业企业实现销售收入491亿元，同比增长25%；实现税收72.5亿元，同比增长33.4%。全年生产原煤1.38亿吨，同比增长27%（其中地方5961万吨，同比增长48.6%）；生产兰炭498万吨，同比增长107.2%。其余电石、金属镁、铁合金、水泥、电力、精甲醇、玻璃等工业产品产量也均在危机之年稳中有升，为中省市“保增长”任务顺利完成作出巨大贡献。

（三）三大突破

从整体的发展道路角度看，神木工业发展有三大突破。

1. 突破工业化的一般道路。农轻重顺序发展道路，过去我们曾误认为是资本主义工业化道路，其实，它是工业化的一般道路。所谓农轻重顺序发展，其一是指先后问题，农业早于轻工业，轻工业早于重工业，因为农业发展为轻工业发展提出需要和可能；轻工业发展对重工业发展提出需要和可能；其二是指比重大小问题，在第一阶段农业比重大，第二阶段工业比重大，第三阶段重工业比重大。这三个阶段有不同的发展规律，例如，水土资源和生物资源条件好，有利于发展农业，矿能资源好，有利于发展工业尤其是重工业。神木县由于改革开放初期过于落后于关中、落后于我国东部、更落后于发达国家，当遇到我国工业化中期的机遇、西部大开发的机遇和改革开放的机遇，并能自己紧紧抓住这些机遇，这样，地下的以煤炭为主的矿藏，像火山一样喷发，使神木工业化突破农轻重顺序发展的道路，短短不到30年时间内，由农牧业为主直接跳升到能源重化工业为主。这是30年前，绝大多数人做梦也想不到的。

2. 突破技术发展的一般路径。工业化的技术路径往往是从手工技术到半机械化技术，再到机械化技术，再到自动化技术。而以大柳塔为代表的中央煤炭企业，一开始，就引进外国自动化综合采煤技术，成为世界一流技术的矿井，真正实现了用信息化带动工业化，用工业化促进信息化的新型工业化道路，对神木的其他煤矿企业和全国的其他煤矿企业，起到了示范作用。

3. 突破工业资本成长的一般道路。资本是从剥夺小生产者开始的，中经大资本剥夺小资本的过程，最后剥夺者被剥夺。因此，从单个私人小资本经股份资本和私人垄断资本到国家垄断资本，是工业资本成长的一般道路。神木工业资本的成长，县外中省企业资本的介入，一开始就是大中小资本并举，以国有大资本为主，突破了工业资本成长的一般道路。

（四）三大亮点

从个案角度看，神木工业发展至少有三大亮点。

1. 璀璨的明珠——锦界工业园区

神木县有两颗明珠：一颗是红碱淖，另一颗是锦界工业园。红碱淖给神木带来了水的灵秀，锦界则给神木带来了循环经济的活力；红碱淖传说是王昭君的泪水、乡愁和美丽形成的，锦界工业园则是神木人的汗水、毅力和智慧建成的。

20世纪90年代初期，全国各地竞相兴办经济开发区。榆林地委、行署为了加快发展，决定成立神府经济开发区。起初，由于行署财政困难，无力解决开发区的机构运转经费，致使神府经济开发区空有其名，处境艰难。在这种情况下，神木县委县政府审时度势，决定牵头主导建设神府经济开发区。接下来，神木县采取了一系列措施：一是充实机构，配备人员。1994年神府经济开发区挂牌后，神木县不仅为开发区修建办公大楼，为开发区管委会充实人员。而且为开发区划拨专项经费，人员工资由县财政统一发放，并由神木县副县长李志卿任管委会主任。迄今，已累计拨给开发区办公经费和人员工资近2000万元。二是规划建设完善的基础设施。相继建成瑶镇水库及供水工程和水厂、锦界百米大街及绿化工程、文教设施等园区配套基础设施，协调建设了110KV、330KV输变电线路、货运集装站，在园区周围营造了宽10公里的绿色屏障，建设了锦界污水处理厂。神木县在园区累计投入达10亿多元。三是营造了良好的政策环境。开发区成立后，由神木县牵头，适时出台了《关于扩大招商引资的若干规定》和《关于扶持非公有制经济发展的若干规定》。对客商在土地、城建、林业、水利、工商、环保、矿管、税收等领域予以最大限度优惠，实行周边最低水价政策。所有项目建设用地和基础设施用地，均以零地价方式提供企业，由县政府核发《土地使用证》。四是组建项目调研班子，强化招商引资。费用全部由神木县财政解决。从最初调研电解铝、浮法玻璃、聚氯乙烯等项目，到调研和引进锦界煤电一体化、煤转甲醇等大项目，县财政累计拿出项目调研经费（前期费）达2000多万元。五是强化扶持，搞好服务。1994年神府经济开发区成立后，重点发展煤炭、电力及高耗能工业，初步规划由店塔小区起步，面积为2平方公里。1996年，神木东北部大柳塔、店塔、燕家塔开发已颇具规模，但不久就遇到瓶颈期，于是神木县委县政府果断决定将开发重点西移到锦界，在2002年正式成立了锦界工业园区，园区的控制范围由8平方公里扩大到42.8平方公里，奠定了现在的发展框架。

2003年5月，锦界工业园区被列为国家级能源重化工基地示范区，成为榆林市乃至陕西省最具潜力、最具优势、最具活力的现代化新型工业园区。借助新型工业园区，实现神木经济的跨越式发展。如果说大柳塔是神木煤炭工业发展第一次创业的旗帜，那么，锦界工业园区就是神木煤炭工业发展第二次创业的里程碑。

经过艰辛努力，锦界工业园区已成为神木县乃至全市、全省的经济发展亮点，以锦界工业园区为重点的园区经济已成为神木县域经济的发动机。目前入园项目总投资600亿元，完成投资400亿元，2011年实现产值220亿元，税收23亿元，仅次于西安高新区，稳居陕西省第二大工业园的位置。一个现代化的工业园在大漠中迅速崛起。

神木化工60万吨煤制甲醇项目

锦界工业园区的规划建设从开始就不局限于单一的企业型，它的基本定位是：陕北能源化工基地的核心组成部分，煤田开发重要服务基地，以园区为主体的环境优美的城市新区，兼有旅游服务功能。这种融合生产和生活于一体的园区新理念，强调和谐宜居，经济循环，与生态神木和人文神木的建设要求是一致的。

锦界工业园区凭借出色的前期规划和后期努力，取得了令人叹服的成果，形成轰动效应。许多项目在全国居领先地位，相继成为全国之最。比如引入的国华锦界能源有限责任公司煤电一体化项目，总投资267亿，规划装机容量340万千瓦，是亚州最大的坑口电厂。神木化学工业公司60万吨煤制甲醇项目，总投资36.5亿元，是目前国内建成产能最大的甲醇项目。天元化工50万吨中温煤焦油轻质化项目，总投资25亿元，是陕西煤化集团与民营企业合作建设的第一个煤焦油加氢项目。目前，锦界工业园区是国内最大的煤焦油深加工基地；是陕西省最大的电石生产基地，年产量达62万吨。北元100万吨聚氯乙烯240万吨水泥项目，总投资83.8亿元，是陕西煤化集团与县十位民营企业合资建设的国内最大的聚氯乙烯项目；还有锦龙30万吨电石渣水泥项目、瑞诚浮法玻璃、金联4.5亿块粉煤灰制砖项目、恒益1.5万立方粉煤灰标砖项目，已建成投产。新源机械化屠宰厂、通海100吨/年羊绒梳洗厂和小康20万吨/年草产品加工厂，已建成投产。

很明显，锦界工业园区相对于大柳塔煤炭开发而言，更上一层楼，突出表现在五个方面：一是实施“三个转化”的典范。二是实施循环经济的典范。三是实施综合利用的典范。四是实施工业化和城镇化和农业现代化三化同步发展的典范。五是实施中省市县合力共建的典范。事实证明，这种以神木县为主导的、中省市县合力共建工业园区的模式是得力高效的。

丰富的煤炭资源，良好的投资环境，使锦界工业园区成为一片投资热土。2012年4月19日，在第十次陕北能源化工会议期间，赵正永省长到神木开工启动了三个大的能化项目，即延长石油安源化工100万吨/年煤焦油加氢项目，总投资70亿元；融和化工榆电阳光1，4丁二醇项目，总投资50亿元；鑫义能源15万吨/年石脑油重整项目，总投资30亿元，三大项目总投资超过150亿元。赵正永在随后召开的座谈会上指出，锦界工业园区的发展变化，最能反映和体现榆林的变化、陕西的变化，并鼓励神木2012年要力争经济总量突破千亿元大关。

锦界工业园区从无到有、从小到大，从荒芜不毛之地到雄姿屹立的现代能化工业新城，渗透着神木人民的艰辛和汗水！

2. 国进民不退的北元模式

所谓“北元模式”，是指以北元集团为代表的混合所有制模式，这种混合所有制模式是神木所有制创新的一大亮点，其包括天元、富油、安源、神能、大通等一批混合所有制模式在内，神木县是这种模式的滥觞。现以北元集团混合所有制模式为例加以说明。

“北元模式”始于2007年北元化工的两次增资扩股。第一次是北元化工与榆林10家民营企业联合，使公司股本金由7000万元增为10亿元，实现了民营企业的强强联合；第二次是与陕西煤业化工集团合作，公司股本金由10亿元增加到16.8亿元。两次增资扩股，使北元建设100万吨/年PVC项目具备了物质基础，也开创了当地民企联合大型国企合作建设煤、盐化工项目的先河。借助大型国企的优势，北元化工顺利实现了扩建项目各项手续的审批，并成功获得贷款50亿元。

公司坚持规模化、多元化、一体化的发展模式，在10万吨/年聚氯乙烯项目稳定运行的基础上，建设100万吨/年聚氯乙烯循环综合利用项目。项目总投资83.8亿元。2011年12月23日，陕西北元化工集团有限公司举行年产100万吨聚氯乙烯循环综合利用项目二期聚氯乙烯产品下线仪式，标志着该公司100万吨聚氯乙烯项目建成并投产，也标志着全国最大的聚氯乙烯生产基地的建成。主要建设装置包括：年产100万吨聚氯乙烯、80万吨烧碱，4×125兆瓦抽气式直接空冷汽轮发电，240万吨工业废渣水泥装置。项目全线投产后，可年产聚氯乙烯110万吨、烧碱88万吨、水泥240万吨，年可直接转化原盐165万吨、电石165万吨，间接转化原煤600万吨，并可带动一批相关产业发展，每年可实现销售收入120亿元，上缴各类税费10亿元。产业链全部建成投产后，每年可实现销售收入270亿元，上缴各类税费21亿元。到“十二五”末，整个产业链每年销售收入将突破350亿元，实现主营业务收入200亿元，上缴各类税费28亿元。

北元化工100万吨聚氯乙烯项目

“北元模式”的多角度意义可以简而言之为：循环经济意义、规模经济意义和股份经济意义。这里侧重分析股份经济意义当中的一条：开辟了民企联合利用煤炭开发利益的路子。神木丰富的煤炭资源，在前期开发中由于国家集体个人一起上，使现今的民营企业获得约5%的开采权。如何使民企获得煤炭资源开发的平等权利，等煤炭资源开发权改革等了好多年，等不起，现实可行的路子就是“北元模式”。陕煤集团发挥国企资本雄厚、便于贷款、便于立项、技术管理水平高的优势，民企发挥管理灵活、老项目有经验、当地人脉资源广、当地政府偏爱等优势，同时，民企可稳定地得到国企提供的资源，分享其利益，等于间接拿到煤炭开采权，而国企则延长了煤炭等矿产的产业链。

3. 民营企业快速集团化

民营企业快速集团化，是神木经济跨越发展的一大表现。快速是指这是近十年的事。2001 年，神木县仅有 3 家集团化的民营企业，到了 2007 年出现了 7 家民营集团公司，2010 年达到 13 家，到 2011 年达到 35 家。目前，已形成恒源、北元、龙华、亚华、益东等一批实力强、后劲足的旗舰型、领军型民营企业。尤其是近 3 年来，六大支柱产业的行业集团化发展迅猛，如 2010 年 9 月 28 日，神木县兰炭集团有限责任公司举行了隆重的揭牌仪式，20 多户兰炭企业抱团发展整合组建神木县兰炭集团公司。2010 年 6 月 18 日，神木县电石集团公司挂牌成立，电石是神木地方特色产业链的重要中间环节，它上接电力、兰炭，下连聚氯乙烯、醋酸乙烯，是神木六大支柱产业的重要组成部分。经过十多年发展，全县电石企业达 30 户，电石炉总规模达 60 万 KVA（千伏安），生产能力达 120 万吨/年，居全省第一。但是，在 2008 年金融危机、国家宏观调控、产业政策约束以及不平等电价等非主观因素影响下，电石产业发展一度陷入困境。在此情况下，经反复论证：政府和企业形成共识，只有通过组建集团公司，做大规模，抱团发展，降低成本，一致对外，从过去十个指头单打独斗到现在握紧拳头面对市场，才能加快实现载能行业“规模化、一体化、集约化”的“三化”发展路子。还如，2010 年 6 月，神木镁业集团有限公司由神木县东风、兴杨、漠源、江泰、精源、四海、恒润、顺德、隆星、凯源、漠源鼎泰、鑫庆、宏光十三家镁业公司共同投资组建，注册资金一亿元。集团经营目标是，五年实现资产 3 倍增长。

一年后的 2011 年 6 月 29 日，神木县建材集团有限责任公司成立，注册资金为 1.6 亿元，包括神木县的 28 户建材企业，即水泥生产企业 1 家、玻璃生产企业 2 家、商砼生产企业 2 家、砖瓦生产企业 16 家、其他建材企业 7 家。

很明显，神木民企近几年的集团化浪潮，得益于县委县政府的大力支持。县委县政府的之所以大力支持，一个战略意图是改变民企和国企规模的严重不对称，即国企尤其是央企规模巨大，而民企规模太小，这样，不仅在加工项目上也处于不利地位，更重要的是在资源开发上项目上处于不利地位。

四、金融生态营造新天地

改革开放以来，我国县域经济资金紧张局面一直没有得到缓解。这意味着，假如能够在县域经济和既有制度框架内更有效地使用资金，包括神木在内的中国县域经济发展将获得更强大的内生动力。细察神木县近年的“理财方式”，人们不难发现金融经济的活力，神木县的所思所想、所作所为，显著地兼有合理合法基础上的创新意识及利用资本要素卓有成效两大特征。最近几年社会舆论和人代会热议的打通民营经济与民间资金间制度阻隔的改革思路，正是神木县近10年来不事声张的一个重点创新领域，神木经济发展也因此而获益良多。

（一）中国县域经济发展中的融资困境

1. 引论

土地、劳动和资本三大生产要素在近现代中国的禀赋严重不平衡。如众所知，除了人口众多，现代中国的土地和资本都稀缺，其中又尤以资本短缺为甚，制约西部县域经济发展的金融资本“短板”现象长期未得到缓解。

在1978年，曾有联合国专家考察中国的现代化前景，认为传统的农业生产不可能为中国建设现代社会提供足够的经济剩余，国家至少还需要投入两千亿美元的农业投资作为支持经济进步的资本条件。所幸邓小平不信这个“邪”，在走有中国特色社会主义道路30年之际，人们猛然发现美国应对2008年金融危机的第一轮8000亿美元的救助额，与中国持有的7800亿美元国债几乎相等。创新之路就是这样神奇！而热爱创新正是神木人近十多年来所形成的“高雅兴趣”之一。应当看到，国家层面的资金富裕和县域经济缺乏资金支持的现象背后，一定有体制、机制问题，谁先改革创新谁将先受益。

那么，能否断定如果中国县域经济不缺乏资金，一切问题就会迎刃而解？显然不能。宏观而言，中国县域经济、特别是西部县域的融资困难一直顽固地存在，再注入20亿资金也不能根治地方政府的“资金饥饿症”，除非通过财税体制改革更平衡地确定央地政府之间的权利和义务关系。作为证据之一，中国直到2008年才基本杜绝了中西部县级地方政府拖欠公务员工资的现象。

反过来看，一些财政丰裕县也没有自动转向公共财政，民生欠账不少。有许多县域经济主要靠外出打工群体的汇款过日子，国有银行在各地大力揽储的同时，资金很少流向当地的民营经济。神木县曾经也不在例外之列。

我们在欣喜地看到神木县域经济驰入良性循环轨道并力图“知其所以然”的时候，必须首先确定一个大前提，即假如人们能对中国现行财税体制不尽合理和金融资本市场发育严重滞后的事实形成共识，就容易领悟在神木县所发生的现代变革和繁荣的金融经济何其难能可贵。

2. 中国金融资本市场之于县域经济发展中的问题

近30年来，中国金融资本市场经历了广泛但不深刻的变革。所谓广泛，是指金融资本之于实体经济的关系发生了多方面的变化；所谓不深刻，是指金融资本市场的改革严重落后于实体经济发展对它的内在要求。

由于改革滞后，人们仍看到“国有企业”和“国有银行”雷同的前两个字时，理应被理解为同一所有者之间的权益关系和资产形式，因此国有企业越少的地域和领域，就越得不到国有银行友善、平等的待遇。鉴于县级地方政府对国有银行的资金使用只有微弱的影响力，所以既有的金融制度很少将支持县域经济发展视为己任，遑论民营的那个部分。

目前，改革现行金融体制最正当的理由之一，正是金融资本的流向显然不符合约2700个县域经济利益的那些事实：当地企业和居民将经济剩余存入银行，而对地方经济至关重要的民营企业和个体经营者却很难获得专业的金融支持。该问题的实质是，县域经济越发展，它就越能通过扭曲的金融制度为坐拥垄断地位的国有企业提供资金支持。最简易的市场原理也会立即指出该制度无助于公平竞争。

3. 既有金融资本市场制度曾有的策略性合理

社会主义制度的优越性在于集中力量办大事。反贫困事业一直是中国千年未竟的大事，国家集中所有资源、包括金融资源打通制约宏观经济的关键瓶颈（比如在上世纪80年代支持神华集团迅猛发展等），在改革发展的宏观策略上兼有正确但不完美的特征，这是其一。其二，中国采取渐进方式从计划向市场转型，效果明显优于前苏东国家的经济转型。后者以23个国家的规模使真实GDP分别倒退18%—78%长达数十年，其金融体系均至少接近崩溃一次。可见渐进改革不等于“慢进”，激进的改革却可能掉进“流泪谷”不可自拔。

从根本上说，渐进改革实质上是有控制的改革，政府控制新制度供给的时机、力度和方式的抓手在于控制生产要素，尤其要控制住“钱”——这正是中国金融资本市场改革滞后而整个经济体制转型成本较低的宏观、策略性原因之一。新的问题是，曾经在全局意义上合理的改革策略正在越来越阻滞县域经济发展，何况中国地方政府财权与事权不平衡是个有上千年历史的“老资格难题”。对此，另多数县级地方政府都有很正当的报怨，而包括神木在内的少数地方却没有止于报怨，他们努力探索发展当地的金融经济。

目前，在全国的2703个县级行政区划范围内，平均每个县拥有不足一家国有或国资控股公司。换言之，试图在县域经济范围内发展国企以壮大经济实力的前景不妙。当然，人们必须区分引进国有大项目和自建本地的国有企业是不同性质的问题。重要的是，国有企业的使命在国家和宏观经济层面而不是促动县域经济发展，沿海地区的县域经济发展实践一再证明，硕壮的民营经济才是县域经济的“摇钱树”和增长之源，问题在于如何使之从无到有和从小到大。神木县的经验是有许多亮点及可借鉴之处的。随着国家开始设立温州金融改革试验区，神木县既有的探索可望使其金融经济升级为一个区域性金融中心。

4．金融制度对县域经济社会发展的影响机制

现代社会最重要生产要素之一的金融资本市场发育滞后，对县域经济而言，这无疑是一件很糟糕的事情。我们不能忘记中国传统的治理经验：“县治则国治”，同时重申一个现代经济原则：政府的首要经济职责是促进充分就业。

那么，地方政府怎样做才能真正促进充分就业？根据经济规律，促进经济增长才能促进充分就业。据测算，中国GDP每一个百分点的增长能带来的非农就业岗位大约为一百万个，如今中国就业系数已达约150万个，每年形成约1000万—1500万个新增就业岗位。由此观之，神木县力图通过保增长促就业的发展理念符合国情、县情，也构成推动神木县民生经济的最重要切入点——对一般贫困者的最大帮助就是为他找到一份工作。

然而，确保GDP增速能促进就业和改善民生并非直接的因果关系。根据各国的实践，金融资本的支持是提高GDP拉高就业系数的关键支持条件，比如，开办一个小杂货铺也需要一点启动资金，更不要说创办企业了。所以，经济发达地区无不伴有强大的金融资源和通畅的融资渠道。

我们知道，在以前的国有企业，每新增一个工作岗位所需配备的资本额平均为20－40万元/人，随着资本深化，该比重还在迅速增加。这导致了国家资本必须高强度向大型国企倾斜，而与此平行的另一个突出的金融障碍是，国有银行对非公企业融资设置的高门槛一直降不下来，由此导致了“合理的要求得不到合理的满足，只能用不合理的方式来满足”。于是，不规范民间借贷在体系外泛滥，搞得既混乱又生气勃勃。总之，政府压制不住莫如顺势引导。

数据显示，到上世纪末的1999年，在中国金融机构12.3万亿信贷总规模中，民营经济仅占微不足道的近580亿元，聊胜无几。到了十年以后的2009年年底，我国金融机构的信贷总规模达到68.2万亿，民营企业和个体贷款总额仅为7117亿元，占比数为1.04%。

很显然，上述数据令人难堪。除了证明各地的民营经济是在极度缺乏金融支持的情况下发展壮大的，更说明它很不利于县域经济发展，因为县域经济中最有活力的部分是民营经济。如果考虑到民营经济与民生的关系，金融制度改革滞后对包括神木在内的县域经济的消极影响就更加严重。而神木县探索发展符合神木县情的金融经济，多少有些被迫创新色彩。

一言以蔽之，神木县域经济的发展不能脱离全国改革发展的大环境，神木经济增长在得益于国家发展的同时，也受制于金融改革滞后的影响，不创新就不能趋利避害，而创新又必须在合理合法的范围内进行。正是在这个视角下，神木县充分利用民间资本发展金融经济，促进民营经济和改善民生的做法才显得“日益升值和很值钱”。走在神木县的街道上，人们未必能看出神木县的资源经济优势，却不难发现神木县金融经济的水平和活力。

（二）壮大民营经济的创新尝试

如今，神木县民营经济对县财政的贡献已占80%以上，县财政的65%又用于民生。发达的民营经济和可靠的民生保障，会迅速孕育、积累出更丰厚的民间资本，形成中国特别是在在西部县域范围内难得一见、难得常见的经济良性循环景观。包括神木县在内的中国经济百强县的发展一再证明，民营经济发展对县域经济繁荣的确具有广泛的积极意义。在这里，我们暂不讨论为什么西部有些县域经济活力不足的原因，而追究一个更根本的问题，即为什么神木县的民营经济能在很短的时间内为县域经济卓然出力？

1. 大力发展民营经济本质上是一项有中国县域特色的民生工程

神木县壮大民营经济的努力远非全国之先，但神木县委、县政府解放思想、锐意进取，明确支持民营经济发展以促民生的工作思路不但务实、扎实，而且成效显著。神木县仅在2005—2010年的5年间，民营企业的数量就翻了一番，达到2011家，规模以上企业数约280家，注册工商户也翻了一番，达到近2万户，而神木一共有42万人口，按全国统计数每个家庭平均3—4人计算，神木有约15万户家庭。既有的数据成果在沿海经济发达的县域也许稀松平常，但考虑到神木县地处毛乌素沙漠边缘，就显得“很神”和相当出众了。

在国家级社保体系尚不健全的情况下，人们通俗地将城镇失业者的处境喻为“断了生计”、“没了活路”，强烈地展示了充分就业之于民生的巨大意义。因此，在县域经济范围内通过大力发展就业系数高的民营经济就等于开拓就业市场，直接有助于为当地闲置的劳动力提供非农就业岗位，而后者获取相对高收益又能迅速提高民生水平。神木县近年来以42万人的人口总规模提供出约8万个非农就业岗位，等于每户居民创造了一个新岗位，或者帮助其他地区解决了部分劳动力的就业难题。以县域规模而言，这个数据构成一个惊人的就业成就。

在中国从传统农业社会向现代工业社会的转型过程中，最基本的国情之一是人力资源丰富。农村改革以后，农村剩余劳动者一旦在非农岗位就业，他们很难再回到边际收益率偏低的传统农业，这在绝大多数国家都一样。

由于中国绝大多数地方都不具备美国那样平均每个农场主拥有一百亩良田进行规模经营的土地资源，因此现代中国发展有两大趋势不可逆转：一是有更多农村剩余劳动力要求在城镇就业，以期获得高收益；二是城镇就业岗位的哪怕暂时性萎缩，也会导致“失去工作的人必然失去生命”，或者因病致贫。由于在城镇遭遇就业失败的农民工会本能地返回农村，所以禁止土地私有化正是中国城镇贫民窟比印度和拉美许多国家少得多的根本原因——传统的农村家庭是兼有社保功能的。

据测算，在工业革命初期，近代工业与传统农业的收益之比即达到约3：1的水平。资本主义原始积累时期对工人的残酷剥削曾给了资产者以痛苦的教训，典型如在1881年英布战争前的征兵过程中，英国的工业明星城市曼彻斯特报名的一万人中竟有八千人体检不合格。正因为失业和疾病等都会自然显现和强化“茅屋漏雨时宫殿一定不安全”的逻辑，精明的统治者如俾斯麦在1881年—1889年间推出全世界第一套完整的社会保障体系时坦陈，“要在恢复帝国健康肌体的菜肴中加几滴社会主义的油”。就是说，连西方政治家也承认求助失业者和维护弱势群体的“工具性权利”是社会主义制度的应有功能。因此说，神木县以民营经济为基础推进民生工程的做法，为全国、特别是中西部地区做强县域经济树立了一个好榜样。

2. 县域民营经济促进和改善民生的具体机制

在20世纪80年代中期到90年代中期，中国乡镇企业大发展被邓小平誉为“没有预料到的最大收获”。它不仅转移出农业2亿多剩余劳动力，还在数10年间占据了中国经济的“半壁江山”。如今，中国经济已经跨越了乡镇企业发展阶段，发展民营经济成为繁荣县域经济的关键。人们公认，发展城镇民营经济有两大无可替代的经济优势：一是产权明晰所产生的效率；二是就业门槛低、就业率高。

国有企业的低效率曾经构成改革它最强硬的理由。当国企在20世纪90年代后期开始总量亏损时，人们不禁怀疑，连简单再生产都维持不下去的经济成分，怎能指望它作为捍卫社会主义制度的经济基础？如今的国有企业占尽融资便利和垄断领域，然而其政治意义显然超越了经济意义，大中型国企“是执政党的物质基础”和“保持社会稳定的基本力量”，人们已不能仅按照经济标准来衡量它了。

目前，大中型国企并未将帮助政府实现充分就业目标作为自己的首要职责，因此各级地方政府追求充分就业的希望，就被天然地置于非公企业和民营企业身上。在县域经济范围内，这种经济压力尤显沉重不堪，没有一些胆略和创新精神是不行的。

当地方政府承担充分就业责任时，只能指望市场机制发挥作用，张开双臂欢迎天然与市场亲和的民营企业。我们感到，绝大多数经济百强县的领导人对此都有清醒的认识，神木县的主要领导更是明确地将民企和民生之于神木经济的重要性喻为飞机的两个翅膀，因此神木县收获了城镇居民可支配收入80%来自在民企的投资性收入，农民纯收入中60%来自在民企的务工所得，绝非偶然之幸运，而是创新有为所致。

由此观之，在现阶段中国发展县域经济的命题下，需要强调的问题是，繁荣的民营经济与解决民生问题绝对高度相关。其中的机制可以被概括为以下四个要点。

一是每增加一个非农就业岗位，就等于“看不见的手”将一个劳动力从低效益岗位引入相对高收益岗位。二是每增加一个民营企业就业岗位，就等于节约一笔公共开支（社保支出减少）和培育一点潜在的税源。三是民企数量与市场发育呈鱼水关系。民企多则市场竞争充分，市场发育越好则效率越高。四是民营经济的持续增长意味着有更多人在市场竞争的砺练中创业成长。而创业者往往在“无意中”帮助政府创造就业岗位。

从公开的资料看，神木县的主要领导对上述机制的把握是相当精准的。

根据中国县域经济发展的现状，大力发展民营经济几乎就是改善民生的那个最积极进取的版本和方案。据调研所知，神木县差不多就是践行此类发展思路的一个出色代表，不但民营经济产值在 5 年间增加了 13 倍，年均增速达到了爆发式的 65% 的量级，才能使一个 42 万人口的西部县域 5 年左右新增约 8 万个非农就业岗位。于是我们想到，美国总统经常会提到某项政策举措会增加成千或上万个就业岗位，来作为自我表扬的竞选话题。

我们应当在这个命题下多作逗留还有一个重要理由，问题的导向是，为什么神木县能超高速地做大做强民营企业，国有企业就做不到类似的就业成绩？请注意一个微妙的现象，即神木县民企当中获得最多荣耀者往往不包括直接挖煤的企业，这说明神木县的领导明智地更看重能源产业链中附加值高的那一部分，其推进神木县域经济的发展理念可谓见识高远。高端产业兼有产品附加值高和增加当地人力资本价值的双重优势，并能间接地为营造一流的现代人文精神和文化氛围做实基础。

实践证明，二、三产业的就业系数差异很大，现代服务业的就业系数至少高于制造业一倍以上。香港和东京为什么显得格外繁荣诱人？那是因为两地的现代服务业居全球之冠，香港的三产规模高达 80% 以上，所以“灯红酒绿，遍地小老板”不是贬义描述。由调研观察可知，神木县域内民营服务业已具有相对较高的水准，但仍有发展空间。

3. 神木县务实地解放思想，发展民营经济

中央正式确定“社会主义市场经济”的改革目标以后，沿海地区的政府官员大多将注意力聚焦于，在新政策环境下能做哪些以前禁行之事了，而许多中西部地区的官员则大肆讨论“不打粮食”的社会主义市场经济与资本主义市场经济的区别。应该说，当时思想上差了这一拍，行动上就会差好几步。如今这种情况正在发生根本性变化，神木县务实地解放思想正是其中的典型一例。

神木县民营经济的爆发式成长有两个重要的伴生现象：一是县委主要领导言之有物、结合县情有针对性地反复讲近年来被冷落的“解放思想”之话题，实质是在毫不含糊地鼓励经济中的创新行为；二是在中国经济改革的

大潮中，西部地区虽然不乏“英雄好汉”，但只有神木县等极少数县域达到了全国“明星县”的水平。

在调研中人们容易感受到，神木县主要领导和领导班子在各种场合讲“解放思想”的时候，总是力图结合本县实际，在发展民营经济、建设民生工程与科学发展观之间建立起合乎逻辑并易于转化为政策的联系，“舆论先行”的点抓得准，展现出类似神木县这样县级领导的思想水平决定政策水平，政策水平决定工作中创新水平的规律。坦率说，目前中国西部太需要几个像神木县这样全能型的明星县作为发展示范了。

重要的是，在神木县宣讲解放思想的意义不止于解除发展民营经济的精神压力，关键是它能在新形势下“没有条件创造条件”地发展民营经济和建设民生工程，创新之精彩必尽在其中。2012 年 3 月底，神木县有主要面向民营企业的小额贷款公司 22 家，注册资本总额 271800 万元，贷款余额 242720 万元。担保公司一家，累计融资性担保业务总额 8100 万元。

可以预见，这是可归称为“一马当先”的那一类现象，同时亦可预期，“万马奔腾”的现象很快会到来。人们可以断言，占据“一马当先”的位置的动力一定不会少于在改革中解放思想、大胆创新的魄力。

我们感到，不能仅凭神木县发展民营经济和建设民生工程成绩斐然，来就事论事的评价神木县的作为，正确的问题是，为什么其他资源大县就未能将非煤类的民营经济搞得风生水起，而有惰性地坦然继续坐吃资源饭？对此，回顾约束条件是必要的，否则谈不上创新。

4. 金融体制改革滞后对发展县域民营经济的制约

前已叙及，中国现行的金融制度以刻板和垄断著称，作为一种关键生产要素的市场化水平太低。眼下，一个创业者可以轻易以某个工资率雇佣到所需人才和劳动力，却几乎不可能以某个利率水平轻易从银行获得融资支持。神木县也不能置身于这套制度之外。实际上，中国银行业贪大求洋、歧视小微企业的放贷政策，正日益成为我国发展县域民营经济的制度性障碍，它几乎堵死了民营企业外源融资的路，以致“人人喊改”。所以说神木县重视发展金融经济不是偶然的心血来潮。

鉴于民营小微企业在促进充分就业方面的巨大潜能，既有的融资制度尤其不利于通过发展民营经济来改善县域民生。人们已深刻领教了银行业本能地在经济繁荣的地区布点揽储的冲天干劲，最终却不是造成资金沉淀就是资金浪费，这正是现行金融体制弊病最常见的症状之一。这意味着像神木这样经济发达的县，如果没有民间投资渠道，神木人将钱统统存入银行就等于资金外流。

市场制度对资本要素有一个很强硬的原则性要求：所有没有被消费掉的剩余资金，哪怕是几元、几十元钱，都应当被尽快转化为资本在经济中飞速运转。如果金融制度不能胜任以市场方式处置由储蓄转化而来的资本的出路，那么神木县的做法就一如前年温州等地的尝试，在真实资本市场上进行谨慎的创新，补偿传统金融体制对民营经济支持不足的缺损，至少神木县政府无意制止符合市场规律的民间融资创新尝试。

众所周知，神木有煤，产量达亿吨规模。近年来煤价坚挺使所有资源县的涉煤领域都有利可图，民间资本可观。虽然现行的金融制度愈显僵化，但自古至今的政府都没有、也很难禁绝民间资金拆借，条件是规模不能大到冲击“主渠道”。

据了解，神木县官方对民间投资采取了可取和明智的做法，在民间融资合情合理和国家政策层面的合法之间，取得了符合神木县实际需求的平衡。比如前述2010年神木县城镇居民可支配收入中有80%的极高比例来自居民对民营企业的投资性收入。这个数据很有力地说明，至少在神木县近年的发展中，民间以个人方式向民营企业投资被证明效益很好，起码是优于银行利息收入的（2008年至今的利息与CPI之比为负值），等于间接改善了神木城镇的民生水平——剩余资金有了更合理的获利渠道——神木县金融经济初步繁荣的标记。应该说，神木县这种看似无为而治的亲民型融资创新方式是十分耐人寻味的。

（三）实现国有、民营经济共同繁荣

在县域经济层面，实现国有、民营经济共同繁荣属于典型的“知易行难”问题，但它确是我国现阶段转型发展中一个重要的政治经济学命题。我国国营企业的低效率曾经是一个很直观的现象，在进入新世纪我国初步建立市场制度的背景下，实现国有、民营经济共同繁荣不可能再行指令的方式，神木县如果没有创新就没有好出路。

然而在市场环境下，政府的企业未必都是低效率的代名词，除了自然垄断行业不宜民营化，在现行不尽合理的财税体制下，包括神木县在内的所有县域内的资源性企业均无例外地涉及对县域经济敏感的利益分配难题。我们知道，“好市场”的环境很重要，美国国家邮政总局（国企）就曾长期位于美国企业全要素效率指标第四、第五位。这说明，神木县的领导秉持“政府调控市场、市场引导企业”的发展理念符合市场规律，或者说，神木县领导坚持国有、民营经济共荣的理念，是建立在对市场规律深刻理解基础上的，接下来才是对县情的具体分析。

1．国有企业有功于神木县的发展

在20世纪80年代中期，国有大煤矿“大手笔”的开发克服了神木县经济发展的“静摩擦”，那时神木县是国家级贫困县，经济上毫无神气可言。神华集团早期对神府煤田的开发为我国的能源事业做出了很大贡献，也教会了神木人很多东西。我们不必再劳神费时地计算神华一共为国家赚取了多少利润，而应删繁就简地聚焦两个涉及神木县地方财政的利益问题：其一，在“国家队和省队（大型国企）”营造的利润总额中，分配给神木县级财政的部分是多少？其二，大中型国企能源事业蒸蒸日上之际，对神木县当地环境造成的损害是否充分予以补偿了？

关于上述其一，答案是不言自明的，黑龙江省（石油）和山西省（煤炭）长期以来都没有因其资源优势对国家能源的巨大贡献而获得恰如其分和合情合理的回报，更不要说神木的县级地方财政了。从理论上说，因那个时代需要冻结上游产业价格而抑制全国通胀的贡献理应获得补偿。虽然后来能源价格放开了，但财税体制仍然“对不住”地方政府的正当需求。中国自古以来就一直拙于理顺央地关系，地方利益总是受损的一方。

关于上述其二，产煤有损地方环境，利润分割中对环境的补偿严重不足，乃是中国各类企业至今未改掉的“坏习惯”之一。虽然神木县没有办法摆脱此类弱势地位，但神木人对此“有看法、没办法”的局面是不甘任其继续的。

上述两个问题都引起了神木县委和县政府的高度重视，并体现在大力发展民营经济和建设“生态神木”的理念之中。总之，国有大型企业是通过神木的煤资源来带动神木经济的，有功劳，但不是绝对的，不能把话讲绝。

2．神木县营造好环境能普惠各类企业

假定民营企业也对神木的生态问题提不起兴趣，那么在神木县域经济中强调民企和国企共同繁荣，也能通过建设“生态神木”的概念来消弭资源性经济的负外部性损害。其中的关键机制是，地方民营经济的利税收益大多归地方政府，当良好的生态环境进入神木县政府工作的目标函数时，科学发展的愿望就可望获得必要的资金支持。

在中国县域经济社会环境协调发展的横向比较中，类似神木县这样的资源大县的“先天条件”是相当不利的，皆因民企成长的环境欠账不少。但神木县以重视发展民营经济所形成的经济剩余作为对生态环境的有力补偿的做法，就不止于可圈可点，而是可喜可贺了。但这最终还要靠合理的利益分配加上金融经济的支撑。

神木县将重视环境的思想加以具体化——通过补偿、平衡性地发展民营经济，获得再造秀美山川的资金条件，同时也改善了国企的生存环境。由此看来，资源型国企向地方政府缴纳资源税，应当成为一条更清晰市场纪律和收入分配改革的内容之一。

对于神木县这样一个煤炭资源高度富集的县级地方政府，发展民营经济并不意味着鼓励地方小煤矿大干快上地与大中型国有企业抢资源，尽管这样做并不显得十分理亏。但是，“先模仿后提高”的大思路，无疑构成高度评价神木县平衡地支持国企、民企发展的一个很充分的理由。问题的关键在于，神木县是否像许多煤炭资源大县那样只模仿不提高，或者在长达 20 年的时间里除了模仿还是模仿，把整装资源切割得不像样子？神木没有这样做。

神木县力求民企和国企共荣最值得称道之处表现在，神木的民营企业在县委、县政府的引导和催促下，几乎没有陷入一个安于模仿大中型国企挖煤赚钱的自我陶醉时期，然后就在整体上跨越了只卖资源、坐吃山空的低水平发展阶段。这正是神木县域经济社会发展的一个不逊于先进理念的表现。

人们可以宏观地说，国企也早就想到要去做创新事业，比如就地提高产品附加值等。然而造就了神木县民营企业神奇发展的动因之一恰在于，他们也想到并在短期的实践中就获得了很大的成功。比如打造足以让陕西省和中国感到骄傲的低温干馏——兰炭产业，“创新的勋章”就应挂在神木县民营企业身上，况且其目前的规模已达千万吨级，以及全国最大的百万吨级 PVC 生产基地，中国西部最大的 600 万吨浮法玻璃基地，还有中国西部最大的（百万吨级）电石生产基地。由此足见神木县民营企业的活力，仿佛是一下子从地下冒出来的创新精神所为。

很显然，神木县域经济的跨越式发展得益于许多国有和民营企业都在升级利用的煤炭资源。按理说，以现代生产技术将煤就近转化为电能不是大问题，但如果将神木大型民营煤转化企业建在中国东部地区，它需要多少电，需要多少经远距离运输的煤，产品运往内地市场需要多大规模的物流成本？

关键是，仅在一代人的时间，神木县就从一个 40 万人每天创造 15 万元财富的中国西部国家级贫困县，发展到如今每天创造1亿元财富的经济强县，除国家在西部广泛投入的基础设施外，国家政策并不干预而是支持民企发展，能证明发展县域经济既需要依靠国家的基础设施和好政策，更要依靠当地政府的主观能动性，靠做强民营企业的县域氛围，仰仗民营企业家的创新精神。神木县近年的发展轨迹与上述规律几乎严丝合缝。

就创新发展而言，人们能仅凭产权常识形成正确的判断，国有企业经营者与民营企业家，孰为更热衷创新发展的一方？可以说，神木县提倡创新，不仅反映的是县委、县政府的工作思路和干部的精神面貌，也构筑了与企业家共享的进取向上的精神乐园，使他们收获了丰厚的物质和精神回报。

3．壮大民营企业有助于神木国有企业发展

据调研和观察可知，神木县大力发展民营经济，在多数有利可图的细分市场都活跃着神木县民营经济的身影，特别是在服务业，此乃民营经济具有高度活力和渗透性的突出表现领域，无论从哪方面讲，都对国有大中型企业有积极助益，尽管很难精确计量这种积极影响。然而有一点应当不成问题，那就是神木县域内国有企业的市场环境和生活条件因此也大为改善。

据一位曾参与过20世纪80年代中期神华集团大柳塔项目的国企设计人员讲，与当年“穷山恶水灯下黑，污水烂泥满山沟”的景象相比，神木县的变迁有沧海桑田的量级。由于神木县的生产和生活面貌焕然一新，间接使作为大型国有企业（神华集团）员工的工作补贴的含金量明显提高。

在评估县域经济范围内民营企业繁荣之于国企的积极影响时，最不应遗漏的视角之一是其在健全市场机制的作用。一般说，健康发达的民营经济必然会通过各种价格竞争和工资信息，为国有企业提供一个弥足珍贵的效率参照并形成“影子效率”。

根据调研我们发现，神木县民营经济的发展对于当地国企的影响肯定不是单行线，除了很容易理解的利益示范效应，大型国有企业相对规范和较高水平的经营模式，对于帮助神木县民营经济迅速跨越初级阶段的确有积极意义，应予充分肯定。问题在于，神木县民营经济即便得益于国有企业经营管理模式的有益影响，也很难完全解释其爆发式增长的原因，因为一种规范的经营模式之扩散，几乎不可能在数10年间扩展至整个县域经济范围。明乎此，人们就不得不回过头来考虑神木县委、县政府为繁荣民营企业、规范和提高神木县民营经济所做的具体努力。

概言之，地方政府没有消极等待“自发秩序的扩展”，除了政策坚决和明确，作为健全投资和经营环境的政策重点，神木县整肃当地公共安全的努力及其成效值得记录在案，这方面的成效当然同等地有利于大中型国企和各类民营企业。如今，神木县域治安环境较差的传言早已烟消云散了。

（四）科学引导民间资本在县域经济内合理配置

资本只有在运动中才能增值。在欠发达国家和欠发达地区，劳动力资源丰富和资本短缺对于经济发展造成的影响，被形象地概括为“资本为王”四个字。长期以来，在县域经济层面，资金不足构成了许多发展事业的重要制约。曾经，神木县也不例外；如今，神木县经济发展中引人瞩目的例外又表现为，当县域经济在宏观上“不差钱”和资金压力缓解时，神木县的领导既全神贯注于民生问题，又在合法的范围内进行金融制度创新，努力引导民间资本按照市场规律配置到实体经济中去，使金融经济为神木县的可持续发展奠定了足显先见之明的扎实基础。

1. *神木县领导对民间资金流向的前瞻性思考*

我们感到，在神木县塑中国县域经济神奇辉煌的所有精彩事例当中，最神奇和最具有前瞻性的决策表现为，神木县领导在资金瓶颈得到舒缓以后就敏锐地意识到，必须引导民间资本配置到高效率的经济部门，配置到能带着神木走向未来可持续发展的事业中去，以便符合“让每一块钱的资本都飞速运行”的市场经济规律。

神木县漂亮的决策之一是，政府从未打算用新建国企并用国有、国管、国营的方式来使用资金，而是大胆地将金融创新、金融经济与经济发展挂钩，结合神木县域经济发展的实际，很早就启动了为民营经济搭建融资平台的探索创新。因此，人们判定神木县在世纪之交就曾尽显远见卓识的根据，正是多年来社会各界对国有银行体制拒绝为民营和小微企业融资的那些批评，以及当前社会各界对此（旧金融体制）口诛笔伐所形成的共识。这与温州从事金融创新、从最初闻名全国的是非之地过渡到如今正式获批金融改革试验区的情况多有相似之处。在中国西部县级，此类举措尤其难得。

换言之，当10多年后民营和小微企业融资难成为金融改革的优先目标之一时，神木县早在10多年前就以“少说空话多干实事”的方式尝试突破该体制障碍，而且神木县为民营融资的创新努力，摆脱了类似温州和浙商民间借贷所发生的诸多问题，从未陷入舆论是非的旋涡。可见谨慎合法和大胆创新在目前中国的进步事业中都是必需的。因为我们知道，在中国，即便在不太重要的经济领域行创新之举都很难避免非议，而神木县的金融经济居然悄然做大了，金融创新所催生的金融经济居然风平浪静，不能不说其中大有前瞻性的政治智慧之妙。

2. 神木县为民营经济搭建融资平台的制度创新

2002 年 11 月，神木县平静地成立了生产发展基金管理中心，与国有资产运营公司和资金所的称谓一起，构建起“三块牌子，一套人马，合署办公”的专职机构。这里的关键词是“三块牌子”。那不是因为基金中心的工作职能职责太多，而是职能泛化的机构在追求其宗旨性目标时，容易做到更灵活、更方便、更有利于从事和支持创新活动。

据我们所知，近 20 年来，中国各级各地的政府为了推进特定的发展目标，普遍采用了由政府出面设立基金等做法，该常规模式被概括为“设基金、留财税、发债券、给土地”四大关键支持举措。最新的实例是四川省为了加快推进天府新区建设专门推出了包括上述四项措施在内的十项优惠政策，而最早的类似举措是上海在近 20 年前开发开放浦东新区。类似做法在一段时间内被统称为“给政策不给钱”，因为当时中央政府财力紧张，所以决定将税收的增量部分留给浦东新区作为一项优惠政策。

需要特别提及，2010 年才出台的《国务院关于鼓励和引导民间投资健康发展的若干意见》（简称“36 条”）中有了兴办金融机构的内容。而最新的政策信息是，发改委将在 2012 年“上半年出台（36 条）实施细则”，足见金融改革和民间投资问题复杂。需要谨慎处置涉及金融领域问题的间接证据之一则是，刚刚获批的温州金融改革试验区原申请报告中的“国家”抬头被删去，“利率市场化”申请亦未获批准。即便今年中央能出台可操作、实践效果好的实施细则，神木县也早在十年前就建立了相关机构，开始了县域经济范围内合理引导民间投资的实践创新。

根据我们调研所得信息显示，神木县的创新尝试是基本成功的。做此结论的根据不是因为神木目前的金融经济在理论上符合市场制度的内在要求，符合教科书上的规范，而是因为神木金融创新实践的效果良好，它在一定程度上托举了神木民营经济发展的高水准，并且没有发生类似浙江吴英集资案那样轰动全国的有争议的突发事件。

3. 神木县引导民间资本支持民营经济发展的成功实践

在中国，对诸多“应该”事宜进行空洞的呼吁已经很多，但实践中最重要的事情毕竟是如何像神木县那样结合实际克服约束条件，真正收获发展和创新的双丰收。

以全国金融资本市场近十年来的发展水平看，民营资本与民营经济之间市场联系严重受阻，应该是一个国内外有目共睹的事实。神木县推动金融经济创新实践的几个微妙之处突出表现在，神木巧妙地借鉴了一、二线城市首先依靠财政注资的办法建立一个基金，或称搭建一个制度平台来承载金融创新的困难和压力，等于用公共资金的信誉来为吸引、引导民间资金支持民营经济发展提供多重意义的担保。在有神木特色的地方政府扶持民营经济发展事业之初，神木县的开局被证明方向相当精准，为市场机制对神木民间投资“做对激励”确定了大有前途的方向。

但是，神木搞金融创新和金融经济所具有的一个必要条件要讲清楚：县域财力宽松固然可以依照类似神木的模式做，然而县级财力紧张也未必不能学习神木县在民资和民企之间架设融资平台的做法，关键的差别恐怕在县级领导发展县域经济的谋略和胆识上。作为一个反证，我国中西部有些资源大县的财政收入并不少，却鲜有神木县那样上下一心繁荣民营经济和关心民生的热情、干劲和精神面貌。

在2002年11月神木县生产发展基金管理中心成立之初，依照各地的惯例，神木县级财政承担向该中心注资的义务。然而这笔数10亿元的财政资金既以国有资产的形式出现，对其保值增值就成为一种政府义务。在承担其他拨款义务如县级重点工程之外，对这笔注册总额为20亿元的基金增值运作的优先方向，一定是最富活力的民营经济，必须用在最制约神木县民营经济发展的融资领域。

到2011年年底，神木县基金中心的资产总计已达56.5亿元，所有者权益为37.6亿元。从实践效果看，神木县生产发展基金管理中心做到了使国有资金保值增值。在保证不亏损的前提下，该基金除了发挥出激活民间资金的作用，更筑就了神木县金融经济发展的策源力量，具有“点火器”的意义。

事实上，神木县国有资产运营公司作为县政府独资成立的国有企业，以其注册资本20亿元的规模，累计给民营企业融资近40亿元。强有力地支持了神木民营经济发展。其通过入股中省市大型国有企业、创新性的“神木路径”，以及利用在建项目抵押、固定资产抵押、票据质押等方式直接借款，盘活国有资本，撬动民间资本，带动固定资产投资200多亿元。仅2012年1至3月份，公司就完成固定资产借款项目3个，发放借款12000万元；完成流动资金借款项目1个，发放借款2000万元；完成政策性借款项目1个，发放借款8000万元。

观察一种基金的分类能够带来有关其使用方式和效益的有益信息。神木官方的发展基金首先被划分为经营性资金和非经营性（政策性）资金两部分，后者的使用有着明确的政策约束和管理机制，当然，真正有活力和创新意义的是基金的经营性部分。毫无疑问，正是以这笔钱开路的金融创新举措，打通了神木县域范围内促动缺资金的民营企业与民间富余资金之间的制度性融资主渠道，它强有力地对冲了国有金融机构对民营企业融资的歧视性限制。

神木县对民企的支持力度大约可同时说明三个问题，一是神木县财力确乎强大，二是新增的财力被以金融制度创新的方式用于发展生产力，培育金融经济作为新的经济增长点，三是对民营经济的融资支持必将为发展金融衍生品开辟良好的前景。

4. 神木县稳健发展金融衍生服务业

中国经济改革过程中的一个规律是，绝大多数率先突破机制、机制障碍的做法一开始总会遭到非议，所以它一定需要当地领导人解放思想、锐意改革、敢于创新。经过一段时间的僵持之后，那些先行先试的地区往往能收获丰厚的“创新红利”作为补偿，使新模式先造福一方，继而在全国推广。

现在看来，神木县的金融衍生产品、金融服务业的发展正处于中国西部先行先试地创新这个微妙的初级阶段，这种悄无声息地创新探索有可能将神木县的未来引向一个区域性金融中心，至少未来神木经济社会发展会因此受益匪浅。道理很简单，因为全世界的企业都乐于离“金融超市”更近一些，哪怕是个小型“金融便利店”。

在神木县的街道上，比较抢人眼球的是经营金融衍生产品的公司招牌，使人感到较强的金融经济气息。比如，神木县中小企业信用担保公司由政府兴办，注册资本2亿元，专门为神木县政府确定的支柱产业项目提供贷款担保。该公司不涉及民间自办金融机构的禁令，其贷款可在200万元—2000万元之间。鉴于神木县为民营企业发展搭建的融资平台的功能，大体能做到以准市场方式每提供1.5元的融资，就能带动民间资金进入实体经济8.5元的“杠杆效应”，人们便不难想像，神木县的融资创新和金融经济为该县域民营经济注入了多么强大的资金动力，同时盘活了多少民间资金使之发挥经济效益。

就目前实际状况看，一方面，神木县正式注册的小额贷款公司有22家，为陕西省县域之最。截至 2012 年 3 月底，注册资本总额 271800 万元，贷款余额 242720 万元（其中支持农户贷款 15.6 亿元，支持小微企业贷款 8.7 亿元），2011 年累计发放贷款 77561 万元，贷款对象基本是县域内优质民营企业和个体户，“三农”贷款比率为 72%，单笔贷款额度一般为 50 万元—100 万元。这些小额贷款公司在其业务活动中，多采用信用担保方式，即贷款人多为股东引荐，推荐股东负连带责任，贷款人再推荐两名实力较强的本地居民作为担保人，不良贷款率极低。另一方面，神木县现有拥有融资性担保机构经营许可证的融资性担保公司 1 家，即“神木县中小企业信用担保公司”。其通过政策性担保模式（县政府每年安排 500 万元风险补偿资金），利用贷款担保、票据承兑担保、项目融资担保等方式，为民营企业服务。截至 2012 年 3 月底，该公司累计担保笔数为 13 笔，累计融资性担保业务总额 12300 万元，在保责任总额 8100 万元，在保户数为 5 户（其中 2012 年新增担保户 3 家，担保额 5900 万元）。

应当看到，神木县财政曾经因煤而丰裕，但目前已远不是“煤财政”模式了。除去享誉全国的民生工程，神木县委、县政府办公楼远不属于当地的炫耀性建筑。通过搭建符合神木县情的融资平台，神木县级财政的主流绝非地方政府负债，而是促进了地方经济可持续发展，比如投入土地储备资金 6.16 亿元，通过国有资产管理公司代表县政府出资创立全资、控股、参股企业 19 户，使金融经济开拓了后备财税资源。

事实上，在现行融资制度下，在财力较宽松的县域，地方政府先行投入参股、再行退出民营企业的做法不应被完全否定和禁绝。当然，政府不能与民争利，不能自建垄断企业。问题的关键不在于地方政府要不要设法增收以壮大地方财政，全世界的地方政府都在尽力增收，既然现行扭曲的融资制度不利于富有活力和增加就业的民营小微企业发展，导致宝贵的资金短缺和闲置的现象并存，就没有理由禁绝诸如神木这样有条件的地方政府探索新融资渠道。正是在这个意义上，我们可以判定，神木县迄今为止包括推进金融经济在内的各类创新及其实践效果，在全国县域经济层面的横向对比中，显然处于一个优等生的水准。

近年，随着神木县经济的快速发展，各金融机构纷纷进驻（浦发银行、招商银行、交通银行陆续进入）。目前，神木县共有科级银行机构 16 家，营业网点74个，银行从业人员1000余人，具有支行级别的金融机构达40家，金融机构数量居长江以北县域之首。

2009年，神木农村商业银行正式成立

2011年，神木全县各项存款余额达511亿元，各项贷款余额达274亿元，较上年度增长26.3%。神木县存贷款余额的快速增长成为金融资源，尤其是信贷资源支持民营经济发展的重要基石。在此基础上，各金融机构正在不断加大信贷资源向民营经济的倾斜力度。同时，各金融机构正在不断创新体制机制，努力降低中小企业信贷门槛，优化信贷流程。它们以其方便快捷的融资服务，促进着神木县域经济快速发展。其中，农行神木县支行大力发展融资租赁业务；工商银行神木县支行及大柳塔支行大力发展贸易融资、商品融资、承兑汇票等业务；中国银行神木县支行力推“中小企业贷款新模式”等等。尤其是长安银行，积极为当地中小企业搭建稳定、良好的融资平台。通过“直投”、“直贷”、“融资理财”、“转让信贷资产”等多种方式，累计为神木县大中型民营企业融资17.2亿元。成立2年来，通过各种方式总计为神木县融资近74亿余元。各类金融机构各显其能，相互补充，为神木各类企业提供差异化融资服务，不断营造着神木县域经济社会科学发展的新天地，为神木打造宁蒙晋陕金融中心奠定了扎实基础。

五、统筹城乡发展的“3+3”模式

统筹城乡发展是科学发展观的重要内容，也是十六大以来，中央根据我国现阶段城乡社会经济发展状况，为实现我国城乡协调发展、全面建设小康社会而作出的重大战略决策。神木县在科学发展观的指导下，探索出了一条结合神木实际、具有神木特色的统筹城乡发展道路，这就是神木统筹城乡发展的“3+3”模式。

（一）结合神木实际的统筹城乡发展“3+3”模式

探索神木特色的统筹城乡发展道路，首先就在于准确地把握神木县情。神木作为陕西省首个全国百强县，多年来县域经济快速发展，城乡面貌日新月异，群众生活水平迅速提高。然而，神木人对自己的县情有着清楚的认识。神木人认为，一方面，虽然神木县域经济发展迅速，但神木的基本县情仍然是财政富、老百姓不富，少数人富、多数人不富，北部有资源乡镇富、南部黄河沿岸不富这“三富三不富”，增长速度与发展质量不同步、经济建设与社会建设不同步、精神文明与物质文明不同步、干部素质与社会发展不同步这“四个不同步”，城乡差距、贫富差距、区域差距“三大差距”明显。同时，土地、交通、生态环境等因素也制约着神木经济社会的可持续发展。另一方面，随着神木工业经济的跨越发展和地方财政收入的大幅增加，又具有以工促农、以城带乡、推进城乡统筹发展的独特优势。2005年起，神木开始实施工业反哺农业、城镇带动农村，成效显著。2008年，神木县成为陕西省首个城乡一体化试点县。

2011年，《求是》杂志第9期发表了神木县委书记雷正西的署名文章，题为《城乡统筹：让农民多得实惠》，对城乡统筹进行了理论和实践的再探讨。2012年，经充分调研酝酿，并吸收中省市各级领导和专家学者的意见，神木县统筹城乡发展的“3+3”模式正式推出，并以县委1号文件发布。所谓“3+3”模式，就是依靠“工业化富裕农民、产业化发展农业、城镇化繁荣农村”，同时实现“农民市民化、农业生态化、农村集约化”。这是一条把一般历史经验和神木特殊实际相结合的、具有神木特色的统筹城乡发展的新思路。

从一般性来看，“在工业化初始阶段，农业支持工业、为工业提供积累是带有普遍性的趋向；但在工业化达到相当程度以后，工业反哺农业，城市支持农村，实现工业与农业、城市与农村协调发展，也是带有普遍性的趋向。”党的十七届三中全会《决定》指出：“我国总体上已进入以工促农、以城带乡的发展阶段，进入加快改造传统农业、走中国特色农业现代化道路的关键时刻，进入着力破除城乡二元结构、形成城乡经济社会发展一体化新格局的重要时期。”神木作为陕北能源化工基地的核心区域，经济总量和财政收入大幅增加，尤其是“十一五”期间，神木地区生产总值年均增长54.8%，财政总收入和地方财政收入分别年均增长45.9%和31.9%。2011年，神木全年实现地区生产总值771亿元，财政总收入实现181亿，其中地方财政收入45亿元，城镇居民人均可支配收入和农民人均纯收入分别达到26064元和10798元，城镇化率达70%，县域经济综合实力继续位居陕西省各县之首。神木完全具备以工促农、以城带乡和扶持“三农”的能力和条件。神木大胆地跳出传统的“就农业论农业、就农村抓农村”的思维模式，把工业化、城镇化和解决“三农”问题结合起来，加快推动城乡经济社会的协调发展。

神木的统筹城乡发展的“3+3”模式一开始就是与神木的实际县情相结合着的。就“工业化富裕农民+农民市民化”而言，神木人认为，这包含着增加农民收入和加快农民转型两层意思。“三农”问题的核心是农民，农民问题的核心在于增收，而农民增收是三农问题中最难解决的问题，长期以来，农村居民收入增长远远落后于经济增长，城乡差距越来越大，农民权利得不到保障。神木存在“三富三不富”的实际县情，“三不富”实际就是农民群众不富，要解决农民问题，必须依靠工业化富裕农民，加快农民向市民的转型。就“产业化发展农业+农业生态化”来说，神木人认为，传统观念主要强调农业的食品保障、原料供给和就业增收功能，这主要是从国家或省级层面上来讲的，就神木县域而言，从国家主体功能区战略的角度看，神木是全国的能源化工基地和工业强县，主要是为国家提供优质的工业产品和现代服务产品，第一产业在神木的生产总值中比重很小（1%）。神木地处黄土丘陵沟壑区向内蒙古草原过渡地带，并不具有为国家提供农产品为主体功能，生态建设任重道远。因而，神木农业发展要以产业化经营突出本地特色，大力发展生态型农业，实现生态建设产业化、产业发展生态化。就“城镇化繁荣农村+农村集约化”而言，神木人认为神木具有城镇化快速推进的实际，目前神木中南部80%的村庄已经“人去村空”，不适宜继续进行基础设施建设和发展陕北传统农业，神木必须跳出农村发展农村，依靠城镇带动农村，走农村集约化的路子，吸引农村人口和产业向城镇带集中，实现规模经济效应，降低公共服务成本，缩小城乡差距。而就“3+3”模式本身来看，神木把它作为一项系统工程，其各方面是相互促进、相互融合的，是统一的统筹兼顾的。

2012年，县委1号文件把“3+3”模式确定和明确为神木统筹城乡发展的总体思路，提出以中国特色社会主义理论为指导，“立足‘五个神木’大战略，按照结合神木实际的‘3+3’模式，在尊重农民意愿、地方历史文化传统和自然生态环境条件的基础上，根据现有财力和老百姓实际需求，调整人口结构和产业布局，加快构建人口向‘一体两翼’城镇带集中，产业向园区、重点镇集聚，土地向适度规模化经营集中，绿色版图在神木城乡大地加快扩展，人民幸福指数不断提升的统筹城乡协调发展新格局。”神木规划到2015年，通过以“3+3”模式为核心的统筹城乡建设，使“全县直接从事一产的农业人口降到5万人以下，城乡居民收入比缩小到2：1之内，城镇化率达到85%以上，林草覆盖率达到60%以上，基本呈现现代化城镇和新农村新社区和谐交融、生态环境与产业建设良性互动，城乡居民收入与经济发展同步增长的良好局面。到2020年，打破城乡二元结构，完成产业转型、农民转岗、生态修复任务，开辟一条资源型地区全面统筹城乡发展和可持续发展的新途径。”还提出要依靠政府和市场两种力量，最终在神木实现“三有”战略目标，即“在经济上把农民致富与转移农民、减少农民结合起来，长富于民，藏富于民，实现农民‘有其利’；在政治上把尊重农民、组织农民结合起来，使农民享有国民待遇，让农民当家作主，实现农民‘有其权’；在思想文化上把教育农民与转变农民观念、提高农民素质结合起来，增强民主、科学、讲公德的现代文明意识，实现农民‘有其教’。”

（二）“3+3”模式的具体措施

神木县在结合县情实际提出了统筹神木城乡发展“3+3”模式工作思路的基础上，进一步根据神木的发展状况，制定了落实“3+3”模式的具体措施。

在“工业化富裕农民+农民市民化”方面，神木强调要继续大力发展县域工业经济和民营经济，认为城乡统筹和农民市民化是以第二、第三产业支撑的，神木必须依托资源优势，创新技术，拓展市场，不断壮大“煤炭、兰炭、化工、电力、载能、建材”六大支柱产业，坚持产业向园区集中、人口向城镇集中、生产要素向规模经营集中这“三个集中”，大力发展锦界等6个工业园区和柠条塔等8个工业集中区，力争“十二五”末县域经济总量达到1300亿，财政总收入达到280亿，地方财政收入达到65亿。在工业快速发展中转移农村剩余劳动力，提高农民收入和财政支持“三农”和民生建设水平。另一方面，神木通过调整优化城乡人口结构，加快农民市民化，适应工业化发展和城乡一体化进程。一是按照“依法、自愿、有偿”的原则，鼓励农村居民进城镇落户。对举家迁入城镇的农户的承包地以及撂荒耕地由政府统一租用，实施二次退耕还林及农业产业化建设，对弃置不用、破旧倒塌的宅基地进行生态治理或恢复为耕地。二是积极创造条件，支持中、省国有大型煤炭企业在城区或重点镇建设矿区移民安置住房，鼓励涉煤大镇、工业大镇引导民企资金规划建设矿区移民小区，就近安置采空塌陷区居民。农村居民进城落户后和城镇居民享受同等政策待遇，最大限度保障落户农民利益。三是加大农民培训力度，健全就业保障机制。以“阳光工程”和“人人技能培训工程”为载体，采取政府协作培训、企业订单培训等多种方式，促进农村劳动力技能培训从适应产业发展需求，再到支撑产业升级换代转变，实现“培训农民提高农民，提高农民减少农民，减少农民富裕农民”的目的。四是切实保障城乡劳动者同工同酬，将就业指标作为项目、企业落地的重要条件，优先实施有利于扩大转移农民就业的项目。建立就业保障金制度，强化企业就业安置责任，促进充分就业。大力开发环卫、绿化、社区服务等公益性岗位。积极协调中央、省市驻神企业，建立聘用本地劳动力的长效机制。扶助进城、进镇落户的大专以上未就业毕业生、具有高中以上学历的新生代进城务工人员及农村籍退伍军人就业、创业。五是坚持文化发展投入适当向农村倾斜的原则，积极推进城乡文化一体化建设。

在“产业化发展农业+农业生态化”方面，神木主要采取了以下措施。一是实施主体功能区战略。神木立足优化农业的生产功能，强化农业的生态功能，科学评估了县内各区域的生态、资源、人口、产业布局现状和发展潜力，划定了主体功能区。主要是把县城及周边划为优化提升区，“一体两翼”城镇带和工业走廊带为深度发展区；北部风沙草滩区和中部黄土丘陵区为现代特色农业发展区，着重发展现代高效农业、大型小杂粮基地、规模畜牧养殖基地；沿黄土石山区为现代林果业发展区，重点发展红枣种植加工、畜牧、乡村旅游等产业；北部矿区农村为生态恢复区，加快推进矿区移民工程和采空塌陷区综合治理。二是通过产业化提升农业比较效益。神木坚持“上规模、调结构、抓时差、建市场”十二字方针，做强做大现代特色农业，着力培育“红枣、畜牧、小杂粮”三大主导产业；扶持农业龙头企业和农村专业合作社，推动“一村一品”向“一乡一业”转型，形成优势产业板块，加快市场化体系和品牌建设。同时鼓励民营企业投资农业项目；园区带动，创建特色农业基地。依托尔林兔现代特色农业示范园，并以此为辐射，在农牧业基地及基础条件较好的区域建设8至10个500亩左右的农牧业示范园及标准化基地，加大国有资产运营公司对入园企业的融资支持力度，构建具有神木特色的现代农牧业产业体系；神木还实施了促进农民致富的“333”（金桥）工程。在农业、林业、畜牧三大领域安排3000万元财政资金，对全县从事农牧业生产的农民及涉农企业进行奖励，重点发展强村大户和龙头企业，发展现代特色农业。三是大力发展生态观光农业，构建生态产业体系。加快发展生态农业、生态林业和生态畜牧业，引导农牧业与旅游、物流、环保等产业互动。发展“农家乐”旅游专业户，并给与适当奖励支持。四是积极开展农村生态化治理。巩固“退耕还林还草、封山固沙禁牧”成果，按照“面上大植树，点上植大树”的思路，加快工程造林步伐。积极推动坡耕地还林，在中南部乡镇探索实行坡度小于15°的承包地规模化经营，坡度大于15°的承包地生态化转型。县财政拨出专项资金用于“退耕还林还草”，对退耕户可高于国家标准予以补贴。

在“城镇化繁荣农村+农村集约化”方面，神木主要采取以下做法。

一是高标准打造重点镇，吸引农村人口和产业向以县城为中心，西以大保当、锦界为翼，北以店塔、大柳塔为翼的“一体两翼”城镇带集中，推动形成以县城为中心，以大柳塔、店塔、锦界三大镇为副中心，以建制镇为重点，以新农村示范村和样板村及“千村推进”重点村为突破的现代化、网络型城镇村体系，构建以“县城—乡镇—示范村”为主体的新型城镇化发展格局。编制重点村镇产业、市政建设和社会事业发展规划，加快重点村镇现代农牧业、加工制造业和第三产业等非煤产业发展，促进农村人口转移并实现充分就业。同时着眼打造宜居城镇，提高管理水平，优化人居环境。

二是搞好城乡用地增减挂钩。在保证城乡各类土地面积平衡的基础上，将整理复垦为耕地的农村宅基地，置换相等面积的城镇建设用地，破解城镇建设用地紧张局面和农村宅基地大量闲置问题，让城乡用地布局更加合理。三是推动农村产权改革。完成农村土地确权颁证工作，出台农村土地流转管理办法，完善农村土地流转交易程序，建立县、乡两级土地流转市场。按照“依法、自愿、有偿”的原则，鼓励农民以转包、出租、互换、转让、股份合作等形式，建立“龙头企业 + 村级组织 + 农户”、“龙头企业 + 农户”等多种土地流转模式，促进生产要素向规模经营集中。在农业产业化基础较好的村镇，尝试开展土地承包经营权量化为股权试点，组建新型农村经济合作组织，实现土地承包经营权的资本化，构建“土地变股权、农户当股东、收益靠分红”的新格局。四是收缩村组数量。在生产条件较好的农村以“一村一品”为载体，发展规模特色农业，构筑农村经济发展的产业支撑。不适宜人居和生产的村组居民逐步转移到城镇，减少行政村数量，加快生态植被恢复。

大柳塔小区一角

同时，党的十七届三中全会的《决定》中指出：“要尽快在城乡规划、产业布局、基础设施建设、公共服务一体化等方面取得突破，促进公共资源在城乡之间均衡配置、生产要素在城乡之间自由流动，推动城乡经济社会发展融合。”贯穿神木“3 + 3”模式的一条主线就是神木统筹城乡规划、产业布局、基础设施、劳动就业、生态环境建设与保护、公共服务、社会管理七个方面的城乡一体化建设。神木的具体做法是：一是构建起以“县城—乡镇—示范村”为主体的新型城镇化发展格局，对功能分区和定位进行明确，以求构筑城乡联动发展、整体推进的空间发展形态。二是统筹城乡产业发展。推动城区企业向农村延伸，提升农业产业化水平，构建城乡产业相互融合、三次产业互动发展新格局。三是将农村基础设施和公共服务设施纳入城乡规划统筹安排，使市政基础设施和公共服务设施向农村地区延伸，增强城乡基础设施建设的集约度，实现城乡基础设施共建共享。四是把农村就业纳入整个社会就业体系。神木坚持以培训促转移，加快农民向非农产业转移。通过干部挂职、民营经济博览会、“白领派遣计划”等措施引领全民创业。神木还积极转变乡镇职能，鼓励农口部门和乡镇的工作人员与农民合作兴办企业，鼓励农民到城镇定居，努力促进城乡劳动者就业服务共享、就业机会平等。五是树立生态经济理念。积极落实封山禁牧、舍饲养畜各项措施，并以工程造林方式建设百万亩生态骨干工程。六是扩大公共财政覆盖农村范围。实施好15年免费教育、全民免费医疗、城乡养老保险、特殊人群免费供养等一系列惠及城乡居民的民生工程。七是加强城镇管理力量。神木在城镇人口达到一定规模的乡镇设置社区，选调南部乡镇富余干部和大学生到社区工作，实现社区干部专职化，并建立流动党支部为流动人口提供便捷服务。

（三）“3+3”模式的特色做法

神木县在整体推进统筹城乡“3+3”工作的过程中，还通过创新形成了若干结合神木县域经济社会发展实际的特色做法。

1. “一体两翼、一河两川与重点村组”建设。“一体两翼”就是以县城为中心，西以大保当、锦界为翼，北以店塔、大柳塔为翼，沿线村庄农民依托榆神大公路大力发展餐饮、运输等服务业，形成“L”形的工业走廊和城镇带，重点建设县城、大柳塔、店塔、锦界、大保当五个重点城镇，发展产业集群，形成工业走廊，吸纳聚集农村人口。“一体两翼”城镇带和工业走廊带为深度发展区，着力打造高端低碳的循环产业体系。县城及周边规划控制面积扩大到46平方公里，为优化提升区，是统筹城乡发展的主要人口承载区，打造产业城区、宜居城区、田园城区和文化城区。在县城北郊，建设占地11平方公里的城乡一体化新村，将窟野河边16000亩滩涂和沿线30多个村庄纳入城镇，可容纳城镇人口6万人。

二村组团规划建设装备制造、农产品加工业区，西沙组团正在建设大型经济实用房、廉租房区，为吸纳农民进城就业和居住创造条件。“一河两川”就是在经济林业条件较好的黄河沿岸大力发展红枣产业，在农业条件较好的窟野河、秃尾河川两岸建设畜牧杂粮生产基地，为农民提供稳定的收入来源。同时，神木确定了一批人口较为集中，发展前景广阔的重点村，以重点村建设为载体，加强居住、道路、环境、文体、教育、体育等农村设施建设，逐步扩大中心村规模，迁并零星自然村和空壳村，建设居住相对集中、产业相对聚集、土地相对集约、各类要素相对集合的社会主义新农村。神木先后确定了市级示范村 16 个、样板村 1 个、距市中心四十分钟车程新农村重点村 2 个及“千村推进”重点村 130 个，县上投入资金重点进行基础设施、产业发展、村容村貌改善、移民搬迁等方面建设，并号召企业家返乡，支持新农村发展。

县委副书记郝海东（右三）陪同来宾在神木新村调研

城镇工业带的迅速扩展带动了农村劳动力的转移和第三产业的发展，目前，以神木县城为核心，以工业走廊为纽带的城乡统筹发展格局已经基本形成。神木规划到十二五末，城镇人口突破 35 万，城镇化率达到 80% 以上。城乡一体的社会主义新农村建设，也使神木农村道路、水利、电网和通讯设施等农村生产生活条件不断改善，也形成了一批文化名镇名村、集贸特色村和旅游生态村。

2. 实施农民致富的“金桥工程”。为进一步调动农民家庭种养殖积极性，壮大农牧业发展规模，提高农牧业综合效益，加快推进现代特色农牧业发展，促进农民增收致富，神木县委、县政府从 2011 年开始，在全县范围实施“333”工程，2012 年称为“金桥工程”。金桥工程以提高农牧业综合生产能力、增加农民收入为目标，以加强“畜牧、红枣、小杂粮”三大主导产业为主要内容，以“种植、养殖、农畜产品加工”三大产业类型为基础，以财政安排专项“以奖代补”资金为推进手段，重点发展强村大户和龙头企业，不断增加群众收入。

“金桥工程”的奖励原则，一是因地制宜，分类指导；二是突出重点，注重实效；三是政府引导，农民主导；四是公平、公开、公正。奖励对象主要是全县从事农牧业生产的农民、种养大户和农畜产品加工企业及相关涉农企业，此外包括从事农业生产、农畜产品加工的非本县户籍个人及企业。在农业领域，主要对地膜工程、马铃薯、小杂粮、设施蔬菜按栽植面积进行奖励。在林业领域，对红枣按红枣丰产示范园、新栽枣树、红枣低产园改造以栽植改造面积进行分类奖励，对长柄扁桃按栽植面积奖励。在畜牧领域，对羊、猪、牛、鹿、驴、鸡、兔、珍禽及其它特种养殖按普通养殖户、规模养殖场以养殖数量分类进行奖励，同时对符合养殖设施、生产规范、计划免疫等条件的标准化规模养殖场，达到规定标准予以重奖。在加工企业领域，对从事小杂粮加工等涉农企业、新建红枣烤炉、红枣保鲜深加工新建项目和其他农畜产品加工企业，符合规定标准予以奖励。农户因种植、养殖、加工需要，自己配套建设的小型水利工程，视情况给予奖励。

神木实施的“金桥”工程取得了良好效果。2011 年共有 3909 户农民享受“金桥”工程奖励，奖励资金达 2100 多万元。其中农业领域涉及 1019 户，奖励资金近 530 万元；林业领域涉及 200 户，奖励资金 410 多万元；畜牧领域涉及 2690 户，奖励资金 650 多万元；农户配套建设的小型水利工程奖励 200 多万元。农民户均增收 5000 元，种养殖积极性明显提高。金桥工程还带动了农牧业的产业化规模经营和土地流转步伐的加快。

3. “双百帮扶”工程。考虑到神木工业经济和民营经济快速发展，而部分区域农村群众仍然贫困的现实，为实现城乡统筹发展，2007 年神木县开始启动实施“双百帮扶”工程。“双百帮扶”工程选择 200 户有实力、守法诚信经营、社会责任感强、能积极参与扶贫帮困工作的优秀企业，按照“政府积极倡导、企业自愿参与、结对三年不变、互惠互利、政府给予政策扶持”的原则，对占全县行政村总数三分之一的 200 个农民人均纯收入处于较低水平、人口相对集中、具备一定的发展条件和扶贫开发潜力的贫困村进行对口支援建设，以促进农民增收，实现共同富裕。

“双百帮扶”工程要求企业深入结对村调研论证，研究制定切实可行的三年帮扶计划、年度实施方案和具体实施办法，通过提供人才、技术、法律、资金、物质等多种方式的支援，力争3年内使贫困村人均纯收入总体水平有明显提高。同时结对村要充分发挥自身优势，在劳动力、土地、资金运作、项目实施等方面切实支持企业发展，形成共建合力。主要帮扶内容是：一是重点发展产业。对奶牛、羊、红枣、小杂粮等农业资源进行产业化经营，按照“一村一品”的要求，发展主导产业。二是鼓励企业参与交通、通讯、供电、供水、供热供气管网等农村基础设施建设，鼓励企业发展农作物秸秆、农村废物资源综合利用等循环经济。三是鼓励企业参与农村教育、文化、卫生和社会保障体系建设，特别是资助农村人才培养。四是鼓励企业面向帮扶村开展职业技能培训，与结对村建立长期稳定的劳务和就业合作关系。五是鼓励企业定向资助结对村困难群众。同时政府对帮扶企业实施政策倾斜和奖励。

“双百帮扶”活动在神木开展以后，企业积极参与、群众积极响应。截至2010年3月，累计有288户民营企业结对帮扶311个行政村，投入帮扶资金6.8亿元。到2011年底，已累计投入资金近8亿元。在“双百帮扶”活动中，民营企业家中也涌现出了一批返乡帮扶帮带、支持新农村建设的典型。

4. 农牧业示范园和“一村一品”示范村建设

按照“农业为本、科技为心、产业为轴、园林为貌、休闲为辅、效益为先”的原则，神木从2009年起开始启动建设现代特色农业示范园区，园区定位于示范推广、产业孵化、加工和出口创汇、集聚扩散、科普培训和旅游观光六大功能，总面积为11万亩，其中核心示范区位于尔林兔镇贾家梁村。

神木还建成西沟四卜树丰禾生态示范园、赵家沟旱作农业示范园、板墩焉种养殖业示范园、西洼彦荣科技示范园、王家洼优质小杂粮示范园、前鸡畜牧养殖示范区等六大示范园区。同时确定了太和寨墩梁等10个“一村一品”示范村，其中，省级示范村7个，县级示范村3个，农业产业示范村6个，畜牧产业示范村3个，林业产业示范村1个，以及100个推进村。每个示范村县财政安排专项扶持资金10万元，农、林、牧相关项目优先安排于示范村，在示范村大力推广先进优良品种，实施高效栽培、养殖技术、无公害化生产、测土配方施肥、生物灾害防控等技术。

中鸡镇訾家河新村

神木抓住发展农牧业的"基地、龙头、品牌、时差、市场"五个关键，通过农牧业示范园和"一村一品"示范村建设，促进了农牧业集约集聚发展，形成了具有神木特色的现代农牧业产业体系。在农牧业示范园和示范村的龙头示范和产业带动下，神木农牧业主导产业优势凸显、形成了小杂粮加工、红枣加工、羊绒加工等产业链，为数不少的民营企业家投入资金到现代特色农业中，农民合作组织和龙头企业发展壮大，涌现出了四妹子、丰禾五谷、通海羊绒、瑞盛养殖等一大批农业企业，农业产业化进程加速，示范村农民收入大幅提高。

（四）"3+3"模式的经验启示

1．统筹城乡发展必须立足实际、不断创新

一切从实际出发、实事求是马克思主义世界观、方法论的根本要求，也是中国共产党开展工作的思想路线，而解放思想，与时俱进、不断创新则是贯彻党的思想路线的本质要求。神木的统筹城乡发展工作首先就是从神木经济社会发展的实际出发，并结合神木具体县情进行科学创新，其统筹城乡发展的"3+3"模式既遵循经济社会发展的一般规律，又体现出针对神木县情特殊实际的创新性。"产业向园区集中、人口向城镇集中、生产要素向规模经营集中"、"一体两翼、一河两川与重点村组"、"城乡七个一体化"建设、"上规模、调结构、抓时差、建市场"十二字发展现代特色农业方针、农牧业示范园和"一村一品"示范村建设、"生态建设产业化、产业发展生态化”的发展生态农业思路，以及“金桥”工程和“第二次退耕还林(草)”工程等等，这些“3+3”模式的总体思路、具体内容和特色做法无不体现出了神木立足实际的创新精神。在结合实际、不断创新的统筹城乡发展实践中，神木抓住了问题的根本。

县委常委、统战部长高云霄（右二）检查第二次退耕还林（草）工作

2. 统筹城乡发展必须以人为本、注重民生

以人为本是科学发展观的核心，中国共产党的宗旨就是为人民服务，立党为公、执政为民，必须把经济社会的发展落脚到实现人民群众的利益上来，使人民群众共享改革发展成果，走共同富裕的道路。神木在统筹城乡发展中，一方面着力于提高农民群众的自身素质和创业、就业能力，确立了“培训农民提高农民，提高农民减少农民，减少农民富裕农民”总体思路，加大农民培训力度，提高农民的科技文化素质、经营管理水平、生产技能和就业技能，并对农民创业、进城务工提供多项政策优惠和后续保障，解决了农民的后顾之忧。同时，通过“金桥”工程、“双百帮扶”工程、示范村建设等富民扶持工程调动农民自主发展的积极性和创造力，城乡群众从实实在在的政策中得到了实惠。

3. 统筹城乡发展依托县域经济、民营经济

统筹城乡发展的重点在于直接面对广大农村的县域，而对一个县来说，只有大力发展县域经济，才能增强统筹城乡、解决“三农”问题的能力，

县域经济实力与统筹城乡的能力具有明显的相关性。神木把县域经济发展作为统筹城乡和区域协调发展的重要基石和着力点，通过“产业向园区集中、人口向城镇集中、生产要素向规模经营集中”不断壮大县域经济实力，为神木统筹城乡发展提供了坚实的经济基础。另一方面，民营经济是神木县域经济发展和民生建设的中坚力量，神木80%的民生资金投入来自民营经济发展对财政的贡献。县域经济和民营经济的发展，进一步为社会创造了大量就业岗位，把农村剩余劳动力转移出来，增加了农民收入，加快了城镇化步伐。2011年，神木县农民人均纯收入达到10798元，其中在民营企业务工的工资性收入占到了60%。同时，在神木县委县政府的号召下，神木民营企业还直接参与农村帮扶活动，尤其是涉农龙头企业，发挥了很大的示范带动作用。

4. 统筹城乡发展重在兼顾各方、城乡一体

统筹城乡发展就是要破除城乡二元结构、形成城乡经济社会发展一体化新格局。这是一项涉及全局的系统工程，其根本方法就是统筹兼顾，目标就是实现城乡一体，使全体人民共享发展成果。在统筹城乡发展过程中，神木牢牢抓住统筹兼顾这个根本方法，把握住神木工业化、城镇化进程加速的有利时机，以发展县域经济和民营经济为基础，以覆盖城乡的民生经济建设为重点，以城乡一体化建设为主线，以实施政企帮扶工程，建设社会主义新农村为切入点，以发展现代特色农业和农业产业化经营为依托，以创新体制机制为动力，统筹推进工业化、城镇化和农业现代化，兼顾各方构建新型工农、城乡关系。其中也同时包含着统筹神木的区域发展、经济社会发展、人与自然和谐发展、县内发展和对外发展，形成了在推进城乡一体发展的过程中解决“三农”问题的强大合力，开辟了一条资源型地区全面统筹城乡发展和可持续发展的新途径。

5. 统筹城乡发展需要政府主导、明确责任

在现阶段，只有发挥好政府在统筹城乡的政策规划制定、体制机制创新、公共资金投入、基础设施建设、社会公共管理、服务环境改进、鼓励引导奖励等多方面的作用，市场对城乡资源的配置作用才能逐步有利于“三农”领域，农民的创造性和积极性才能发挥出来。神木在县域经济发展中，敢于创新，积极施政，形成了结合神木实际的统筹城乡模式及一系列的具体措施和特色做法。同时，神木成立了由县委、政府主要领导任组长，分管农业农村工作的县领导任副组长和相关部门负责同志为成员的全面统筹城乡发

展领导小组，其下设办公室，具体负责统筹城乡各项工作。各乡镇成立相应工作机构，上下联动，合力推进统筹城乡发展。建立了统筹城乡发展目标责任考核评价指标体系，实行专项考核，考核结果作为年度党政"一把手"个人实绩考核和单位综合考评的重要内容，并和干部使用挂钩。神木通过有效整合政府资源、明确政府责任，构建起科学的领导体制，推动了神木统筹城乡发展工作的有序健康开展。

六、神木的现代民生经济

县域经济就是民本经济、就是三农经济、就是民营经济，这是我国改革开放以来逐渐形成的几种说法。县域经济就是民生经济是一种新说法。这种新说法与神木密切相关，值得关注、研讨、深化。

（一）县域经济就是民生经济的提出

2011年8月，在江阴举行的第十一届全国县域经济交流年会上，神木县委书记雷正西在演讲中首先提出县域经济就是民生经济的全新理念。他说：从神木的实践看，发展县域经济有两层涵义：一层是发展本土民营经济，另一层是推进民生体系建设。民营经济的发展解决了民生建设"钱从哪里来"的问题。而民生改善可以反弹于民营经济发展，为民营经济提供智力支持和消费动力。说白了，这是一个物质变精神、精神变物质的过程。这种将民营经济和民生建设作为"一枚硬币的两个方面"，二者互为条件、缺一不可的现代发展模式，可称之为"民生经济"模式。县域经济就是民生经济的概念一提出，反响强烈。

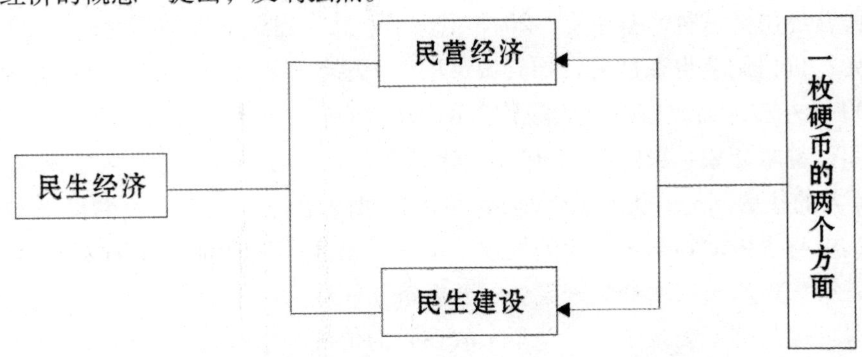

（二）县域经济就是民生经济的一般性和神木特殊性

县域经济就是民生经济的一般性，就是指全国所有县域经济中都具有的民生经济的共同的东西，主要包括县域民营经济和县域民生建设；县域经济就是民生经济的特殊性，就是指某个县域特有的为县域民生服务的经济。

1. 民营经济是主体的县域民生经济

民营经济是相对国营经济而言的，它主要包括个体经济、私营经济、三资经济和集体经济以及国有民营经济；它的内部也可分为本土（县）民营经济和非本土（县）民营经济。很明显，改革开放前，非公有的民营经济几十年处于灭绝状态，之后，才逐步发展，越来越壮大，已经成为我们国家一些地方的主体性经济，特别是江浙一带，民营经济更加突出，所以，研究者把江浙县域经济看做是民本经济的大本营。相反，落后的西部在工业化过程中，国有国营经济比重相对较大，非公有的民营经济相对较弱，神木县也不例外，显著变化发生在近10年。

民营经济之所以是县域民生经济的主体，首先要从质上来看，这有三点：

第一，从生产过程的分配来看，初次分配的三个方面，都以本县为主：企业的收入归企业主，企业主主要是本县人，这些企业主的高收入，直接可以提高自己的生活水平，同时拉高全县人的统计生活水平提高；打工者主要是本县人，工资收入主要留在本县，体现了民营经济特别突出的就业功能，而就业是民生之本；三是上交国家税收，分为国税和地方税，成为地方税的主要来源。从神木县来看，民营经济缴纳的税收占了地方财政的大头，2011年，神木县45亿元地方财政收入中，80%来自民营经济；同年，民营经济解决了神木县10万人的就业问题。

第二，从二次分配来看，县域政府预算、价格调节和服务收费，主要也靠民营经济。从神木县来看，2011年，用于民生建设的财政资金达到29亿多元；价格调节也在加力，如县城市场房价已经和西安市相当，每平方米在5000元左右，而政府提供的限价房的价格约每平方米2800元。“十二五”期间，神木计划总投资32.5亿元，建设2.3万套各类保障性住房，解决7.5万人的住房问题，这样所带来的间接优惠就十分可观了。民营经济的发展，本身也带动的第三产业的发展，增加了第三产业就业及服务收费。

第三，从第三次分配来看，民营经济往往成为本县域慈善事业发展的主力军。这与美不美泉中水，亲不亲故乡人的传统心结有关系。例如，在早期大力捐资助学扶贫救济的基础上，神木县2011年发起了三民生慈善基金捐募捐活动，首期就募集到38亿元。未来几年，计划募集慈善资金100亿元，彻底解决民生建设可持续发展问题。

从量上来看，民营经济是县域主体性的民生经济，表现为对民生各方面的贡献往往超过一半以上，如产值、税收、就业、慈善、新农村建设、生态建设等。前已述及，神木民营经济在地方财政收入、就业、慈善等量的贡献份额是绝对多数，在产值上，刚刚过半，2011 年达到 55%；在新农村建设中，开展双百帮扶活动，几年间，民营企业帮补资金达到近 8 亿元，占非财政资金的 98 %；生态建设上，总体才刚刚起步，仅从塌陷区生态补偿来看，民营企业已经做到每吨产煤缴纳生态补偿费用 45 元以上，成为国有企业的榜样。

神木民营经济发展得益于政府的财政金融扶持。这是神木县民生经济不同于江浙县域民生经济的一大特点。江浙一带在明末清初就出现了工场手工业性的资本主义萌芽，商品经济和民营经济就有了基础，再加上鸦片战争后，中国开始了移植式的工业化，最早从东南沿海沿海一带开始，外国资本、官僚资本和民族资本率先在这些地方发展，更进一步形成了发展民营经济的传统，虽则解放后非公有的民营经济被消灭，但种子还在，遇到改革开放的合适气候和土壤，民营经济如雨后春笋般生发。相比之下，地处西北的神木，缺乏民营经济的种子和土壤，改革开放后煤田大开发，需要国家、集体、个人一起上，才引种子、买种子、下种子，而且引的最大的种子是神华这样的中央企业；自生自长的民营经济太微小。历届神木县委县政府对此深有体会，大力发展民营经济的愿望日益强烈。终于，加快神木民营经济的方式被一个一个地逼出来了，如前所述，2003 年组建的神木县国有资产运营公司至为关键，主要扶持民营经济发展，包括融资贷款方式、先进后出方式等；发展民营经济老六十条和新六十条政策也很重要；财政以奖代补形式最为直接；干部挂职和白领派遣形式提供了有力的人才支援；民营经济博览会和隆重表彰扩大影响激励；鼓励民营企业集团化发展适时适度，等等，正是由于神木县政府的大力扶持，民营经济在十五和十一五期间，快速发展，终于在产值上迈过一半的门槛，成为县域经济的主体，成为神木县域经济发展和民生建设源源不绝的活水源头。

2. 民生建设是直接的县域民生经济

民营经济侧重于生产，而民生建设侧重于消费。生产是起点，消费是终点；从再生产来看，消费又成为起点和动力。民营经济的发展，首先为私人消费提供了收入来源，其次，也为公共消费提供的政府收入来源和公共慈善资金来源。因此，民营经济是民生建设的前提和基础，解决了钱从何处来的问题；另一方面，民生建设即为民营经济的再生产提供了消费需求动力，同时也造就了扩大再生产或内涵性扩大再生产的条件，如质量更高的劳动力，免除后顾之忧的良好的再生产条件，解决了钱怎样花和再怎样挣的问题。

从量上来看，公共消费的总量和比重在神木民生建设中急剧上升。以2011年为例，十大惠民工程共花费县财政290969.16万元，其中教育优先工程62803.24万元，医疗健康工程19651.56万元，公共文化工程15975.07万元，扩大就业工程1251万元，社会保障工程61915.95万元，住房安居工程12742万元，扶贫济困工程5203.1万元，公共交通工程55770万元，环境优化工程53310万元，平安神木工程2347.24万元。这些花费，主要是民生方面的公共消费。当然，民生建设的基础是发展私人消费，为此，就业是民生之本，这是万万不可忽视的最大的民生建设，是藏富于民的不二法宝。

3. 国有经济是潜藏的县域民生经济

这是神木县域经济和江浙县域经济更大的不同。对江浙县域经济而言，民营经济约等于县域民生经济，因为国有经济比重很小，加上它们的产业形态以轻工业为主，所以，贫富差距不是很显著，因而不必刻意强调民生问题。而神木县煤炭资源开采权方面，国有经济几乎独占天下，民营经济在夹缝中生存，不得已在煤炭深加工方面尤其是兰炭产业上大展拳脚，因而，县富民不富、少数人富多数人不富、北部富南部不富的现象特别突出，不强调民生问题并拿出真措施来，这些穷人就难以摆脱贫困。

强调民生经济的一个重大作用，就是吸引国有经济在县域民生问题上发挥应有的作用。这不仅是一种道义的呼喊，而是有合乎规律的理由。说国有经济是神木潜藏的民生经济，至少有六个潜藏：

潜藏之一是在神木挣钱，在城市养家。也就是说，中省市企业尤其是省属煤炭企业，很大一部人人尤其是骨干人才，工作在神木，家庭安在北京、西安、榆林等城市。这和当年大庆开发的生产生活模式——“工农结合、城乡结合，方便生产、有利生活”的模式有很大的不同。

潜藏之二是花园式的小区建设和点状矿区导致的交通建设，带动了神木自身的城镇带建设，无此则无神木特色的城镇带和新农村建设。也就是说，国有企业特别是央企的小区建设和交通建设，既为神木县的城镇化与新农村建设提供了榜样，又提供了布局导引和水、电、路、网等基础设施建设的节省。例如大柳塔镇，神华小区和矿区无疑使大柳塔镇繁荣壮大起来，同时，二者的差距泾渭分明，一个井井有条，一个混乱喧嚣，不学习都不由人。

潜藏之三生态补偿。这方面，是神木人最大的隐忧。所有煤炭开采企业对生态补偿都欠账，从另一个角度看就是潜力巨大。从微小起步看，省市企业先行一步，如吨煤 15 元的煤炭价格调节基金以及水土防治费、矿产资源补偿费、排污费等几项税费省市企业已缴纳，而神东公司一直不缴纳，按现在神东公司年产 1 亿吨煤的规模，一年少缴 15 亿元，说明潜力巨大。

潜藏之四是慈善基金的雄厚来源。现实是民营企业走在了国有企业前面，省市国有企业走到了央企前面，从另一个角度看，央企在这方面的潜力不小。这相当于海上救生，小船好靠近；但大船一旦有了小船装备，救生更得力。

潜藏之五是通过股份制，国家和私人分享以煤炭为主的资源开采权利。既然神华上市公司可以吸收国内外股民分享煤炭开采权的收益，为何当地人反倒被拒之门外？省市煤炭企业和神木县国有资产运营公司与神木县民营企业能搞股份制，为何央企不行！股份制是大势所趋，央企动作慢的原因可能在于作为整体太大，似乎要国家说了才算，一个央企难于动弹。

七、神木经济社会发展特色

中国疆域辽阔，各地发展的具体条件、资源禀赋和历史基础差别较大。但与俄罗斯有 65% 的冻土地域不同，中国改革开放的春风是吹遍 960 万平方公里土地的，政策差别主要是 20 世纪 80 年代的“沿海发展战略”。在当时，梯度发展的思路不失明智，但到 90 年代中期以后，政策在全国就基本拉平了。然而中国改革实践的丰富性决定了，能进入全国百强县俱乐部的“明星县”都各具鲜明个性，因此，实事求是地横向比较，将有助于人们明察中国南北县域经济发展的独特路径，以及近年来神奇崛起所代表的西部风格和神木路径在全国的意义。

（一）神木县与昆山的比较

1. 两地的基本情况比较

昆山市是中国县域经济发展中的老牌明星，在抓住发展机遇，利用地域优势和创新发展等方面积累了丰富的经验。相比之下，神木的改革发展虽然具有迅速崛起和加速赶超的特点，但在中国经济社会发展不平衡的大格局下，身为西部县域经济的后起之秀，神木的崛起对平衡中国经济的宏观格局和鼓励西部欠发达县域经济的发展，无疑又有特殊的示范效应。

昆山在经济规模上是硕大的县级市，地处江苏省东南部，位于上海与苏州市之间，行政上隶属于苏州市。到2010年底，昆山总面积921平方公里，其中水域面积占23%，拥有165万人口。

（1）经济总量和发展速度。2011年昆山全市完成GDP达2530亿元，按可比价计算，较上年增长14.2%，人均GDP约为15.4万元。神木在2011年的GDP达771亿元，较上年增长27.3%。人均约18.4万元。神木与昆山在经济总量上差距较大，但由于神木的42万人口仅为昆山165万人的1/4，所以人均GDP反而比昆山略高一些。神木县经济增长速度快，具有在原有较低发展水平下补偿性、跨越式发展的意义，因此，两县在经济总量上的差距正在缩小，但规模绝对值的比较目前并没有实质性意义。

（2）收入分配与人民生活水平。2011年，昆山实现全口径财政收入602亿元，同比增长25%，地方一般预算收入200.2亿元，同比增长近23%。农村居民人均纯收入20212元，增长14.5%；城镇居民人均可支配收入35190万元，增长13.8%。2011年神木财政总收入达到181亿元，同比增长38%，其中地方财政收入42亿元，同比增长56%，城镇居民人均可支配收入和农民人均纯收入分别达到26064万元和10798元。这些数据显示，两地虽然分别位于中国的东、西部，但都属于全国相对富裕的县域，居民富裕指数和统筹发展指数都明显高于全国平均水平。

（3）企业发展现状。到2010年，在昆山的13886家内资企业中，有99.9%的企业是民营企业，规模以上内资企业752家中有737家民营企业，实现内资工业90.1%的产值。2011年，神木县的民营企业数量为2424家，民营集团公司达35家，规模以上企业达300余家，登记在册的个体工商户发展到近20884户，民营经济总产值达到455亿元，6年来增加19倍，年均递增67%。看来，两县的民营经济都在发展中扮演主要角色。鉴于两地政府都重视民营经济，所以繁荣的民营经济与本地经济的积极关联既是原因，也是结果。而神木经济崛起的特殊意义又在于，家底薄、基础设施差的县域经济也可以卓有成效地发展民营经济。这对于中国西部的积极影响尤其重要。

（4）产业结构比较。昆山2011年三次产业比重为0.8：62.2.：37，以电子信息和机械加工业为主的现代工业比重较大，而以食品、纺织为主的轻工业比重正呈逐年缩小之势，现代工业化水平很高。神木2011年三次产业比重为1.1：68.5：30.4，以“煤炭、兰炭、电力、化工、载能、建材”为六大支柱产业，正处于加快向制造、金融、物流等现代服务业和新兴产业迈进，有县域特色工业体系已经初步形成。

一般而言，利用市场机制顺势而为地整合资源、延伸高端产业链，都是被经济规律所激励的发展举措。昆山和神木都堪称典范。而神木县产业结构的既有水平和内容的特殊意义又在于，它能告诉人们，县域经济的发展既离不开“靠山吃山，靠水吃水”的一般交换规律，更可以在给定的资源条件下通过跨越传统模式，迅速攀上产业链高端，先形成对周边区域的竞争优势，使增强产品附加值的努力直接具有形成产品竞争力和经济辐射力的效果。

2. 昆山与神木发展路径的比较

昆山的发展经历了四个主要阶段，每个阶段发展各有其独特亮点，而且各发展阶段之间的衔接很好。第一阶段，实现“农转工”的历史性跨越；第二阶段，抓住机遇，外向发展；第三阶段，全方位整合战略结构，发展民营经济；第四阶段，注重园区建设，发展高新技术产业。

昆山和神木的发展模式有许多相似之处，两地共享了实事求是、抓住机遇、勇于创新、扎实工作的精神，同时两县的发展也各有禀赋之异和独特路径，可谓各有所长和特色。

（1）充分利用地区优势。昆山处于我国东南沿海地带，与经济实力强大的上海相邻，其良好的地理位置极易接受上海的经济辐射，积极发展外向型经济。同时昆山成功地利用了良好的旅游资源，把旅游业发展为重要的支柱产业之一，兼收人流、人文、人气之利至今不衰。

神木地处陕甘宁晋蒙五省的交接地带，历史形成了人流、物流、信息流在这里迅速集散。神木煤炭资源丰富，全县储煤面积4500平方公里，占县域的59%。自1986年以来，煤炭产业一直是神木的支柱产业之一，对县域经济的发展起到了十分重要的原动力作用。目前，神木早已完成了由初期的单一煤矿产业，小散式井群生产规模向现代化矿山和国家重点能化基地的跨越，并拥有了颇有竞争力的非煤辅助产业。与此同时，神木还积极推进资源整合，促进企业联合重组，不断改进开采工艺，保持着县级煤炭生产的世界领先地位，说明县域经济是可以在局部领域达到世界水平的。这个纪录不仅是中国的光荣，也能对西部欠发达地区发展县域经济起到提振信心的作用。

在发展历程中，昆山是利用了良好的地理位置和发展环境；神木则利用了丰富的自然资源，制定适合自身的转型战略。神木和昆山都充分利用了各自的资源和优势，实现了经济腾飞。重要的是，假如将两地的发展条件和战略加以互换，后果一定令人失望。由此可见，昆山和神木的发展轨迹共同说明了一个具有普遍性的道理，即给定县域经济的发展条件和资源禀赋，相宜的发展战略是需要靠自身的主动能动精神去探索寻找的，绝对无为而治会绝对停滞不前，更不会收获神木经济迅速崛起那样的改革果实。

（2）抓住发展机遇。昆山创业之初，抓住上海产业转移和军转民机遇，随后是20世纪80年代抓住国家实施沿海开发开放战略，90年代初抢抓浦东开发开放、沿江重点发展、昆山开发区获批等三大机遇；到90年代末，昆山又利用“台资扩张”机遇。一次次机遇推动了昆山经济隔几年就上一个新台阶。

神木发展也牢牢抓住了机遇。一是工业化时代的机遇，充分发挥其能源资源优势；二是走向市场经济的改革机遇，以市场为导向，利用市场对煤和天然气的需求，成就了先富起来的地方；三是西部大开发和陕北能化基地建设的机遇，利用政策和资金向西部倾斜，实现跨越发展。神木依托自然资源优势，借助全国工业化进程加速和重化工业阶段到来的机遇，把资源优势整合为经济优势，并通过抓民生经济蓄集后备发展力量。

（3）以企业发展带动经济发展。重视企业发展，尤其是民营经济的发展，是包括神木和昆山在内的中国发达县域实现跨越发展的共同秘诀之一。当然，由于两地实际情况和发展起点不同，发展路径也有完全可以理解的差异。

昆山除了大力发挥民营经济以外，其经济政策的着力点还体现在大力发展外向型经济和对企业进行改制。尤其在外向型经济方面，昆山建立了4个国家级和4个省级开发区，对外资企业从税收、贸易、管理等多方面予以优惠措施。同时，从90年代中期开始，昆山通过改革旧的企业治理结构，颇为彻底地明晰了国有、集体企业的产权，初步建立起现代企业制度，为企业发展创造了良好的产权基础。

神木把民营经济作为县域经济发展的主体，短期内就使民营经济产值迅速占到全县经济总量的55%，并通过金融创新引导民间资金合理投资，使城镇居民可支配收入的80%来自于在民企的投资性收入，农民纯收入的60%来自于在民企的务工收入。与此同时，神木县还积极推进民营经济改革转型，使之从传统产业体系向现代产业体系、资源驱动向创新驱动、做大做强向做精做优相结合，以及从传统经营机制向现代企业制度的转型，成效十分显著。除了发挥民营企业的作用，神木还积极发挥县域内神华、鲁能、陕煤、陕投、延长集团等国有大型企业的带头作用，在全国县域经济领域内开创了使国有、民营经济发展并重、优势互补、共生共荣的良好格局。

（4）发展民生经济。昆山和神木的民生经济都搞得很好，但神木的民生工程似乎更引人注目，被全国许多新闻单位"选中"集中报道。昆山模式的重要内容之一是以人为本，强市富民。建立"产业富民、创业富民、就业富民、事业富民、保障富民"等政策推进机制。昆山从统一低保开始逐步打破城乡二元结构，率先达到江苏省确定的全面小康指标后，积极开展"补短、补缺、补软"，努力解决区域经济社会发展中出现的群众增收、生态环保、城区交通、社会治安等突出问题。或许因为中国江南原有的生活水平优于西部地区，所以昆山的民生经济尚不醒目。

神木县也把民生经济作为经济发展的重中之重。神木地方财政60%以上用于民生，财政投入累计超过69亿元，年人均直补近2000元，但财政收入不仅没有下降，反而以30%左右的速度大幅增长。为了实现可持续、共享式发展，神木县采取的创新性举措包括，在全国范围内率先推行"十五年免费教育、全民免费医疗、城乡居民养老保险、民生慈善基金"等重大民生工程，逐年提高教育投入占GDP的比重。尤其是，神木大胆实施全民免费医疗制度和设立总规模直指百亿的民生慈善基金，成为了民生经济发展的典范之一，其意义就不限于在各国百强县的范围内形成一个显著特色，更为全国各地推动社会福利广覆盖，让所有人都能共享改革发展的成果，树立了一个十分积极的榜样。正因为此举与科学发展观和建立和谐社会的理念高度吻合，体现了关注弱势群体、推动社会正义的全民共识，才在全国范围内引起了比较强烈的反响，受到广泛好评。在该问题上，新闻界的总结颇有道理，即民生意愿是主要的，资金来源是第二位的问题。

（二）神木与江阴比较

江阴位于江苏省南部，长江三角洲太湖平原北端，面积987平方公里，行政级别为县级市。2011年末，江阴市户籍总人口120万人，全市登记外来人口88万人。2011年江阴与同省昆山、常熟、张家港并列全国百强县首位，实现了县域经济基本竞争力排名"九连冠"。

1．江阴市基本情况

（1）经济总量与发展速度。2011年，江阴实现地区生产总值2335.9亿元，是神木的3倍之多，人均GDP为19.3万元，略高于神木。近年来江阴经济也保持快速平稳发展，2007到2010年间GDP增长率分别为18%、15%、11.6%和17%。神木经济社会发展的主要指标在此不重复介绍，但需强调其更快的发展速度是标志神木迅速崛起的经济基础。这对西部的示范意义显然更大一些。

（2）收入分配与人民生活水平。2011年江阴实现全口径财政收入448亿元，同比增长16.5%。2011年城镇居民人均可支配收入约34888元，增长15.6%；农民人均纯收入17460万元，增长17.2%，连续12年名列全省县级市第一。在2011年县域经济基本竞争力比较中，江阴和神木县域的相对富裕程度都是A+级，两县居民富裕指数和统筹发展指数都高于全国平均水平。与之相比，江阴的经济基础更扎实，神木的发展潜力相对更大。

（3）企业发展情况。江阴2010年民营经济实现增加值1225.6亿元，占全市地区生产总值的比重为61%。民营经济年末注册资金1099亿元，其中私营企业注册资金943亿元，个体工商户注册资金20亿元。全年民营经济固定资产投资额373亿元，占全社会固定资产投资额的比重为60%。民企全年实现工业总产值3578亿元，占全市工业总量的比重为66%。鉴于前述神木县的民营经济在近年呈螺旋式发展，技术起点更高，两地相比，未来神木的规模效益可能占优势。

（4）江阴的产业结构。2011年江阴第一、第二、第三产业增加值，在地区生产总值中的构成比例为1.8：58.2：40，第一产业比重持续下降，二、三产业比重不断上升。江阴的支柱行业主要有纺织、金属、化学、塑料制品等。与之相比，神木县的新产业生长点的高新技术含量要高一些。后发崛起地域一般都应追求此类优势，该问题是值得在实证层面上追踪研究的。

2. 江阴与神木的发展路径比较

江阴的发展主要经历了三个阶段。第一阶段，从20世纪70年代末及80年代，江阴勇于破除计划经济的束缚，大力发展民营、个体经济，使江阴的经济水平连续上台阶。第二阶段，从20世纪90年代末以本世纪初，产业升级、规模经济开始凸现。第三阶段，从21世纪初开始，江阴开始由规模经济向资本经济转型，进入世界工业化时代后期。

江阴和神木的发展都取得了难能可贵的成功，地方领导对本地经济社会的前瞻性思考表现出典型的远见卓识。尤其是在民营经济和民生经济的发展目标上，两县的实践都形成了独到的经验，值得更具体的作分析比较。

（1）两地民营经济发展比较。神木的国有大企业和民营企业共荣发展是基于特殊历史条件的，关键是神木近年做到了使之平衡和互补地发展。尤其难能可贵的是，神木民营企业近年的迅猛发展在县域经济的横向对比中显得十分醒目。鉴于众所周知的中国西部经济生态中普遍缺乏资金要素的事实，神木县的金融创新必定是推动县域民营经济发展的重要推动力。随着民营经济的强劲发展，神木民营经济主体地位层级明显提升。短期内就使一个曾经以贫穷著称的西部县域崛起了如恒源、北元、龙华、亚华、益东、莱德等一批规模大、实力强、后劲足的旗舰型、领军型企业，堪称神奇。这个基础使神木县得以成功组建兰炭、电石、镁业等技术含量高的大型企业集团，全县民企集团从5家增加到35家，民企上市指日可待。由于中国区域经济发展不平衡，一个西部县域能将民企做到这种规模和产业水平的示范意义，似乎更大一些。

虽然江阴和神木的民营经济发展有相似性，从总体看，两县的民营经济都是以内资经济为主的，可见江阴和神木都需要在融资和利用民间资本的问题上多下功夫、多创新。

第一，从民营经济的产业结构上说，两县的实体产业均体现了鲜明的地方特色。江阴的传统产业为冶金和纺织等，现在还同时积极发展新能源、新医药、新材料、新电子、软件和服务外包、新传感网等新兴产业。神木的民营企业发展领域不断扩张，由主要集中在煤炭、兰炭、建材等传统领域，加快向现代制造、金融、物流等新兴产业迈进，已形成资源型产业和非资源型产业协同发展的格局。两县发展的相同之处表现为，两地都在保持各自传统领域优势的基础上实现产业转型，使民营经济的发展更多样化和更具可持续性。就共性而言，江阴和神木的领导在推动本县经济发展时的决心、政策水平和执行力都是出众的。

第二，从民营经济体制上看，两县都积极进行了体制改革，但方向有所不同。江阴引导前“苏南模式”下的企业加快建立现代企业制度，促使企业在多方面与国际接轨。而神木则在所有制改革上取得突破，传统的单一产权形式被打破，股份制、股份合作制等组织形式大量涌现。北元、天元、富油、安源、神能、大通等公司在省内率先开创了民营资本与国有资本合作共赢的混合所有制先河。多样化的所有制结构不仅使神木的民营企业更具活力，也更好地实现了国民共进。可见解放思想、锐意改革是两地经济发展共有的条件。而这一点在中国西部地区显得尤其重要，神木的发展为中西部类似经济条件和结构的县域经济崛起，提供一个更容易借鉴学习的榜样。

第三，从资本运作的角度看，两县的民营经济都以内资经济为主，但融资方式不同。江阴积极培育上市公司，到2011年，江阴市先后有29家公司的30只股票通过各种方式在境内外上市，累计募集资金258亿元，江阴也因此被誉为“华夏A股第一县”。除公司上市外，江阴一些大型企业也走上了并购扩张、资本经营的路子。而地处西部的神木也为民营经济的发展而积极调动当地的民间资本，使之合理配置到实体经济中去。神木立足西部的现实经济环境，明智地积极发展县域金融经济，努力在民营企业对资金的需求与民间富余资金之间搭建合理合法的流动性平台，金融创新积极稳妥，使之在中国西部地区显得尤其超前了一大步。目前，神木民间投资的金融、商贸、餐饮、物流、文体旅游等第三产业正在蓬勃发展。而神木金融创新所形成的先行先试优势很可能使之成为区域性金融中心，构成中国西部县域经济发展的一个现实的策源性因素。

（2）民生经济的比较。神木的民生经济以形成自身的特色而闻名，神木民生经济和整体县域经济的发展关系十分密切，理念之深刻，正如县委书记雷正西所说，“蛋糕”分得不公平，做“蛋糕”的人就没有积极性，“蛋糕”自然做不大。实际上，神木也一直贯彻着积极发展民生经济的准则，“民生神木”以城乡居民共享、干部群众共享、南北乡镇共享、当代后代共享的“共享式发展”为核心，努力缩小贫富差距。重要的是，神木在全国闻名，并非基于经济的快速增长，而是民生工程卓有成效，政治意愿比经济实力更为关键。

江阴也十分重视民生经济的发展，社会事业稳步推进。江阴在全国率先建立和完善了农村医疗保障体系和农村社区卫生服务体系，新型农村合作医疗参保率和社区卫生服务覆盖率达到100%。并在城乡全面实施“幸福江阴免费健康体检行动”，为65万农民建立了健康档案，使江阴的县域经济、社会机能在总体上接近了发达国家的水平。

与江阴在农村医疗卫生方面取得成功相比，神木则在中国的县域推行全民免费医疗模式的建立上取得了首创性的成功。神木在全国率先实现了医疗卫生服务由公共资源特性向公共品特性转变，彻底消除了享受公共医疗卫生服务城乡二元结构，成为当前我国医疗卫生体制改革最高层级。除此之外，神木还进一步深化医药卫生体制改革，以完善免费医疗制度和推进公立医院改革为重点，建设政府保基本、市场供高端的医疗卫生服务体系。

在社会保障方面，江阴2005年实现了基本养老保险向农村覆盖、基本医疗保险向城镇企业覆盖、农村养老保险向各类人员覆盖、社会保险向困难群众覆盖4大覆盖，达到了城镇保障、农村保障、被征地农民保障覆盖率3个100%。

如果说江阴的社会保障体系特色体现在广度上，神木则体现在针对性更强和保障水平更高上。神木县在2009年进行对孤寡老人和重度残疾人免费供养，全面推行城乡居民养老保险制度，此外神木还重点完善有神木特色的住房保障体系，建立健全了廉租房、经济实用房、公租房、限价房四位一体的保障体系，实现住有宜居。目前，神木县在陕西省位居城乡低保、五保户供养、特殊人群救助等标准的最高水平，并处于全国前列。可见神木在参与全国县域经济"GDP锦标赛"的时候，是同时着眼于全国县域"民生锦标赛"的。

在教育方面，江阴十分注重教育公平问题，大力推进均衡城乡教育资源、全面发展教育并普及12年教育的同时，全面保障外来务工子女入学享受市民待遇。而神木则根据自身的发展实际，注重增加教育投入和补贴。神木县2008年开始实行12年免费教育（现在延伸至15年），在免除学杂费的基础上，另给予住校生每人每天5.5元生活补助。2011年实行了包括学前教育在内的15年免费教育。大力提高教师待遇，从2012年起，教师绩效考评、各项津补贴在现有基础上又增加1亿元左右，达到全省最高、全国领先。在中国西部地区，神木地方政府办教育尤其显得全心全意、一丝不苟，无疑处于明显领先位置。

关于充分就业，江阴一方面实施以创业带动就业，通过大力培育企业集团、龙头企业，以及发展为其配套的民营中小企业和服务业提供创业机会。另一方面通过技能培训来增加就业，强化待业者的就业能力。神木也十分重视就业问题，实施扩大就业工程，全面消除"零就业"家庭。虽然作为西部县域的神木县域人口要少于东部，但神木的确可以自豪地宣称，通过自己的不懈努力，在全县范围内做到了充分就业。对于中国这样一个人口大国，神木在实现充分就业方面所取得的成就是难能可贵的。

（三）神木与准格尔旗比较

准格尔旗地处内蒙古西南部，隶属鄂尔多斯市，全旗总面积7539平方公里。2011年全旗总人口31万人，居住着蒙、汉、回、满、藏等14个民族。准格尔旗在2011年全国县域经济百强县列第12位，继续位于西部百强之首。准格尔旗和神木县都是中国西部经济社会发展的领跑者。须知，能把资源优势转换为经济优势并不是一个简单的因果关系，皆因这里面存在一个科学转换、有效转换、可持续转换的问题。

1. 准旗与神木两地基本情况比较

（1）经济总量和发展速度。2011 年准格尔旗实现国内生产总值 830 亿元，高于神木；人均 GDP 实现约 23 万元，超过神木 18.4 万元约 1/5。从 2007 年到 2011 年，按可比价格计算，准旗的 GDP 分别比上年增长 25.3%、21.8%、20.6%、22% 和 17.8%。神木与准格尔旗的经济都处在快速平稳发展的进程中，但神木的发展速度更快些，两县的差距正在缩小。

（2）收入分配与人民生活水平。2011 年准格尔旗财政实力显著增强，全旗财政总收入突破 200 亿元大关，达到 220.06 亿元，增长 50.2%。同年准格尔旗城镇居民人均可支配收入超过 3 万元，较上年增长 14.5%；农民人均纯收入超过 1 万元，较上年增长 15%。在 2011 年县域经济基本竞争力比较中，准格尔旗和神木县域相对富裕程度都是 A + 级，两县居民富裕指数和统筹发展指数也都显著高于全国平均水平。这些情况都能较为直观地反映在两地民众相似的生产、生活和精神面貌中。

（3）企业发展现状。大中型企业是准格尔旗工业经济的主力军，全旗 20 户大中型企业 2011 年累计完成工业产值 792 亿元，增长 51.3%，占全旗规模以上工业产值的 77.5%。与此相伴，准格尔旗民营经济民营工业保持着较快增长，继续成为工业经济增长的主要亮点。与神木相同的是，在国有大中型企业继续发挥带头作用的同时，民营经济在准格尔旗的经济中正发挥着越来越重要的作用。这些实证数据显然能证明准旗作为中国西部明星县域的地位。

（4）准旗的产业结构。准格尔旗的三次产业比例，由“十五”末的 3.3：64：32 调整为目前的 1.1：62：36，第一、二产业比重持续下降，第三产业比重快速上升。与神木一样，准格尔旗煤炭工业发达，煤炭及相关产业处于工业支柱地位。2011 年，准格尔旗煤炭工业占全部规模工业利润总额比重达 88.8%，规模效益很好。与此同时，非煤产业也在迅速发展，装备制造业、物流业、金融业、文化旅游业等正成为转型升级的新生长点。

2. 准格尔旗与神木发展路径的比较

总结准格尔旗的发展经验，至少有以下光彩的成就。第一，充分发挥资源比较优势。第二，积极提高产业层次。第三，不断优化发展布局。准旗与神木的发展条件、资源禀赋多有相似之处，略去众所周知的那些情节雷同的精彩发展故事，在发展绿色经济和创新方式两个领域进行横向比较，可能更能突出中国西部发达县域经济的特色和重点。

（1）发展绿色经济的比较。2011 年县域经济基本竞争力比较中，准格尔旗的绿色指数是 A－级，神木县的绿色指数是 A 级。两县都属于相对欠绿色区域，但神木县评级相对较高。在绿色指数类型方面，准格尔旗属于绿色经济和绿色环境一般的类型；神木属于绿色环境突出的类型。这说明，神木县投入巨资进行环境治理已初见成效。鉴于准旗和神木离沙漠都比较近，在西部县域整治自然环境的难度要明显高于中国东部。

在实现经济腾飞的历程上，神木和准格尔旗有诸多相似之处。两县都是资源大县，煤炭资源极为丰富。而如何充分利用资源优势和发挥煤炭经济以外的经济潜力，都是两地经济可持续发展的关键。两县都把发展绿色经济、实现可持续发展作为重要目标，具体做法也各具特色。

第一，发展绿色经济的方针原则。准格尔旗坚持开发与保护并重的思路，把生态作为民生之本、文明之源、经济之基，对煤炭产业采取“整合资源，重组资产，关小上大，联合改造”的方针，使煤炭行业的整体发展后劲显著增强。神木县明确提出“生态神木”的建设目标，将其作为“五大神木”的建设目标之一，这在中国县域范围内是不多见的。据此，神木以生态建设产业化、产业发展生态化、节能减排刚性化为原则，大力追求生态经济的发展。相比较而言，准格尔旗更关注生态的治理和保护，神木更注重以创新带动生态经济的发展。而“生态神木”的概念本身就意味着，神木已经并将继续将更多的经济剩余投入到环境治理中，客观上会减少项目投资，扣减 GDP 增速。两地在这方面的努力和发展理念都值得中国许多县域学习借鉴。

第二，构建生态产业体系。准旗循环经济产业链已初现端倪，典型如原煤洗选运出精煤；电厂使用煤矸石输出电力；粉煤灰生产电解铝，废渣制作建材；高载能消化电力，开发下游产品。煤—电—高载能链把煤的潜在价值充分挖掘了出来。除了煤炭产业以外，准格尔旗还把陶瓷产业作为第二大支柱产业，将现代农牧业在做精做细的过程中变绿变优。

神木县按照“围绕煤、延伸煤、跳出煤”的发展思路，大力构建绿色循环的工业体系。除了健全完善“煤电材料、煤制油、煤盐化工和油气化工”四大产业链条，神木还不遗余力地建设绿色循环的工业园区，加快煤化工产业高端化精细化进程。在发展非煤产业方面，神木县除了发展生态农业、生态林业和生态畜牧业以外，还积极发展生态旅游业、环保设备等新型生态产业。估计坚持数年以后，必有丰厚的综合经济、社会效益。

第三，生态环境的保护治理。准格尔旗在开发资源的同时，实施了“一企一矿治理一山一沟”的矿区环境治理机制，同时还加大对采空区、塌陷区、火区的治理力度，投入购置环境监测设备提高监测能力，积极开展排污申报登记和核查监测工作。

神木以生态工程建设和节能减排带动绿色经济发展，扎实并有气势地推进十大骨干生态工程建设，有针对性地保护重点生态区域，坚持在发展中保护，在保护中发展。神木尤其重视生态保护，制定和完善生态补偿法规和政策，明确企业在资源开采、补偿、生态环境治理与保护的主体责任，在资金上强力保障生态治理和生态恢复。与准格尔旗一样，神木也积极推进矿区生态环境治理，有序推进采空沉陷区和火灾隐患区综合治理。这些信息说明，尽管中国西部的现代经济发展相对滞后，但以神木、准旗等为代表的明星县域的地方领导，在确定新的发展理念时，已经完全达到了全国先进水平。

（2）创新领域和方式的比较。神木的经济腾飞离不开神木人的创新精神。神木正是通过各领域的不断创新走进了全国一流经济强县的行列。准格尔旗的经济发展也重视创新，在创新方面两县都有各自的独创性措施。

第一，创新发展方式。准格尔旗在绿色能源和现代产业发展方面，注意加强与呼包鄂城市群及毗邻旗县的交流合作，积极构建优势互补、利益共享的新型产业合作体系。在对外开放方面，准旗注意加强本地资源优势与国内外高端生产要素的结合，切实提高外向型经济发展水平，招商方式正从“引商”向“选商”转变。如果说准格尔旗的创新发展体现在与外部合作方面，神木则更注重内生发展和创新的力量，在产业发展上走高端低碳绿色环保的发展之路，结构优化多点支撑的可持续发展之路，要素集聚集约高效的规模发展之路。事实证明，两地所选择的创新方式都以符合各自特点为选择。但据调研所知，神木创新所瞄准的技术起点可能更高一些。

第二，科技创新。准格尔旗在农业上大力推进农牧业科技自主创新，提升农牧业技术装备和产业化经营水平，形成一批绿色有机、无公害农产品品牌。坚持以信息化带动工业化，以科技创新推动产业发展。在煤炭产业上升级提质的同时，加强战略性新兴产业的培育壮大，大力发展多晶硅及其下游光伏产品、煤机制造等产业，培育新的经济增长极。神木则建成富有地方特色的科技创新体系。在具体措施上，神木大力引进和开发先进适用技术，力求更多重大科技成果和科技项目在神木转化为现实生产力；实施“名牌战略”，加强关键领域的集成创新，扶持一批掌握核心技术和具有自主品牌的骨干企业和项目。应当看到，神木以其一县之规模，在兰炭等科技创新领域特别支持研发、掌握核心技术和自主品牌，是显示了超前意识和决心的。这在全国县域并不多见。

第三，社会管理创新。准格尔旗的社会管理创新突出体现于信息化的应用，而神木则更重视社会管理职能和管理方式的创新，推进“亲民型、阳光型、创新型”政府建设，使民意表达渠道畅通；建立领导干部、相关部门和单位到乡镇（办事处）、进社区、驻村组、入农户与群众沟通交流，排查化解矛盾纠纷的工作制度；有效推进传统的社会管理体制向公共治理转变，实行社会事业分类管理和“管办分离”，激发社会组织的活力。令人敬羡的是，与准旗不同，神木的创新特征，既在于全面性、系统性和总体性，又在于以理念理论创新为先导，在其特色理论的直接指导下，与时俱进地创新其生产生活关系，开辟发展新道路。

第二篇　五个神木重大战略

五个神木战略，是一个涵盖经济、政治、文化、社会、生态、党建的神木重大战略。作为神木人践行科学发展观活动的理论创新成果，具有独特的丰富科学内涵，作为神木人建设幸福神木的实践方略，引领着神木社会生活的科学发展、和谐发展。考察并阐明其科学理论内涵，展现和彰扬神木人建设五个神木的实践业绩及经验，阐明五个神木之间的理论的实践的科学逻辑关系，以及其与幸福神木之间的内在关系，对于科学了解神木路径的独特内涵，揭示神木特色道路的科学必然性，具有重大的理论和实践意义。

民生神木

民生神木是“五个神木”的根本及核心。考察和展示民生神木建设的科学内涵、实践历程及业绩，剖析神木民生建设的模式特色，揭示这个模式所包含的普遍实践意义，是科学了解神木路径的重要环节。

一、神木的民生建设理念

神木的民生建设及其所取得的显著成就已成为全国关注的亮点。许多地区纷纷前来神木考察学习。比之于神木近年来快速发展的经济，神木的民生建设成就更令人瞩目。神木民生建设成就之取得原因自然是多方面的，其中科学和崇高的民生建设理念是一个重要方面。民生建设理念，就是神木人在民生建设中坚定实行的价值和科学相统一的实践观念和行动范导。

县委书记雷正西在低保户家里

（一）幸福目标理念：民生建设的价值目标

追求生活幸福是人民深切普遍而美好的价值祈求。为人民谋幸福，是共产党人的根本宗旨，是人民政府的根本职责。

神木县委县政府深切理解神木人民追求生活幸福的真切愿望，坚定正确地把追求和实现神木人民的生活幸福价值确定为“五个神木”建设，特别是民生建设的根本目的和价值目标。把幸福神木确定为民生建设的最终目的，这一价值理念，找到了神木经济和民生发展的正确方向。它既符合人民的愿望，又符合中央的精神，与中国共产党的宗旨完全一致。科学发展观把以人为本作为核心，其实以人为本的本质就是以人的幸福为本。什么是幸福？德国大哲学家康德说：“幸福乃是尘世上一个有理性的存在者一生中所遇事情都称心合意的那种状况。”由此可见，幸福是人的需要的满足，其中首先是人的物质需要的满足，因为人的物质需要的满足是最基础、最基本的。在此基础上可以追求更高级需要的满足。生活的丰富、方便、快捷等都是幸福的表现。当然幸福也是人的心理感受。正如神木县委领导所言，幸福是主观体验，无法用数字来衡量，它蕴藏在老百姓的生活中，绽放在老百姓的笑脸上。

（二）民生为先理念：民生建设的优先地位

以人为本是科学发展观的核心。怎样在发展实践中体现以人为本这个核心理念呢，或者说怎样体现“幸福神木”的目标呢，神木的做法是把民生建设放在各项工作的优先地位。在五个神木体系中，处于优先地位的是民生神木。在一定意义上，民主神木、创新神木、人文神木、生态神木都要为民生神木服务。

从2005年提出创建“亲民型、阳光型、创新型”政府，到2010年出台“五个神木”战略，神木县均把民生建设放在第一位。通常人们认为，要想让大家分到更多的“蛋糕”，首先要把“蛋糕”做大，所以要先发展经济，先把经济搞上去再说。神木县领导的想法与此有别。他们认为，“蛋糕”分得不公平，做“蛋糕”的人就没有积极性，“蛋糕”自然做不大。公平地分配“蛋糕”是民生建设问题。分配公平了，民生建设搞好了，大家的劳动积极性就会调动起来，就会推动经济的大发展。这就是神木人的新认识、新思路。他们认识到了生产和分配的辩证关系，掌握了二者之间的辩证法。在这种认识的基础上，神木人自觉地把民生建设放在优先的地位。把民生建设放在优先地位，从神木的实践来看，不仅没有影响经济的发展，而且促进了经济的发展。这个实践经验促使神木人提出了一个创新性的经济发展模式，就是“民生经济”。这是神木人在把民生建设作为优先发展理念的实践中的一个创造性成果。“民生经济”这个重要创新成果具有重大经济社会意义，其意义就在于把民生和经济统一起来了，把公平分配和生产发展统一起来了，把社会发展和经济发展统一起来了，把人的发展和物的发展统一起来了。而这一创新得益于民生建设优先理念。这启迪人们，只要我们为人民着想，为人民谋幸福，就会伴生创新，就会有理论创新、体制创新。

（三）平等共享理念：民生建设的根本精神

民生建设主要属于社会建设，社会建设的根本价值理念就是平等。神木在民生建设中着力强调和体现人人平等理念，提出民生神木的核心是“共享式发展”。“共享式发展”充分地体现着平等共享理念。所谓“共享式发展”，主要是指经济成果、惠民政策和服务城乡居民共享、干部群众共享、南北乡镇共享、当代后代共享以及当地居民和外来人口共享。城乡之间、干群之间、南北（乡镇）之间在以往的确在事实和政策上是有差别的，其中的经济社会地位曾经不同，这是不合理的。神木的民生建设就是要打破实际存在的不平等、不公平关系，重建人与人之间的社会平等和公平关系，建构现代平等社会、公平社会。神木县的领导曾指出，民生工作重点是着眼社会公平正义，因为公平正义比太阳还要有光辉。

平等共享理念深藏在“全方位、广覆盖、高标准、可持续”的现代民生体系之中。神木人就是按这一现代民生体系标准进行民生建设的。“全方位”体现着平等共享理念。“全方位”民生建设就是在群众基本生计状态底线、基本福利和生活水平、人生价值实现和自身发展需求诸群众生活层面实行平等共享性政策和公共服务。“广覆盖”体现着平等共享理念。民生建设就是让人民共享发展成果。共享受益的群众范围是全体人民。“广覆盖”就是在受益对象上既包括全县城乡居民，也包括所有干部职工。这就保证了让全县人民都平等、公平地享受民生利益和政策。“可持续”体现着平等共享理念。这是当代人与后代人的平等共享。民生建设既要满足当代人的需要，又要满足子孙后代人的需要。在上述几个方面神木人都有切实可行的政策和举措。譬如，在“可持续”理念上，就有培育煤炭产业之后的非煤后续产业、设立“民生慈善基金”等举措。

（四）民营支撑理念：民生建设的物质基础

民生建设的前提是要有钱，要有大的投入。那么钱从何处来？神木县民生建设的钱主要来自本土民营经济。在神木存在着内源型、混合型、外源型三种经济形态。在这三种经济形态中对神木财政收入贡献最大的是内源型经济，即本土民营企业。神木的民营企业煤炭资源占有量不足5%，而对县财政收入的贡献却占到近80%。因而，民生建设的钱主要是从民营企业中来。钱到哪里去，主要是到民生建设中去。民营企业成为神木民生建设的最大经济保障，为民生建设提供坚实的物质基础。没有民营经济的发展壮大，就不会有高水平的民生建设。神木人的理念是“政府创造环境，企业创造财富，人民共享成果。”政府创造的政策、人才、金融等优良环境极大地促动了民企的发展。民营企业的发展为县财政收入增长提供了充分源泉，财政收入的增长为民生建设提供充足资金。民生建设反过来提升了群众的自我发展能力和消费能力，人才的培育以及消费的旺盛又成为民营企业发展的强大动力。这就是神木人在实践中创造的“民生经济”。神木人用哲学语言表达“民生经济”，就是物质变精神，精神变物质的辩证过程。

（五）亲民为民理念：民生建设的政治保障

搞好民生建设，在经济上需要民营企业的支撑，在政治上需要党和政府的主导和爱民亲民为民之心。没有党政领导的亲民爱民之心，民营企业提供再多的财政收入也难以用到民生上，用在老百姓身上，可能会用到别的地方去。民企是搞好民生建设的物质条件，党政领导的爱民之心是搞好民生建设的精神条件，主观和客观统一起来，民生建设就有望搞好。

领导要能把钱用在民生上，用在老百姓的身上除了在主观上要有亲民爱民之心，在制度上得有民主制度。为此神木人勇敢地提出“民主神木”的建设要求，用民主制度保证领导把钱用在民生建设上。同时强化政府自身建设，实现中国共产党全心全意为人民服务的宗旨也是保证把钱用在民生上的重要条件。为此神木人提出“三型政府”建设要求。所谓“三型政府”就是“亲民型、阳光型、创新型”政府。首先是“亲民型”政府建设。因为只有“亲民”才能“为民”。亲民为民就是干部的德。在评价、选拔、任用干部中坚持德才兼备，以德为先的标准。坚持从实绩看德才，凭德才用干部，不惟票数、不惟学历、不惟资历，破除平均主义、轮流坐庄、论资排辈的传统观念。防止用四种人：一是有口碑无原则的人、二是有能力不廉洁的人、三是廉洁而不作为的人、四是勤政而无效益的人。用干部的“辛苦指数”和“廉洁指数”，换群众的“幸福指数”。领导干部的德才和辛苦为的是民生建设，为的是提高群众的“幸福指数”。

干部亲民为民不是口号，它体现在给民生建设资金大力投入和实际效果上。“十大惠民工程”使全县群众生活水平得到显著提高。

（六）敢试敢创理念：民生建设的实践风度

神木县在民生建设上的许多政策和举措都是摸着石头过河，自创自造的。中央、省、市在未出台民生建设的有关政策和制度而只有一般理念和想法时，神木人已经开始干了。如十五年免费教育、全民免费医疗、城乡居民养老保险等等，都在全国先行一步。在这点上，神木像安徽的小岗村，敢于为改革杀出一条血路。神木人在敢试敢创上是十分自觉的。神木县的领导干部和群众深得邓小平同志敢闯敢冒的英雄气概。

神木县领导坦言：越是在神木这样经济发展快、利益矛盾复杂的县，就越要挺直腰杆，敢创敢试。为了民生神木，也为了其他四个神木建设，干部自觉做到“四个不怕”，即“不怕得罪人、不怕丢选票、不怕告黑状、不怕丢乌纱。”他们关心的是人民群众的根本利益和长远利益。按部就班的做事，这是“术”的层面，“道”高于“术”，“道”是在现有政策和条件基础上干开拓性、创造性的事业，敢于做前人没有做过的事。这是求“道”，是以更大的勇气和更高的智慧追求更高的人生价值。在此他们把开拓创新事业和实现人生价值统一起来了，体现出英雄主义美感境界。

但是，敢试敢创就容易出错。神木人大力营造既崇尚成功，又包容失败的宽松氛围，让敢创敢试的干部没有后顾之忧。这样神木已成为创业者、勇敢者的乐园。敢试敢创的勇敢精神来源于杨家将忠勇为国之壮举，来源于为神木人民谋幸福的价值追求。神木之所以能成为民生建设、科学发展的领头雁，原因之一就是神木人的这种敢试敢创的大智大勇精神。

二、神木的民生建设历程

15 年免费教育、全民免费医疗、城乡养老全覆盖、住房安居工程……一份份民生清单，彰显了神木县委县政府领导班子以人为本，执政为民的根本理念。

然而，改革开放初期，在那个物质匮乏的年代里，自给自足一直是神木人民的生活传统。若遇必须购置的生活用品，也总是以粮换物或卖粮得钱再行购买。一位老人形象的说：“七十年代末，八十年代初，基本上冬酸菜，夏野菜，主粮不够瓜菜代，早晚喝菜粥，中午吃个窝窝头，一天三顿难见油”。由于土地的贫瘠再加上连年的自然灾害，神木人民贫困的生活还是没有转机，许多人流落到内蒙古去讨饭。以至于那个时期的内蒙古人一见到讨饭的，就说那是神木人。到 80 年代中期，这里的人们最奢华的梦想是能拥有“老三样”——自行车、手表和缝纫机。要是谁家有一辆自行车，那绝对不亚于现在的一辆高级小轿车。1990 年神木的国内生产总值只有 25137 万元，农民人均纯收入 397 元。落后的工业产业和第三产业使得神木人基本都是靠天吃饭，靠地生活。

20 世纪 80 年代中期，对神木发展具有重大转折意义的神府煤田的开发，揭开了神木大发展、大变革的序幕。央企的进入，客观上刺激了这里的煤炭开采，更重要的是，它给这里富集的煤炭资源打开了一个出口，它是打开神木的一把钥匙。基础设施、铁路只是神华给这里带来的最表面的改变，不易被人察觉的，是它在这个漫长时间里给处于传统农业结构下的地方制造了差异性——资本流入和大企业的福利模式开始在这里掀起波澜，这成为神木县民间能量积攒最原始的动力，也是神木县财富积累的开始。20 个世纪 90 年代中后期，在煤炭产业史无前例的低谷中，国家迫不得已实行“国退民进”政策，神木抓住了这次机遇，大力扶植地方民营企业，这既推动了神木经济的腾飞，也促进了神木历史上规模最大的一次多种所有制的共同发展。经过 20 多年努力，神木县综合实力跃升为西北第一，为神木县实施民生工程奠定了坚实的基础。

据统计，从 2008 年神木县开始实施“十大惠民工程”以来，县财政累计投入资金超过 70 亿元，初步构建起了全国少有的“全方位、广覆盖、高标准、可持续”的现代民生体系，全县基本实现了“学有所教、劳有所得、病有所医、老有所养、住有所居”。“十二五”期间，神木仍将继续加强民生建设，保证将每年地方新增财力的 80% 以上用于改善和保障民生，五年内民生领域财政投入要超过 100 亿，其中财政直补资金达 40 亿元以上，全面建成“学有优教、劳有丰酬、病有良医、老有颐养、住有宜居”的民生神木，最终实现“幸福神木”的目标。

三、全方位、广覆盖、高标准、可持续的现代民生体系

（一）教育，实施“两优”战略，瞄准西部一流

教育是民生之根，发展之基。作为“民生实验”的先行者，神木把发

展教育作为承载“民生”的母题。在其全面推进民生的“十大惠民工程”中，“教育优先”被列为头号工程，并提出了实施教育优先、学有优教的“两优”战略和建设西部教育强县目标。

1. 打造省级教育强县，实现教育发展大跨越。由于长期被贫困困扰，神木人过去受教育水平很低，全县受过高等教育的人仅占总人口的2%。为提高教育整体水平，在这片文化教育的沙漠中培育出一片绿洲，他们确立把县域经济由资源经济型转变为智力型经济的发展思路，把教育摆在优先发展的战略地位，实现陕西省教育强县的目标。

县长黄建军（中）调研教育基础设施建设情况

1998年，实现榆林市首个“两基”目标达标县后，神木提出建设陕西省教育强县目标。2003年，启动“教育强县”工程，将教育工作重心放到教育水平的巩固和提高。2003年到2005年，共投入资金3.88亿元，使全县中小学实现校舍建设标准化和教育手段现代化。为了整合优化教育资源，他们结合县情，通过制定“区域办学，规模发展”的总体思路、采取压缩初级小学、扩大城区和矿区学校规模、扩大高中教育规模的措施、集中办学的规模效益，以及节约教育资源和拓宽优质教育面，促进了城乡教育的协调发展。2005年，神木县中小学入学率分别达到了100%和99.9%，高中入学率达到87%，并在全市率先通过陕西省教育强县验收，成为陕北第一个省级教育强县，实现从“两基目标”到“省级教育强县”的大跨越。

2. 实施15年免费教育，保障“一个都不能少”。2005年，神木开始推行农村义务教育免收学杂费、课本费和补助生活费活动。2006年，将“两免一补”扩大到了所有义务教育阶段的学生。2007年，推行“五免一补”，实现了零收费。2008年，神木县秉承“教育优先”的发展理念，大力实施科教兴县、人才强县战略，努力构建覆盖城乡、惠及全民的教育发展体系，在小学、初中、高中三个阶段实施12年免费教育，走在了全国的前列。其免费项目及补助标准为小学每生：免杂费、免食宿管理费、免电教教材代办费、免课本费、免作业本费，补助寄宿生生活费每人每天5.5元，每学期按125天补助共437.5元。初中、高中阶段的免费项目除以上相同项目外，初中生免学杂费为每人每学期150元，高中免学费为每人每学期800元。另外还免除计算机上机费、冬季取暖费等等。每学期人均公用经费达到小学每生125元，初中每生192.5元，高中每生200元。县财政投入迄今已累计超过4亿元。

2010年，神木提出五个神木大战略，“力争用3年时间实现普及学前三年教育目标”，并写入了经济社会发展的“十二五”规划。2011年秋季，神木全县范围内全面实施学前三年免费教育，推行“一免两补”制度，免除幼儿的保育保教费，补贴幼儿公用经费和非公办幼儿专业教师工资。其标准为，按照县财政核定后的实有人数，对公办、民办幼儿园基本保教费给予全额补贴。公办标准化幼儿园每生每月350元，公办非标准化幼儿园每生每月250元。民办特质幼儿园、一类幼儿园每生每月450元，民办二类幼儿园每生每月420元，民办三类幼儿园每生每月390元。其对象为神木县公办或民办幼儿园就读的4周岁—6周岁学龄前儿童，外县籍学龄前儿童需要提供入园幼儿户籍证明，同时提供家长在神木工作证明或居住证明等资料，未在户籍管理部门办理落户手续的儿童不作为免费对象。

从幼儿园到高中，15年的求学过程中，除了食宿费用外，不用交纳一分钱，这种在很多地区看似很遥远的设想，却在神木县成为了现实。而这也给还在为“入园难”“入园贵”纠结不已的人们又多了一份对神木的羡慕。十五年免费教育彰显了神木教育的实质——公平，给每个孩子提供站在同一起跑线上的机会。

3. 打造职业教育，开创西部县级高等教育之先河。为了培养县域经济发展所需的实用技术人才，神木着力做大做强职业教育。1999 年，县职教中心建成国家级重点职教中心，拥有全省领先水平的实验室和农业、畜牧、加工和建筑等 18 个实习实验基地。在学习和践行科学发展观活动中，神木县坚持“政府主导、市场驱动、服务就业、形式多样”原则，充分发挥民营经济就业需求的旺盛优势，大力发展职业教育。县职教中心开设计算机、机电一体化、医药等 22 个专业，2006 至 2008 年连续 3 年创下了全省职业中学招生人数的新高。分别达到 2300 名、2600 名和 8100 名。截止 2011 年，已为社会培养中初级技能人才 1 万多人。同时，实施人人技能工程，受训人数累计达到 8000 多人次，为农村剩余劳动力向二、三产业转移，农村人口向城镇转移发挥了积极作用。由于职教中心所开设的专业契合市场需求，毕业生素质过硬，就业率连续多年保持在 99% 左右，毕业生升学率达到 96%，就业率达 99% 以上，满足了神木高速发展过程中多层次的社会需要。此外，还与农村基层组织挂钩，在全县 21 个乡镇和办事处建立了农业科教服务中心，每年培训农民达 3 万人，神木被省上命名为“陕西农村教育综合改革示范县”。2010 年 9 月，神木县投资 14 亿多元的榆林职业技术学院神木校区揭牌成立，填补了神木高等教育的空白，开创县级创办高等教育的先河，探索学、产、研一体化的职业教育新路子，发展校企联动、订单培养等育人方式和中高职一体化、职教集团化的办学模式，为神木经济建设培养本地高层次人才。2011 年，该学院学生已达到 1 万余人。这所“万人学校”，成为陕西省最大的县办高等职业教育基地。

4. 推进特殊教育，实现“同在蓝天下”。2008 年 9 月，神木财政拨款 150 多万元，改建麻家塔九年制学校为特殊教育学校，全方位修缮了校舍，添置了教学仪器、办公桌椅等教育设备，配备特殊教育专业毕业的教职工 36 名，为聋哑、智障少年儿童提供优质义务教育。至 2011 年，在校儿童 120 多名，并免收学费、住宿费、课本费和作业本费，免费提供衣服、被褥等所有日常用品，且每人每天补助伙食费 10 元。创办特殊教育学校，使得残疾儿童能够与健康的孩子一样，同在蓝天下享受幸福而快乐的童年生活，使平等接受教育的权利在神木得到了切实的保障和尊重，使得爱的教育扩展到“博爱”的境界。

2012 年 4 月 24 日，神木与德国梅尔布施市、德国汉堡大学等高校联合举办教育与经济论坛并签署合作备忘录（右一为县委常委、宣传部长雷江声）

在神木人看来，推动神木的发展靠人才，打破资源型城市永续发展困局靠人才，建设全国经济一流县也得靠人才。免费教育实现了“学有所教”，但要实现“学有优教”，还得有大思路、大手笔和大战略。2010 年始，神木县领导班子以近两年时间寻求教育工作的出路，提出了实施教育优先、学有优教的“两优”战略和建设西部教育强县目标。即经过五年努力，使全县教育投入、现代化水平和教育的均衡度接近东部发达地区，教育质量、师生幸福感、人民满意度、教育服务力处于全省领先地位，教育综合竞争力走在西部前列，建成西部教育强县。具体目标包括：学前三年教育毛入园率达到 99%，义务教育阶段学生巩固率达到 99%，高中阶段教育毛入学率达到 100%；普职比例达到 1∶1，高等教育毛入学率达到 70% 以上，终身教育体系全面建成；主要劳动人口平均受教育年限达到 14 年，新增劳动力平均受教育年限达到 15 年；教育改革创新加快，素质教育全面推进，教育工作机制更趋完善，教育内在发展活力不断增强。这些具体目标是既依据综合县情和发展现状，又虑及长远和适当超前。为了实现西部教育强县，神木加大教育经费投入，并保证每年新增地方财力的 20% 以上用于教育事业。

特殊教育学校的智障儿童在老师的指导下表演节目

神木县县长黄建军对神木教育的发展思路清晰。他指出，“神木教育下一步的发展任务就是提高教学水平，提供优质教育，建设西部教育强县，主要抓手就是实施‘三名工程’，培养一批名教师、造就一批名校长、打造一批名学校”。站在新的历史时期，神木实施“两优”战略，建设西部教育强县的教育发展新目标已确立，神木的教育事业必将迎来第二次跨越。

（二）医改，没有最好，只有更好

2003年以来，随着资源价格升温，神木形成了这样的县情：大多数群众的收入达不到平均数，“宝塔形”的收入结构使少数人的富裕掩盖了多数人的贫穷；财政的增收幅度远远高于居民的增收幅度，财政的富裕掩盖了老百姓的贫穷；区域发展不平衡，北部产煤区农民年人均收入在1万元左右，而南部黄土高原山区农民仅三四千元。开发方与当地农民在收入上的巨大反差，社会矛盾不断加深，产生了一系列社会问题和矛盾。这些真实的县情，迫切要求神木领导班子找到一条通向公平的制度化道路，即在财富扩张的同时，让那条路成为出现巨大偏差的社会系统的修复者。因此彻底缩小贫富差别，破解城乡二元结构，和谐发展成为神木领导班子最为紧迫的“课题”，他们决心构筑神木社会的和谐发展之路，一揽子的惠民政策的方向，一开始就紧盯医疗这一普通老百姓的基本生存需求。2005年，他们在省内率先开展新型农村合作医疗试点工作，一场从教育、医疗、养老入手的福利改革已经在神木酝酿。

2005 年，神木县成为陕西省首批新型农村合作医疗扩大试点县，接着神木县制定出台了《神木县城镇居民合作医疗管理暂行办法》。2006 年，神木县城镇居民合作医疗制度正式启动。成立国内最早的居民合疗。同年，神木县出台《合作医疗特困群众重大疾病医疗救助办法》，对患大病的农民进行二次救助。2009 年神木以求真务实的精神和敢为人先的勇气启动开国内之先河的工程——“全民免费医疗”，旨在彻底解决神木居民看病难、看病贵的问题。2009 年 3 月，县委、县政府在深入调研一年零三个月后，《神木县免费医疗实施办法（试行）》开始实施。神木的“全民免费医疗”随着媒体的公开报道，声名鹊起，同时也使神木医疗模式在褒奖和质疑的舆论夹缝中前进。在纷繁复杂的医改实践中，神木以“开弓没有回头箭”的决心顶住了种种压力，不断完善免费医疗制度，从而使神木的医改模式得以形成，并得到了高度的肯定。从 2009 年 3 月开始施行到 2011 年底的运行情况看，神木这条不是哗众取宠的医改之路基本走上了科学化、规范化、制度化的轨道，没有出现大起大落。

卫生部部长陈竺（中）在神木调研医改实施情况

医改是一项复杂的系统工程，县级公立医院改革既是重点，更是难点。2010 年，神木开始探索公立医院改革，按照“五破五立四突出”新思路，基本解决了“看病难、看病贵”问题。即突破原有资源布局瓶颈，建立立体化的医疗机构设置框架；打破单纯补需方的投入办法，建立长效稳定的公立医院投入机制；打破原有内部管理模式，建立运行新机制；打破政府独家办医格局，建立支持引导社会力量办医机制；打破基本医疗保障粗放式管理方式，建立精细化管理机制。突出重点学科建设、人才培养引进、医疗费用控制、医德医风整治。目前神木县公立医院改革正在完善之中，随着改革不断推进，神木将在县级公立医院改革中为全省乃至全国闯出新路，积累经验，树立样板。

神木的医改实践，选择了“全民医保”为突破口。在医保、医疗、医药这“三医”中，神木遵循避繁就简原则，避开了医疗和医药的阻碍。医药机制的改革，在县一级的层面上并无大的发挥空间，而在医疗建设方面，也只能按照各级政府的政策来落实而难以突破。神木选择从国家医疗保障政策支持，结合县情，从“医保”民生方面破题，开创了神木特色的“全民免费医疗”改革。其具体政策包括：一是城乡居民平等。凡是拥有神木县户口，参加了合作医疗或者是基本医疗保险的当地城乡居民，实行住院起付线和封顶线办法。标准为镇医院每人次 200 元，县级医院每人次 400 元，县境外医院每人次 3000 元。免费政策覆盖率是 99.7%，剩下 0.3%，包括有长期外出的，也有富人不愿意加入的。二是提高标准。国家的新医改方案，要求到 2010 年达到每个人的医疗补助是 120 元，而神木达到了 400 元。“全民免费”，起付点低，封顶线高，既名当其实，又属合理的制度安排，实质上就是“高标准的全民医保”。它的意义在于以城乡居民医疗待遇一体化的理念，把农民和城里人第一次放到一个平等的位置上去看待，填补了农民、居民和机关职工之间的福利鸿沟。实现城乡一体化，无差别的医疗卫生保障是神木医改的初衷和工作方向，把医疗服务作为一个免费的公共产品，提供给广大公众，可以说是中国医疗体制改革中的一个破冰之举。

神木的医疗卫生服务体系由医疗卫生服务的供方（医疗机构）、需方（人民群众）和买方（目前应该由政府担当）三方组成。神木建立了有效的共赢合作的机制。一是成立康复工作委员会，为改革注入有效的行政力量。“委员会”既代表了医疗服务的提供方，又代表了作为需求方的民众，而更大程度上是通过其作为购买方的强势来进行机制建设。二是政府代表老百姓的利益向医疗机构购买服务。一方面将干部职工医疗保险和新农合医疗保险在制度上捆绑在一起，使得干部和群众医保待遇基本实现平等。另一方面，建立统一报销程序，利用医保管理系统统一付费制度，实现政府购买医疗服务。神木医改，通过放大群众利益以解决“既得利益”的逆向改革，消除了阻力，使得改革每深入一步，人民得实惠得到增加。三是大力增加优质卫生服务资源的供给，满足人民群众医疗需要。其一，通过合并县中医院和县医院，使县医院的优质设备仪器能惠及更多的病人。其二，加大投入，负责县医院基本建设和大型设备购置、重点学科发展、专家引进、人员培训的支出预算及政府指定公共服务给予专治补助。县财政在投入4亿多元建设新县医院的基础上，又投资1.13亿元新建一座400张床位的内科住院大楼。其三，将财政承担的县医院人头经费由原来的30%提高到70%。这一举措，使医院减轻成本，更新了医疗资源，积极为群众提供优质的医疗服务。其四，培育公开、公平的市场竞争机制，激发公立医院工作的积极性。神木有一所公立县医院和十多所民营医院。政府把符合条件的民营资源全部纳入免费医疗的框架内，使得公立医院与民营医院同台竞争。2011年，全县14家“全民免费医疗”定点医院中，1家公立医院，13家民营医院。在一个同一条起跑线上，比的是谁医疗水平高、费用低、服务好，差的就会出局。医疗服务市场竞争格局的形成，为全民医保制度的正常运转奠定了良好的基础。医疗服务的市场竞争，对我国医改中公立医院与私立医院，管理与市场改革提供有益的借鉴。

神木县医院住院大楼

在医疗系统领域，需求者、购买者和提供者之间的博弈无处不在，控制供方滥用公共资源是最大的难题。神木通过政府介入，制定严格的监管制度，建立了有效的制衡机制。改革医保付费方式，建立约束激励机制。神木医保付费改革主要针对住院服务，基本采用定额制，即服务人次（包括平均每人次的总费用。人均总住院费用）和少量单病种付费，并规定超过定额的予以处罚，反之，予以奖励，从而促使医疗机构关注医药服务成本，提高医疗服务质量。建立适度竞争机制。通过对定点医院资格的审定，建立了与定点医院资格审定相关的对医院的动态管理制度，从而形成医院间的适度竞争机制。采用医疗信息技术控制需求。通过建立医疗信息系统，对整个医疗过程中的行为实时监控，从而提高了治疗质量。强化行政监管。为了防止公共资源被滥用，设置"一级自律，四级监管"五道防线。这五道防线，从自律到他律，步步为营、层层设码，堵塞费用漏洞。另外，纪检委、审计局专门负责追踪免费医疗资金的流向监督，保障医疗保障费用的合理使用。

医疗改革是一项世界难题，没有一个完美的模式。就国内看，涉及面广、控制层面复杂，比吃饭、穿衣等基础民生问题要复杂得多，最受社会各界的关心和关注。改革开放以来，一面是"看病贵、看病难"的呼声在中国医改的讨论一再升级，另一面是医改各方反复纠缠于"概念"、"体制"等问题，难以达成共识。一次次医改出错，"看病贵、看病难"成了政府和社会最大的"民生之痛"。2009年，在国家新医改方案未出台之前，神木县领导班子以对人民生活负责、义不容辞的激情，在医改领域率先披荆斩棘、破浪向前。

神木医改作为一种模式，在功能意义上应当具有可复制性或者说推广性。有人说，"神木模式"是单凭雄厚的财政创造的"乌托邦式"的梦想，很难复制推广。根本的问题是，神木模式的推广性到底是由经济实力还是执政理念来决定？卫生部部长陈竺认为，"神木模式"至少在中国大概五分之一的县里可以做起来，百强县肯定做的到，实际上是前三百到四百强的县，大概都做得到。这就是说，适当的力解决了"能做"问题，财力不成问题的数百个县有条件学习或借鉴神木模式。民政部社会福利与慈善事业促进司司长王振耀认为，神木模式实质上是一个执政理念、一个对待百姓态度的问题。神木县用不断增长的财政收入花在民生上，看不见摸不着，但这是实实在在老百姓的收益，缓解了社会矛盾，赢得了民心。改革有时候并不是一个认识问题，而只是一个实践问题。在理论上，对于神木的改革，我们反思的还太少。这里揭示的是“想做”的问题，也就是以人为本的执政理念转化为地方的施政理念过程。其实，以上两个方面概括起来就是“能做”与“想做”，“能做”与“不做”的关系。对“能做”的区县而言，就是“想到”还是“没有想到”的问题。2011 年，成都市人大代表提案，建议学习和借鉴神木全民免费医疗改革的经验；湖南省桑植县提出：所有参加新型农村合作医疗（以下简称“参合”）的农民，在该县所辖的 46 个乡镇卫生院住院，交纳起付费 150 元，报销比例可达 100%。这一模式被称为“神木模式”的“农村版”。广东省卫生厅副厅长廖新波表示广东可以复制神木模式，目前正处于设计筹备阶段。我们相信，在神木模式“从全民的需要出发，我先做起来”的理念下，“全民医疗改革”星星之火，将为人人带来幸福和希望。

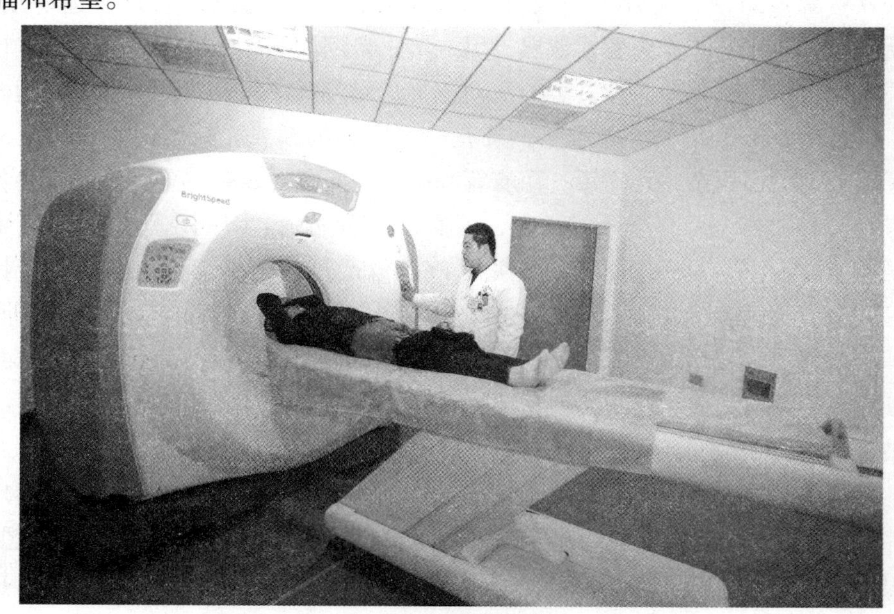

高科技诊疗设备

神木医改实施以来，在实践中也遇到不少问题。为了让这项制度更加完善，神木县提出了以公益化、差异化、人本化为基本要求，以强化人才保障、技术保障、资金保障为手段的“三化三保”构想。

一是公益化。坚决革除“以药养医、以医养医”弊端，稳步实现医院和医务人员的收入不再与药品价格和治疗数量挂钩。坚决遏制过度医疗现象，减少重复检查和医疗资源浪费。以公益化攻克公立医院改革壁垒，通过加大对公立医院的财政投入，回归了医疗卫生事业的公益性。从 2009 年到

2011年，投资近5.13亿元全面新建扩建县医院，县医院4000万元贷款由县财政一次性打包偿还，投入400万元进行信息化二期工程建设，建立了高标准的远程会诊中心，并与中日友好医院成功对接，使患者在本县就能享受到优质医疗服务，硬件设施和服务能力得到极大提升，年收治住院病人比改革前增加60%以上；以公益化突破药价虚高瓶颈，药品以省挂网价为基准降低20%购进（以新特药为主），利润在原来的基础上降低5%，并将一次性医用耗材纳入公开招标采购的范围，降价10%。采取采购药品价格干预措施，根据临床用药情况进行招标后二次降价，把基本药物全部纳入报销范围。逐步推动“以药养医”向“以技养医”转变；以公益化完善制度设计。在报销限额30万元为封顶线的基础上，提出了大病二次救助方案，每人每年可获得20万元以下的二次救助资金。这种保大病的补充救助制度设计，将使神木再次走在全国的前列。

二是差异化。公立医院和民营医院的差异化。公立医院定位为公益型，民营医院定位为市场型；公立医院由政府主导，民营医院积极鼓励提倡社会资本介入。同时神木政府为了支持和引导民营医院发展，让民营医院与公立医院享有同等待遇，在服务准入、监督管理等方面一视同仁。公立医院主导地位不动摇，民营医院合理发展，公立医院和民营医院相互促进、平等竞争、共同发展，有效破解了“管办不分”的弊端，形成了良好的医疗市场秩序；城乡医疗卫生服务差异化。全县基本建成了以“县为龙头、乡为枢纽、村为网底”的三级医疗卫生服务网络。基本实现了“小伤小病不出村，常见病、多发病不出乡镇，疑难重症不出县”的目标。

三是人本化。以患者为本。重预防，开创公共卫生服务均等化新项目。人均基本公共卫生服务经费标准提高到25元，全面实施九类基本公共卫生服务项目；优化服务。强化医德医风建设，开展医德医风专项治理工作和“廉洁行医”主题实践活动，先后出台了6项制度。引导患者加强监督，实行住院病人回访和病人投诉奖励制度，2011年全院通报并严厉处罚收受红包、涉嫌药品回扣的医务人员5人，并与其职称晋升、聘任及评先相挂钩，今后县医院还将考虑引入社会力量作为独立的机构来监督医德医风，从而彻底杜绝医生的违规行为。以医生为本。提高物质待遇，增大政府财政支付医护人员工资的比例，进一步推行绩效工资制，适当时给予保障性住房政策倾斜，对特别优秀、有突出贡献的医务人才给予一定的政治待遇，增强他们的使命感和自豪感。

四是人才保障。通过"走出去、引进来、留得住"，建设一支业务精、技术硬、医德高的医疗人才队伍。引进来，2011 年县医院新招聘本县户籍大专以上学历毕业生 68 人，面向全国招聘二本以上临床医学专业本科生和研究生 16 人，选调本科生、研究生 10 人。走出去，将新招聘的 16 名本科生和研究生选送到中日友好医院或交大一院进行一年以上住院医师培训，计划三年培训临床医师 120 名。同时，先后选派 18 名临床、医技专业人员、34 名护理人员和科主任到三级医院进修或轮训。留得住，一是加强思想教育，通过对医生职业的荣誉感，社会地位，公职身份等方面教育，使其安于工作。二是改革人事制度，实现了由薪级管理向岗位管理的转变。核心内容是院长、副院长按干部管理权限选拔任用，实行任期制、任期目标管理。严格遵循院长提名、领导班子集体讨论、科室民主评议、本人竞聘演说等程序，实行中层管理人员竞聘上岗。专业技术人员按编设岗，根据岗位设置任职条件竞聘上岗，推行低职高聘和高职低聘。专业技术中级以上和工勤人员少数符合年龄条件可以保留基本工资提前退岗。三是改革分配制度，打破平均主义分配机制，推行综合绩效考评。将工资总额的 60% 作为岗位工资按考勤发放，40% 和全院财务收支相抵盈余部分的 30% 纳入绩效量化考核发放。绩效量化重点向技术骨干、拔尖人才、学科带头人和重点岗位、高风险岗位倾斜，实行科室二次量化，拉开分配档次，体现多劳多得。推行改革后，医院职工收入总水平提高了 10%，调动了广大医护人员的积极性。

五是技术保障。通过推动临床技术创新、扩大学术交流和强化硬件设备保障"三管齐下"，强化医疗服务技术保障体系建设。"十二五"期间，计划投资 2 亿元加强硬件装备，包括引进 64 排螺旋 CT、超导磁共振机和肿瘤直线加速器等先进大型医疗器械设备。

六是资金保障。通过以民营经济为县域经济主体，发展民营经济与民生建设良性互动的现代民生经济，为保障地方财力提供有力支撑。2011 年启动"民生慈善基金"，为未来全民免费医疗改革提供强大的后续财力保障。

"三化三保"构想，描绘了神木全民免费医疗模式的未来发展，为更高层次实现其可持续性，当代与后代共享性所体现的以"人民生活之本"，提供了科学可行的实践路径。神木创造的全民免费医疗模式，也将走向新的境界。

（三）统筹城乡的养老制度创新

在科学发展观指导下，神木县把党的社会养老政策转化为神木养老制度建设、十大惠民工程和民生神木战略发展规划，深入推进构建现代民生体系和全县养老事业的快速发展，形成了具有神木特色的养老制度体系，并取得了显著的成效，为神木人民的幸福生活增添了浓重的一笔。

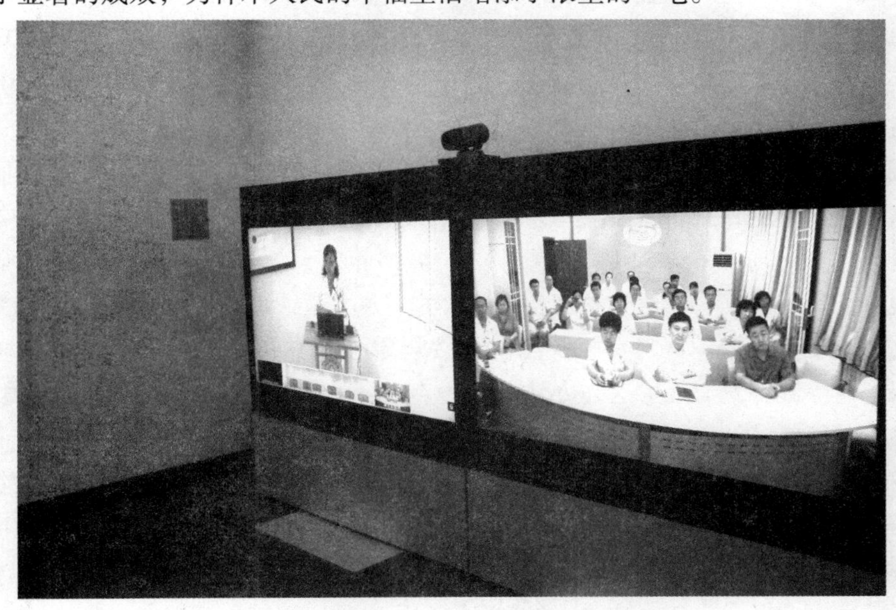

与中日友好医院互通的高清远程会诊系统

1. 城乡居民社会养老制度的实践探索。城乡分立是我国社会生活中长期存在，并在改革开放发展进程中逐渐突显的重大社会结构问题。我国的养老状况处于城市职工退休养老形式和农村传统家庭养老两种形式，城市养老制度不健全，覆盖有漏洞，农村养老无章可循。党的十五大提出通过“保障城镇困难居民基本生活”和“加大农村扶贫攻坚力度”来保障城乡居民基本生活，表现出社会保障的城乡分立体制及其不同的政策趋向。党的十六大提出“有条件的地方，探索建立农村养老、医疗保险和最低生活保障制度”，表明了党把以民生建设为中心的社会建设政策转化为地方政府探索性实践活动和地方性政策创新。2003 年 4 月，神木制定了《城市居民最低生活保障暂行办法》。在践行科学发展观的活动中，以城乡居民共享发展成果理念为指导，又于 2005 年 4 月制定了《农村最低生活保障制度实施办法》。这两个办法的制定，不仅标志神木城乡最低生活保障制度体系的初步建立，使得神木城乡人民能够共享基本生活保障的权利，而且为探索神木特色的养老制度积累了极其宝贵的经验。在党的十七大“促进企业、机关、事业单位基本养老保险制度改革，探索建立农村养老保险制度。采取多种方式充实社会保障基金，加强监管和实现保值增值”等政策措施指导下，神木以敢为人先的创新性精神把养老保障列为民生神木建设的一项重要内容。

2. 神木社会养老制度的创新及其实践业绩。第一，制定“城乡一体”和“因情制宜”的《神木县新型城乡居民社会养老保险试行办法》。2008年年底，神木在充分的基层调研、民主论证的基础上，制定了《神木县新型城乡居民社会养老保险试行办法》。办法规定：（1）参保范围：神木户籍、年满16周岁以上的除在校学生、现役军人、机关事业单位、国有企业和已参加企业职工养老保险和失地农民养老保险的人员之外的城乡居民，均可自愿参保。（2）参保费用：参保人员缴纳养老金年限为15年以上。男年满60周岁、女年满55周岁以上参保人员个人不缴纳养老保险费，其家庭成员（儿子、儿媳、上门女婿及配偶）按规定参保并正常缴费者，可享受基础养老待遇。为了落实这一办法，2009年1月，又制定了《神木县城乡居民社会养老保险实施方案》，规定村集体要积极安排参保人员缴费补助，具体补助标准根据村集体（社区）财力确定，以保障应保尽保；并加大对独生子女、双女户、特困户等特殊群体的集体补助力度。除享受重度残疾人生活补贴的之外，完全丧失劳动能力的重度贫困残疾人的养老保险费，由政府安排残疾人保障金全额补助。该方案出台后，县上迅速展开养老保障具体工作，标志着神木县新型城乡居民养老保险工作进入全面实施阶段。考虑到农村的老人保有土地经营承包权，而城里的老人只有养老保障的情况，制定城乡差异的养老保障标准，农村老人每天8元，城市老人每天10元，并于2009年1月在县域境内执行，实现特殊人群全覆盖。这一办法的制度创新在于，在“发展成果人民共享”的理念下，将城乡居民统一于一个制度下，从形式上实现了城乡居民平等共享养老保险的待遇，消弭了城乡分立的制度性歧视。同时，按照这一办法制定的实施方案，充分照顾到农村居民的经济能力和各种特殊群体的实际困难，并具有“一落到底”的可操作性，体现了神木依照国家政策和按照县情、村情的特殊性进行科学决策和层层落实的普遍实践风格，从而“实打实”地实现了养老保障的政策公平、结果公正，真正解决了城乡居民的老有所养难题。

这一创新性政策和实施办法获得了明显效果。2009年11月，神木成为国家首批新农保试点县。至2011年年底，应参保19.8万人，实际参保17.3万人（其中参保缴费13.2万人，已享受待遇4.1万人），参保率高达87%。其中农民应参保16万人，实际参保15.4万人，参保率更高达96%。城镇居民应参保3.8万人，实际参保1.9万人，参保率也达到50%。全县城乡居民养老保险个人缴费累计1.9亿元，而县财政补贴竟然达到2.3亿元，总计为4.1万城乡居民发放养老金8102万元，其中为3.8万农村居民发放养老金7437万元（中央补贴3048.1万元），3000名城镇居民发放养老金665万元，参保居民个人账户累计结余3.6亿元。这一生动的实践证明，神木城乡一体的养老保障政策成效是显著的，设计是成功的，值得有关地方借鉴和参考。

城乡居民养老金保险金首发仪式

第二，制定孤寡老人、残障人等特殊人群免费供养的《神木县特殊人群专项救助暂行办法》。城乡社会养老制度毕竟是针对普通老人晚年的家庭生活问题。那些没有家庭成员照顾的老人怎么办？那些老年残障人怎么办？神木的决策者决心要让公共财政的阳光照耀到社会每个角落，温暖这些容易被遗忘的特殊人群，从而真正实现所有人群的共享。早在2007年，神木的决策者就提出建设投资2386万元新建可容纳600人居住的中心敬老院，五保户入住后，政府将承担全部费用，以消除他们的生活困难。2008年，在十大惠民工程的实施过程中，神木制定了专门服务孤寡老人、残障人的特殊免费供养的制度——《神木县特殊人群专项救助暂行办法》，规定救助标准为城镇居民3600元/年，农村居民2880元/年，将五保户分为家庭分散供养和中心集中供养两种类型，其中家庭分散供养年标准由900元增长到3200元，增长255.6%，中心集中供养年标准由3360元增长到5400元，增长60.7%，为城乡孤寡老人、残疾人提供“老有所养、老有所医、老有所教、老有所学、老有所乐”的生活环境，保障五保老人“吃、住、医”等生活需要，让他们生活幸福，安享晚年。2010年8月，县中心敬老院正式投入使用，建成社会综合福利院一所，收养五保对象101人，建设了乔岔滩区域敬老院，使得集中供养的老龄人由7%增加到37%，五保老人集中供养率达到70%以上。这种特殊的制度特点不仅补充了城乡养老制度的不足，把党的关怀之心和政府的亲民之责延伸到社会的各个层次和各个角落，而且通过制度设计和实践举措，真正在实现了《礼记》之《礼运》篇描绘的“矜寡孤独废疾者皆有所养”的不分阶层、不分群体、不分健障的人人共享平等的“大同”理想。

神木县中心敬老院

3. 城乡居民社会养老制度的显著特征。神木社会养老制度创新不仅是包括免费医疗、免费教育在内的“十大惠民工程”建设的重大进展之一，而且是其现代民生体系建设的主要内容之一，更是使其迈向更高层次、更高水平、与幸福神木直接相连的未来民生神木建设的主体部分之一。

通观神木城乡养老制度，我们看到这一制度除创新性、可持续性之外，还有以下一些特点：（1）启动最早。2008年年底，神木以党的十七大精神为指导，率先出台了《神木县新型城乡居民社会养老保险试行办法》、《神木县城乡居民社会养老保险实施方案》等配套文件，并于2009年1月率先在全县启动新型城乡居民社会养老保险工作。而国家于 2009 年 9 月出台了《开展新型农村社会养老保险试点的指导意见》，并要求在全国推行。（2）个别规定全国独特。参保对象个人缴费标准为每年 500 元，县财政补贴 500 元，远高于中央补贴标准不低于每年 30 元的政策规定；还规定缴费之日女 55 周岁以上、男 60 周岁以上的城乡居民可以一次性补交 15 年保费 7500 元，县财政也给予相应补贴 7500 元，这一规定全国地方并无二例。（3）标准全省最高。2011 年 1 月将基础养老金由每月 64 元提高到 125 元，远高于周边地区，陕西省内最高。（4）政策覆盖面最宽。规定女性年满 55 周岁即可领取养老金，比中央规定的 60 周岁提前了 5 年；规定三级以上残疾个人缴费部分由县财政全额代缴，而陕西省只给农村二级以上重度残疾人补贴 100 元；独女户、双女户个人缴费部分由县财政全额代缴等等政策规定。（5）限制条件最少。符合参保年龄的参保对象只要是神木县户籍，无居住年限条件，而其它地区有居住三年的限制。

神木城乡养老制度及其实践可以得到以下经验：一是地方政府准确理解中央政策大方向，制定创新性地方政策，并加以明确落实责任主体。例如，我国企业职工养老保险制度规定的筹资比例是企业缴费 20%，个人缴费 8%，另外政府予以补助，但对政府的缴费的责任并没有明确比例规定，这就可能导致政府责任缺失。而《神木县城乡居民社会养老保险实施方案》明确规定，县政府承担缴费比例为 8%，承担缴费数额（16%）的一半。明确规定政府的缴费责任，不仅有利于保障城乡居民养老保险基金来源的稳定性，而且也有利于实现城乡养老保险均等化。二是将地方政府财政重点投向养老保障建设。如《神木县城乡居民社会养老保险实施方案》规定，男年满 60 岁，女年满 55 岁的居民不用个人缴纳养老保险费，其家庭成员按规定缴纳养老保险费者，既可享受基础养老待遇（每月 125 元），发放资金全部由政府财政埋单。还规定，县财政一次性拨款 200 万元，用于调整参保人的参保待遇。

（四）就业制度的创新性探索

在漫长的历史岁月中，走西口是神木人悲凉的历史记忆，“走不完的西口，掉不完的泪，做不完的牛马，受不完的罪”道出了他们的辛酸与无奈！改革开放二十多年来，举世瞩目的煤炭资源开发不仅引来神华、陕煤、延长等中省大企业纷纷进驻神木，淘金采宝，而且催生和壮大了数以千计的民营企业，带动了神木县域经济的快速发展和民生建设的迅速展开。但这并不等于神木人在就业方面就具有得天独厚的优势。神木县领导班子在科学发展观的指导下，审时度势，制定了具有神木特色的就业制度，探索了一系列就业工程、机制，全力推动和创造神木人民在神木地域的就业机会，为神木人和来神就业创业的五湖四海的人们共享发展成果做出了巨大贡献。

1. 党的就业政策与神木就业实践历程。在最简单的意义上看，就业不仅是劳动的权利，更为重要的是人们社会生活的基本保障，因为只有“有业可就”，才有正常生活所需的收入。新世纪以来，党的十六大和十七大报告都强调“就业是民生之本”，把就业提高到保障人民基本生活的高度。

2002 年，十六大报告把改善创业环境、增加就业岗位作为地方党委和政府的重要职责，提出发展劳动密集型产业，对提供新就业岗位和吸纳下岗失业人员再就业的企业给予政策支持，推行灵活多样的就业形式，鼓励自谋职业和自主创业，完善就业培训和服务体系以提高劳动者技能等等。神木县政府以科学发展观为指导，把“以人为本”的理念具体化为“以神木人民的社会生活为本”，把解决群众最关心、最直接、最现实的利益问题作为各项工作的出发点和落脚点，把经济发展和改善民生统一起来，坚持就业优先，鼓励创业，促进就业，落实富民惠民政策，大幅度增加城乡居民收入，保障人民安居乐业，开启了探索神木特色的就业道路。

2006 年，神木人以构建和谐神木为目标，以亲民施政理念扎实推进就业和再就业工程，通过拓宽就业渠道，增加就业岗位，引导更多的大中专毕业生、复转军人、下岗失业人员和农村剩余劳动力实现就业再就业等多种措施，让神木人民“壮有所为”。这是他们从工程建设和具体措施相结合的意义上，第一次提出的民生总体建设就业设想与方案。他们还提出，在十五期间要建设统筹城乡的就业培训服务体系和劳动力市场，进一步扩大高校毕业生和 4050 人员就业，努力实现经济增长与扩大就业良性互动，城镇新增就业 10800 人，城镇登记失业率控制在 4% 以内等具体发展目标。2007 年年初，又根据县域经济快速发展情况，在提高社会保障水平和扩大覆盖面中，提出继续坚持就业优先的方针，谋划建设城乡统筹的就业培训服务体系和劳动力市场，努力实现经济增长与扩大就业良性互动的就业发展思路和规划，强调充分吸纳就业作为政府扶持民营企业的重要条件，推动劳动密集型中小民营企业发展，推动加工制造和商贸、物流、餐饮服务等第三产业发展。这些战略性、全局性规划与措施，展示了神木人一切从党的政策精神和神木的实际出发，以实现神木人民的根本利益为发展目标，勇于创新，狠抓落实的品格，体现了神木在解决人民就业方面的持续探索。

2007年10月，十七大报告提出实施扩大就业的发展战略，促进以创业带动就业，通过加强政府引导，完善就业支持政策，健全职业教育培训制度，实施就业援助制度和作好高校大学生就业工作等措施，千方百计扩大就业。2008年，神木人根据这一精神和政策措施，结合陕西省实施“民生八大工程”的政策指向，立足神木经济社会发展实际，提出了突出重点，适度超前，具有神木特色的“十大惠民工程”建设三年计划和构建“十大民生体系”，加快了向“学有所教、劳有所得、病有所医、老有所养、住有所居”的民生建设总体目标迈进的步伐。他们以“人人技能工程”和“阳光工程”为支撑，积极实施扩大就业工程，构建覆盖城乡，惠及全民的就业促进体系。期间，创造性地提出了“民营企业白领派遣计划”并加以实施。2009年，随着“十大惠民工程”的深入推进，加快建设神木职业技术学院建设，加快推进民生建设由满足一般的生存需求向人本化全面发展转型，加快推进由“雪中送炭”式的帮困救济向“锦上添花”式的全民福利转变，神木人民实现了从“劳有所得”迈向“劳有丰酬”。在“幸福神木”建设构想和“五个神木”发展战略提出后，2011年政府直接补贴就业达到1251万元。神木的就业政策和实践进入了围绕更高层次的现代民生体系建设的新时期。

2.《神木县到企业工作大学生管理办法》与“白领”派遣计划。大学生就业是新世纪以来我国高等教育急速扩大招生规模和劳动力就业市场尚未发育成熟过程中突显的日趋尖锐的社会问题。党的十七大第一次提出把大学生就业工作作为促进创业推动就业的重要措施。神木的民营经济的不断发展壮大，民营企业对懂技术、会管理高层次人才的需求日益迫切，而神木籍的大学生又难以找到合适的工作岗位。针对这一特殊的县情，2008年3月，神木县领导班子经过充分调研、酝酿讨论，率先提出面向民营企业的“白领”派遣计划的设想：由政府给大学生发工资，让他们到企业去锻炼提高自己的水平。他们制定了《神木县到企业工作大学生管理办法（暂行）》，从派遣人员的选拔条件、工资待遇（享受县全额事业单位同类人员的工资福利待遇，其基本工资由财政列支，缴纳的社会保险费由企业负担）、考核管理、流动、职务晋升等方面进行了详细规定，专门成立招聘工作领导小组和大学生到企业工作管理办公室，制定详细的聘用方案，计划派遣500名优秀大学生由政府埋单到民营企业工作，解决大学生就业问题，为民营企业发展提供人才保障。通过公开考试，第一批109名大专毕业生派遣到民营企业从事企业管理、技术工作。这一创新性制度和举措既为民营企业的发展注入了新的活力，也为大学生的创业发展提供了锻炼的平台。通过近两年的实践，不仅收到了良好的社会效果，也赢得了其他市县的学习和借鉴。2011年1月，他们又以考试方式组织了第二批152名大学生到县内63户民营企业工作。他们还计划今后每年通过“政府买单、企业用人”这种方式，向民营企业选派大学生100名—200名。神木人创造的大学生派遣民营企业的制度性创举表明，政府不是在大学生就业方面无所作为，完全可以勇于作为，做出成效，通过大学生自身的优势与就业岗位实施有效对接，既解决了大学生就业困难问题，又高效地服务于企业的发展，同时也为经济社会发展和政府自身财力建设做出贡献。这一制度性创举和实践也表明，民营企业既是就业机会的创造者，又是培养人才的大学校，既是社会财富的重要来源，又是政府财力的重要保障。在根本的意义上说，这一制度性创举和实践举措，打造了企业、大学生和政府三方共赢的新局面，完全值得有关部门和地方学习和借鉴。

3. 依托民营经济的再就业政策及实践。改革开放以来的实践表明，民营企业不仅是创造社会财富的重要力量，而且与国家机关和国有企业相比，是创造社会就业的主力军。神木的民营经济既是县域经济的主体部分，也是安置劳动力的主要渠道。2007年3月，在《关于促进民营企业更好更快发展的意见》（旧60条）中率先提出：“企业招用国有企业下岗失业人员并签订3年以上劳动合同的，经县劳动保障部门认定，政府给予社会保险补贴。”党的十七大后，神木人把这个就业政策的落实与其特殊县情结合起来，从政策支持、资金扶持等方面，进一步加大对民营经济扶持力度，加大对劳动密集型企业扶持力度，多渠道多方式增加社会就业岗位。神木规定：（1）鼓励和支持民营企业吸纳下岗失业职工、城镇登记失业人员、复转军人、大中专毕业生，每吸纳一人，政府给予企业最高不超过5000元的岗位补贴；（2）吸纳持《再就业优惠证》的企业下岗失业职工并与之签订劳动合同的，还可给予相应年限相应比例的社会保险费补贴；（3）小额担保贷款扶持，对符合条件的中小企业，在当年新增就业岗位中，新招企业下岗失业职工及城镇登记失业人员达到现有在职职工的30%，并与之签订三年以上劳动合同的企业，经办银行可给予最高不超过100万元的贷款，财政按基准利率给予100%贴息（中央财政承担25%，其余地方同级财政承担）。

（4）对劳动密集型企业，当年新增就业岗位吸收下岗失业职工、城镇登记失业人员、高中毕业生、复转军人及农民工达到50—100人的，并与之签订三年以上劳动合同的，分别按最高不超过50—100万元的贷款额度，按同期基准利率的50%给予两年的财政贴息；（5）城镇困难家庭、“零就业家庭”成员和下岗失业人员中的“3848”人员被商贸企业、服务型企业（国家限制行业除外）和加工型企业招聘就业，并签订一年以上劳动合同的，可根据劳动合同期限按规定享受不超过三年的社会保险补贴。公益性岗位吸纳的还可以给予一定的岗位补贴。2007年，全年城镇新增就业岗位2050个，安置下岗失业人员650人。2008年，建设神木县I类人力资源市场，在锦界、大柳塔建设乡镇人力资源市场，并通过不断完善服务体系、拓宽就业渠道，加大对劳动力市场的硬件建设力度，实现了就业信息网络化。2010年实现了消除零就业家庭的目标。2011年全县新增就业、再就业岗位2240个，城镇登记失业率控制在3.6%以内。在就业的意义上看，下岗职工是国有企业市场化改制中的“甩包袱”的结果，并让这一群体成为社会中的弱势阶层，各级政府必须在政治上、生活上重点关照的社会群体。神木通过财政补贴和政府贷款的方式支持民营企业发展，在企业增加用工数量时不仅不增社会保险成本，而且获得政府融资贷款和财政贴息。这种创新性政策和实践既最大限度地解决了历史包袱问题，承担了历史责任，同时又通过财政方式，解决了民营企业贷款难的全国性问题。

4. 从多种方式的技能培训到神木职业技术学院的建设实践。“一招鲜，吃遍天”，“有了金刚钻，揽得瓷器活”，这些充满生活智慧的俗语，揭示了就业问题上的一个道理：良好的技能是就业之基。劳动者知识和技能的获得和提高的主要途径是职业培训。

自2006年以来，为了把农民转变为农业工人和产业工人，神木人从提高农民、减少农民、富裕农民、转移农民的高度，在广大农村实施以农村劳动力有序输出和有效转移为核心内容的“阳光工程”和“人人技能工程”。通过组织农民开展种植、养殖、枣树栽培管理、农村新能源、农机操作等技能的培训，增强其农业新技术应用能力；通过开展车辆驾驶、酒店管理、旅游服务、沼气池建设、计算机应用等培训，增强其通过非农手段增加收入。“阳光工程”培训使农民走出农业走向工业和服务业，从农村走向城市，通过劳务输出实现从体力型劳动者向智力型劳动者转变。在城市，成立县劳动就业训练中心，利用其师资力量和资源优势，对全县的企业下岗失业职工、城镇登记失业人员、复转军人、未就业的大中专毕业生及返乡农民工，开展针对微型企业创业者（俗称小老板）免费职业技能培训和创业培训。培训规模每年达到2000人以上，培训内容包括实用技能，如煤炭开采、机电运行及汽车维修、餐厅服务等。还采用派出去请进来的方式，进行转专业技能培训和订单式培训等，培训规模为每年培训300人。另外，2009年以来，他们还积极协调驻神中、省企业，通过政府与企业的协议、为企业培训、输送人才的方式，争取优先录用神木籍大学生，而中省企业通过专业对口直接上岗和专业不对口“以学代培”方式的上岗方式支持神木的就业事业。

2010年，投资14亿元的神木职业技术教育学院建成招生，普职比例达到1：1。神木职业技术教育学院成为陕西省最大的县级职业技术教育学院，在校学生1万余人，发挥了职业技能培训的主阵地作用。

5. 开发公益性岗位与扶持自主创业实践。开发公益性岗位是落实党的十七大关于千方百计扩大就业政策的实践举措，也是增加就业机会的重要渠道。2010年，神木提出大力开发公益性岗位，畅通就业援助渠道，以妥善解决家庭生活困难人员的就业问题。他们把公益性岗位划分为机关事业单位的工勤岗位、管理岗位（交通协管、治安联防协管、环卫监督）和社区保洁、保绿等社会服务岗位。并且规定党政机关和事业单位的工勤岗位（包括司机、门卫、打字、环卫保洁等）工作人员一律由政府就业管理中心从下岗职工，城镇登记失业人员及复转军人，大中专毕业生中聘用，实行现行公益性岗位再就业待遇，由财政或再就业专项资金解决。管理岗位和社会服务岗位，要充分安置下岗失业职工、城镇登记失业人员、复转军人及大中专毕业生，由政府财政补贴的方式加以支持。

神木大力鼓励高校毕业生、复转军人及下岗失业职工自主创业。2010年以来，通过统一规划筹办大学毕业生创业一条街，通过资金补贴、贷款扶持、减免税费等特殊政策形式，引导和扶持大学生自主创业。在水龙农贸批发市场内设立大学生及下岗失业人员“创业园”，县上免费为入园创业者提供一间商铺。2011年，大学生及下岗失业人员“创业园”正式开园，39名大学生及下岗失业人员通过经营文具百货、床上用品，广告设计、电脑维修，开始了自己的创业。对自筹资金不足的创业者，通过县小额贷款担保中心及经办银行申请2万至8万元的小额担保贴息贷款等等予以支持。

近年来，神木县领导班子坚持以科学发展观为指导，时刻心系百姓生活，充分把党的政策精神及其措施落实到神木的就业创业工作中，率先开展有声有色的持续性实践探索和多种制度创新，在神木县域开展了针对企业、机关、基层社区等服务需求与农村居民、城市居民、下岗职工、大学生、贫困家庭等就业需求的政策和措施相互对接，实现了最大程度的就业，解决了就业这个老大难问题，实现了神木的弱势群体、困难群体就业有保障，实现了各阶层人民以不同方式共享发展成果。

（五）保障型住房的开拓

人们的基本生活，衣、食、住、行一样不能或缺，但如以紧迫性而论，除食之外，恐怕数得上“住”了。如果问一个中国人：什么价最高？什么价最看涨，恐怕最佳答案不是黄金、也不是股票，而是房子。2003 年以来，房价一路飙升，“北上广”的房价高歌猛进，数年内翻了好几倍，一线城市、二线城市、三线城市的人们都喊“住房难、买房难”，低收入家庭和贫困家庭只能“望房兴叹”。近年来，随着县域经济的迅猛发展，社会财富大量增加，神木城市人口激增，地价飞涨，房地产价格急剧攀升，“住房难、住房贵”成为普通城市居民，特别是低收入家庭的一块心病。大量的来神木寻找工作和创业的人们连住的地方都成为紧迫性问题。针对以上现状，神木县委领导班子果断决策，以“大手笔”规划城市发展蓝图，大投入进行开展经济适用房和廉租房建设，构建“住有所居”的住房安居体系，解决低收入家庭、来神木创业人士、来城镇定居人士的住房困难，为神木的统筹城乡、人口城镇化和新型工业化城市奠定基础。

1. 保障住房政策与神木城市发展规划。神木县委县政府在深入调研、反复民主讨论的基础上，以解决县域十大民生问题为中心，于 2008 年将住房列入县域民生建设规划与实施的“大盘子”。住房建设，规划先行。2011 年，在神木十二五规划中，不仅明确提出了“一体两翼”的经济发展布局规划，而且依此提出“一主四卫”的城镇建设规划和“撤县设市”的发展方向。其中主城区的远景规划达到 46 平方公里。锌山新区已经建成，第一新村（面积 12 平方公里，集生产、居住和行政一体）建设初具规模，二村建设（预计可以容纳 8 万—10 万人）建设如火如荼。这种以城市化建设为战略的县城规划在全国范围内并不多见，体现了神木人的高瞻远瞩和超前谋划的城市发展新理念。

2. 神木城镇保障房建设的实践推进与政策演进。早在 2006 年“十一五”规划中，神木就提出了全面启动经济适用住房和廉租房建设的战略，决定在锌山等小区建设一批适应广大居民支付能力的中低价位、中小户型经济适用住房，有序发展廉租住房，使符合条件的中低收入家庭能够买起房，困难家庭能够有住房。

2007 年十七大提出新的住房政策后，神木于 2008 年在“十大惠民工程”中提出实施住房安居工程，构建覆盖城乡、惠及全民的住房保障体系，规划 50000 平米经济适用房的建设指标，并为 2000 多户廉租房家庭（无房户）实行货币补贴，解决他们的住房困难，实现居者有其屋。同时在农村实施农民安居工程，解决农村危房户和地质灾害区农民的住房安全问题。当年建成经适房 5 万平方米，发放廉租房补贴 330 多万元，惠及 7000 多人。2009 年又建设经适房二期 5 万平方米、廉租房 3 万平方米，农村危房改造 1000 户，基本解决了城乡无房户的居住困难。

2010 年，建成经适房 11 万平方米、廉租房 4.6 万平方米，并规划实施神华新村小区一期工程。2011 年，不仅提出继续推进住房安居工程，提出计划投资高达 6 亿元新建 40 万平方米限价房、5 万平方米廉租住房，实施神华新村移民安置小区一期工程，而且要建立健全社会保障体系，积极推进住房保障制度建设，并在五年新建各类保障性住房 70 万平方米，基本实现保障对象全覆盖，进一步向进城农民延伸的宏大发展目标。他们规划建设四种类型的保障房：廉租房、经济适用房、限价房、公租房。据统计，在 2007 年到 2012 年的五年间，县财政累计投入 22 亿元，建廉租房、公租房、经济适用房和限价房累计 1.3 万套、110 万平方米。“十二五”期间，将完成建设各类保障房 2 万套、200 万平方米的目标任务。

神木县领导指出，“神木保障性住房建设的初步目标，就是到“十二五”末，基本解决广大城乡中低收入群众的住房问题”，并重点解决进城农民工、外来务工人员、新就业大学毕业生住房困难问题，基本实现“住有所居”。

在保障性住房的建设实践过程中，神木探索出一套包括调查、规划和落实环节构成的特色化的操作化的有效机制。

第一，摸清家底，开展分类建设。通过按照省市政策和任务要求，对照本县保障标准，准确统计“十二五”期间神木县保障对象的总数及四类保障性住房的需求，建立保障对象数据库。对审查合格的保障对象做到一次分配，确定轮候次序，五年分步实施，四类保障房建设立足城市人口 30 万的规模。

第二，合理规划，确定科学布局。保障性住房优先安排在交通便利、基础设施齐全、公用事业完备、就业方便的区域，以方便群众就业与生活。充分考虑自然条件、居住习惯和中低收入家庭工作生活实际，优化保障性住房设计方案，让保障性住房在有限的面积内能基本满足群众的生活需要。

保障性住房小区

第三，确保进度，突出工程质量。认真查找影响进度的原因，及时采取有效措施予以解决。加大资金投入，坚持多渠道筹资，优先办理保障性住房建设项目的用地、规划、环评等手续，工程质量进行全程跟踪监管，实行项目负责人终身负责制，全面落实保障性安居工程质量责任制，确保保障性住房工程建设质量。

第四，公开公正，边建边分。依据审核公示制度，保障申请家庭情况真实准确。执行“三级审核、三榜公示”制度，既由本人申请，社区、街道办初审，房管办审核确定，并在社区、网络、电视、报纸等媒体上公示名单、举报电话，接受社会监督，确保公开、公正、公平。通过公开摇号方式，确保保障性住房的分配公平合理。

第五，完善监督，受益到位。公布保障性住房计划和年度供应计划，并由纪检、监察机关和人大代表、政协委员、新闻媒体等社会各界进行全程监督，保证保障房真正分配到应该享受政策的群众手中。

这些在实践探索中形成的经验和措施，具有行政工作推进、多元民主监督和操作程序化的特点。鉴于我国保障性住房方面法律法规的空白和政策简单的状况，需要在各地实践探索中总结经验，并逐渐提升到全国层面的普遍性的政策或者国家性的法律法规。从神木的实践看，其中稳定增长保障性住房资金投入机制和有效的监管机制是必不可少的两大内容。一是稳定的多元资金筹措机制方面，稳定的资金来源具有基础性地位，建设资金主要由政府财政来承担，并鼓励和吸引社会资金参与保障房建设，应是国家政策制定的重点。二是保障房建设标准方面.需要区分地段和类别制定保障房建设标准，以适应不同类别保障性住房的居住需求，防止出现因贫民聚集区而出现的一系列社会问题。三是监管机制方面，要健全审核受益对象的标准和程序，对申请人进行严格的审核，并建立多部门组成的居住情况普查机制，建立居民信息档案系统，实行动态管理，及时更新，以确保信息的真实、有效。

（六）神木的扶贫济困制度创新

在践行科学发展观实践活动中，神木县领导班子以神木人民社会生活为本，大力推动县域民生建设，难能可贵地在传统社会保障制度之外大胆实践，勇于探索，创造性地建立了神木特色的扶贫济困救助制度。

1．我国扶贫济困政策的变革。不断满足人民群众基本生活需要，不断提高人民基本生活水平是党执政和政府施政活动的目标之一。我国的扶贫与济困制度既是解决社会特殊人群生活保障的特殊性政策，又是一般意义的社会保障制度基础上的补充性制度。

我国扶贫济困政策的变化与社会保障制度的建立过程紧密相关。1997年，党的十五大提出："实行保障城镇困难居民基本生活的政策。加大扶贫攻坚力度，到本世纪末基本解决农村贫困人口的温饱问题。"这里可以看到，第一，保障基本生活的政策只是针对城市困难居民的特殊生活问题而设置的政策，而扶贫政策则只是针对农村困难居民的特殊生活问题而设置的政策，两种政策设计的受益对象有所不同。第二，城镇居民基本生活保障政策通过发放生活保障金方式实现，而扶贫政策则通过扶助农业生产的方式实现，在实现方式上也有所不同。显然，两种政策设计不仅以城市居民与乡村居民的差别为基本前提，而且反映了我国城市与乡村分立的社会结构状况。不过，无论是城镇居民的基本生活保障政策，还是农村的扶贫政策，都是以解决人民群众基本生活困难为根本目标。

进入新世纪以来，随着城乡差别和贫富差距持续扩大，在城市居民基本生活保障政策和扶贫政策基础上探索建立现代社会保障制度体系，成为一项解决城乡人民群众基本生活困难和发展之忧的重要任务。2002 年，党的十六大报告首次提出健全社会保障体系，包括"健全城市最低生活保障制度。

发展城乡救济和社会福利事业。有条件的地方、探索建立农村养老、医疗保险和最低生活保障制度。”同时提出：“继续大力推进扶贫开发，巩固扶贫成果，尽快使尚未脱贫的农村人口解决温饱问题，并逐步过上小康生活。”这一政策的新变化在于，在明确完善城市最低生活保障制度的同时，授权地方政府将其在实践中创造性地推广到农村去，让农民也能享受城市居民最低生活保障制度的实惠。虽然仍然可以看到通过扶贫方式让农民摆脱贫困，过上富裕生活的制度路向，但却预示了城乡居民共同享受最低生活保障制度的政策趋向。

随着科学发展观的提出，以及“以人为本”作为国家制定政策的最高依据，并在国家政策层面的加以落实和各地生动、丰富的民生实践的陆续展开，社会最低生活保障政策与扶贫政策的制度框架在社会建设层次被新的制度框架所替代。2007 年，党的十七大报告明确提出：“加快推进以改善民生为重点的社会建设”和“推动建设和谐社会”，在教育、就业、收入分配制度、社会保障体系（包括城市廉租房制度）、基本医疗卫生制度和社会管理等六大方面提出了具体的政策目标和措施。一方面强调在这些方面的“普惠”特征，保障不分群体地、人人享有的民生权利和政策实惠，特别包括教育、养老和卫生方面的基本公共服务。而另一方面，提出了针对特殊人群、包括特别生活困难人群的特殊政策。比如，在教育方面提出保障经济困难家庭、进城务工人员子女平等接受义务教育；在建立城乡居民社会保障体系中提出社会救助、社会福利、最低生活保障制度、慈善事业和健全社会救助体系政策要点。从报告的内容看，最低生活保障制度属于整个社会保障制度的一部分，而扶贫政策只在收入分配部分强调要“逐步提高扶贫标准”。从总体上看，报告将普惠于一般人群的政策与针对特殊人群的政策在制度层次上区别开来，显示了在同一领域采取一般和特殊的政策导向。显然，报告在总体上把最低生活保障政策和扶贫政策构成的城乡分立的社会保障的政策框架已经转换为以民生建设为本、涉及城乡一体、同时照顾不同层次人群特殊需要的现代人民基本生活保障体系。以城乡社会最低生活保障制度和其他救助制度构成的，区别于一般社会保障体系的现代社会救助体系，得以在各地实践中逐渐展开。

2. 扶贫济困的实践历程。神木特色的“扶贫济困”的实践历程，是神木人在学习和践行科学发展观的过程中，通过结合县情，在创造性地逐步展开探索的基础上，所形成的颇具特色的制度设计和实践举措。他们着眼于县域经济实力显著增强和贫富差距、县域南北差距的实际情况，有针对性地建立包括养老保险，就业与再就业，社会“低保”，农村合作医疗，特困户子女就学和大病救助工作，开展了农村最低生活保障制度的实践探索。

2005 年，神木率先制定了《神木县农村最低生活保障制度实施办法》，使得农村居民开始享受到城市居民的最低生活保障待遇。2006 年，他们在《关于认真解决群众最关心、最直接、最现实利益问题全力构建社会保障体系的意见》中，不仅提出关心城乡特殊困难群众，做好城乡低保工作和贯彻《农村五保供养工作条例》，有效保障供养人员生活，而且提出了通过提高补助标准和参保率解决农民因病致贫、因病返贫问题，特别创造性地提出了“建立大病救助基金”，提供二次救助以解决城乡群众因大病致贫返贫问题。同时提出了加大对非义务教育阶段贫困优秀学生的教育救助，建立教育救助基金，保障贫困学生完成学业。这里，“五保户供养”制度、“建立大病救助资金”和“教育救助基金”，堪称社会救助的三大支柱性制度，构成了神木特色的社会救助体系的雏形。

经过近两年的实践，2008 年，神木人创造性地提出了“扶贫济困”工程，列入“十大惠民工程”建设，提出构建覆盖城乡、惠及全民的社会帮扶救助体系。在这里，从实践操作意义上看，它无疑是一个“工程”，在名义上看，称为“扶贫济困”，但在实质意义上却是神木自己的社会帮扶救助体系。“扶贫”实际上主要就是解决困难群众的特殊生活困难，而不再是开发性，甚至发展性“扶贫”，因为通过“扶贫”根本就达不到富裕生活，“扶贫”的本来意义就是对贫困群体的“救助”。

2009 年，在民生建设实践如火如荼开展和取得显著成绩之时，神木人提出推进民生建设由满足一般的生存需求向人本化全面发展转型，解决倾向性、普遍性民生问题和解决特殊性、个案性民生问题相结合，当前利益与长远发展相结合，加快由“雪中送炭”式的帮困救济向“锦上添花”式的全民福利转变的发展方向。2010 年，他们还根据自己的实践及其成果，提出把民营经济和民生建设作为打造“幸福神木”的两大引擎的独特发展方式。2011 年，他们更提出以科学发展观为统领，以全面建设更高水平小康社会、率先进入现代化初期阶段为目标，推进“五个神木”建设，实现民生保障能力上台阶，建成普惠型民生建设先行区的宏伟构想。“扶贫济困”工程，与其他工程一道，节节推进，并不断获得新的成就。

3. 扶贫济困制度创新。神木的“扶贫济困”的制度创新包括城乡低保制度、五保户供养制度、大病救助制度、教育救助制度、临时救助制度等等。城乡低保制度方面，神木人先后出台《城乡低保实施办法》和《城乡低保责任追究办法》相互配套的制度系统，做到落实政策到位、追究责任有据。按照“应保尽保，分类施保，动态管理”的原则，制定《城市居民最低生活保障对象家庭收入核定办法》；按照“应保尽保，分类施保、阳光施保”，出台了《农村居民最低生活保障家庭收入核定办法》和《农村低保民主评议工作程序》，确保低保对象的真实性；制定《城市居民最低生活保障暂行办法》，实行“应保尽保，应退尽退”；制定《农村最低生活保障制度实施办法》，以低保与临时性救助相结合破解按人施保难题、村评和乡审相结合破解收入核算难题。针对一个城乡最低生活保障制定了包括“统一办法”、“实施办法”、“核定办法”、“评议程序”和“追责办法”等分层次、分类的完整的制度体系。这里既包含了神木人按照自己实际需要制定相关规则的施政理念和以规办事的施政作风，更体现了他们把收入不足以保障基本生活的广大群众的根本利益，作为其贯彻“以人民生活为本”的重点。就全国范围内看，这种细密的最低生活保障制度体系建设在县级层面是绝无仅有的。具体操作层面，制定了包括个人申请、信息比对（居委会）、街道办初审、联合审批、张榜公示的“三级联审”制度，坚持实地上门进户走访申请低保的对象，对新吸收低保对象由调查人员3人以上签名，5人小组评议通过，并进行集中评议，确定申报对象，做到民主审核、公开透明。2008年，还制定了合理的低保选户机制，切实使真正贫困者享受低保，并同步完善城乡居民最低生活保障金自然增长机制。

“五保户”制度方面，他们在《农村五保供养工作条例》条例的基础上，结合神木实际，制定《五保供养办法》，规定了供养水平的动态提高、分散供养和集中供养相结合，真正实现老有所养。

大病救助制度方面，他们制定了《城乡医疗救助办法》，以补充城乡合作医疗保障制度之不足和满足残疾人和特困家庭重大疾病的治疗需要。这一制度创新是对党的十七大“建立基本医疗卫生制度”的制度设计的有效补充。

教育救助制度方面，2009年，他们制定了《临时救助办法》和《特殊人群专项救助办法》（还包括其他困难群体），全面落实了保障神木经济困难家庭的优秀学生接受高等教育的权利，把党的家庭经济困难学生的平等接受义务教育的救助政策进行了创新性扩张和质的丰富。

神木社会救助体系的显著特点是“以收入定对象，实行分类救助”的救助制度，具体分为“五类五标准”：对因劳动能力弱、子女上学、疾病等因素导致收入低于城市最低生活水平的家庭，每人每月按265元救助；对特别困难的家庭，每人每月按275元救助；对哈拉沟、榆家梁的退休军人且符合低保条件的，每人每月按305元救助；对老山前线退休的家属且符合低保条件的，每人每月按315元救助；对失去劳动能力的孤寡老人，每人每月按365元救助。做到了分类施保，确保新增对象公平享保，实现了平等共享、公正对待。

4. “扶贫济困”的实践业绩。神木“扶贫济困”的实践业绩不仅得益于不断创造和完善的各种创新性救助制度，而且得益于神木县强大的财政资金投入和狠抓落实的工作品格。从2008年到2011年，社会救助实现全省标准最高，应救即救，走在全国前列。

县长黄建军亲切慰问老红军

城乡低保方面，通过成立县、镇两级低保办（21个镇、办事处均已设立），实行动态管理、定期审核、不定期抽查，堵塞不合条件者吃低保的漏洞，形成了职责明确、范围合理、保障到位的城乡低保管理服务机制。从实施力度和效果看，仅2006年，就投入8000万元财政专项资金，使得3.8万低保对象实现了“应保尽保”。2007年，县财政安排社保资金高达1.5亿元，农村低保由480元提高到660元，保障线由625元增加到700元。城市低保由924元提高到1080元，保障线由924元提高到1080元。2009年，农民低保由人均每年678元提高到798元，城市居民低保由人均每年1992元提高到2832元。2012年，实现城乡低保一体化，标准提高到3180元/每人每年。2011年，全县城乡低于最低生活保障线居民13149户、26299人，城乡符合低保人员全部纳入低保范围，完全实现了全覆盖，并下拨救助款834.7万元，救助困难家庭2921个。

“五保户”供养方面，2006年“五保户”供养标准由900元提高到1500元，并全额报销医疗费。2008年，扩大对五保户冬季取暖及其他临时救助、救济力度。2009年，供养标准由每人每年1800元提高到2000元。2010年，投资2000万元，建成县中心敬老院一座，并投入运行。2011年，将五保户分为家庭分散供养和中心集中供养两种类型，其中家庭分散供养年标准由900元增长到3200元，增长255.6%，中心集中供养年标准由3360元增长到5400元，增长60.7%。2012年，面积1500平方米、总投资300多万元的乔岔滩乡凉水井敬老院投入运营。目前，共建成中心敬老院2个，乡镇敬老院1个，村级民办敬老院1个，形成县、镇、村三级集中养老体系，供养经费全部列入财政预算，集中供养率达到32.4%。

大病救助方面，2006年，财政增加大病救助资金100万元；2007年，又安排大病救助基金高达400万元。2008年，他们继续加大对残疾人、特困家庭等特殊人群的救助力度，用足额的财政资金，以规范化、经常化的方式关注弱势群体的生活质量。农村、城市重度残疾人每人每年补助分别不低于2880元和3600元，特困家庭视困难程度临时救助500元到10000元。2006年至2010年，下拨医疗救助款863.79万元，救助特别医疗困难家庭，救助3462人次，人均2500元。2012年，全面启动实施大病医疗救助制度，对因大病导致自负医药费用较高的患者，在全民免费医疗报销的基础上再给予一定补助。具体标准为：大病患者年度自负的符合全民免费医疗规定范围内的住院医药费用累计在3万元以上的，予以救助，共分为五个救助档次，最低救助40%，最高可达60%；患恶性肿瘤、恶性血液病、心脑血管病、肾脏病、肝脏病五类重大疾病的，救助标准再上浮10%，救助金从慈善基金中支出。

教育救助方面，2006年县政府将慈善协会的基金由500万元增加到2000万元，主要用于资助优秀贫困大学生。2008年至2011年，下拨教育救助款达到240万元，救助特别贫困家庭优秀大学生800人，人均3000元。

2011年，他们还根据国家对孤儿保障的政策，建设儿童福利院1座，及时全面实施了孤儿养育制度，把孤儿从五保和“三无”人员中单独分离出来，进行独立的管理服务，取得了良好的社会效益。全县分散和集中供养的327名孤儿（其中集中供养孤儿26名），并发放《儿童福利证》。分散供养孤儿每年生活补助9600元，补助资金实行社会化发放，持神木县农村商业银行存折领取，保证救助金及时到位和发放。

同年，神木的特殊人群救助实施“城乡一体化”，共有特殊人群救助对象5901人，所有救助对象享受每人3600元/年的专项救助。

5. 神木扶贫救助的意义。神木“扶贫救助”制度创新的实践意义，不仅在于帮助特殊困难人群度过生活难关，而且使得阳光财政照亮了社会保障制度的每个“角落”，一份份沉甸甸的“民生清单”，处处体现了“以神木人民社会生活为本”的精神和“取之于民，用之于民”公共财政理念，让百姓享受公共财政的阳光和改革发展成果。这是老百姓千年来梦寐以求的理想。

这一制度创新及其实践，不仅彰显了社会成员平等共享的理念，它表明，无论是多么规模小的群体、多么弱势的群体，都有享受公共财政的权利。还彰显了社会公平正义的理念，从一定的意义上看，困难群体的生活能否得到有力保障和切实改善，是观测一个地方民生状况的晴雨表，衡量地方政府能否执政为民的试金石。

这一制度创新的根本意义在于，它是在党的社会保障制度设计下，对社会救助制度体系的创造性探索。只有更加注重特困人群的客观需要，为他们的基本生活提供有力保障，才能更加体现“以人为本”的根本价值。而只有地方政府的积极、创造性地结合本地客观实际的实践性探索，才有可能建立全国层面的健全和完善的社会救助体系。在这个意义上，神木人无论在制度方面还是实践方面，都迈出了极其可喜的一步。

（七）民生建设的可持续模式

神木人在现代民生体系理论的直接指导下，不仅通过“十大惠民工程”建设，创造了闻名全国的医改模式和教改模式，在统筹城乡的养老制度、就业制度、保障性住房制度、“扶贫济困”等制度方面进行了一系列创新，而且通过建立独具特色的“民生慈善基金”，创造了举世闻名的民生建设可持续模式。

1. 民生慈善基金的创立历程

神木人在践行科学发展观活动中，为了改变神木“三富三不富”、“四个不同步”的经济社会发展状况，在开展“三型政府”建设活动的同时，于2007年3月，深入推进发端于上世纪90年代的异地扶贫式企帮村“接对帮扶”活动。他们实行“政府倡导、自愿参与、有效帮扶、共同发展”原则，在全县大规模地开展为期三年的“双百帮扶”（200企业结对帮扶200贫困村）活动，选择“党支部、村委会班子健全、有战斗力”的贫困村为帮扶对象，开展持续性、有计划、成规模性的减少贫困村行动。截止2011年底，累计有288户民营企业结对帮扶311个行政村，投入帮扶资金近8亿元，落实项目940个，完工860个。“双百帮扶”活动的成功实践，开辟了城乡共享、南北共享的当代共享之路。

然而，具有忧患意识的神木人在不断思考，煤挖完了怎么办？子孙后代又怎么办？一个个民生建设可持续方案在悄然酝酿。2010年6月，神木县政协委员訾诚亮等人提议建立“三大基金”。半年后，他们的建议被采纳。2011年2月12日，神木县委县政府向全县发出题为“你我携手同行，共建幸福神木”的民生慈善基金筹集倡议书，并决定由县委常委、统战部长高云霄担任基金领导小组办公室主任，具体负责基金的筹集和运行监管。随后，中省驻神企业、民营企业和诸多热心公益的人士积极响应，踊跃捐款。在3月28日的民生慈善基金启动仪式上，首期筹集资金38亿，到位资金高达到7亿多元。仪式上，县委书记雷正西为献出爱心的各界人士深深的鞠了一躬，并发出了这样的誓言：“常为深爱含泪水，唯恐蹉跎误苍生。我个人拿不出多少物质财富，但我愿意把一颗赤诚而淳朴的爱民之心捐给可亲可敬的神木父老乡亲。”简简单单的一句话，道出了神木县领导班子的民生情怀。

2011年，达成捐资意向39.04亿元，到账资金12.1亿元。而且在未来的数年内，计划把这一资金筹集目标定为100亿元。神木以民生统领慈善，将“三大慈善公益金”更名为“民生慈善基金”，同年，得到陕西省民政厅的批准。随后，制定了《神木县民生慈善基金会章程》、《神木县民生慈善基金会投资管理办法》。2012年3月28日，在神木县民生慈善基金会成立当天，又有11位民营企业家捐款1.62亿元，使得意向捐资规模达到43亿元，基金账户余额达到18.3亿元。神木县民生慈善基金成为中国迄今为止规模最大的非公募基金。

2011 年 3 月 28 日，神木民生慈善基金启动仪式现场

民生慈善基金的建立，以及《神木县民生慈善基金会章程》和《神木县民生慈善基金会投资管理办法》等相关政策文献的出台，标志着神木民生建设可持续模式的创生。如果说“双百帮扶”和“十大惠民工程”着力于解决神木人的当代共享问题，那么，“民生慈善基金”则保障着当代与后代共享。如果说前者为当代民生建设创造了科学发展条件，那么，后者则为民生建设可持续开辟了科学发展道路。

2. 民生慈善基金的筹集运作机制

首先，就其筹集机制来看，它是党委领导、基金领导小组办公室和基金会负责、政企协同、社会参与的良性联动。为了使慈善基金筹集机制得以良性运行，持续推进，领导小组办公室通过神木电视台和《神木报》制定了宣传报道方案，开辟专栏，宣传慈善典型、倡导慈善行为、号召社会各界参与慈善事业。通过对捐款企业和个人的及时公示，让群众监督，形成了“上下齐动员，万民齐参与”的基金筹集氛围。同时，他们按照《实施意见》精神，通过勒石留名，修建功德亭，资金扶持等方式，对捐资的企业或个人给予政治待遇、资金扶持或项目扶持，及时兑现优惠政策，为慈善基金的持续筹集奠定了良好基础。

其次，就其资金运作机制来看，神木县民生慈善基金会既不是传统的公共组织，不是像各级红十字会（公募）那样的专业慈善组织，也不是单一的民间慈善团体，而是兼有民间慈善团体和经济社会实体属性的新型慈善企业，只不过其所盈余资金专一投向民生建设罢了。因此，神木慈善基金会依照现代企业制度建立，设有基金理事会和基金监事会，基金理事会负责慈善基金的投资和管理，基金监事会负责监督投资管理活动，并及时纠正违反投资管理规定的行为。

《神木县民生慈善基金会基金投资管理办法》就基金会投资管理机构及决策程序，投资方向和方式，投资风险控制，投资收益分配，信息披露和监督检查等，做了源于基金属性的严格详尽规定性阐述。《办法》之第十一条规定，基金投资分为直接投资和委托投资两种方式。直接投资须经神木县民生慈善基金管理领导小组同意。委托投资系基金会委托专门机构作为投资管理人，或者通过委托理财方式进行投资。投资过程中资金运用必须经过委托人同意。第十二条规定，基金原则上限于县境内投资，投资范围包括但不限于：其一，银行存款、商业银行理财产品、国债、中央银行票据、债卷回购、万能保险产品、投资连结保险产品、证券投资基金、信托；其二，信用等级在投资以上的金融债、企业（公司）债、可转换债（含分离交易可转换债）、短期融资券和中期票据等金融产品；其三，不动产或企业（公司）股权，但必须确定该不动产或股权投资有良好的收益和可变现性；其四，委托理财，与企业或银行协定固定收益。第十三条规定，基金不得用于购买期货等高风险的金融市场投资，不得用于向他人违法贷款或担保；不得从事使基金财产承担无限责任的投资；第十四条规定，基金应坚持多元化投资、分散风险的原则，科学设计方案。每个投资组合的基金原则上应当由一个投资管理人或项目团队进行管理，基金财产以投资组合为单位按照公允价值计算。第十八条规定，基金资产每年的投资收益应主要用于基金会的公益支出，任何单位和个人不得私分、侵占和挪用基金会的投资收益。

显而易见，无论是慈善基金的筹集，还是运作，皆在神木县慈善基金筹集（管理）领导小组办公室的直接组织和最终管理下进行，无论是基金筹集机制，还是基金运作机制，皆既具有极强的实践操作性，又具有符合实际的科学性。这种状况为民生建设的可持续，提供了切实可行的永续资金保障。加之在神木人的政府创造环境，企业创造财富，人民共享成果理念秉持下的民营经济与民生建设二者之间良性互动关系的不断构建，民营经济的迅猛发展所带来的源头活水作用，国有大中型企业的积极支持参与，以及神木县领导班子的正确领导和政策支持上的与时俱进，神木民生建设的永续资金保障，神木民生建设的可持续显然是恒久的。

3. 民生建设可持续模式的价值及普遍意义

神木民生建设可持续模式的创立，具有重要的实践价值及普遍推广意义。首先，这个模式的创立，开辟了先富带动后富的科学发展道路。先富带动后富，始终是神木人思考的重大课题。公益金筹集和运作机制作为神木可持续发展的战略保障，是先富带动后富在制度上的重大创新。公益金在我国主要有两种：一种是企业法定公益金，主要用于本企业职工的福利；另外一种就是彩票公益金，专项用于社会福利、体育等社会公益事业。带有神木特色的公益基金主要是指医疗卫生、文化教育、社会保障的民生慈善基金，是为构建一个全民共享式的幸福神木，防止资源枯竭后使民生工程受到影响而设立的。实践证明，慈善基金的来源渠道主要还是民营企业。这个由政府主导、以民营企业捐助资金为主体的神木县民生慈善基金会，得到了社会各界及普通群众的广泛认同和赞美。著名学者肖云儒在2011年3月28日的民生慈善基金筹集启动仪式上，对神木县民生慈善基金的设立给予高度评价，由衷的发出，这是“当代操心后代，先富带动后富，亲民引领富民”的感慨和赞叹！

其次，神木民生建设可持续模式的创立，为构建其持续的社会和谐，提供了科学的资金制度支撑。初级阶段的中国特色社会主义发展，是一个不断通过化解利益矛盾，构建社会和谐的持续发展过程，而要化解利益矛盾，就必须坚持走有一定差别的共同富裕道路，就必须通过不断打造民生经济，通过不断的民生建设扼制看不见的手所造成的两极分化弊端，坚持边做边分蛋糕的实践原则，在不断构建和谐社会关系中获得持久的科学发展，而神木民生建设可持续机制模式的建立，在为民生工程提供永续资金保障的同时，也为其不断化解利益矛盾，为其从有限到无限的和谐发展，打下了坚实的经济基础和物质保障。或者说，神木民生慈善基金的建立，民生建设可持续模式的创生，开辟了一条以共同富裕为原则，以社会和谐为本质的科学发展道路，在资源型地区尤其是这样。

总之，神木人创立的民生建设可持续模式，具有重要的科学实践价值，它像一面光彩夺目的旗帜，将引领着神木人民沿着中国特色社会主义的科学道路勇往直前。神木人在五个神木理论的直接指导下，又一次走在了全国前列。

四、民生建设与民生经济

神木的民生建设何以风生水起，气象万千？寻根究底，抽茧剥丝，得出的一个基本结论就是：他们找到了民生建设的源头活水——大力发展民营经济，积极培育后续产业，创设民生慈善基金！以民生发展为最终价值取向，神木民营经济和民生建设相辅相成、相得益彰，民生经济就此在神木大地上落地生根开花结果。民生中国背景下的民生神木熠熠生辉！

（一）民生建设是科学发展的内在要求

"治国有常，而利民为本。"《淮南子·泛论训》的这一论断告诉我们，治理国家是有规律可循的，为百姓谋福利才是根本方略。科学发展观的核心是以人为本，其基础就是让全体人民共同分享发展的成果，根本目的就在于更好地让人民从发展中受益，让人民生活得更加幸福、更有尊严。加强民生建设，就是从根本上坚持以人为本。民生问题解决得好不好，民生"五有"目标实现得如何，经济发展和人民幸福是否同步提升，是衡量科学发展观贯彻落实程度的重要标志。民生建设是科学发展的内在要求。一路走来，一路看，神木按照"六不"的理念，大胆创新，步步超前，民生建设形神兼备，有声有色。神木人通过铿锵有力掷地有声的实际行动向外界昭示：他们沿着科学发展的轨道正在阔步向前！

1．加强民生建设是中国共产党执政理念的重要体现。

民生连着民心，民心凝聚力量！把重视民生、关注民生、保障民生、改善民生作为全部工作的出发点和落脚点，是我们党立党为公、执政为民的执政理念的重要体现。目前我国老百姓的民生需求，正在悄然发生着变化，由过去单一的生存型民生向发展型民生、福利型民生转变。在这种情况下，改善民生作为一种重要的执政行为，已不能仅仅停留在为民办实事的层面上，而应成为一种基本的制度设计，通过改革创新我们的决策机制、工作方式、公共财政投入机制等等，从具有根本性全局性稳定性和长期性的制度上维护和保障群众的利益。神木人在现代民生体系上的制度设计的最大亮点是，体现了公平和公益，使普通老百姓、特别是广大农民享受到了改革开放的巨大成果，立党为公、执政为民，在神木完成了由理念到行动，由理论到现实的华丽转身。

2．加强民生建设是我国实现和谐稳定的根本途径。

目前，我国正处在发展的黄金期，也是矛盾的凸显期。一方面是经济保持快速发展，另一方面政治基本稳定，但同时社会矛盾突出。改革发展到今天，亟需统筹协调不同利益主体的利益关系，消除改革遭遇的利益掣肘，缩小城乡、区域和贫富差距。今天中国社会的和谐稳定已不再是由单方面的政府供给和控制来实现，而在很大程度上来自于民众生活的稳定，来自于社会自我解决问题能力的提升，来自于民生的改善。要从根本上实现社会稳定，构建和谐社会，必须在发展经济的基础上，加强民生建设。

党的十七大以来，民生问题就被提到了前所未有的新高度，改善民生成为经济、政治、文化、社会“四位一体”的重要内容，“努力使全体人民学有所教、劳有所得、病有所医、老有所养、住有所居，推动建设和谐社会”被确定为民生建设的目标，宣告了我国全面改善民生时代的到来。

古人说：“明者因时而变，知者随事而制，强者乘势而进”。民生关系老百姓切身利益，为民生计，神木真正做到了不怕烦、不敷衍、不等待、不推诿，敢为天下先，义无反顾发展民生，人们所追求的平等的教育机会、稳定的就业岗位、公正的收入机制、完善的保障体系、健康的生活状态、安定的社会环境等美好前景正在神木加速实现。

3. 加强民生建设是坚持科学发展的必然要求。

科学发展不仅仅是创造 GDP、完成工业化的进程，而且意味着社会和谐，人民幸福。科学发展观之所以备受推崇，正是因为它继承并发展了邓小平的民生思想和共同富裕的社会公正目标，把经济繁荣、改善民生和实现社会公正统一起来，这不仅是发展观的升华，也是经济思想和民生及社会公正理论的进步。更好地贯彻科学发展观，就是要在推动发展过程中，搞好“基本民生”，加快建立人人可及的基本公共服务；保障“底线民生”，更加关心困难群众的生产生活；关注“热点民生”，着力解决群众反映强烈的热点难点问题。

民生连着国计，连着发展。改善民生既是发展的前提，也是发展的目的，应该贯穿发展的全过程，而不是等发展起来以后再说。县一级政府财力有了一定基础后，执政重点放在哪里，财政资金投在何处？神木的答案是：该干什么、不该干什么，政府不能缺位和错位；不搞好看的，只搞实用的！

切实解决好关系人民群众切身利益的教育、就业、收入分配、社会保障、医疗卫生、社会管理等重大问题，不断改善人民生活，顺应全体人民过上更好生活的新期待，就是真正做到了的权为民所用、利为民所谋、情为民所系，就是坚持以人为本，就是科学发展。征程如虹催快马，乘势一飞万重山。神木的民生建设逐年深入推进，流光溢彩。

（二）民生经济是科学发展的战略选择

从神木县的实践看，发展民生经济有两层涵义：一层是发展本土民营经济，另一层是推进民生体系建设。本土民营经济的发展解决了民生建设"钱从哪里来"的问题。反过来，民众在解决基本生计和后顾之忧后，软实力加快提升，群众有了更高层次的需求，又可以进一步刺激民营经济的发展，为民营企业提供智力支持和消费动力，促使其不断上台阶。发展民生经济，充分体现了科学发展观的内涵、精神实质、根本要求，为深入贯彻落实科学发展观提供了重要载体。

1．发展民生经济有助于转变经济发展方式。

发展必须转型和创新，转型和创新也是发展。神木县因煤而兴，过去"一煤独大"，给原本脆弱的生态环境带来巨大的压力。如何把保持经济平稳较快发展和加快经济发展方式转变有机统一起来，在发展中促转变，在转变中谋发展？这是摆在神木县委县政府面前的一个严峻问题。他们提出"围绕煤、延伸煤、超越煤"的"三煤"战略，努力探索出了一条"资源型城市民营企业转型升级"的发展新路。神木积极鼓励企业开展自主技术创新，涌现出了一批科技创新"名星"企业。神木三江公司首创节能环保的中温煤干馏技术，推动了国家兰炭产业标准制定；煤固体热载体热解、半焦炼钢炼铁、铸造型焦试验以及加工制造等新技术、新工艺也得到推广。神木天元化工采用完全自主知识产权的中高温煤焦油加氢裂化专利技术和预处理专利技术，产出了质量达－35号柴油标准的轻质化煤焦油，开创了国内煤制油成功的典范，不仅为我国煤制油技术再添"新丁"，也成为神木县鼓励企业自主创新，提升传统，加快转变发展方式的一个例证。神木现已形成煤－电，煤电－载能（电石、聚氯乙烯、多晶硅），煤、载能－化工（兰炭、煤焦油加工、煤制甲醇），煤气－金属镁、泡花碱、烧碱等多条综合利用、层次趋深的循环型产业链。2012年3月30日，神木还开展了企业结对帮带活动，初步确定19户中省市驻神企业与36户非煤民营企业结对，推动民营企业转型升级。转变发展方式，发展低碳经济，神木亮点频现，已走在全省前列。

2．发展民生经济有助于调整产业结构。

面临国内外经济发展条件的变化、发展环境的限定、资源的制约、人口红利尾声的多重约束，新形势下的产业结构调整，不仅包括经济增长方式转型，产业结构优化升级等要求，也包括经济、社会同步协调和发展成果共享的要求。

节能减排是实现神木可持续发展的需要，是资源型城市转型的突破口，是打造五个神木的保证。神木人认为："节能减排要在调整产业结构，发展低碳经济上下功夫，同时要发展生态农业、关注民生"。因此，以"绿色低碳"的理念为引导，调整产业结构成为神木实现节能减排的首选。神木从实际出发，实事求是，既注重整合重组传统产业，又注重发展壮大新兴产业；既注重大企业大集团培育，又注重中小企业孵化；既注重发挥民营企业的市场主体功能，又注重加强民营经济发展的载体建设，既注重大力发展循环经济产业链，又注重发展壮大非煤产业。支持机械加工制造业、农副产品加工业、特色种养殖、文化旅游、仓储物流等现代服务业，促进产业结构合理调整，实现了由单一的能源化工产业结构向多元化产业结构转变。2011年4月7日，神木县总投资为10亿元的"中国—加拿大现代农业合作科技创新示范基地"签订协议，成为神木发展非煤的又一"里程碑"。力锐矿山机械、陕汽大通公司5000辆特种车生产线、四妹子5000吨小杂粮及30多个加工制造项目等相继建成投产，民俗旅游、种养殖业星罗棋布，已经崛起，既优化了产业结构，增加了民营经济发展后劲，又起到了辐射带动作用，促进了农业发展、农民增收，为民生经济的可持续发展注入活力。

3. 发展民生经济有助于转变政府职能。

政府的职能和行为决定着政府管理的基本方向和主要形式，政府作为公共权力的行使者、政策措施的制定者、经济活动的管理者、国有资产的所有者、改革创新的组织者，决定了政府对经济发展方式具有广泛的、重要的影响和作用。进一步转变政府职能，是加快经济发展方式转变的强大动力和制度保障。大力发展民生经济，有利于各级政府逐步脱离具体的微观经济活动，集中精力制定发展战略、产业规划，大力营造公平、透明的市场环境，同时，随着民生经济的发展，政府行为与广大人民群众切身利益的关联度越来越高，必将进一步促使政府公开、透明、廉洁、高效的施政。

如今的神木，全县民营企业总产值2011年达到455亿元，民营企业数量达到2424户，其中规模以上企业达到176家，年产值超过亿元的有75家，超过10亿元的有2家；先后组建了兰炭、电石、镁业、建材、装备制造等大型企业集团，民营集团公司增加到35户；个体工商户增加到2.1万户，民营企业总产值占全县 GDP 的比重接近 60%。县委、县政府始终重视民营经济的战略地位，把发展民营经济作为促进县域经济发展的重要抓手，秉承“政府创造环境，企业创造财富，人民共享成果”的理念，努力为民营经济发展营造良好环境，先后出台了《促进民营经济又好又快发展意见》和《促进科技成果转化办法》，实施了干部挂职、白领派遣、民营经济县长联络员、培训民营企业家、中小企业发展专项资金等一系列鼓励民营经济发展的优惠政策；并自 2007 年起每年举办一次“民营经济博览会”，至今已有六届，积极推动民营企业产值以年均 20% 以上的速度增长。尤其在 2009 年全球金融危机爆发时，政府果断决策，采取临时经济干预措施，用结对帮扶、税费减免等方法，组织企业积极应对，成功克服了危机，渡过了难关。随着民营企业的发展和民生建设的推进，政府公共服务职能日益凸显。

4. 民生建设与民营经济相辅相成、相得益彰。

对民生建设和民生经济的关系，雷正西书记也有自己独到的见解：县域经济就是民生经济，如果县域经济是一架飞机，民营经济和民生建设就是飞机的两翼，科学发展是空管，五个神木是导航系统和飞行员，直飞幸福县域——神木！民生建设与民生经济是相辅相成、相得益彰的辩证关系。

经济是基础，民营经济是民生建设的源头活水。民营经济通过对“人”，这个最活跃的生产要素地不断解放和发展，推动生产力的不断解放与发展，从而不断增加社会财富。民营经济发展速度快，地方财政实力就强，再加上政府以人为本执政理念，解决老百姓增收难、上学难、就业难、看病难、养老难等民生问题，就会水到渠成。

神木打出了“政府搭台、民企唱戏，招才引智、混合发展”等一系列组合拳，在“民营为主体、国进民不退”的企业发展格局中，“民生经济”扬帆启航，民营经济如鱼得水。得益于民营经济发展，神木县的民生投入初步做到“按需分配”，顺利实施了以十五年免费教育、全民免费医疗、城乡一体的居民养老保险等为代表的“十大惠民工程”，民生建设各项工作走在全国县级前列。

民生建设保障了人民群众的基本生计状态底线，维护了社会最起码的公平正义，提升了人民群众的基本福利和生活水平，满足了人民群众实现人生价值和自身发展的需求，医疗、教育、文化、就业、交通、安全、人居、养老等问题的解决，从根本上解除了人民群众的后顾之忧，可以促进人民群众义无反顾地投身经济建设，为民营经济发展提供智力支持和不竭动力。神木县域经济虽取得了长足发展，但仍然存在发展不平衡现象。如何让全县人民共享发展成果，是坚持科学发展的必然要解决的问题。

五、民生建设与社会和谐

民生建设与和谐社会建设都是科学发展的重要内容，是实现“幸福神木”的基本保障。神木人把民生建设与和谐社会建设结合起来，以民生建设促进和谐社会建设。和谐已展现在神木人的生活中。

（一）民生建设是和谐社会建设的牢固基石

社会和谐实质上是人与人的和谐，是人与人之间的互不损害、诚信友爱、安定有序、充满活力。人是具体的，所以人或者是城里人，或者是乡下人，或者是干部，或者是群众，或者是南部较穷的人，或者是北部较富裕的人等等。社会和谐就是要让这些具体的不同的人和谐起来。

民生建设就是社会和谐的基本条件和牢固基石。事实上，神木的民生建设的出发点就是想解决潜在的社会不和谐问题。因为民生建设的出发点是神木的真实县情，这个县情就是“三富三不富”，还有“四个不同步”这是明摆着的社会矛盾，潜藏着巨大的社会不和谐势能，如果不及时解决这些社会矛盾，就会出现社会不稳定。神木加大力量搞民生建设，把民生建设放在优先地位，出台力度很大的“十大惠民工程”，就是要解决这种突出的社会矛盾，构建和谐神木。

神木人通过实施“十大惠民工程”，构建完整的现代民生体系有力地推动了神木和谐社会建设。保障层面的“全方位”，使全县人民群众的基本生计底线、基本福利和生活水平、人生价值实现和自身发展要求三个层面的需要得到满足。受益对象的“广覆盖”，使城乡居民、干部职工、南北乡镇、当代后代、本地外地等不同阶层和群体的人得到利益的公平共享，使不同群体的经济社会地位更为平等，从而更为和谐。保障水平上的“高标准”（全省最高，全国前列），使得不同群体的群众都能满意。群众满意是和谐的基本保证和体现。资金保障上的“可持续”，即永续实施，可以使当代人与后代人达到和谐，做到持续和谐。神木的现代民生体系是和谐神木的牢固基石，它协调着人们之间的利益关系，建构着人们之间的公平正义关系，提高着人们的经济社会他位，保障着人们的幸福生活，因而一个和谐幸福的神木已展现在人们的实际生活之中。

（二）民生建设与城乡和谐

城乡二元结构在神木也曾存在，而且“三大差距”即城乡差距、贫富差距、区域差距十分明显。为了实现城乡和谐，神木率先进行城乡一体化试点。2012 年，县委县政府出台了《关于全面统筹城乡发展的意见》。统筹城乡发展的总体思路和做法是就是前述的“3 + 3”模式。

在农民市民化领域，一是实施农村居民进城落户工程。2090 户农村居民进城生活，和城市居民同等享受各项政策待遇。二是黄河沿岸土石山区农民移居搬迁工程。三是工矿采空区居民安置工程。在农业生态化领域，一是实施农村土地生态化治理。二是实施现代特色农牧业示范园建设。三是实施毛乌素沙漠造林工程。四是实施农民增收致富“金桥”工程（原 333 工程）。在农村集约化领域，一是实施重点城镇建设。地理村组收缩合并。撤销空壳村，引导分散村、弱小村、偏远村人口向“一体两翼”城镇带转移。三是实施新农村社区建设。四是实行农村产权改革，使农民盘活自己的土地承包经营权，实现农民增收。五是实施城乡建设用地增减挂钩试点，实现农村闲置资源变资产、资产变资本。为实施这些统筹城乡发展工程，2012 年县安排资金 14.3 亿元。其中社保资金 8000 万元，基础设施建设项目重点镇建设 1.14 亿元，社会事业项目 5.59 亿元，农业项目 6.77 亿元。

神木县统筹城乡的政策是科学的、系统的、超前的，资金投入力度是巨大的。这些政策和资金将彻底改善城乡贫富差距，为城乡一体、城乡社会和谐建立持久而牢固的物质、制度和政策保障。

（三）民生建设与村矿和谐

神木是我省煤炭资源最富集的县，2011 年全县煤炭产量高达 1.7 亿吨。仅神华神东煤矿每天产煤就多达 22 列火车装运。柠条塔的陕煤集团，每天产煤 5 万吨，2000 辆大卡车运出。煤炭企业巨大的采煤量也给神木县带来巨大的生态破坏问题：地表塌陷、空气污染、水位下降等，严重地影响了涉矿村民的生产生活，导致村矿矛盾极为突出，纠纷频发。村矿不和谐既影响农民生活生产，又影响煤矿企业生产，是社会不稳定的重要根源。因此，怎样构建村矿和谐，彻底解决村矿矛盾，让农村和企业都得到发展便成为神木县委县政府的一件大事。

民生建设是解决村矿矛盾，构建村矿和谐的基本途径。民生建设首先是关心民情。县领导开展大接访、开通书记热线、书记县长公开电话，广纳民谏、集中民智、倾听民众困难和意愿、化解疑难问题。在此基础上，神木县通过调整村矿利益分配格局，出台相关政策制度，构建起良好的村矿和谐关系。2005 年神木出台了《关于加强地企纠纷调处工作的意见》，要求煤矿企业每产吨煤给村民补助 2 元，作为环境污染和破坏的补偿费用。这些费用一半用于灾害治理，一半以直补方式为当地群众办理医疗、养老保险以及改善群众的生产生活条件。这项费用每年多达 1 亿元。2008 年神木又出台《采煤塌陷损害补偿暂行办法》和《神木县采煤塌陷损害补偿和安置暂行办法》等政策，进一步提高补偿标准，很好地协调了村矿利益，构建了村矿和谐。

神木县重视从政治层面解决民生和社会和谐问题，这是一大创造。为了建立村矿利益分配协调关系，建立了村矿联合党支部，村支部书记同时担任驻地煤矿党支部书记，两委成员担任煤矿民调副矿长，建立村企定期例会制度。这一举措使得村矿双方的利益协调在政治制度层面得到保障。构建村矿和谐的又一个亮点是为塌陷区农民建立宜居新村。县委县政府以集中、就近、方便为原则，以县城扩容改造为契机，引导煤矿企业在矿区或城区条件较好的地区建设移民新村和移民点。2010 年神华集团拿出 4 亿元用于移民安居工程，县属煤矿每年拿出 3 亿元用于搬迁补偿。目前，神木已建成訾家湾移民村、新圪村、丁家渠村、新村移民区等一大批环境优美的崭新移民新村。店塔镇老张沟村 66 岁的村民苏月小谈起村矿关系时高兴地说：“如今老张沟煤矿真正成为村里人致富的金矿了，家里每年能领到污染费 4000 多元，月生活补助费 3600 元，逢年过节还有 6 袋米面。最近房屋搬迁费又补偿了 216 万元，还有煤矿风险股 20 万元，民营地方煤矿还给我一份月工资 2000 多元的工作。村矿和谐建设真正富了咱老百姓呀！”苏月小家 6 口人，存款已超过百万元。村矿和谐，利益共享，使老百姓感受到生活在神木的幸福。

（四）民生建设与南北和谐

在神木县“三富三不富”的基本县情中，北部有资源的乡镇富中南部黄河沿岸不富，是十分显然的贫富矛盾。同处一个富裕县，却存在着严重的地区贫富差别，这是不和谐的。民生建设是有效解决南北贫富差距，构建南北和谐的基本途径。

神木人通过民生建设的一系列组合拳，正在缩小南北差别。这些组合拳包括：共享式发展的“广覆盖”＋“三免”（免费医疗、15 年免费教育、免费养老）＋金桥工程（原 333 工程）＋双百帮扶工程＋农村居民进城落户工程＋黄河沿岸土石山区移民搬迁工程＋阳光工程＋一村一品工程＋文化共享工程等等惠民工程。这些让人民群众欢迎的民生工程正在使南北群众迈向共同富裕，迈向南北和谐。

县委县政府“十一五”期间确定的233个扶贫重点村全部集中在南部乡镇。在建设项目和资金上向南部倾斜。在南部的贺家川镇温家川村我们看到该村组建的盛园农民专业合作社的大棚蔬菜种植情况。这个村种菜的土地是县上投资改造的河川地，县上给每个蔬菜大棚投资2万元，并派大学生村官到村进行管理。该村的盛园农民专业合作社利用新开发的150多亩优质良田和日产300多方泉水的深水井，建成日光温室大棚50座。2011年春节前第一季蔬菜已进入市场。县上支持南部农村的措施正在产生良好的经济社会效益。

县上实施的农村居民进城落户工程，黄河沿岸土石山区移民搬迁工程、农村土地生态化治理工程、农民增收致富“金桥”工程，农村产权改革政策、十大惠民工程，特别是免费医疗、免费教育、养老等全国首创的惠民政策，都给南部农村带来了经济实惠和社会效益。因而神木南北区域的差别正在缩小，南北社会和谐的良好局面已经形成。

（五）民生建设与干群和谐

干群和谐是和谐神木的重要方面。由于民生建设和其他四个神木建设的显著成就，神木群众对领导干部是满意的，构建起了和谐的干群关系。多年来没有发生过针对政府的群体性事件。群众感到政府的民生建设、惠民政策，特别是全民免费医疗，15年免费教育、免费养老等给自己带来了实实在在的利益，得到了前所未有的实惠，具有了幸福感。群众高兴、群众满意，这是干群和谐的基础和标志。

神木的领导干部是亲民为民的，是为人民谋利益、谋幸福的。他们把民生建设放在各项建设的优先地位，加强宗旨建设和作风建设、廉政建设。为了搞好民生建设和其他建设，县上先后出台了《关于建设亲民型阳光型创新型政府的实施意见》和《关于解决群众最关心最直接最现实的利益问题，全力构建社会保障体系的意见》以及22个配套文件，连续打出了数套民生“组合拳”，全力建设注重民生关怀的政府和干部队伍。神木县民生建设取得巨大成绩，不只是神木县钱多，领导干部的确付出了巨大努力和心血。在神木，领导干部要包村包点，要到村上去直接和农民一起奋斗。他们为了群众的利益，不唯书、不唯上，不等待、不依赖，不争论、不抱怨，不怕告黑状、不怕丢乌纱，这股远祧杨家将忠勇壮烈精神的赤诚，是干好一切事情的主体性保障。有了亲民为民之心，就舍得在民生建设上为老百姓花钱。前所未有的巨大投入使全县群众从基本生计到基本福利到实现人生价值和自身发展需求三个层面得到了从来未有过的满足。群众发自内心地感觉到他们在神木获得了幸福，干部是为群众谋利益的。

干部全心全意为人民服务，情为民所系，利为民所谋，权为民所用，群众满意，从而建构起了和谐的干群关系。2011 年神木县信访局工作总结中，没有看到行政诉讼方面的信访问题，县法院的行政诉讼案件也很少。说明群众对干部是满意的。干群关系的和谐主要归功于多年来的民生建设。民生建设拉近了干部和群众的关系，民生建设落实了党的群众路线和群众观点，构建了和谐神木。

（六）民生建设与持续和谐

社会和谐是人与人之间的和谐，它既包括当代人之间的和谐，也包括当代人与后代人之间的和谐。神木人在通过民生建设构建和谐神木中没有忽视当代人与后代人的和谐，而是极为重视当代与后代人的和谐。这是神木人的一种人道和爱民的眼光和情怀，他们在构建一种惠及子孙的持续和谐。

在神木人构建的现代民生体系中，“广覆盖”就包含着当代人和后代人，并专门设有“可持续”一项。他们表明，“我们的可持续，体现在资金来源上，民生建设既要以动态标准满足当代人的需要，也要为子孙后代着想。”

神木构建的现代民生体系，特别是其中的“可持续”战略，并在此指导下实施高达百亿的民生慈善基金，可以有效地解决后代人的民生问题，使后代人在教育、医疗、社保等方面得到永续的物质条件保障，从而实现持续和谐。正如神木县县长黄建军所说：“以‘十大惠民工程’为主要内容的民生建设，推动了神木由‘解困民生’向‘普惠民生’、‘基本民生’向‘幸福民生’迈进，能最大限度减少社会不和谐因素，是神木创新社会管理的重要手段”。

总之，神木人在民生神木建设中，秉持幸福目的、民生为先（民生为本）、平等共享、民营支撑、亲民为民、敢闯敢试理念，在其现代民生体系理论、共建共享理论，以及民生神木理论的直接指导下，通过不断构建和完善“全方位、广覆盖、高标准、可持续”的现代民生体系，在创造出一系列民生建设奇迹的同时，不仅率先建立起盛誉全国的医改模式、教改模式和民生建设可持续模式，而且在民生建设总体上，创造出独具特色的神木民生建设模式。这个模式作为整个神木路径的根本及核心，既彰显了神木人在践行科学发展观活动中所创造的，包括城乡和谐、村矿和谐、南北和谐、干群和谐、持续和谐在内的，和谐社会建设的实践业绩，又表明了神木现代民生体系的和谐本质，展现了神木和谐社会建设的科学发展道路。

创新神木

创新作为当代神木精神的精华，作为当代神木人生活实践的基本特征和样态，既源于神木数千年优秀传统文化的丰厚积淀和日久弥新，源于当代神木人对其先辈优秀传统文化的继承和发扬，又来自于神木人民乘改革开放之风，在历届县委县政府领导班子的带领下，在把包括邓小平理论、“三个代表”重要思想和科学发展观在内的中国特色社会主义理论体系的一般原理，同神木县域社会生活实际相结合的实践过程中，与时俱进地能动性创造。

从以杨业为首的杨家将群体爱国保民的英雄实践，经神府革命根据地的创立和拓展，到神木人民如火如荼地参加新中国的建设，即是这种创新文化积淀和弥新的历史展现。从20世纪80年代神木人对邓小平解放思想、实事求是原则的科学理解，对“猫论”、“摸论”实践方法的运用，经神府煤田开发后大胆地试、大胆地创，到贯彻“三个代表”重要思想的过程中，自觉把创新作为神木经济社会文化发展的不竭动力，并在“七破七立”中倡导“二次创业”，坚持理论和实践的与时俱进：从在践行科学发展观活动中提出“十大创新课题”，经“三型政府”创建活动中不断推进创新型政府建设，到五个神木建设重大发展战略的提出和实践，从神木人在践行科学发展观活动中，与时俱进地生成着他们的理念与理论，到他们在这种理论指导下不断创新自己生活于其中的社会生活关系，不断打造自己的生产生活世界，便是这种继承与发扬，能动性创造的实在表现。

因此，在神木人的精神视野里，创新是继承和创造、改革和革命、开拓和超越，是实践活动的不竭动力。创新的基本思维原则和基本实践原则是实事求是，实事求是是创新的基本前提和必要条件，是创新的本质要求。创新在其本质上规定，“实践需要怎干就怎干，客观规律需要怎干就怎干，人民群众需要怎干就怎干”。创新在实践活动上表现为，敢创敢试、敢干敢冒、追求卓越、敢为人先，表现为争创国家一流和世界一流，表现为生成和发展。

一、创新神木的理念、方法、路径

（一）创新神木理念

在中鸡镇通往大柳塔镇的公路右侧，耸立着一张长约 4 米、宽约 3 米的浅蓝色标语牌，举目眺望，几行醒目的红色大字即刻映入眼帘，在阳光的辉映下，这些大字格外光彩夺目，那就是“六不理念”。专家团队途经相望，顿觉精神振奋、肃然起敬。

在神木，“六不理念”家喻户晓，人们对其倍加赞赏，它作为神木人自己创造的思维原则和实践原则，无疑占据了神木特色理论的制高点。因此，它并不局限于施政理念层次，而是以其内在的科学逻辑性成为创新神木的精髓，成为“五个神木”理论及一切神木特色的理念和理论的精髓。它作为神木化的思维方法和实践方法，指导着施政者的施政实践，已成为神木县域总体最普遍层次的理念。

“六不理念”之所以成为创新神木的精髓，根本在于它是解放思想、实事求是、与时俱进、求真务实这一中国特色社会主义理论体系的基本思维与实践原则的神木化特殊形态。在于它是神木人按照解放思想、实事求是的思维方法和实践方法，在不断把发展着的中国特色社会主义理论，同神木县域社会生活实践相结合的实践过程中，从神木县情出发，对这个思维方法和实践方法的个别化解读，是在神木县域社会生活总体，对这个思维方法和实践方法的承继和丰富。

“六不理念”的孕育和形成，既与神木人不断的思想大解放相关，又与他们与时俱进的实践探索相联，它是神木人民在历届班子的带领下，不断创造自己生产生活世界的一大理论结晶，展现着当代神木人民的集体智慧。如果说 1998 年他们关于怎样在神木建立社会主义市场经济制度的第一次思想解放大讨论，和 2002 年关于“七破七立”的第二次思想解放大讨论，以及 2003 年之前神木人按照实事求是的实践方法，所进行的一系列能动性实践探索，为“六不理念”的产生创造了理论和实践环境前提，如果说 2003 年以来的践行科学发展观活动促进了它的形成，那么，2006 年“三型政府”创建活动的开启以及 2007 年关于神木“十大创新课题”的第三次思想解放大讨论，则为它的形成和公开提出创造了重要条件。

“六不理念”的公开提出，经历了一个从“两不”经“四不”到“六不”的不断总结和完善的过程。2008 年 10 月 31 日，雷正西县长（时任）

在县政府领导班子民主生活会上指出："强化作风意识，要不唯上、不唯书、只唯实，坚持创新不动摇，一切以神木的发展为重"。这种表述，既是对陈云同志 1990 年阐释实事求是原则所表达观点的继承和运用，又包含了基于神木县情的新的解读。

2009 年 2 月 18 日，他在全县领导干部大会上的讲话中指出："坚持实事求是，找准上级精神和神木实际的结合点，不唯上、不唯书、只唯实；不照抄、不照搬，自己干。"这种表述，由"二不"发展到"四不"，根植于县情，扩展了对实事求是原则的理解。

2009 年 9 月 7 日—17 日，他在不同场合两次表明，兰炭产业的壮大，可以说是神木"不唯书、不唯上、只唯实；不模仿、不照搬，自己干；不争论、不抱怨，求发展"执政理念的一个生动体现。显而易见，从"四不"到"六不"，并将其称为施政理念，标志着"六不理念"的完整提出，使实事求是原则神木化形态得到了第一次公开表达。

2010 年 1 月 15 日，他在表达这个理念时，将"不模仿、不照搬，自己干"调整为"不等待、不依赖、自己干"。7 月 22 日，他公开把这个理念称为"六不"施政理念。这种调整，既使这个理念获得丰富，又使实事求是原则的神木化形态在内涵上得到了科学拓展。

在神木人看来，"不唯上"即是从实际出发，创造性地贯彻落实上级的指示和精神，是在准确理解和把握上级指示精神实质的前提下，从神木社会生活实际出发，去能动性地创造性贯彻和落实，它既不是机械式照抄照办，更不是形式性地生搬硬套。"不唯书"即是拒斥以本本框定实践的教条主义，是从神木的客观实际出发，不断将其普遍真理和一般原理同神木社会生活实际相结合，从而不断生成神木化的特殊实践理论，并以这种发展着的神木化理论指导神木的生活实践。"只唯实"即是坚持一切从神木生活实际出发，坚持实践是检验真理的唯一标准，坚持通过实践发现真理和发展真理的实践唯物主义的思想路线，坚持从群众中来到群众中去的实践方法，坚持对不断发展变化着的神木县情进行周密地调查研究，是沿着个别、特殊、普遍的逻辑理路，不断对神木民情、社情、县情加以科学抽象和经验总结，从而不断发展神木特色的理念和理论，并坚持这种理论和神木生活实践的不断与时俱进。"不唯上、不唯书、只唯实"，既反对教条主义，也拒斥经验主义，坚持科学的实践唯物主义，展现了实事求是这一马克思主义精髓的内在本质。

在神木人看来，“不等待”即是不止步、不停留，是在坚持一切以神木人民的利益为出发点和落脚点，坚持以神木民生福祉为本前提下，去能动地创造，是敢为人先和追求卓越。凡属国家法律、法规和基本政策没有明确禁止的事，皆可以敢创敢试。“不依赖”，即是不依靠，不把神木的经济社会文化建设寄托在国家、省、市等的外来援助上，不靠天吃饭。“自己干”即是独立自主，发挥自己的主体能动性，自己不断创造、丰富神木县域社会生活内涵。“不等待、不依赖、自己干”，展现了神木人的主人翁精神，彰显了神木人的实践品格。

在神木人看来，“不争论”即是不论争，是对那些国家法律、法规没有明确禁止，没有现成的国家政策，且关系神木人民生计和神木发展的大事，不讨论其对错，只要符合神木人民的根本利益，就应大胆创新，主动作为。“不抱怨”即是不怨天尤人，不抱怨自然条件和社会现状对神木发展所造成的不利条件和客观限制，而是抢抓机遇、创造环境，变不利为有利，是丢弃怨气，积极作为。“求发展”即是坚持科学发展、和谐发展，是不断运用一切实践手段不断推动神木经济、社会、文化和其他事业的科学拓展和迈进。“不争论、不抱怨、求发展”，展现了神木人宽广包容、积极进取精神，彰显了神木的实践特征。

不言而喻，“六不理念”具有丰富的独特科学内涵，它作为创新神木的精髓，具有丰富而独特的科学规定性，包含着“解放思想、实事求是、与时俱进、求真务实”的一般理论原则和实践方法，它作为实事求是思维原则和实践原则的神木化特殊形态，当之无愧。

（二）难能可贵的“第二次相结合”

理论界有一种既成性观点，这种观点认为，中国特色社会主义理论体系是中国共产党把马克思主义普遍真理同中国特色社会主义初级阶段客观实际相结合的产物，是指导全国社会主义发展的。因此，就中国各省、市、县及不同地区而言，并不存在一个把马克思主义普遍真理和中国特色社会主义理论体系的一般原理，同各自的实际相结合的问题，人们只要以中国特色社会主义理论体系为直接指导，不断地制定出切合自己特点的实践举措、从而贯彻落实党的路线、方针、政策，以及各种全国性重大发展战略就行了。这就是说，在这种观点看来，马克思主义与中国实际相结合，只有全国层面的结合，并不存在各省、市、县层次的相结合，即并不存在“第二次相结合”。（“第二次相结合”，既包括不同时代和不同阶段的“相结合”，又包括马克思主义同不同层次的生活实践相结合，是多重结合或多层结合）。

这种观点既不了解人类社会生活世界本身是一个由不同层次社会生活总体相联结相依存而构成的最普遍的社会生活总体，是以个别、特殊、普遍为基本结构的客观逻辑系列。同时又不了解马克思主义作为人类社会生活发展的普遍真理，只有同不同层次的社会生活实践相结合，才能成为各个层次社会生活主体的理论指导。更不了解中国特色社会主义理论体系，作为当代中国社会科学发展的一般理论原理，只有同各省、市、县不同层次的生活实际相结合，才能成为各个层次社会生活实践的直接理论指导，而这种指导是通过相结合所产生的特殊理论或个别理论对这个一般理论原理的包含来实现的。

因此，就各省、市、县这些不同层次的社会生活总体而论，在践行科学发展观的活动中，只有不断把马克思主义的普遍真理和中国特色社会主义理论体系的一般原理，尤其是把科学发展观的一般理论原理，同自己的社会生活实际相结合，只有通过这种“第二次相结合“不断形成自己的特殊实践理论，才能真正实现马克思主义和中国特色社会主义理论对自己生活实践的理论指导，才能不断达到自己理论和实践的与时俱进，才能在自己的社会生活层次丰富和发展中国特色社会主义理论，才能使自己的社会生活沿着中国特色社会主义道路的科学轨迹不断发展。

神木人按照“六不理念”，不断把马克思主义的普遍真理和中国特色社会主义理论体系的一般原理，同自己的生产生活实际相结合，在不断创造他们自己的特殊实践理念和理论的同时，以他们的特殊实践理论，去直接指导他们的生活实践，不断创新着他们的生产生活关系，以致不断把他们的县域社会生活推进到一个个新的高度，在短短的26年中创造出一系列令人难以置信的实践业绩。这种实践方法和创新方法，实属罕见，这种“第二次相结合”，实在难能可贵。

（三）神木创新的路径及经验

神木人在改革开放实践中，尤其是在践行科学发展观的活动中，坚持不断地“第二次相结合”，从而形成了神木特色的创新路径。这种路径在于：

第一，在改革开放中，始终坚持解放思想、实事求是、与时俱进、求真务实，在践行科学发展观的活动中，勇于探索，不断创新。纵观神木三十多年的改革开放历程，人们看到，解放思想、实事求是、与时俱进、求真务实的旗帜被神木历届领导班子越举越高，其口号也被神木人民越喊越响。随着

20世纪80年代中期神府煤田的开发，随着神木多次思想大解放的高潮迭起，随着贯彻“三个代表”重要思想实践活动的展开，尤其是随着践行科学发展观活动的开展，神木县创新的力度不断增强，创新的领域和规模不断拓展、扩大。从树立敢创敢干、勇于试验、大胆实践的创新意识，到“十大创新课题”的出台，从创新型政府的实践，到创新神木意见的制定，以及“五个神木”建设的实践展开，创新覆盖了县域社会生活和社会意识的一切领域和方面。毫不夸张地说，神木30多年的社会生活发展历程，是神木人在中国特色社会主义理论体系指导下，勇于探索，不断创新的实践过程。

第二，科学把握马克思主义普遍真理和中国特色社会主义理论体系一般原理，科学理解上级的精神实质，科学了解县情，在“第二次相结合”中，不断形成和发展具有神木特色的理念和理论。

神木历届领导班子，都把学习马克思主义基本原理和中国特色社会主义理论体系的一般原理，以及中央和省市一系列决策精神作为头等大事来抓，他们把这种学习当作树立科学世界观和人生观，树立共产主义远大理想和信念，带领全县人民坚持走共同富裕道路的重要任务，当作践行科学发展观活动的第一任务。通过各种形式的学习，准确理解和把握中省市文件以及上级精神的实质。另一方面，他们以解决实际问题为中心，经常以各种形式进行大量、周密的调查研究，通过层层科学总结，来不断了解和把握发展变化着的县情。同时他们又把普遍真理和一般原理，尤其是把科学发展观理论的一般原理与神木实际相结合，从而不断形成他们施政和解决实际问题的特殊理念和特殊理论。

第三，在神木化理念和理论的直接指导下，制定出极具操作性、切实可行的解决神木实际问题的方案、意见、规划和政策，并以实际的具体任务加以层层落实，从而不断指导并推动神木社会生活实践关系的发展，并在解决实际问题的创新实践中对其特殊理论加以检验和丰富。

在践行科学发展观活动中，为了发展县域经济，改善神木人民生活，县委领导班子坚持以民生福祉为本，在“第二次结合”中，形成了把民营经济培育成县域经济主体，民营为主体，国进民不退等一系列经济理念，形成了“县域经济就是民生经济”的理论。在这些理念和理论的直接指导下，于2007年3月和2011年5月先后制定了关于促进和加快神木民营经济发展的“两个”60条实施方案和意见；为了解决政府的本质规定及职能定位问题，他们提出了“阳光型政府”、“亲民型政府”、“创新型政府”的理念，形成了“三型政府”理论，并出台了实施意见以及与此配套的22个文件；为了解决贫富差距问题，走共同富裕道路，他们在民生建设领域形成了“幸福目的、民生为先、平等共享、民营支撑”等一系列理念，形成了“现代民生体系”理论，以及神木特色的“蛋糕”论和“共建共享”论等，并出台了关于实施十大惠民工程的一系列文件；为了解决城乡差距和地区差距，他们形成了“工业化富裕农民、产业化发展农业、城镇化繁荣农村”，“农民市民化、农业生态化、农村集约化”（3+3）等一系列理念，形成了神木特色的城乡一体化理论，并出台了完整的统筹城乡、统筹区域的文件。为了在县域总体达到科学发展、和谐发展，实现幸福神木的理想，他们形成了“民生神木”、“创新神木”、“民主神木”、“人文神木”和“生态神木”理念，形成了“五个神木”理论，并确定了建设“五个神木”的重大发展战略，出台了关于建设“五个神木”的一系列文件等。

神木的创新路径，是一条科学的实践理路，它独辟蹊径，倡导“第二次相结合”，在县域社会生活总体，克服了教条主义和经验主义，开辟了县域总体实现科学发展、和谐发展的科学思维和实践理路。他们之所以能在短短的不到30年中达到不断的理论和实践创新，之所以能创造出人间奇迹，正在于此。这条道路所提供的经验，极具普遍的推广价值，对于中国的其他县域而言，对于各省、市、县这些不同层次的社会生活总体而言，具有普遍的意义。借鉴神木的成功经验，在全国各省、市、县实行“第二次相结合”，必将使中国特色社会主义的道路越走越宽广，必将使中国特色社会主义事业充满活力，生机无限。

二、理论创新成果的价值及意义

神木人在践行科学发展观活动中秉承“六不理念”，在“第二次相结合”中，与时俱进地丰富他们的理念和理论，创造了一系列神木特色的理论成果。具有丰富的科学价值和普遍借鉴意义。

（一）理念和理论创新业绩

就神木化的创新理念来看，除“六不理念”之外，其主要包括以神木人民生活为本、民营经济是县域经济主体、民营为主体、国进民不退、民生经济；幸福目标、民生为先、民营支撑、民生神木；工业化富裕农民、产业化发展农业、城镇化繁荣农村，农民市民化、农业生态化、农村集约化，政府创造环境、企业创造财富、人民共享成果；亲民型政府、阳光型政府、创新型政府，五个神木等。

就神木化的创新理论而论，其主要是“三型政府”理论、民营经济创新发展论、城乡统筹发展理论、现代民生体系理论，包括共建共享在内的“蛋糕”论、县域经济就是民生经济理论、民主政治的“三大关系论”，以及以构建和谐神木为本质、以追求幸福神木为目的的“五个神木”理论等。在这里，我们就其相关理念和理论创新的基本内涵、科学价值及意义加以简要考察和分析。

（二）神木的“三型政府”理论

神木人把“亲民型政府、阳光型政府、创新型政府”简称为“三型政府”。“三型政府”理论是他们把科学发展观理论、党中央和国务院关于政府自身建设的相关文件精神，同神木实际相结合的产物，是其践行科学发展观的一大理论成果。这个理论不仅经历了它的形成和提出、深化及发展的与时俱进过程，而且具有丰富的独特科学内涵，并以其神木特色的独特规定和科学价值，丰富和发展了科学发展观理论。

凡仔细观察过神木的人们皆清楚，高举解放思想，实事求是的大旗，在“第二次相结合”中能动地与时俱进地创造和丰富神木化的理念和理论，几乎是神府煤田开发以来，历届县委县政府领导班子的共同实践方式和风格。2003 年 10 月 14 日，党的十六届三中全会，提出了坚持以人为本，树立全面、协调、可持续的发展观，促进经济社会和人的全面发展的科学发展观。2004 年 3 月 10 日，胡锦涛同志在中央人口资源环境工作座谈会上的讲话中，对科学发展观的基本内涵做了较为完整的深刻论述，表明“科学发展观揭示的是发展的普遍规律，对全国都有重要的指导意义。”同年 3 月 22 日，国务院为了贯彻落实科学发展观及依法治国方略，坚持执政为民，建设法治政府，制定了《全面推进依法行政实施纲要》。在践行科学发展观活动中，神木县委、县政府把科学发展观的一般原理和《纲要》精神同神木实际相结合，于 2005 年 11 月 21 日，制定了神木县人民政府关于贯彻落实《全面推进依法行政实施纲要》的实施意见，在加快推进依法行政，建设法治政府的实践中，开始了对政府自身建设的探索。通过对建立健全科学民主决策机制、转变政府职能、加强政府规制建设、理顺行政法规体制及规范行政执法行为、建立预防和化解社会矛盾机制、完善行政监督制度和机制等一系列实践举措的实施，以及经验的不断总结，神木人逐渐把探索的视野由表层推向深层，由现象深入到本质，由政府职能、体制机制建设转向政府自身的基础及实践本质规定建设。正是在这种实践探索和总结过程中，形成了他们的“三型政府”理论。

神木人觉得，既然马克思恩格斯把共产主义的运动称为多数人的为多数人谋利益的运动，既然以人为本是科学发展观的基础及核心，党的执政理念是立党为公、执政为民，既然中国特色社会主义社会的特征是人民当家作主，那么，政府自身建设的基础及最本质规定，当然是以民生为本、亲民爱民。因此，他们结合神木实际，形成了“亲民型”政府理念，把政府自身建设定位于“亲民型”政府的创建。

神木人也觉得，既然科学发展观在本质上是和谐发展观，社会和谐是中国特色社会主义的本质属性，既然以民生为本、人民当家作主、执政为民，以及构建和谐社会规定着政府自身建设，必然是公开、公平、正义、诚信，必然是民主与法制、民主与监督、民主与民生、民主与集中的良性关系构建，是它们的和谐统一。那么，政府自身建设的本质规定，就在于和谐、民主，其表现形式必然是公开透明，让权力在阳光下运行。因此，他们结合神木实际，在把政府自身建设当做构建和谐神木的主要内容，并把其定位于构建民主、和谐政府的同时，形成了“阳光型政府”创建理念，将其称为“阳光型”政府。

神木人更觉得，既然科学发展观是指导全国科学发展的世界观和方法论，既然创新是发展的实践本质和不竭动力，那么，政府自身建设作为中国特色社会主义政治生活关系发展的关键领域，当然要以与时俱进的创新为实践原则和本质。因此，他们结合神木实际，形成了“创新型政府”理念，把政府自身建设定位于“创新型”政府的创建。

2006年2月22日，神木县领导在政府工作报告中，以加强政府自身创建为题，公开提出了“三型政府”理论。

在当时的神木人看来，“三型政府”的创建，既是全面贯彻落实科学发展观的需要，也是构建和谐神木，树立正确政绩观的必然要求，更符合于神木实际。他们认为，建设亲民型政府，就是要站在最大多数群众一面，时刻把群众的冷暖挂在心上，把维护好、实现好、发展好人民群众的根本利益，作为政府一切工作的出发点和落脚点。就是多干群众受益的事，多干打基础的事，多干起长远作用的事，满足人民群众不断增长的利益需求。就是畅通群众来信来访渠道，凡群众提出的意见都要真心实意地聆听，及时合理地去解决。就是坚持深入基层，贴近群众，直面现实，不回避问题，不掩饰矛盾。就是以人民为根本，敬民如父母。就是站起来当伞，为群众遮风挡雨，俯下身做牛，为人民鞠躬尽瘁。

建设阳光型政府，就是要改革和完善决策机制，广泛听取社会各界意见，拓宽人民群众参与决策的渠道，力求实现决策的民主化、科学化。就是大力推行“阳光政务”，同群众利益密切相关的重大事项和热点问题，都要实行张榜公布，公示、听证，以保障人民群众的知情权、参与权、选择权和监督权，确保权力在阳光下运行等等。

建设创新型政府，就是要始终把创新作为动力，始终坚持创造性地开展工作，把科学的思想、理论、制度和方法，贯穿于政府的各项工之中。就是要认真学习借鉴外地发展的经验教训，善于用战略思维想问题、办事情，用改革的办法去克难攻坚，靠市场的手段解决体制性和结构性矛盾。就是对看准了的事情，有利于发展的事情，要敢担风险，大胆去干。就是坚持与时俱进、根据形势的发展变化，及时调整、完善发展规划和工作思路，制定相应的政策措施。就是要更好地谋划发展、服务发展、推动发展，向改革要办法，靠创新找出路，实现更快更好地发展。

以这个理论为指导，神木县政府于2006年5月22日，制定了“关于建设亲民型阳光型创新型政府的实施意见”(30条)，开启了创建“三型政府”的实践征程。随着践行科学发展观活动的不断持续深入，神木人通过不断地经验总结，使“三型政府”理论的内涵不断获得丰富和完善。

在2007年3月政府的工作报告中，神木人不仅提出创建三型政府的直接目标是人民信任和满意。“三型政府“是人们信任和满意的政府。而且以继续强化亲民意识，继续强化依法行政，继续强化改革创新为题，对三型政府理论内涵加以拓展。他们表明，创建亲民型政府，在于始终保持同人民群众的血肉联系，坚持人民利益高于一切，深怀爱民之心，恪守为民之责，情系百姓冷暖。在于时刻以人民忧为忧，以人民求为求，以人民乐为乐，以人民安为安，为实现好、维护好、发展好人民群众的根本利益披肝沥胆，在所不惜。

创建阳光型政府，在于“阳光”操作，确保权力公正、高效运行。建设创新型政府，在于要敢为天下先，用创新的办法突破瓶颈，以创新精神超越自我，争做勇立潮头、大胆创新的开拓者，不怕风险，敢闯敢试的探索者。特别要在社会主义新农村建设、民营经济发展、城市建设和社会事业发展等方面多思考，多研究，用新思维和新方法解决发展中的新问题。

2007 年 10 月，神木人提出了创建三型政府的实践原则，在于“始终坚持发展唯人、创新唯先、工作唯实”，着重点在于提高政府执行力、推动力和发展力。方法在于科学施政、勤勉执政、依法行政和从严治政。

2008 年 5 月，神木人从坚持解放思想，进一步提升政府的创新能力；加快职能转变，进一步提升政府的行政效率；加强政风建设，进一步塑造政府勤廉形象。这样三个方面对其“三型政府”理论内涵加以拓展。

2009 年 3 月，神木人以“适应时代要求，加强政府自身建设”为题，从科学施政，进一步提高决策和管理水平；真抓实干，进一步强化政令落实效果；优化机制，全面提升政府服务水平；勤廉并重，努力打造一支高效廉洁的公务员队伍。这样四个方面，对“三型政府”理论加以丰富。

2010 年 6 月，神木人以“对历史负责，让人民满意”为题，从坚持为民执政，全面增加政府亲和力；坚持依法行政，全面增强政府公信力；坚持高效施政，全面增强政府执行力；坚持廉洁从政，全面增强政府凝聚力。这样四个方面，对“三型政府”理论加以丰富。其中，提出了政府亲和力和政府凝聚力两个新概念。

2011 年 2 月 15 日，新任神木县长黄建军在政府工作报告中，在指出继续巩固“亲民型、阳光型、创新型”政府建设成果，坚持亲民为民，坚持阳光施政，坚持创新发展，建设让人民满意政府之后，将“三型政府”从其功能上解读为法治政府、服务政府、责任政府、有限政府和廉洁政府，丰富了“三型政府”理论。

神木特色的“三型政府”理论，与那些仅仅从功能上、外延上等表层或现象上来定位的所谓三型政府、四型政府、五型政府等等理论相比，不仅具有独特的科学理论价值，而且具有重要的实践意义。

在科学理论价值方面，其一，由于它从中国特色社会主义人民政府的基础、本质、动力层次定位政府，并以民生为本、亲民爱民、民主和谐、创新实践原则和动力层次来规范政府的实践行为和权力归属与运行机制，来规范政府的责任、公信力和执政力、亲和力和凝聚力等，从而既深化了对中国特色社会主义政府自身建设的基础和本质认识，又在县域层次探索并彰显了中国特色社会主义政府自身建设的内在规律。其二，由于它是神木人把科学发展观的以人为本理论、和谐社会理论，以及创新发展理论、同神木政府自身建设实践相结合的理论产物，因此其以神木政府自身建设的独特规定，丰富和发展了中国特色社会主义的政府自身建设理论，丰富和发展了科学发展观理论。

就其实践价值来看，“三型政府”建设的多年实践表明，神木的政府自身建设道路，是一条科学的、和谐的实践道路。这条道路是中国特色社会主义县域政府自身建设的必然道路，因而具有普遍推广意义。

（三）县域经济就是民生经济理论

作为以人为本的科学发展观理论，同神木经济社会发展的客观实际相结合的产物，作为神木践行科学发展观的重要理论创新成果，民生经济概念和县域经济就是民生经济理论，由神木县委书记雷正西首次提出，具有以下基本内涵：第一，民生经济是以县域经济为主要发展载体，以人民生活为经济发展的出发点、实践原则和归宿点的现代经济。其实质在于发展为了人民，发展依靠人民、发展成果由人民共享。

第二，民生经济作为以人民生活为本质规定的经济，在神木是以民营经济和民生建设为两个基本发展面，二者互为条件、相互促进、相得益彰的县域经济。民营经济和民生建设是县域经济这枚硬币的两个方面。发展民营经济同发展国有经济一样，旨在不断改善民生，走共同富裕道路。发展民生建设，不断改善人民生活，推动着民营经济的良性、健康发展。

第三，民营经济是民生建设的源头活水，民生建设是民营经济发展的持续动力。民营经济发展速度快，县域经济实力就强，解决民生问题就水到渠成。而民生建设通过保障人民群众的基本生计底线，不断提升人民群众的基本福利和生活水平，不断满足人民群众实现人生价值及其发展需求，为民营经济提供精神保障和不竭动力。

第四，县委班子的正确领导是发展民生经济的关键，县政府的宏观调控及创新性管理是民生经济建设的主干，如果说是县域经济是这枚硬币的两个方面，那么党的领导和政府的创新性管理，则是这枚硬币的主干，是连接民营经济和民生建设这两基本面的构架和桥梁，是二者互为前提、相互促进、相得益彰的主导。

第五，县域经济在中国举足轻重。县域经济发展的越好越快，中国大多数人的民生问题便解决的越好越快，中国人民生活的幸福指数就会不断提高。

县域经济就是民生经济理论的提出，具有重要的理论价值和实践意义。

首先，提出民生经济的概念，拓宽了原有经济概念的科学视界，丰富了传统经济范畴的科学内涵。原有经济概念，仅仅局限于在经济生活（或物质生活）的生产、分配、交换、消费总体，对经济概念的解读和阐释，仅仅局限于在经济关系视界对经济概念的理解。这种经济观念，把经济看作相对独立的或相对孤立的东西，它虽然指出了经济在社会生活中的基础地位和决定性作用，但却遮蔽了经济范畴的人本内涵，忽视了经济生活实践的人本观规定。而民生经济概念，着眼于人的生活视界解读经济概念，既揭示出经济范畴的人本观内涵，表明经济概念的内在前提规定是以人的生活为本，丰富了原有经济范畴的科学内涵，又从人们的政治生活、文化生活与经济生活的相互制约关系视域解读经济范畴，拓宽了原有经济概念的科学视界。

其次，提出县域经济就是民生经济的科学判断，在县域社会生活总体丰富了中国特色社会主义的基本经济制度理论。党的十五大报告，把以公有制为主体多种所有制共同发展的经济制度，确立为中国特色社会主义的基本经济制度，把公有制和多种所有制经济统称为中国特色社会主义经济。而县域经济就是民生经济的判断，则进一步从中国特色社会主义经济实践的立足点、实践原则、归宿点（目的）的统一上，把公有制和多种所有制统称为民生经济，从而揭示了我国公有制和多种所有制经济存在及发展的共同基础和共同本质，这即是以广大人民的生活为本，走共同富裕之路，不断满足人民群众的物质需要，不断改善和提高人民的生活水平。同时，由于神木的民营经济对县域经济的贡献已达80%，已经成为县域经济主体。因此，神木人不仅把国有经济和民营经济统称为民生经济，而且把民生经济建设的重点，放在大力发展民营经济上。这就在神木县域总体，丰富和发展了中国特色社会主义的基本经济制度理论。

再次，把民生经济看作民营经济为主体的县域经济，把民营经济和民生建设当作互为条件、相互促进、相得益彰的一枚硬币的两个方面。既通过政府的不断创新性管理促进民营经济的发展，使其成为民生建设的源头和活水，又通过构建现代民生体系，为民营经济发展提供持续动力。不仅以神木特色丰富和发展了马克思主义关于物质生活与政治生活、精神生活，乃至社会生活互为前提、相互制约的理论，而且在神木县域总体，丰富和发展了马克思主义社会生活实践过程的实践主体的能动性、创造性的理论。

最后，把民生经济视为民营经济和民生建设互为条件、相得益彰的现代发展模式，着眼于不同范围、不同领域、不同层次的共建共享制度建设，在神木县域总体，丰富和发展了中国特色社会主义的和谐社会建设理论。神木的民生经济，本质上是一种共建共享的和谐经济。共建包括村企共建、民营与国有共建、乡村共建、社区共建、干群共建、城乡共建、区域共建、县域共建等。共享在于南北共享、区域共享、县域共享、当代与后代共享、本地与外地共享、村企共享、城乡共享、全县人民共享等。这种共建共享，着力于不同领域的生产、交换、分配、消费的和谐利益关系构建，丰富了科学发展观的社会和谐理论。

总之，县域经济就是民生经济理论，坚持以人的生活为本，坚持发展为了人民，发展依靠人民，发展成果人民共享的实践原则和价值取向，丰富和发展了科学发展观的以人为本理论。无论是民生经济的概念创新，还是县域经济就是民生经济的判断和理论创新，都具有重要的科学意义。

（四）神木的“蛋糕”理论

2011 年 8 月 20 日，神木县委书记雷正西在全国县域经济科学发展交流年会上的发言中，在谈到民生经济的理论和实践价值时，提出了神木特色的“蛋糕”理论：“我们发展经济就是为了做大民生蛋糕，有人说做大蛋糕再分配蛋糕，我们不这样认为，蛋糕要边做边分，做蛋糕的人才有做大蛋糕的积极性。”

神木特色的“蛋糕”理论的提出，既有着深刻的理论背景，又有着客观的实践基础。就其理论背景来看，蛋糕论最初源于我国理论界对邓小平关于“让一部分人先富起来，先富带动后富，最终达到共同富裕”理论的解读。2000 年 1 月 26 日，《人民日报》以“心灵的沟通，理想的升华”为题，在第一版转载了《解放军报》1 月 24 日关于国防大学教授许志功教授于 1 月 15 日与北大学子的对话实录。许教授在这次对话中，第一次提出了他的“蛋糕论”。他认为，虽然我国收入差距过大问题确实存在，但并不意味着我们的分配制度和分配政策不成功。适当拉开差距是对过去平均主义分配方式的否定，促进了经济的发展。同时，我们收入差距的拉开，也是建立在人民生活水平普遍提高的基础上的 。“目前我国收入差距的拉大，是一种富裕程度的区别，是先富和后富的区别”。因此，“初次分配，更多地拉开差距，引导人们不断地提高效率，增加社会财富，把‘蛋糕’做大；再次分配，更多地强调公平，加大税收力度，使收入分配趋向合理，把‘蛋糕’切好”。这种“蛋糕”论，之所以在当时被主流媒体广为传播，无疑在于改革开放的实践要求我国理论界，对邓小平所指 2000 年应当着力解决收入差距过大问题、以防止两极分化观点，作出科学解读和回应，而这种“蛋糕”论也恰逢其时。由于这种“蛋糕”论与党在改革开放初期所确定的“效率优先，兼顾公平”，即“初次分配注重效率，再次分配注重公平”的方针相一致，因而一度被人们当做正统的“蛋糕”理论。

随着改革开放向纵深不断推进，我国的贫富差距、地区差距、行业差距不断扩大，以致在改革开发30年之际，基尼系数竟达到了0.45（2010年超过0.5）。严峻的客观现实，使得理论界陷入不断反思。怎样解决先富带动后富，走共同富裕之路，也成为社会各界十分关注的焦点问题。在民主酝酿，反复讨论的基础上，2007年10月，党的第十七大次代表大会，以加快推进以改善民生为重点的社会建设为主题，做出了深化收入分配制度改革，增加城乡居民收入的决定。十七大报告表明，“要坚持和完善按劳分配为主体，多种分配方式并存的分配制度，健全劳动、资本、技术、管理等生产要素按贡献参与分配的制度，初次分配和再分配都要处理好效率和公平的关系，再分配更加注重公平。逐步提高居民收入在国民收入分配中的比重，提高劳动报酬在初次分配中的比重……打破经营垄断，创造机会公平，整顿分配秩序，逐步扭转收入分配差距扩大趋势。”十七大报告用“初次分配和再分配都要处理好效率和公平的关系，再分配更加注重公平”的分配原则，代替十六大及以前的“初次分配注重效率，再分配注重公平”的分配原则，倡导逐步扭转收入分配差距扩大趋势，是党对邓小平先富带动后富，最终达到共同富裕理论认识的深化，也是对这一理论的丰富。

随着十七大报告的公布，以及践行科学发展观活动的深入，人们似乎对“正统”的“蛋糕”论产生了种种疑问。各种“蛋糕”论相继出笼。一种观点认为，“分好蛋糕（发展的果实）再来做大蛋糕。一种观点认为，“分蛋糕不是重点，重点是要把蛋糕做大。”两种观点各执一端，截然相反，谁对谁错，一时间令人扑朔迷离，引起神木人不断反思。

就其实践基础来看，神木县通过一系列创新性管理举措，在大力发展民营经济的同时，通过“双百帮扶”、设立“民生慈善基金”，着力构建全方位、广覆盖、高标准、可持续的现代民生体系等一系列战略举措，大力加强民生建设，创造性地建立了民营经济与民生建设互为条件，相互促进，相得益彰的良性互动关系，使县域GDP和县财政收入不断以两位数字的百分比增长，打造了神木特色的县域民生经济。根植于这种民生经济建设的实践，或者说，通过对这种民生经济建设实践经验的科学总结，并把科学发展观理论和党的十七大精神与这种经验总结相统一，神木人提出了独具特色的“蛋糕”理论。

在神木人看来，经济界那种“先把经济搞上去，等有了钱再改善民生，‘蛋糕’做大才分‘蛋糕’”的观点，与神木民生经济建设的客观实际相悖。他们认为，“蛋糕”分的不公平，做“蛋糕”的人就没有积极性，“蛋糕”自然做不大。近年来，神木地方财政65%以上用于民生，但财政收入不仅没有下降，反而以30%的速度大幅增长。这充分说明，“民生财政”正当其时。神木人以他们的实践业绩向人们表明，他们奉行民生为本理念，通过改善民生促进经济发展，打造现代民生经济，既尊重客观规律，又置根民情，符合民意。因此，他们把这种通过改善民生促进经济发展的实践方法及实践过程，称为“物质变精神、精神变物质的辩证反弹关系和良性互动过程。

如果我们对上述几种“蛋糕“论加以简要分析，就不难看到，神木特色的“蛋糕”论，具有重要的科学理论价值及其实践价值。

就那种先把蛋糕做大，再来分好蛋糕的“正统”蛋糕论而言，它只不过是一种局限于现象域，对邓小平关于“让一部分人先富起来，先富带动后富，最终达到共同富裕理论的表面理解。因为它未能科学看到邓小平这一理论所包含的社会主义要搞共同富裕，不搞两极分化的基本理论原则。它只看到一部分人先富，先富带动后富，是对传统社会主义那种把共同富裕简单地当做同步富裕、同等富裕式的平均主义的否定，并未看到邓小平所指的共同富裕，只不过是有一定程度差别、差距的共同富裕，是一种不断遏制两极分化弊端，而把差距限制在不能导致两极分化现象出现范围内的共同富裕。它把公平原则和效率原则割裂开来，孤立起来，在讲做蛋糕时只讲效率而排斥公平，在讲分蛋糕时只讲公平而忽视效率，它把做和分对立起来，表明其只不过是一种形而上学的奇谈。它倡导先把蛋糕做大，再来分配蛋糕的分配原则，在实践上只能不断导致两极分化。

就那种“分蛋糕不是重点，重点还是要把蛋糕做大”的观点而论，这种蛋糕论无疑是对“正统”蛋糕论的一种继承和坚持。它未能正确地把握党的十七大关于深化收入分配制度改革所表明的新的分配原则的精神实质，忽视十七大关于扭转收入分配差距扩大趋势的相关理论原则和实践举措，停留在十七大之前的“初次分配注重效率，再次分配注重公平”的界限内，止步不前，忽视改革开放30年后，我国基尼系数已远远超过国际安全警戒线的客观现实，是与中国特色社会主义的最本质规定，以及邓小平的先富带动后富理论相背离的。

就那种“分好蛋糕（发展的果实）再来做大蛋糕”的观点来看，它同样把公平与效率绝对对立起来，把做蛋糕与分蛋糕绝对对立起来。它强调先分再做，既忘记了党的十七大关于初次分配和再分配都要处理好效率与公平的关系的原则，忽视了再分配更加注重公平的原则，也忽视了收入差距扩大趋势只能逐步扭转，而不能杀鸡取卵的客观现实。面对我国改革开放30年后收入差距过度扩大的现实状况，这种蛋糕论者只患不公平，以图在几年间，甚或一夜间消除过度差距，实现财富分配上的所谓“公平”，然后在这个“公平”的基础上再图发展。他们没有看到，中国特色社会主义社会，只不过是一个处于资本经济全球一体化、世界政治多极化历史环境中的、地域性存在的、单个民族国家的、无产阶级专政社会主义初级阶段的社会。这种逻辑历史地位，决定了它在发展社会主义市场经济的实践过程中，在建立并不断完善其基本经济制度的过程中，既要通过不断的理论创新和体制创新，通过党和政府的不断创新性领导和管理，促使其资本积累规模不断扩大，以便在漫长的历史岁月中，使其不断通过自我扬弃而最终扬弃资本本身。又要凭借强大行政资源，通过适度有效的财税调节，通过发展混合所有制，以及募集各种慈善公益金等途径，引导其对社会多做贡献，从而遏制其在看不见手的作用下，所造成的两极分化弊端。如果忽视这种世界历史的客观逻辑规定，而盲目实行分好蛋糕，再来做大蛋糕（先分再做）的分配政策，那么，必然会因分糕过度而影响和阻碍社会主义市场经济的良性发展，甚至会导致我国现行分配政策向传统计划经济时代，那种同步、同等富裕的平均主义分配政策倒退。

神木特色的“蛋糕”论以民生为本，反对先做再分，主张边做边分，着眼于做“蛋糕”人的利益及积极性的调动，既是对神木构建民营经济和民生建设良性互动关系的实践经验总结，又是把党的十七大提出的新的分配原则和原理，同他们经验总结相结合相统一的独特理论创造。因此，它克服了上述各种“蛋糕”论的缺陷，在神木县域社会生活总体，正确坚持及贯彻党的十七大的分配原理和原则。它以做支撑分，以分促进做，做分一体，做分和谐互动，不断推动着县域民生经济的发展，以独特的方式在县域生活总体，彰显了中国特色社会主义经济发展的必然道路。

更为重要的是，神木特色“蛋糕”论所指的边做边分，并不仅仅局限在消费资料的分配上，它还体现在生产资料的分配上，体现在良性交换关系和消费关系的构建上。神木的边做边分，实际上是包括不同层次、不同范围、不同领域、不同地区的共建共享在内的整个县域的共建共享。神木的各种形式的所有制经济，不仅承载者生产资料的分配关系，而且是消费资料生产和分配关系的基础，同时也是交换关系和消费关系的前提，而神木的十大民生工程建设，既是再分配关系的创新，又是良性交换关系和良性消费关系的新型构建。因此，边做边分，代表着神木县域包括生产、分配、交换、消费环节在内的经济社会和谐关系的不断构建。如果说上述蛋糕理论 还局限于对邓小平先富带动后富最终达到共同富裕理论的表层理解，那么神木特色的“蛋糕”论则展现了邓小平理论的本质。如果说上述蛋糕理论与党的十七大精神相悖，那么，神木特色的蛋糕论，便以神木民生经济建设的独特规定性使党的十七大的分配理论得到丰富和发展。如果说前者在实践上难以扭转两极分化趋势，或者盲目导致平均主义，那么后者则以其民生经济的良性和谐关系的不断构建，不断推动着中国特色社会主义的社会生活，沿着科学的道路向前发展。

（五）五个神木理论

五个神木理论，作为神木人秉承“六不理念”，在不断把马克思主义普遍真理，中国特色社会主义理论体系的基本原理，尤其是把科学发展观的一般原理，同发展变化着的神木总体社会生活实际相结合的实践过程的重大理论凝结和创造，是神木化的崭新理论形态。这个理论形态，不仅是一个由民生神木论、民主神木论、人文神木论、生态神木论和创新神木论所构成并展现的理论体系，而且集践行科学发展观活动以来，神木人所创造的一切理念及理论之大成，是神木人不断实行“第二次相结合”，与时俱进地创造并丰富神木化理念和理论的总体性体系性成果，其以独特的科学理论逻辑规定，以其丰富的科学内涵，在神木县域社会生活总体，丰富和发展了科学发展观理论，丰富和发展了中国特色社会主义的理论体系。

五个神木理论不仅同践行科学发展观活动中产生的其他神木特色理论一样，是神木人不断进行“第二次相结合”的能动性理论创造，而且伴随这些不同方面、不同领域、不同层次的特殊实践理论的依次不断创造而获得孕育、形成及问世，因这些特殊实践理论的依次不断递进而获得构建与丰富。作为既包含这些理念和理论内涵，又高于它们的理论体系，乃是中国特色社会主义理论体系之神木化形态。

神木人把科学发展观理论同其生活实际相结合，既着力于他们社会生活的不同方面，不同领域和不同层次，又侧重于他们的县域社会生活总体。他们在不断创造其不同领域、不同层次理念和理论的同时，也不断通过科学抽象及科学总结，与时俱进地形成及创造着他们县域生活总体的特殊实践理论。神木人的理论创新过程，既是不同方面、领域、层次的理念和理论创新过程，又是县域生活实践总体的理论的不断创新过程，是二者紧密相联、融为一体的理论生成过程。

2005 年 10 月 11 日党的十六届五中全会通过的《中共中央关于制定国民经济和社会发展第十一个五年规划的建议》，在十六届四中全会提出构建社会主义和谐社会的重大科学判断之后，把科学发展观与构建社会主义和谐社会，统称为重大战略思想。神木人在把科学发展观理论和《建议》精神，同自己的生活实际相结合的过程中，不仅在制定县“十一五”规划时，提出了该时期发展的总体思路及理论，这即是“以科学发展观统领经济社会发展全局，围绕强县富民目标，以转变经济增长方式为主线，大力推进工业化，城镇化和新农村建设进程，实现城镇与农村统筹发展，经济与社会协调发展、北部矿区与南部山区兼顾发展，人与自然和谐发展、中省市与地方经济共同发展，全面推进经济建设、政治建设、文化建设、社会建设，努力打造实力神木、活力神木、魅力神木、和谐神木”。而且在 2006 年 2 月的政府工作报告中，在申明实现 2006 年全县经济社会发展的主要奋斗目标，要在新型工业化建设、社会主义新农村建设、营造良好发展环境以扩大开发开放、解决人民群众切身利益问题，以及精神文明和民主法制建设，这样五个方面求突破的同时，提出了“三型政府”理论。

随着践行科学发展观活动的持续深入，随着“三型政府”创建活动的不断展开，随着神木县域经济社会的迅猛发展，随着 2006 年 10 月 11 日，党的十六届六中全会通过的《中共中央关于构建社会主义和谐社会若干重大问题的决定》的颁布，以及构建和谐神木活动的不断展开，神木人不仅对科学发展观理论的认识不断深化，而且对发展着的县情、市情、省情和国情的认识也不断深入。

2007 年 3 月，他们一方面提出了“高举邓小平理论和‘三个代表’重要思想伟大旗帜，坚持以科学发展观统揽全局，牢牢把握又好又快发展和构建和谐社会两大主题，转变增长方式、统筹城乡发展，更加关注民生，推动经济社会转入率先发展、科学发展、和谐发展的轨道，努力建设更具实力、充满活力、富有魅力、文明和谐的新神木”的指导思想和实践理路。这个指导思想及理路把科学发展与和谐发展相并列，他们按照这个指导思想提出坚持以人为本，着力构建和谐神木施政方略，表明在当时其已深刻把握了科学发展观的基础、核心和本质，已了解到科学发展观在其本质上是和谐发展观。贯彻科学发展观的实践过程，本质上是一个以民生为本的不断构建和谐神木的过程。一方面提出了县域民营经济创新发展论，并制订了《关于促进民营经济更好更快发展的意见》（60 条），而以人为本的和谐神木不断构建，在推动神木经济社会快速发展的同时，也不断催生着神木特色理论在各个领域的创生和与时俱进，不断推动着神木化总体理论的丰富和飞跃。

2008 年 5 月，神木人一方面将全县经济社会发展的指导思想确定为全面贯彻党的十七大精神，转变发展方式提升发展质量大力推进新型工业化、城乡一体化、农业产业化，实施“十大惠民工程”，构建“十大民生体系”，更加注重体制和机制创新，更加注重民生与和谐、更加注重全民创业、更加注重生态环境保护，加快推进县域经济由资源依赖型向创新驱动型转变，不断开创科学发展、和谐发展的新局面”，一方面提出了神木特色的现代民生体系理论。并使其城乡一体化理论、新型工业化等理论得到丰富。随后，神木人在以促和谐稳定，在民生体系构建上取得突破为口号，制定了“十大惠民工程”实施意见。

2009 年 3 月，神木人在申明全面深入实践科学发展观的总体方略时，不仅强调以民生建设促进和谐神木建设，而且提出了民营经济是民本经济，更是富民经济的科学判断。

2010 年 3 月，雷县长（时任）在第四次民营经济工作会议上的讲话中，在提出民营经济为主体的理念同时，从民营经济是民生建设的源头活水，是结构调整的主力军，是造就企业家的大学校，是思想观念转变的助推器，是增加就业的主渠道，是所有制结构创新的先行者等方面，阐明了神木民营经济的地位、作用及贡献，并在提出民营经济工作进一步发展的思路及举措的同时，较为系统地阐述了神木特色的民营经济理论。

2010 年 6 月，神木人在表明其总体实践思路是“以科学发展观为统领，“转方式、调结构、抓项目、惠民生”，全面开创幸福神木新局面的同时，提出了民生经济概念，既表明了民营经济和民生建设是民生经济的主要内容，又表明了巩固好民营经济和民生建设相辅相成、相得益彰，具有神木特色的民生经济发展格局。

在科学发展观统领的“三型政府”创建，民营经济创新发展，现代民生体系建设，新型工业化建设、城乡一体化建设、生态和文化建设等一系列活动，不断展开、持续深入的过程中，神木人坚持科学发展、和谐发展的实践原则，通过不断地科学抽象及经验总结，通过不断学习和借鉴外地经验，在反复讨论、集体酝酿的基础上，形成了以建设和谐神木为本质的“五个神木”理论。

2010年10月22日，雷正西书记在全县领导干部大会上的讲话中，以《团结奋进，继往开来，为建设“民生神木、创新神木、民主神木、人文神木、生态神木”努力奋斗》为题，将这一理论公诸于世，并从和谐发展的本质维度，将建成五个神木视为神木人民的共同理想。

神木人认为，民生神木即是以神木人民生活为本，就是坚持和谐发展及包容性增长。就是在矛盾频发、资源有限的环境中，如何实现发展经济与改善民生的“双赢”，如何实现效率与公平正义的统一。就是怎样让神木老百姓生活的更有质量、保障和尊严。民生神木的核心是共建共享，是机会和效率均等。共享在于城乡共享，干群共享，当地居民与外来人口共享。在他们当时看来，建设民生神木，重点在于处理好民营经济与民生建设的关系，实施效果与实施手段的关系，社会公平与生产效率的关系。

神木人认为，创新是解放思想、实事求是，是更高层次的求真务实，是坚持党的群众路线。创新既是思想方法和工作方法创新，又是科技创新和体制机制创新。是理论和实践在生活实践过程中的与时俱进。在他们当时看来，建设创新神木，首先在于继续解放思想。就是向解放思想要发展的动力和优势，要发展的资源和空间。就是要从依赖煤炭中解放出来，从依赖政府中解放出来，从求稳守成的心态中解放出来，从封闭局限的发展格局中解放出来。其次在于继续打好资源牌。就是要通过积极争取新资源，提升煤炭产业整体水平，坚持资源跟着高端走，加快实现由“材料加工”向“加工材料”转变，来“围绕煤、延伸煤、超越煤”，高标准构建具有神木特色的煤炭经济体系和发展模式。再次在于继续强化民营经济的主体地位。就是要通过引导投资在资源、土地、融资、科技、人才等方面予以倾斜，支持其做大做强。就是鼓励“拓荒”，积极支持民营企业集团参股神华、华电、陕煤、延长等国有大型企业项目建设，发展以“北元模式”为代表的混合所有制，让民企与国企实现优势互补，资源共享。就是要鼓励民营企业加快科技创新和资本运作模式创新。就是要通过引导民营企业通过参与社会公益事业和新农村建设等手段，践行社会主义核心价值观，不断提升民营企业家的整体素质和境界，以使民企回报社会。最后在于要充分激发“人”的创造潜能。就是要树立资源有限、创造无限的理念，既要用资源换资本、换技术、换市场、换项目，又要用胆气和才智把握大势，用发散思维激活要素，在创意中开创新天地。就是要把无形资产转化成经济效益，实现资源驱动向创新驱动转变。就是要通过管理创新，通过优化服务改善环境，用环境创造价值，达到主观能动性与神木客观实际的完美结合。

神木人认为，民主作为中国特色社会主义的本质属性，作为党的生命，乃是多数人的或代表大多数人利益和愿望的政治生活治理模式，这种模式是建立于以人民生活为本的基础上的，最大限度保证多数人生活利益的，绝大多数人直接参与的政治关系新形态，是人民当家作主的政治生活实践关系和制度。因此，神木人讲民主，不是为了追求某种抽象的理念和固定模式，而是以民为本，最大限度地保证多数人的利益，最大限度地调动一切积极因素参与到神木的建设和发展当中。他们的原则在于重大决策由多数人说了算，满意不满意由老百姓说了算。

在他们当时看来，民主神木建设，既在于坚持和贯彻党内民主集中制原则，坚持以党内民主引领人民民主的实践路径，又在于实行党务、政务公开透明，既在于提高选人用人公信力，又在于在全县范围内形成民主的风气和社会氛围。

神木人认为，人文作为人们的观念形态文化，就是人们的价值观及表现的道德行为规范，它既凝结在社会的精神产品中，通过精神生产生活消费制约着整个社会生活的生产和再生产。中国特色社会主义的人文，作为当代人类社会的先进价值观及道德行为规范，其核心是以人为本，是推动当代中国社会进步的重要精神动力。在他们当时看来，建设人文神木作为神木精神生活的迫切需要，既在于要把中国特色社会主义的核心价值体系，与以民生为本的神木实际相结合，形成神木的独特价值观及表现的行为道德规范，又在于通过提升市民文明程度，改善精神生活环境，培育神木的现代人文精神，来发展神木的文化事业和文化产业，来重塑神木人形象，提升神木人的整体素质。

神木人认为，生态文明作为人类文明的崭新文明形态，是人与自然之间的良性互动、和谐相处，永续发展。就是绿色、低碳、循环、和谐。在他们当时看来，建设生态神木，就是要通过树立栽树就是栽历史，栽人文的理念，通过生态建设产业化和产业发展生态化，通过积极探索矿区生态地质环境恢复治理，以及高度关注人居和健康的等，把神木建成资源节约型和环境友好型的“两型”社会。

“五个神木”既是一个体现科学发展和包容性增长的体系，它体系了科学发展观包容性增长、和谐发展的本质和核心价值追求；又是一个开放而涵盖全面的体系，它涵盖了经济、政治、文化、社会、生态等各个方面，作为今后神木整体发展战略总纲，将科学指导县域经济社会发展的方向；也是一个持续发展的体系，它有一个不断完善、充实、提高的过程。

“五个神木”理论的提出，具有重大的理论和现实意义。这个理论不仅以其本质上的和谐性与包容性，以其涵盖域的全面性总体性，以其实践时空上的开放性持续性等体系性特征，成为科学发展观理论之神木化第一大理论形态，而且作为神木县科学发展、和谐发展的整体发展战略总纲，对于神木社会生活的长期发展，具有全局性、总体性的科学指导意义。

随着“五个神木”总体战略的实施，建设“五个神木”活动便成为神木人践行科学发展观活动的响亮称谓。标志着神木人践行科学发展观活动进入了一个全新的发展阶段。在这段时期中，“五个神木”理论经过多次丰富与完善，逐渐成为神木人的最高共识。

2011 年 3 月 24 日，神木县委县政府颁布了《关于加快建设民主神木的意见》，《意见》在指出建设民主神木的政治本质规定，迫切性和必然性，阐明民主神木建设的基本途径后，首次提出了关于民主神木建设的神木特色的“三大关系”论。

2011 年 3 月 28 日，神木人以“打造民生经济，实现科学发展必须坚定不移地实施“五个神木”大战略为题，在提出神木特色的“蛋糕”论，并对其民主神木建设“三大关系”论，进一步加以阐发的同时，对五个神木的理论内涵加以拓展及丰富。

在这里，神木人通过半年多来的实践经验总结，用一个简单的比喻表明了“五个神木”与民生经济、县域经济、科学发展及实践目的之间的关系，这即是，如果把县域经济比做一架飞机，民营经济和民生建设是飞机的一对引擎，科学发展是空管，“五个神木”就是导航系统和飞行员，飞行的最后目的地是“幸福神木”。

在这里，神木人不仅在申明民生神木的核心是“共享式发展”时，将原有的三个共享扩展为四个，增加了“当代后代共享”内容。而且表明神木创新的体现领域主要为思想领域、经济社会管理领域、人才建设领域及资本技术领域。不仅表明民主与集中的关系在于，民主是集中的前提，集中是民主的必然要求。民主与民生的关系在于，民主与民生是一对孪生姐妹，是“幸福神木”的两个基本保障。民主与法制的关系在于，民主是灵魂，法制是载体。而且将神木的现代人文精神概括为继承与创新、开放与包容、大爱与感恩和奋斗与宽容。同时提出建设生态神木要做到生态建设产业化，产业发展生态化，节能减排刚性化，环境治理人性化。

2011 年 5 月 10 日，神木县委县政府颁布了《关于加快推进人文神木建设的意见》6 月 10 日，颁布了《关于加快推进生态神木建设的意见 》8 月 12 日，颁布了《关于加快推进创新神木建设的意见》；8 月 20 日，神木人提出了县域经济就是民生经济理论；10 月 13 日，颁布了《关于加快推进民生神木建设的意见》。这些《意见》，分别从指导思想、基本原则、总体目标、总体要求、实践路径、工作重点、保障措施等方面，对“五个神木”加以具体化和可操作化，在实践操作层面极大地丰富和完善了“五个神木”理论。

2011 年 10 月 20 日，中国共产党神木县委第十七次代表大会的报告，以打赢四大战役，建设“五个神木”为题，不仅阐明了“未来五年乃至更长时期，神木的发展定位是，紧紧围绕‘五个神木’大战略，建设环保、节能、循环利用的能源化工基地，发展民营经济和民生建设齐头并进、良性互动的现代民生经济，实现社会和谐度高、人民幸福感强的阶段性目标，强力打造高端低碳的现代产业体系和以人为本的公共服务体系，率先走出一条精神文明、政治文明、物质文明科学互动的发展道路，再造一个新神木”。而且表明，“幸福神木”就是贫富差距、城乡差距、南北差距缩小的民生神木；发展水平更高，增长后劲更足的创新神木；党群关系、干群关系融洽、人民群众当家作主的民主神木；文化昌盛、社会繁荣的人文神木；环境优美、宜居宜业的生态神木。进一步从总体上完善了“五个神木”理论。

从五个神木理论的形成、提出及不断丰富完善的实践理论历程的考察中尚可看到，其一，这个理论是一个以不断构建和谐社会生活关系为本质的特殊实践理论。从神木 2005 年 10 月提出打造实力神木、活力神木、魅力神木、和谐神木，经过 2007 年 3 月把科学发展观视为本质上的和谐发展，并提出坚持以人为本，着力构建和谐神木的施政方略，以及此后紧紧抓住和谐发展的主题，从事民生建设及生态建设，到五个神木理论的提出，从神木人对五个神木内涵的深刻揭示和不断丰富，到把“幸福神木”作为五个神木建设的目标。以及他们对“幸福神木”内涵的揭示，都充分展现了五个神木理论的本质是构建和谐神木。因此，它是神木特色的和谐发展理论。

如果说2005年神木人关于实力神木的表述，仅仅是他们侧重于对经济成果强势地位的描述；活力神木的表述，仅仅是他们对神木经济社会良好生机状态的描述；魅力神木的表述，仅仅是他们对神木经济社会影响及诱惑状况的一种描述，那么，构建和谐神木，打造以幸福神木为目标的“五个神木”，则彰显了和谐发展的理论本质。同时，如果说神木人在践行科学发展观活动中，在2005年就抓住了科学发展观的和谐本质，那么，五个神木理论的提出，“幸福神木”目标的确立，就表明了他们将和谐社会关系不断构建由政治生活关系，经济生活关系扩展到包括精神生活关系在内的整个县域总体社会的一切领域，扩展到神木人民生活的一切方面。

其二，五个神木理论集神木人践行科学发展观活动以来，所创造的一切神木化理念和理论之大成，是包含这些个别理念和理论在内的神木化理论总体，是一个以和谐发展为本质的理论体系。无论是“三型政府”论，还是现代民生体系论；无论是民营经济为主体论，县域经济就是民生经济论，还是城乡一体化论和共建共享论；无论是蛋糕论，还是村矿和谐、南北和谐论等等，都是五个神木理论的组成部分，都在神木社会生活的不同领域、不同方面、不同层次，展现了和谐发展的理论本质。

其三，五个神木作为神木人不断把科学发展观理论同神木生活实践相结合的产物，既把科学发展观的以人为本具体化为以神木的人民生活为本，即以神木民生为本，又把科学发展观的坚持全面、协调和可持续具体化为神木化的民生经济建设、民主建设、人文建设、社会生态建设的良性互动关系构建，坚持神木化的人与自然、人与社会和谐关系的构建，坚持民营经济与民生建设良性互动关系构建；也把科学发展观理论的统筹兼顾方法，具体化为神木特色的统筹城乡、统筹南北、统筹当代与后代，统筹经济与社会、经济与文化、经济与生态等的实践方法，又把科学发展观的发展是第一要务，具体化为通过建设五个神木，来使神木整个社会生活良性发展。因此，我们可以说，“五个神木”理论是科学发展观理论的神木化特殊形态。

其四，五个神木理论作为神木人坚持解放思想、实事求是、与时俱进、求真务实的思维方法和实践方法，作为他们秉承“六不理念”，通过不断的“第二次相结合”而获得的神木化理论体系，不仅以其神木人民生活为本，即以民生为本的理论，在神木县域总体，包含了唯物史观的以人的生活为本，中国特色社会主义以中国人民生活为本的普遍原则和一般原则，包含了唯物史观社会生活观和中国特色社会主义社会生活观的理论原则，而且以其构建神木和谐社会关系的实践本质，包含了科学社会主义和中国特色社会主义的人民当家作主，共同富裕的实践本质。以其创新发展，不断打造现代民生经济，构建新型民主关系等，包含了马克思主义和中国特色社会主义的普遍实践本质观和一般实践本质观。同时，以其坚持神木化理论和实践在实践过程的不断与时俱进，以其理论指导实践并在实践中不断获得检验和发展，在神木县域总体，包含了中国特色社会主义的实践意识观。以其神木民生为本，不断打造“幸福神木”包含了中国特色社会主义的价值观。因此，它无疑是中国特色社会主义理论体系之神木化形态。

如果我们将五个神木理论加以逻辑审视，那么就会看到，这个理论体系存在独特的逻辑内涵。

首先，就民生神木而言，神木人的民生概念，有广义和狭义之分，广义民生概念是指包括物质生活、政治生活、精神生活在内的的整个人民生活。他们的民生经济概念即是如此。这种民生经济概念，着眼于以人民的经济生活为基础，通过政治生活和精神生活与经济生活良性关系的构建，来发展县域经济。神木人把民营经济和民生建设作为民生经济这枚硬币的两个基本面，把构建二者之间的和谐互动作为打造县域民生经济的实践原则，即是明证。狭义的民生概念，即是通过政府调控和再分配，不断改善和满足广大人民群众在基本生存层次，发展层次和实现自身价值层次的物质、政治和文化需要。他们的民生建设概念便属于此。

就民主神木来看，神木的民主概念，亦有广义和狭义之别。广义民主是指人民在经济生活、政治生活和精神生活的总体上当家作主，是多数人的为多数人谋利益的整个社会生活治理模式。狭义民主概念，则局限于政治生活领域，是多数人的为多数人谋利益的政治生活治理模式，是政治生活关系的新形态。

就人文神木来看，神木人并不否认物质文化范畴，其人文概念也有广义、中义、狭义之分。广义的人文是指人类文明，包括物质文明和精神文明、物质文化和精神文化。中义的人文是指既包括社会精神生产生活，又包括思想、意识、理论在内的社会意识，包括文化产业、事业，也包括思想、理论的意识形态。狭义的人文是指由人们的思想、观念意识、理论构成的意识形式和形态。

就生态神木而论，神木人的生态概念，也有广义和狭义之分。广义的生态概念是指包括人与自然良性关系在内的整个社会生活的良性和谐关系，包括经济生态、政治生态、文化生态等。狭义的生态概念是指人与自然的良性关系，这种生态是指良性经济生态和人居自然环境等。

就创新神木而论，神木的创新概念，也有广义和狭义之分。广义创新概念是包括社会生活和社会意识领域，即实践过程的全面创新，狭义创新则是指某个领域或某个地区、部门的创新。

从五个神木的概念内涵来看，它们之间既相互连接，互为一体，又具有特定的差异。如果我们仅从这些范畴的广义视域考察，它们所指的对象都是神木社会生活总体，它们之间因从各自的领域或者视域解读同一对象而存在形式差异，在本质上却是统一的，即神木的总体和谐关系构建。因而五个神木是一个密不可分、互为一体的逻辑体系。

如果我们从县域经济就是民生经济的视界来观察五个神木理论，那么，这个理论当然可以理解为以民生神木为基础、以创新神木为动力和灵魂，以民主神木为保障、以人文神木为精神及价值观，以生态神木为特征，以和谐神木为本质，以党的领导为核心，以幸福神木为目标的理论体系。

如果我们把民生神木视为民生建设，那么，五个神木理论，便是以发展民生经济为基础，以五个神木为建筑，以和谐神木为本质，以幸福神木为目标的理论体系。

然而无论怎样理解，五个神木的发展战略，都既是一个涵盖经济、政治、文化、社会、生态、党的建设的科学发展、和谐发展战略。它既是一个体现以人为本、科学发展和包容性增长的体系，又是一个统筹兼顾、全面协调可持续发展的体系，也是一个人与自然、人与社会和谐共生的体系。

三、以兰炭为代表的科技创新成果及价值

神木的创新，既展现在神木特色的理论创新上，也表现在他们的科技创新和科技体制创新上。就科技创新而言，神木人取得了兰炭产业技术、煤制油技术、陕北白绒山羊克隆技术、长柄扁桃生物技术等一系列科技创新成果。

神木人力求更多科技成果和科技项目在神木转化为现实生产力。他们实施“名牌战略”，加强关键领域的集成创新，扶持一批掌握核心技术和具有

自主品牌的骨干企业和项目。就科技体制创新而论，他们不仅着眼于优势主导产业突破发展，选择引进高精尖技术研发机构，以科技创新推动资源节约型、环境友好型社会建设突破发展，推动社会事业突破发展，着眼于通过发挥政府主导作用，市场在科技资源配置中的基础作用，企业在技术创新中的主体作用，科研机构引领作用的整体整合，激活科技创新机制，而且着力于打造以企业为主体、市场为导向、产学研相结合、富有地方特色的科技创新体系。

以其“三煤”战略，打造了四大循环产业链条，即煤—电—载能—聚氯乙烯产业链；煤—兰炭—载能（金属镁、电）—化工（建材、化肥）产业链；煤—煤焦油—燃料油产业链；煤—甲醇—醇醚产品产业链。又以其科技体制创新，不断打造并推动着加工制造、县域金融、现代物流、文化旅游，以及现代特色农牧业的跨越发展。限于篇幅，这里仅就兰炭产业技术创新和煤制油技术创新问题，加以考察和阐明。

（一）浴火重生的兰炭产业

神木人在自己的生产实践中能动地创造出独具特色的主导产业—兰炭产业。在国家产业政策的大调整过程中，他们以不等待、不依赖、自己干的豪迈气概，顽强拼搏、开拓创新，使得这一决定神木经济社会发展全局的产业在浴火中获得新生，并成功进入国家产业目录，创建国家行业准入标准，抢占了技术创新的制高点。这一实践不仅集中体现着神木的技术创新成就，使兰炭产业实现由原始创造到不断技术创新的转型升级，成为神木绿色循环工业体的核心环节，而且体现了他们勇敢、坚毅、超越的精神和实践创新的品格。

1. 兰炭产业的创生与挫折

兰炭产业是神木土生土长的特色性主导产业。自神府煤田大开发以来，神木人就开始了二十多年从未间断的煤炭资源就地转化和深加工的实践探索与技术创造。20 世纪 90 年代，当地群众以“燧人氏钻木取火”的智慧，发明土法炼制“技术”。他们将特有的不粘煤、弱粘煤进行明火堆烧，水浇熄灭，生产出称固体碳化物（工业领域的优良还原剂）——“兰炭”，作为铁合金、电石企业替代焦炭、焦丁的生产用料，获得良好经济效益。这一具有“神木韵味”新产品的问世，使神木初步形成了以煤炭—兰炭—电石—铁合金组成的特色工业生产链条。尽管当时兰炭生产的工艺粗糙、设备简陋，但它为兰炭产业的形成迈出了艰难而可贵的第一步。

2012 年 4 月，神木兰炭成为我国继湖南浏阳花炮之后的第二大工业产品地理标志

1996 年，国家取缔“土焦”（土制“兰炭”），并要求转型改造升级。1999 年，党的十五届四中全会提出破产关闭浪费资源、技术落后、质量低劣、污染严重的“五小”企业，走规模经营集约型转变经济发展方式的路子。2002 年，神木经过反复技术试验，用鲁奇三段炉改进的直立炭化炉兰炭生产装置，建设了一批 1.5、3、5 万吨不等的小型机制兰炭炉。该工艺将原煤低温干馏生产兰炭，回收煤焦油，资源利用效率较土法堆烧显著提升，较“土法炼制”能多回收煤焦油，劳动操作也有较大改观，经济效益大幅提升。在市场需求强力拉动下，小兰炭企业在神木及周边大量兴起，3 万吨左右的小兰炭炉迅速发展（仅神木县最高峰时小兰炭企业就达 123 家，生产规模达 998 万吨），并带动了电石、铁合金和载能工业快速扩张，使得兰炭产业初具雏形。这是神木兰炭产业响应国家产业政策的第一次技术创新。

当时，神木兰炭企业分布在孙家岔、大柳塔、中鸡、西沟、永兴等 8 个乡镇 61 个行政村。但因生产规模小，尾气无法有效利用，大量排空燃烧，形成资源浪费，加之缺乏科学规划和环保治理投入不足，环境污染问题极其严重。2004 年，国家治理整顿“五小”企业中，调整产业结构，神木兰炭企业被紧急叫停。2005 年，因国家产业政策中尚无“兰炭”成员，有关部委一度提出取缔兰炭产业，毗邻的鄂尔多斯市短期内关闭了所有小兰炭企业。而神木的现实情况是，经过多年发展，已有小兰炭企业 155 户，炭化炉 306 座，生产能力达千万吨、煤焦油百万吨，创造就业机会 5000 个，产值

30多亿元，上交税费5亿元，占地方财政收入的三分之一，兰炭产业已经成为神木地方经济的支柱产业。在这种政策危境中，神木兰炭产业游走在国家产业政策的边缘，面临关停绝境。在“生”与“死”的考验中，如果兰炭产业被取缔，造成的直接后果，不仅153户企业被强制关闭，5000多人失业，数以万计的投资者血本无归，积蓄化为泡影、贷款如负大山的无数群众坠入贫窟，社会稳定风险大增，而且导致神木形成的煤炭——兰炭——电石、铁合金，以及煤炭——兰炭——煤气——发电、金属镁、泡化碱、白灰等两大产业链条被切断，下游产业成无米之炊，民营企业大面积萎缩，县域经济全面衰退，甚至彻底瘫痪。

2. 兰炭产业的新生

兰炭产业进入生死存亡的关键时刻，省市环保部门明令取缔传统小兰炭炉，并要求在规定时间内予以拆除、恢复地貌。时任县长的雷正西感到，兰炭产业发展面临着空前严厉的环保政策压力，但是从他这些年来对兰炭产业技术层面的了解，觉得这个产业是极有可能创造、延伸出一条高级煤炭产业链的新兴产业。要想在发展中探索出一条道路，就得为企业创造环境，就得顶住政策的压力，就得承担相应领导责任，顶着一定的经济风险和政治风险。在接下来的一个多月时间里，他带着相关人员，深入企业十多次，与企业座谈，向专家咨询，进行实地调研和分析研判，为企业发展探寻出路。在与该领域的专家、三江煤化公司负责人尚文智深入探讨兰炭产业的技术创新路线后，他更加坚定了顶住风险和压力，推动兰炭产业发展的信心。

困难从来不是前进的障碍，而是进步的阶梯，有困难才能有创新、有发展。由于兰炭产品应用广泛，市场空间广阔，具有天然的巨大发展潜力，而神木丰富、优质的煤炭资源不仅是兰炭产业成长的“适生土壤”，而且事关神木经济社会发展的全局和未来。兰炭产业不能因环保政策而停产关闭，等待观望，惟一的出路就是通过科学发展解决问题，获得新生。在雷正西的主导下，时任神木县分管工业的副县长郝亚雄、县发改局局长张胜荣、县兰炭产业办主任贾志强等一大批干部毅然决然地和企业家站在一起，开始了政府和企业联合攻关，推进兰炭产业建设。他们积极探索，审慎决策，科学谋划，在艰难的政策危境中挽救和壮大民营经济，开始了以包括技术再创新和产业升级换代为内容的综合性创新，开启了兰炭产业的新征程。

2006年，他们通过邀请化工、环保和经济专家解疑答惑，和在党、政、企、群中掀起广泛宣传和民主讨论活动，在全县形成变关闭为升级，变危难为机遇和充分按照市场经济规律发展兰炭产业的高度共识，提出在注重资源开发和环境保护的前提下促进神木经济社会可持续发展的方针，在政策走向不明朗的情况下，以背水一战的勇气和创新精神，果断推进兰炭产业升级换代。

2006 年 9 月 19 日，时任县长雷正西（右一）在孙家岔镇调研 3 万吨直立式传统兰炭炉

其一，广泛宣传，争取转机。2006 年 1 月，县委领导班子邀请国家宏观经济部门有关领导，煤化工行业、经济政策研究专家，在北京召开了煤低温干馏——兰炭产业研讨会。此后经过多方多层民主探讨，于 2007 年 4 月颁布了神木兰炭产业优化升级方案。年底，榆林市政府颁布兰炭发展规划，陕西省有关部门启动兰炭产业发展政策走向的研究，对兰炭产业存在与发展的合理性做了基本肯定，并引起国家宏观管理决策部门，研究院所等机构的关注。兰炭产业出现起死回生的转机。

其二，合作研发，技术创新。2006 年初，他们采取主动走出去战略，促成神木三江煤化工研究所，西安建筑科技大学等研究机构和地方企业密切合作，研究新型兰炭生产工艺，开展试验示范建设，寻求解决兰炭环保节能技术难题。当年 9 月，投资达 1 亿多元的国内第一套 30 万吨以上的大型兰炭生产装置试验项目开工建设，并于2007年6月成功建成投产，创造了从技术创新到产业应用的“神木速度”，并被陕西省科技厅鉴定为“洁净兰炭生产资源综合利用成套技术及装备”。他们马不停蹄，紧抓生机，乘胜跟进，立即邀请鞍山热能研究院、西安冶金设计院等研究院所，开展多头科学试验，立足优势互补，优化发展，加速技术成熟、完善和推广。2008年底，单炉5万吨、7.5万吨、10万吨等成套装置全部试验成功，大中型、节能、环保的兰炭生产技术已经成熟，并获得大面积推广应用。同时，加紧试验单炉30万吨以上的大型兰炭生产技术。

其三，倾力支持，集群发展。2007年6月，他们按照科学精细的原则，编制《神木兰炭及相关产业发展规划》，确定以“兰炭产业”为核心，通过打造“煤—兰炭—电石—聚氯乙烯”产业链，建设西部乃至全国最大聚氯乙烯基地；打造“煤——煤焦油——成品油”产业链，建设国家战略能源油品基地；打造“煤——煤气——电（金属镁、还原铁）”产业链，综合利用尾气，建设国内一流金属镁基地，以及煤气甲醇、煤气天然气等项目，实行“三链并举”，建立煤化工循环经济模式。为此，结合全县资源状况，县政府规划建设面积达28平方公里的8个兰炭工业园区，投资建设高标准的配套基础设施，集中综合利用煤气，形成了以兰炭、电石、煤焦油、煤气为主要节点的地方特色产业链条群，引导企业规范发展，集约发展。经过三年的艰辛努力，兰炭产业实现布局园区化、生产规模化、工艺节能化、环保标准化、管理现代化和科技支撑化，并成为神木循环产业体系的核心环节。

其四，关小上大，产业升级。他们采取淘汰落后产能，引导整合重组，强化服务项目和分类突破关闭难关等办法，顺利实现兰炭产业由小变大，由弱变强。2007年，关闭小型兰炭企业75户，淘汰落后产能269万吨。此后，连关闭72户小型兰炭企业，淘汰落后产能496万吨，并开工建设60万吨的环保、节能、循环利用型兰炭企业15户，建成6户，形成煤炭——兰炭——载能（金属镁）——化工（建材）现代循环产业链。兰炭因从煤炭技术加工出发，到载能、化工业的原料，而成为从“依托煤”到“延伸煤”的核心环节。2008年，关闭小炭化炉169台，淘汰落后产能559万吨，22套60万吨的新型兰炭项目完成投资达到18亿元，其中当年建成10套。这一过程，阵痛是难免的，仅关闭小兰炭一项，企业固定资产损失就达30亿元，新建项目投资达50亿元。至2010年，全县150多户小企业整合为23户60万吨以上的环保、节能、循环利用的大型兰炭企业，完成投资近百亿元，实现了产业转型升级目标。

2009 年，陕西省政府在神木召开兰炭产业结构调整现场会

其五，化蛹成蝶，创建标准。在产业转型升级过程中，他们依托兰炭技术创新试验成果，结合国内煤化工节能环保标准等，提出建立神木地方兰炭发展规范标准的发展目标。针对新建 60 万吨以上兰炭项目，提出 21 条建设标准，对尾气利用、污水治理、粉尘防治、渗漏污染、安全生产、电子控制以及配套项目等都做出了详细要求。县委、县政府成立专门组织机构，到市、赴省、进京，积极沟通有关国家部委、科研机构，协调争取产业政策和技术支持。2008 年 12 月，兰炭产业被国家工业和信息化产业部录入产业目录，获得合法身份证，终于化蛹成蝶。2010 年，创制国家技术路线，成为兰炭行业准入的国家标准，创造了煤化工业的国家制高点。

神木人打出"技术创新、产业链构造、产业转型和产业政策"的一整套"组合拳"，不仅使兰炭企业实现了从关停政策危境到成功实现产业转型升级的重大革命性转变，而且实现了由地方土著产业到国家新兴能化产业的华丽转身，迅速走上了规范化、科学化的发展道路。

3. 兰炭产业的快速发展及其地位

经过政策危境的历练，神木人紧紧抓住创造机遇，以市场开拓、基地建设和技术创新为主攻方向，大力推动兰炭产业快速发展。2009 年，在国内外严峻的经济形势下，县委、县政府提出紧抓机遇，以低成本保住市场、低价位占有市场、高质量开拓市场，全力实现兰炭产业整体升级换代目标和注册“神木兰炭”商标。当年生产兰炭 498 万吨，使得兰炭产业成为神木新的经济重要增长极。2010 年，提出打造兰炭产业基地，组建神木兰炭集团，通过规模化生产和集团化营销使神木兰炭走出国门，走向世界，并采取有力措施实现兰炭技术再创新，资源再利用。23 户 60 万吨以上的大型环保兰炭生产企业全部建成，兰炭产量达到 509 万吨，一举成为全国最大规模的兰炭生产基地，兰炭产业随即成为神木经济六大支柱产业（煤炭、兰炭、电力、化工、载能、建材）中举足轻重的一员。2011 年，神木生产兰炭达到 1170 万吨，较上年增长 130%，成为全国惟一千万吨级兰炭生产基地。

在“十二五”发展规划中，神木确定兰炭产业发展的基本思路：控制总量，稳步发展；创新技术，构建品牌；延长链条，提升效益；科学管理，拓宽市场，建设全国一流的兰炭生产、技术研发基地，并提出以企业集团为依托，统一生产标准，提升产品品质，拓展应用领域，扩大市场空间为兰炭企业新的发展路径，并将兰炭新技术研发（面煤、籽煤干馏技术）和拓展市场空间作为主要发展目标。2015 年末，将形成 5400 万吨的兰炭生产规模、500 万吨油气当量，可创造工业产值 663 亿元，由兰炭带动的相关产业链产值可达 1200 亿元，创造税收达 200 亿元。可以预测，神木兰炭产业，以技术创新和市场开拓为动力，经抵御风险、浴火重生之历练，在神木未来的发展中将越做越大。在国家优良的政策环境中，兰炭产业必将进入市场机制和技术创新共同驱动的发展阶段，继续以高昂之势引领国内兰炭产业的发展方向。

60 万吨大型兰炭循环利用生产装置

神木兰炭产业在神木县域经济中之地位与作用，概言之即为：产业链条中的承上启下，循环产业体系的核心环节，区域经济上的地理商标和经济社会发展上的卓著贡献。

其一，兰炭产业在神木县域经济产业链中居于承上启下之位。兰炭产业在神木地方特色产业链中，既承煤炭资源之独特优势而成就地加工转化的产业，又启新兴煤化工和载能产业之源头而拓展其下游产业的发展空间，位居煤炭产业与化工产业、载能产业之中介，是从“依托煤”到“延伸煤”的枢纽，实为神木特色产业链群之关键。

其二，兰炭产业是神木地域循环产业体系的中心环节。神木县域工业体系以丰富的煤炭资源为原料，形成四大产业链条。其中围绕兰炭产业，衍生出三大产业链条：兰炭——铁合金、高炉喷吹、电石、聚氯乙烯等；兰炭——煤焦油——燃料油——轻质化加工等；兰炭煤气（尾气）——电力、化肥、甲醇、泡花碱（硅酸）、白灰、金属镁、城市供气。这表明，兰炭产业不仅是下游产业的直接基础，而且是神木循环产业体系的中心环节，可谓一业兴旺发达，百业繁荣昌盛。

利用兰炭尾气发电的循环经济项目

其三，兰炭产业因其为神府地区的独有产业而成神木区域经济的地理商标。神木煤拥有独特的低灰、低硫、富油特性，如果直接燃烧使用，其价值得不到充分发挥。而兰炭生产的新技术却能对这种富油煤进行分解，实现兰炭、焦油、煤气“三品”联产，促进了资源的科学合理利用。兰炭产品凭借其高比电阻、高固定碳、高活性、多比表面积以及低硫、低灰、低磷等优良特性，广泛应用于电石、铁合金等载能行业。兰炭产业把神木煤炭特性通过技术生产而拓展应用到极其广泛的领域，使得“神木兰炭”成为神木区域经济的地理商标，成为神木产业在市场经济中独有的“知识产权”。目前，在陕西其他县、内蒙古、新疆、甘肃和哈萨克斯坦的大型兰炭生产线都用的是神木技术。

其四，兰炭产业对经济社会发展贡献卓著。2011 年，兰炭产业直接从业人员达 2.2 万人，占全部民营企业从业务人员总量的 20% 以上，年产值达到 150 亿元，上缴税费高达近 20 亿元。这些醒目和惊人的数字，表明了神木兰炭产业对社会就业、经济增长和财政收益的巨大贡献。

4. 兰炭产业的前景

作为神木人在科学发展观指导下获得的技术创新和产业转型升级成果，兰炭产业以其位居神木现代循环产业体系之核心位置，不仅对神木县域经济社会发展产生了持久的推动作用，而且展现了未来光明的前景。2009 年 5 月，中焦协会在神木举办了“2009 年全国半焦（兰炭）生产经营与技术研讨会”，兰炭产业的发展前景明朗化。2011 年，国内电石、铁合金行业的兰炭使用量超过 4000 万吨，而兰炭在高炉喷吹领域应用的技术已试验成功，仅高炉喷吹的兰炭用量预测将在 5000 万吨以上。国内旺盛的市场需求和不断的技术创新将极大地推动未来兰炭产业的更快发展。不仅如此，兰炭—活性碳新产品的生产技术也已取得突破性进展，神木兰炭近期有望替代活性碳，引起了国内、国际煤化工研究机构和企业的高度关注，展现了广阔的新产品市场的前景。进入 2011 年，神木兰炭企业开始走出低谷，产能快速释放，市场持续走高。企业达产率在 80% 以上，产销两旺。以兰炭或兰炭尾气等附属产品为原料的碳铵、尿素、石脑油、1，4 丁二醇等行业蓬勃发展。针对煤炭块煤减少，面煤增加的新形势，神木提出兰炭产业“面煤炼焦”的“二次革命”，加快下游产业的精细化工和接续项目，实现兰炭产业链的高、精、尖再延伸。2012 年，美国和澳大利亚的公司与神木三江煤化公司开始洽谈国际“神木兰炭”合作事宜，为其打开通向世界市场之路，提供了良好的合作机遇。

神木的兰炭产业，生于神木、长于神木、困于神木、壮于神木。在这壮观的实践创新过程中，不仅展现着现代神木人在困难面前奋发有为，变危为机的精神气质，而且内含了独特的“神木情结”——一种从神木历史中走来，并把科学发展观在与神木的实践不断结合中创造的“敢为人先、追求卓越”的精神品格和遵循不断追求技术创新、机制创新和体制创新的实践路径。以这种精神品格为未来实践的导向，在中国特色的社会主义市场经济的建设大潮中，神木兰炭产业的未来发展道路将越走越宽广！

（二）独具特色的“煤制油”

神木人在科学发展观的指导下，以“他石攻玉、开拓创新”的精神，在能源开发利用的技术创新过程中勇于探索、敢于实践，创造了独具特色的“煤制油”。这一技术创新，不仅是他们在能源领域的创举，而且是他们综合创新的典型表现，是神木人敢为人先、追求卓越品格的重要体现。

1.“煤制油”曲折的创新历程

“煤制油”，从技术上看似乎是“石中取水”的怪想奇谈。但是，神木人硬是把自己丰富的煤炭资源变成工业的新血液，成为石油的“代用品”。

“煤制油”技术最初发端于我国东北的黑土地上。20 世纪 90 年代中后期，东北一家化工企业的技术人员王守峰看到生产城市煤气副产的低温焦油被白白扔掉，十分可惜，便带领一班人自筹资金，建成 1.5 万吨 /年焦油分离装置，创造了良好的经济效益。但他们同时发现，煤焦油分离过程会排放大量对环境有害的废液，而这些物质如果被提取出来，不仅能避免对环境的危害，还可为企业带来可观的经济效益。于是，他们再筹资金，于 2003 年 10 月建成 4 万吨/年煤焦油加氢装置，14 个月即收回全部投资。为了加大工艺技术研发力度，加速专利技术的工业化进程，决心再扩大生产规模，但整个东北地区极其有限的煤焦油资源限制了企业的发展。最终，他们将目光投向中国西部的神府煤田。

神木县不仅贮藏着丰富的煤炭资源，而且当地企业还根据煤种及其特点，开发了独具特色的中温煤干馏（兰炭）生产技术，即在 600℃—850℃的温度条件下，通过对煤的干馏，脱去煤中挥发成分，生产强度好、发热量高的兰炭。仅神木县的兰炭产能超过 2500 万吨，按 8%—10% 产率计算，1 年副产的煤焦油约为 200 万吨。同时，副产数亿立方米热值低、难以回收利用的荒煤气。由于缺乏先进实用的技术，这些煤焦油有的直排地下或直接燃烧，荒煤气则被“点天灯”，造成了大量的资源浪费和严重的环境污染。这一问题引起陕西省和榆林市政府的高度关注，开始四处寻找能综合利用煤焦油和荒煤气的成熟技术。

有缘千里来相会。2005 年，在西安举行的第九届“西洽会”上，摸索出煤焦油加氢技术的东北兄弟与神木县一拍即合，达成项目合作协议。同年8月，神木锦界天元化工公司诞生，总投资10亿元，年产60万吨煤干馏、25万吨煤焦油轻质化项目（一期）随即开工建设，并于2008年4月生产出合格的轻质化油品。但是天有不测风云，谁也没想到，一个月后（5月12日），因加氢反应器突然发生质量事故，迫使装置全面停车，项目顿时陷入困境。突然而至的打击令天元公司进退维谷：流动资金捉襟见肘，背负巨额外债和银行利息，甚至连恢复生产所需的原料采购费用也没有着落。更可怕的是，如果企业因资金链断裂而不能恢复生产，前期投资的10亿元资金将化为泡影，天元公司将不得不破产倒闭，100多名从东北赶来创业的兄弟姐妹将背上沉重的债务包袱。报创业之想，却遭如此大难，出路何在?

天时、地利、人和是创业者梦寐以求的理想环境。但在创业的逆境中看，天时不如地利、地利不如人和。正值此时，立志打造中国一流绿色环保能源化工企业的陕西煤业化工集团，向天元公司伸出了合作援助之手。2008年10月，在陕西省委、省政府领导的推动下，陕西煤业化工集团与神木锦界天元化工公司共同成立合作共赢、风险共担的混合所有制大型企业——陕西煤业化工集团神木天元化工有限公司，增加投资3.39亿元，提供担保贷款4亿元，帮助银行借款8.8亿元。这一雪中送碳之举使得“煤制油”事业起死回生，重新走上了发展之路。同时，对原有装置进行技术升级和扩能改造，建设累计135万吨/年中温煤干馏和50万吨/年中温煤焦油轻质化及安全环保配套项目。组建而成的神木天元化工有限公司占地面积达到1000亩，职工人数突破1200人，企业资产总额达到27亿元，成为中温煤焦油轻质化综合利用技术研发和工业化推广的创新型企业。50万吨/年中温煤焦油轻质化工业示范项目投资18亿元，历经5年建设，成为目前国内单套规模最大、技术等级和煤炭资源转化率最高的煤焦油轻质化生产装置。该装置每年可转化煤炭210万吨，加工煤焦油50万吨，生产兰炭135万吨、轻质化煤焦油38万吨、沥青焦8万吨，另外还有液化气、硫磺、液氨等产品，年产值30多亿元。

2010年4月12日，全球规模最大的中温煤焦油轻质化装置——50万吨/年煤焦油轻质化装置在神木天元化工有限公司一次投料成功并生产出优质燃料油。2010年6月28日，该装置顺利通过中国石油和化学工业联合会组织的技术鉴定。至此，一项由东北兄弟摸索的中温煤焦油加氢技术，经陕西煤业化工集团的精心栽培、扶持、改进与提升，迅速成长并升华为能带来巨大节能减排效益、节水实用的独具特色“煤制油”技术。这一技术被陕西省副省长李金柱（时任榆林市委书记）誉为榆林版“煤制油”。

天元化工 50 万吨煤焦油加氢项目

2. “煤制油”的独特价值

“煤制油”的独特价值之一是回收利用方面“吃干榨尽、变废为宝”。其一，通过斥资 800 万元建设 135 万吨/年中温煤干馏和 50 万吨/年中温煤焦油轻质化项目，并配套建设了废水雾化焚烧处理设施和氨、硫回收装置。由于设计科学合理、装置规模大，安全环保设施配套齐全，不仅使自产的煤焦油得以全部回收利用，而且每年还可以处理当地 40 万吨煤焦油。其二，通过从荒煤气中提取高纯氢气，生产高品质轻质燃料油，对自产的荒煤气全部回收利用。氮气、硫化物回收后生产合成氨、硫黄等产品，实现了对煤的分质利用和对资源的“吃干榨尽”。尤其是延迟焦化装置的投用，不仅大幅降低了加氢反应器的压力和温度，改善了操作环境，提升了装置运行的安全性，而且大幅减少了加氢反应过程氢气的消耗，从而使整套装置的参数更优化，安全稳定性更高，资源利用更充分，排放物更少，环境更友好。从该装置运行的结果看，与直接或间接煤制油项目相比，其综合能耗仅相当前者的 2/3，二氧化碳排放量相当于前者的 1/2。

“煤制油”的独特价值之二是环保技术方面“对接耦合、闭路循环”。天元公司的技术看似传统而简单，但其可贵之处却在于将焦化、荒煤气提纯与焦油加氢 3 种技术实现了对接耦合，使整个装置形成了闭路循环，最大限度地利用了煤中挥发成分，因而比其他煤化工装置更节能环保。该技术是通过煤的干馏提取挥发成分，煤焦油轻质化过程耗水量较少，使整个装置的耗水量大幅减少。从50万吨/年中温煤焦油轻质化装置的实际运行看，即使配套500万吨煤干馏装置，每年耗水量也不过240万立方米。按成品油收率80%计算（即1年生产40万吨燃料油），吨油的耗水量不足6立方米，仅相当于传统煤化工和新型煤化工耗水量的1/2。

“煤制油”的独特价值之三是投资效益方面“性价比高、回收期短”。从投资及收益情况看，天元公司50万吨/年中温煤焦油轻质化装置及其配套项目，总投资17亿元。如果当时为其配套建设500万吨煤干馏装置，整个项目的投资不过20亿元，吨油品投资额约5000元，不到直接制油或间接制油投资额的一半。截至2010年12月31日，该装置安全平稳运行200天，生产优质燃料油13万多吨，实现利润7000多万元，创造了大型化工装置当年投料试车，当年实现安全平稳运行，当年盈利的良好业绩。这些都充分表明：“独具特色煤制油”技术，是一项性价比高、项目投资回收期短的先进实用技术。其采用的“块煤干馏中低温煤焦油轻质化燃料工艺技术”是一种独辟蹊径的、创新性的“煤炭——替化型清洁燃料油”抽取方法，与煤炭直接或间接制油相比，同等规模的中温煤焦油制取轻质化项目，投资额仅为1/5。能耗和用水量仅为1/4。煤炭直接或间接制油，吨油投资成本在1.2至1.5万元之间，而中温煤焦油轻质化项目，吨油投资成本仅为4000元。

“煤制油”的独特价值之四是技术创新方面“自主产权、前景广阔”。其一，该技术是一项真正拥有自主知识产权、具有中国特色的煤制油技术。其示范装置的成功运行，不仅证明了该项技术的安全可靠性、节能环保性，更证明了其节水性和经济可行性，是一项值得国家关注和重视的实用技术，，较好地解决了煤化工耗水量大的难题，为富煤缺水的西部地区实现煤的就近高效转化开辟了新的途径和方法。其二，开发成功粉煤流态化中温干馏技术，并已完成了工业化试验。采用该技术后，煤焦油收率可提高3倍以上。2012年，着手建设20万吨/年粉煤流态化中温干馏装置，一旦实施，该技术的产油将翻番，项目的经济效益将更加可观。精酚市场价超过1.2万元/吨，且供不应求。他们还将投资2亿元，建设2万吨/年全球最大的精酚生产装置。建成投产后，1年可获得2亿多元收益。由于酚容易与氢气反应，消耗大量氢气，腐蚀管道和设备，造成安全隐患。提酚后，这些问题均可迎刃而解，装置的安全性会更高，经济效益会更好。该技术将日臻完善，成为黄土高原上一颗闪亮的明珠，助推煤化工产业健康发展，为我国“煤代油”

工程提速。

神木“煤制油”在回收利用、环保技术、投资效益和技术创新方面的独特价值，是神木人技术方面的综合性创新。这种创新的可贵之处不仅在于它是诸多的技术项目创新和工艺的独特性而被业界和媒体誉为“独具特色的煤制油”，更在于它是神木人大胆地试、大胆地闯、在困难面前不回头，在曲折路上往前走精神的生动体现。

3. “煤制油”对县域经济的贡献

如果说“煤制油”技术的端倪在东北，那么，“煤制油”的技术创新、壮大和发展在神木，是神木独特、丰富的煤炭资源及其形成的产业链条，以及神木人追求卓越、敢为人先的创新品格，为“煤制油”生产的技术创新提供了独特的条件。

就其经济效益而言，回报十分可观。其一，目前在榆林神木等的主要能源化工基地，煤焦油价格在2800元/吨，加上所有生产、人力、运输、管理等成本，总成本约5500元/吨左右，市场上石化柴油价格超过8500元/吨（轻质化煤焦油参照石化柴油价格浮动定价），价格优势十分明显。其二，按已取得业绩和目前行业市场推算，仅产品生产和销售这一个领域（不包括技术转让等新的利润增长点），天元化工全年便可实现收入近40亿元，实现利润4至5亿元，甚至超过5亿元，经济效益十分显著。随着“煤制油”产量和规模的进一步扩大，技术更加成熟，其对神木县域经济，乃至民生就业方面的贡献将更为突出。

就其技术创新品牌而言，“煤制油”完全可以说是神木大地上落地生根、成长和成熟的技术创新品牌，是神木技术创新业绩的突出代表。在技术领域，它把“煤炭”中的“煤焦油”转化成人们熟悉的“石油”，改变了能源市场“煤炭”和“石油”分割的技术局面。由于神木天元化工有限公司拥有全球规模最大的中温煤焦油轻质化装置——50万吨/年煤焦油轻质化装置，神木“煤制油”以全球之最的姿态走出国门、走向世界将成为现实。独具特色的神木“煤制油”，因其深深蕴藏着神木人的精神而成为神木走向世界的名片。

四、体制创新的业绩和经验

神木人高举中国特色社会主义大旗，在践行科学发展观活动中秉承

“六不理念”，在“第二次相结合”中，不断地创新他们的特殊理念和理论，在这些特殊理念和理论的指导下，与时俱进地创新他们的生产生活关系，从而创造出一系列实践业绩，彰显其实践业绩及科学价值，彰扬其体制创新的普遍意义，至关重要。

（一）所有制关系的创新

鸟瞰神木的经济类型和企业类型，可以说应有尽有。如果把整个神木比作一个巨型的露天超市，那么，这些经济类型和企业类型就像结构各异、色彩纷呈的商品，琳琅满目，令人目不暇接。

从其资本来源上看，神木的经济类型和企业类型可分为外源性、内生型，以及由外源（国有）和内生（特指县域民营）构成的混合型。外源性，即是神木县域之外的资本投入型，其中包括国际资本和国内中省市资本等。内生型，即是神木县域之内的资金和资本投入型，是神木的本土经济或草根经济。混合型，即是由县域之外资本与本土资本共同投入型。

从其资本归属上看，即从所有制关系上看，神木的经济类型和企业类型可分为，个体经济、合伙经济、私营经济、外资经济（国外）、国有制经济、合作制经济、集体经济、私营股份制、国有股份制和混合制等，除外资（国外）企业和中省市国有制企业之外，神木人把其余所有制经济类型，统称为民营经济。

神木的经济类型和企业类型形式多样，既展现着他们在所有制关系方面的创新成果，又记载着他们在其生产生活关系上的创新业绩。在这个不断创新的过程中，神木人付出了艰辛的劳动。

人们记得，随着20世纪80年代中期，神府煤田大开发进军号的吹响，中省市国企蜂拥而至，这些国企凭借它们自身的实力和能力，对神木县域的煤田竞相圈占。在短短几年里，它们便占据了神木煤炭资源开采权的大部份额。随着时间的推移，它们在神木所获得的可开采权规模不断扩大，以致最终控制了神木煤炭资源可开采权的96.3%。

起初，这些国企以其雄厚的经济实力和强劲的科技实力，以其先进的生产设施和生产手段，率先唤醒了神木沉睡数千年的自然富源，以其惊人的规模和速度，将沉睡物转化为现实资本。从而把神木的经济社会发展引入快车道。在以市场调节为基础的大政方针指引下，神木人打破传统计划经济体制桎梏，各显其能，竞相投资开煤矿，办企业。随着1997年9月，党的第十五次全国代表大会，关于“确立和完善公有制为主体、多种所有制经济共同发展的基本经济制度”理论的问世，随着十五大对公有制经济含义的崭新解读，以及国有经济主导作用主要体现在控制力上，公有制实现形式可以多样化，股份合作制不是私有制，具有明显的社会性、公有性，等重大科学判断的公布，不仅入驻神木的各级国企之间，神木县域国企与这些入驻者之间，开始不断尝试着创建他们之间股份制的各种形式的排列组合，而且各种股份制、合作制也随之在神木城乡间不断兴起。随着解放思想大讨论的不断展开，神木出现了全民开煤矿、办企业的热潮。几年间，神木县境煤炭企业四处开花，煤矿林立，民营企业大量涌现。

在建立社会主义市场经济制度的实践过程中，神木人逐渐看到，一方面，按照国家既定的财税制度，资本雄厚的外来国企对神木县域经济贡献比例越来越小，以致后来可以忽略不计；一方面，本县国有经济和民营经济对神木县域经济的贡献所占比例越来越大，而异军突起的民营经济的贡献尤为突出。直面客观现实，神木人陷入不断沉思。神木县域经济社会发展的出路在哪里？在民营经济。答案一经得出，发展县域民营经济，把民营经济锻造成县域经济主体的意识，便越来越强烈。“民营经济为主体”理念一经形成，发展民营经济的一系列重大实践举措，便不断产生。如果说创新县域金融体制，成立神木县国有资产运营公司，鼓励和扶持成立各种形式的小额资金担保公司，建立民间借贷市场等，开辟了实施这些重大举措的先河，那么，在践行科学发展观活动中，以建设“三型政府”和构建现代民生体系为标志的一系列实践，神木县关于促进民营经济健康发展的两个60条实施意见和一系列实践举措的出台，则代表着这些重大举措的不断更新和发展。

神木人从他们的实践中看到，发展民营经济，必须规范市场竞争秩序，禁止滥挖滥采，杜绝资源浪费，不断提高开采率。基此，神木出台了相关条例，采取了一系列举措，进行了一次次市场执法行动。取缔违法开采，严厉打击盗采，建立良性市场竞争秩序。为此，神木出台了采煤设备更新换代，提高生产技术工艺水平，增加企业自主创新能力，不断提高开采率的相关文件和条例，奖优罚劣。

发展民营经济，必须不断扩大企业经济规模，建立并完善现代企业产权制度。为此，神木出台了相关条例，采取了一系列相关举措。通过关小并大，淘汰落后产能，建立各种形式的股份制与合作制，明晰现代企业产权制度，不断扩大民营经济生产规模。仅煤炭行业领域，乡镇煤矿就由1996年的343家，整合减少到2011年的22家。减少了93.6%。而兰炭企业由原来的150家，减少到2011年的23家，减少了84.7%。

发展民营经济，必须着力为其排忧解难，不断克服其资金、人才、技术、管理、环境等瓶颈制约。为此，神木出台了一系列相关条例。通过发挥县国有资产运营公司的资金孵化作用，重奖给民营企业贷款多的银行，以及发挥民间小额资金担保公司和小额资金贷款公司等民间借贷资本的作用，不断解决其资金瓶颈制约。通过党政干部离职兴办企业，现任党政干部到民营企业挂职，以及“白领派遣”，免费培训民营企业家，建立民营企业县长联络员制度，开通县长热线，净化执法环境和生产环境等方式，不断克服其资金、人才、技术、管理、环境等瓶颈制约。

发展民营经济，必须以民生为本，走共同富裕之路。基此，神木着力于民生建设，着力于构建包括社保、扶贫济困、住房、医疗、文化、交通、安全、人居、教育、就业在内的“全方位、、广覆盖、高标准、可持续”的现代民生体系。民营经济为民生建设提供财力支持，民生建设推动民营经济发展，二者相得益彰，相互促进，被神木人称为民生经济。

发展民营经济就是发展民生经济。发展民生经济必须统筹城乡。神木人出台了一系列统筹城乡的文件，开展了“双百帮扶”、培训农民以转移农民，建立“民生慈善基金”，创建3+3模式等一系列活动。发展民营经济必须转变经济发展方式。神木出台了转变经济社会发展方式，建立绿色、循环，高端低碳的现代产业体系的相关文件，构建了以八区六园为载体，以一体两翼为纽带的现代产业布局体系……

县委常委、常务副县长贺利贵（右三）在锦界工业园区调研

一句话，发展民营经济，神木进行了一系列创新。这种创新体现在发展环境、金融生态建设、人才队伍建设、科技支撑、经济发展方式、政府宏观管理等等。这种创新的最大成果在于，神木人不断创新着他们的所有制关系，从而不断创新着他们的生产生活关系。

人们看到，以贺家川镇温家川村"神木县盛园农民专业合作社"为代表的股份合作制，和以中鸡镇前鸡村"中鸡陕北白绒山羊产业示范园"为代表的"合作社 + 农户"的合作制，公司 + 农户的合作制，遍布神木 15 个乡镇，总数达到 200 多个。各种形式的股份制企业如雨后春笋，遍布神木大地。而以"北元"、"天元"、"富油"为代表的一批混合所有制企业应运而生，成为神木生产生活关系创新的最大亮点。县委书记雷正西说，神木的混合所有制经济实现了"1 + 1 > 2"。

混合所有制的创立，具有重要的理论价值和实践意义。作为神木县域经济发展的必然产物，作为神木人践行科学发展观活动的重大业绩，它既展现着神木特色的所有制关系建设之路，又以神木县域生活总体的独特规定，代表着中国特色社会主义所有制关系建设的必然道路。

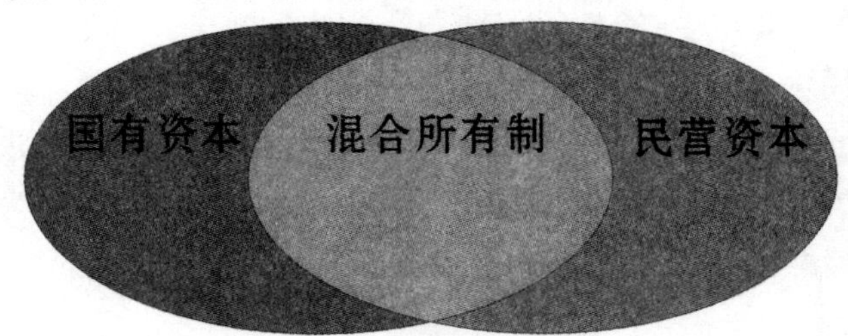

神木混合所有制创立的理论价值在于，其一，它打破了那种把以公有制为主体、多种所有制经济成分共同发展，仅仅理解为公有制与其他所有制经济，在空间上相并存共同发展的狭隘观念束缚，开辟了公有制经济与多种所有制经济以股份制结为一体，在单个企业相并存相补充共同发展的理论新境界。其二，它在单个企业的总体界限内，实现了公有制经济的主导作用，以单个企业内公有制经济控股方式，丰富和发展了党的十五大关于"国有经济主导作用主要体现在控制力上"的理论。其三，它彻底扬弃了那种视公有制和私有制经济水火不容的传统观念，在单个企业内，开辟了公有制和私有制和谐共处，共同发展的理论新境界。

神木混合所有制创立的实践意义在于，其一，由陕西煤业化工集团有限责任公司与十户民营企业合股组建，并由前者控股的"陕西北元化工集团有限公司”，开辟了陕西创建混合所有制的先河，在全国位居前列，具有重要的实践引领和导向作用。其二，在单个企业内，实现了国有经济与其他经济成分的共同发展，丰富了中国特色社会主义市场经济制度的实践内涵，为这个经济制度奠定了可靠的扎实根基。开辟了一条国民共进的崭新形式和道路。其三，以其独特的实践方式，打破了那种在计划经济时代形成，在改革开放后依然残存的，传统的权力资本垄断限制，开辟了一条市场经济体制条件下，正确处理中央和地方利益关系，构建中央与地方经济和谐、共同发展的科学路径。

其四，混合所有制的创立，展示了神木县域经济发展的科学前景，开辟了神木县域经济科学发展、和谐发展的未来道路。在神木，民营经济仅仅据有全县煤炭资源可开采权的5%，却给神木县域经济贡献80%。不言而喻，神木县域经济要获得持续的快速发展，只有通过本县民营经济不断参股介入中省大项目，不断创建并扩大混合所有制规模，才能实现。另方面，神木要拓展其围绕煤，延伸煤，超越煤的三煤战略，延伸煤炭产业链条，只有通过不断扩大煤炭资源低成本占有量，才能达到。反之，下游企业便因缺乏低成本煤原料，而难以开工生产，而扩大煤炭资源的开采量和占有量，也只有通过不断参股介入中省大项目，不断扩大混合所有制规模，才能达到。这就是说，不断创建并扩大混合所有制规模，是未来神木县域经济发展的必然路径选择。

其五，不断创建和扩大公有制经济控股的混合所有制规模，也是中国特色社会主义市场经济发展的必然选择。这是因为，在社会主义市场经济条件下，发展混合所有制既有利于正确处理中央和地方，以及中省市县各个层次的利益关系，正确处理中国特色社会主义社会，不同层次生活总体的利益关系，正确处理国有经济与其他经济成分之间的利益关系，以不断构建不同层次国有经济间，国有经济与其他经济成分间的和谐关系，并实现共同发展，不断达到科学的国民共进。这也是由于，当代的中国特色社会主义社会，并不是马克思在《哥达纲领批判》中，所论的共产主义社会第一阶段，而是一个处于资本全球经济一体化，世界政治多极化历史环境中的，地域性存在的，世界无产阶级专政社会主义社会初级阶段的，单个民族国家的社会主义社会。这种逻辑历史地位，既决定了中国特色社会主义，只有通过建立并不断拓展以公有制为主体，多种所有制经济成分共同发展的基本经济制度，只有以市场调节为基础，以宏观调控为主导，才能不断获得科学发展。又决定了中国特色社会主义的市场经济制度，只有不断通过改革开放，在地区国家一体化中获得科学发展，只有通过不断创造亚洲特色的地区国家社会主义产生的实践前提条件，并在此基础上，在漫长的历史岁月中，不断向以惟一全球社会所有制为基础的，无产阶级专政的世界国家趋近，才能获得科学发展。然而，不断创造亚洲特色社会主义国家产生的经济前提，只有在地区国家经济一体化过程中，通过不断扩大公有制控股的资本规模，才能科学实现。这就是说，不断扩大公有制控股的混合所有制资本规模，更有利于沿着科学社会主义的和谐发展道路前进，这就是神木创建混合所有制的实践意义。

（二）“三型政府”的制度创新

在神木这样一个资源型大县，提高行政效率和服务质量，满足社会发展需要，服务群众，驾驭社会主义市场经济，需要从本质上创新政府自身建设。

2006 年 2 月 22 日，神木人在其政府工作报告中明确提出建设亲民型政府、阳光型政府和创新型政府的施政理念。2006 年 5 月 22 日，神木县政府又颁布了《神木县人民政府关于建设亲民型阳光型创新型政府的实施意见》，后又出台了与之配套的 22 个文件，展开了创建“三型政府”活动。

1. “三型政府”的制度设计

对神木，很多时候人们看到了它的富，忽略了它的穷；看到了它的发展，忽略了它的问题。在神木，结构性矛盾突出，“一煤独大”的不平衡产业结构；“三富三不富”——财政富老百姓不富、少数人富多数人不富、北部有资源的乡镇富中南部黄河沿岸不富；“四个不同步”——增长速度与发展质量不同步、经济建设与社会建设不同步、精神文明与物质文明不同步、干部素质与社会发展不同步；“三大差距”——城乡差距、贫富差距、区域差距十分明显；“三大瓶颈”——水资源、后续煤炭资源、人才资源都在制约着神木的发展。为给神木发展提供思路和出路，着力提高政府执行力、推动力和发展力，神木县委县政府创新思想观念，于 2005 年提出了神木特色的“三型政府”理论，做出了建设“三型政府”的制度设计。

在这个理论的直接指导下，神木人着力于以民生为本的政府自身建设。把亲民放在了创建“三型政府”的第一位，亲民才能为民。遵循这个原则，他们在经济高速发展的同时，认真研究政府怎么花钱，怎么科学合理地支配有限的财力，找准发展与民生的平衡点问题，他们在保证建设和发展的前提下，不搞好看的，只搞实用的，把钱真正花在解决老百姓“最关心、最直接、最现实的利益问题”上，政府的财力在保证发展的前提下，向不富裕的大多数倾斜，充分考虑弱势群体的利益，不遗余力地把老百姓的事情办好，让大多数能够达到平均数，共享改革发展和公共财政的阳光，使老百姓在解决后顾之忧的情况下谋发展、奔小康。因此，县委县政府先后出台相关政策，连续多年将地方财政65%以上用于民生，构建起了“全方位、广覆盖、高标准、可持续”的现代民生体系。增强了政府的公信力、凝聚力、亲和力。受到了神木人民的尊敬和爱戴。

在这个理论的直接指导下，神木人着力于体现和谐民主的公开透明的政府自身建设。让权力在阳光下公开、公平、公正运行，他们大力推行政务公开，将政府机关的工作职责、办事程序、办事要求、重大行政决策等与人民群众密切相关的政务信息通过《县政府公报》、《神木报》、神木新闻网等媒体向社会公开。推广电子政务，将行政许可、公文处理等纳入电子政务，不断提高行政效率。实行政府决策公开化。他们广纳民谏，集中民智，不仅在政府决策准备阶段向社会征询意见，政府的常务会议、专题会议等重大决策会议允许公民旁听，而且在决策做出后即时公布，接受公众监督。同时，还特别强化对建设工程招投标、政府采购等重大经济事项以及直接关系群众利益的征地拆迁、人事调配、升学招生、救济救助对象确定等事项办理过程和结果的公开。他们以公众利益至上、还民于权，自觉、公开地接受法律监督和民主监督，强化政府廉政建设，取得了良好的社会效果。

在这个理论的直接指导下，神木人着力于高效创新的政府自身建设。他们为了提高行政效率和增进公共利益而进行的创造性改革。把政府的创新，当做一个持续不断地对政府公共部门进行改革和完善的过程，当做一个不断改善公共服务和增进公共利益的过程。在政府管理体制改革创新中，政府各工作部门和各乡镇，实事求是地突出重点，进行工作创新，并制订激励措施，保护和扶持创新，特别是积极支持企业开展技术创新和管理创新，努力营造崇尚创新的社会氛围。政府在在兰炭产业发展领域；干部挂职、双百帮扶、金融生态建设、白领派遣计划等一系列领域进行了管理创新。

2．“三型政府”的制度创新价值

“三型政府”是政府自身建设制度创新的逻辑结果，是神木县委县政府从神木县情出发，加强政府本质和职能建设产生的制度模式。

（1）政府本质定位创新。本质建设是政府自身建设的根本，规定着政府权力的基本属性，展示着政府的基本性质。中国特色社会主义社会的政府作为人民政府，其权力源于人民，其职能在于服务于人民。以人为本在中国政府自身建设中居于基础和核心地位。神木人把政府自身建设定位于亲民爱民，着力于亲民型政府建设，采取一系列创新性实践举措，通过不断创新社会管理，为神木人民谋利益，坚持走共同富裕道路，与时俱进地进行政府自身制度建设，具有重要的科学实践价值。

（2）实现机制创新。三型政府首抓的是亲民，亲民型政府的提法在全国其他地方也有，主要做法是通过一定途径听民意、解民忧、化民怨等等，神木除了开通县委书记县长热线以外，更加关注民生问题，构建起了完备的现代民生体系，在实现形式上走在了全国前列。从2008年到2011年，短短四年时间，神木县民生领域的财政投入超过69亿元，每年60%的财政资金用于民生。民生的改善靠发展民营经济实现。神木的民生投入，80%来自民营经济快速发展产生的财政收入。如果没有强劲发展的县域经济，没有充满活力的民营经济，推行投入如此巨大的民生工程是不可想象的。反过来，民生的改善又可以为民营经济发展创造优越的环境和空间，促使其不断跨上新台阶。

（3）运行机制创新。在传统的政府职能中，政府不仅机构臃肿，职责不清，各种审批环节繁杂，效率低下，政府管理手段也主要是单一的行政手段。神木县委县政府自从开展建设三型政府活动以来，把理顺关系、明确和强化责任作为政府机构改革的重要任务。用“三定”规定明确了部门职责边界；按照一件事情由一个部门负责的原则，对确需多个部门管理的事项，明确了牵头协办部门，理顺了职责交叉问题，有效地克服了多头管理，政出多门互相扯皮的弊端；建立健全部门间协调配合机制，形成工作合力，大大提高了行政效率。

3.“三型政府”建设的普遍意义

建设“三型政府”既是践行科学发展观的具体体现，又是完善社会主义市场经济体制的表率。既是加快政府职能转变的典型示范，又是政治体制改革的重要内容和关键环节。

（1）科学发展观是党中央在新时期新阶段提出的指导思想和发展战略，它的核心是以人为本，就是要始终把实现好、维护好、发展好最广大人民的根本利益作为党和国家一切工作的出发点和落脚点，最终做到发展为了人民、发展依靠人民、发展成果由人民共享。神木在保障经济高速增长的同时，把改善民生作为中心工作来抓，建立了比较完备的现代民生体系，使民生建设走在了全国县域经济前列，把科学发展观真正落到了实处。

（2）我国传统计划经济体制下形成的管制型政府，长期以来由于过于强调自身管治的政治职能，而弱化和忽视了社会服务职能，造成政府大量越位、缺位、错位。因此，政府要重新树立自己的威信，维护自己的公信性，就必须从亲民为民、民主和谐、创新管理的本质出发，来规范自身的职能，用以民生为本、构建和谐、创新发展理念来规范其运行机制，来进行自身建设。而构建“三型政府”乃是政府自身建设的一场创新。这种做法在全国已经引起了积极反响，2011 年，山东省滕州市就参考了神木做法，提出了构建“亲民型、阳光型、创新型”的“三型政府”。

（3）建设“三型政府”是从政府本质、结构、职能转变、管理方式、运行手段等多个方面为适应现代市场经济社会而设计的，相对于传统计划体制中的政府体制，“三型政府”更注重实现经济与社会的协调发展，实现效率兼顾公平的可持续发展。建设“三型政府”，更能体现我国政治制度的合理性，社会主义民主的广泛性，更能扩大人民群众参与和管理国家事务的范围和权利，从而推动我国政治体制改革沿着科学道路不断前进。

（三）现代民生体系的构建

民生是人生存和发展的根本问题，是老百姓最关心、最直接、最现实的利益问题。在贯彻落实科学发展观的实践中，神木人奉行民生为本理念，通过改善民生促进经济发展，打造现代民生经济，逐步构建起了既体现中国特色社会主义本质、又具有鲜明地方特色的“全方位、广覆盖、高标准、可持续”的现代民生体系。这个民生体系，让神木从此声名远扬，让全国人民为之鼓舞，让举国为之惊叹！

1. 现代民生体系理念的形成和提出

现代民生体系理念的孕育和形成，既与神木人解放思想、开拓创新有关，也与他们敢闯敢干的实践探索有关。2008 年 3 月，神木率先在全国推出 12 年免费教育制度，给全国带了个好头；2009 年 1 月，神木率先在全国实行城乡居民统筹养老保险体系，只要是神木县户籍，不受居住年限限制，城乡居民执行统一标准安排。无论从补贴标准还是制度设计，均为全国第一；2009 年 3 月，神木率先在全国推出全民免费医疗保障体系，免费治疗，全额报销，参加合作医疗和基本医疗保险的人数，已经占到了全县总人数的 99.07%，蝉联全国第一；2010 年 12 月，神木全面提高干部职工薪资标准，广大干部职工的工资、津贴按照省市政策的最高标准执行；2011 年 1 月，神木靠三年节约的 5 个亿，发了人均 5 万元的住房补贴，为陕西最高；2011 年 3 月，神木财政又新增预算 5000 万元，全面提高城乡低保、五保户供养、特殊人群救助等标准，均为全省最高，全国前列。2011 年 10 月《关于加快推进民生神木建设的意见》，提出要保证每年新增地方财力的 80% 用于改善和保障民生，五年内民生领域财政投入超过 100 亿元，其中财政直补资金要达到 40 亿元以上，全面建成“全方位、广覆盖、高标准、可持续”的现代民生体系和“学有优教、劳有丰酬、病有良医、老有颐养、住有宜居”的民生神木。

现代民生体系理念的正式提出，经历了一个从“注重改善民生”到“十大民生体系”再到“现代民生体系”的过程。2006 年，时任县长的雷正西在政府工作报告中指出，“促进全面进步，切实关注民生，在解决人民群众切身利益问题上求突破。神木已进入全面发展的历史阶段，社会事业、公共福利、群众生活中的难点、热点问题都是公共财政应该考虑的重要领域。”这表明，神木领导者把民生问题摆在了重中之重的位置，体现了亲民为民的执政理念。

2007 年，同样在政府工作报告中，神木提出要“更加注重改善民生，促进社会和谐。公共财政的支出突出‘两个倾斜’，重点向解决人民群众最关心、最直接、最现实的利益问题倾斜，重点向开发公共产品、发展社会事业倾斜，让全县人民共享改革发展成果”。在此提出了平衡各方利益关系、促进社会和谐的共享式发展理念。

2008 年神木县委县政府立足神木实际，突出重点，适度超前，实施具有神木特色的教育优先工程、医疗健康工程等“十大惠民工程”，构建“十大民生体系”。

2009 年 3 月神木又提出，要立足构建“十大民生体系”，扎实推进“十大惠民工程”。提出 2009 年民生建设的任务是由满足一般的生存需求向人本化全面发展转型。坚持做到推进发展的速度和改善民生的力度相结合；解决倾向性、普遍性民生问题和解决特殊性、个案性民生问题相结合；满足群众基本生存需求和满足精神文化需求相结合；当前利益与长远发展相结合，加快由“雪中送炭”式的帮困救济向“锦上添花”式的全民福利转变。

2009 年 10 月，雷正西在接受陕西日报记者采访时正式提出了“现代民生体系”的概念，指出这个系统是一个完整系统的体系，包涵三个逐步递进的层次，一个源头活水，民营经济和民生建设，可以理解为一枚硬币的两个面，指出这种经济与民生并重，依靠人民发展、发展为了人民的经济发展模式可以称为民生经济。

神木的现代民生体系，是中国特色社会主义理论体系与神木具体地区特征相结合的特殊形态；是从神木县情出发，把科学发展观与神木社会生活实践的具体结合；是以中国特色社会主义理论为指导，立足神木县情，充分运用政策措施和法治保障，关注民生、保障民生、改善民生的创新性成果。

2. 现代民生体系的构建特色

（1）现代民生体系的结构特色。神木现代民生体系的结构特色在于全方位、广覆盖、高标准、可持续。全方位，体现在保障层面上，涵盖了免费教育、全民免费医疗等10个领域。充分照顾到了群众基本生计状态底线、基本福利和生活水平、人生价值实现和自身发展需求。其中，十二年免费教育投入1.27亿元，2011年还推开了包括学前教育在内的15年免费教育；2011年全民免费医疗累计救治住院患者4.2万人，农民成为最大受益群体；保障性住房建设加快推进，已建成经适房11万平方米、廉租房5.5万平方米，在建各类保障性住房60万平方米，可提供住房7000余套。广覆盖，体现在受益对象上，既包括全县城乡居民，也包括所有干部职工，既包括本地户籍居民，也包括外来务工人员。困难弱势群体应保尽保。高标准，体现在保障水平上，新型城乡居民养老保险、城乡低保、五保户供养、特殊人群救助等标准均为陕西省最高，全国前列。截至2011年年底，全县城乡居民养老保险累计有15.3万人参保，基本实现全覆盖，4.6万人开始领取养老保险金，县上补贴资金达1.21亿元；农民低保、城市居民低保和特殊人群救助分别投入资金4837万元、2462万元、2160万元，2011年还实行了城乡低保一体化，享受对象每人每年政府补助3180元。可持续，体现在资金来源上，民生建设既要满足当代人的需要，也要替子孙后代着想。主要通过发展民营经济、培育后续产业、设立专项公益金等手段，保障民生工程的永续实施。2011年设立了“民生慈善基金”，已达成意向捐资超43亿元，到位18.3亿元，成为中国迄今为止规模最大的非公募基金。预计到2020年基金规模将扩大到100亿元。

（2）现代民生体系的经济特色。民生问题的改善，首先要考虑“钱从哪里来”。神木县在做法就是发展壮大源于“草根”的民营经济，推动县域经济发展，为民生建设提供财力支持。具体措施有：为民营经济发展创造优越的政策环境，提供强有力的人才支撑，营造安全活跃的金融生态。神木民营经济发展迅速：2011 年农民人均纯收入 10798 元，60% 来自在民营企业务工的工资性收入，城镇居民可支配收入 26064 元，80% 来自在民营企业的投资收益。2011 年民营经济实现总产值 455 亿元。民营经济创造的财富，成为神木县民生建设的源头活水，支撑了神木庞大的民生工程。

3. 现代民生体系的创新价值及意义

（1）现代民生体系体现了神木领导班子以人为本的执政理念。以人为本，实现社会公正，是党不懈奋斗的目标，也是我国各族人民的共同社会理想。目前，影响社会公平正义的最大问题是民生问题，民生问题关系国家安定和社会和谐。神木的现代民生体系就是坚持把人民群众的政治、经济和文化需求放在第一位，努力把人民群众的利益发展好、维护好、实现好；通过不断解决民生问题，特别是解决困难群众的民生问题，协调利益平衡和利益兼顾问题，维护社会公平正义，实现社会和谐。

（2）现代民生体系是在“分好蛋糕中做大蛋糕”的民生模式。神木县委书记雷正西认为，只有把蛋糕分好，做蛋糕的人才有积极性，蛋糕才会做大。遵循这个理念，从 2008 年到 2011 年，短短 4 年时间，神木县民生领域的财政投入达到近 70 亿元，每年 60% 的财政资金用于民生。其中，2009 年，“十大惠民工程”投入财政资金 13.5 亿元，其中财政直补资金 7.09 亿元，人均 1688 元。2010 年，“十大惠民工程”投入财政资金近 20 亿元，其中财政资金近 20 亿元，其中财政直补资金 6.5 亿元，人均 1551 元。2011 年全县民生投入资金达 29 亿多元，其中财政直补资金达 8.36 亿元，人均直补 2000 元。

（3）现代民生体系是全国发展县域经济的成功典型。从全国来看，到 2009 年，县域内人口总数达 9.31 亿人，占全国总人口的 70.1%，全国县域经济的地区生产总值达 15.05 万亿元，占全国 GDP 的 50.05%。十分之七的人口，一半以上的经济总量决定了县域经济举足轻重的地位。县域经济发展好、发展快，大多数人的民生问题就能得以解决，老百姓的幸福指数就会不断提高。

从西部来看，西部地区县域占了全国县域土地面积的 70% 多，西部大开发某种程度上就是县域经济的大发展。以神木县为例，2011 年，全县实现 GDP711 亿元，完成地方财政收入 181 亿元，县域经济综合实力位居全国第 36 位。同年，全县民营企业实现产值 455 亿元，民营企业和个体工商户累计分别达2424户和20884户，从业人员近10万，占全县总人口的四分之一。民营经济对神木县财政的贡献率达到70%。得益于民营经济发展，神木县的民生投入初步做到“按需分配”，率先实施了以十五年免费教育、全民免费医疗、城乡居民养老保险等为代表的“十大惠民工程”，民生建设各项工作走在全国县级前列。

（4）现代民生体系构建，是社会制度的重大创新，为全国解决民生问题开辟了一条新道路。当前，由于教育机会不均等，贫富差距的持续扩大，劳动关系的失衡，传统户籍制度带来的歧视问题，以及城乡差距地区差距等负面因素的影响，目前民生建设面临上学难、就业难、看病难、养老难、住房难等问题，而这些问题在神木是不存在的。神木让全国人民看到，原来看病是可以免费的，上学是可以不用花钱的。神木现代民生体系有极强的示范性，为全国解决民生问题开辟了一条崭新道路。

（四）神木特色的社会管理体制

1. 社会管理体制的探索

我国社会管理体制发端于社会治安管理综合治理。改革开放以来，治安管理几乎被等同于对“社会的管理”。改革、发展与稳定的重大关系提出后，治安管理逐渐演变为社会治安综合治理机制，标志着社会治安向“社会管理”的重要转变。2002年，党的十六大提出，在加强社会治安综合治理的基础上改进社会管理。这是首次将“社会管理”作为治安管理的补充写进党的报告。2007年，党的十七大在社会建设的意义上提出，健全党委领导、政府负责、社会协同、公众参与的社会管理格局和基层社会管理体制。这不仅标志着我国社会管理体制作为独立的学理概念的形成，而且标志着社会管理作为包含社会治安综合治理、流动人口管理、民生建设管理、生产安全等等在内的、具有广泛内涵的概念。

社会管理，从本质上看，是在以服务社会为目的基础上的控制和治理；从功能上看，是服务社会的手段；从实践上看，又是与国家法律和政府政策的落实密切相关，与人民群众的生产生活利益密切相关。在践行科学发展观活动中，神木人秉承“六不理念”，结合县情，开拓创新。2006年，提出创建“三型政府”。2008年，强力推进以“十大惠民工程”为代表的社会民生建设。2010年，提出“五个神木”发展战略。在一系列实践活动中，坚持经济建设与社会管理两轮并驱，创新社会管理体系，促进社会公平正义，建设和谐神木，提出发展靠创新，重点在管理的理念，形成“管理出效率，管理促发展，管理促民生，管理促和谐”的发展思路，探索出了一条“以创新管理促科学发展”的道路。

2. 神木社会管理体制的特点

在经济社会快速发展进程中，神木社会管理开展的丰富多彩，创新亮点纷呈，总结出一系列具有特色性的实践举措、机制和模式。

（1）实践特点。神木人结合县情，在社会主义核心价值体系、道德建设、文化建设、法制环境和居民就业方面，开展了生动活泼、丰富多彩的实践活动创新。

核心价值体系建设方面，他们把社会主义核心价值体系融入国民教育和精神文明建设全过程。其一，开展“人文神木”建设活动，以继承和发扬神木人民忠勇爱国，舍小家顾大家，艰苦奋斗，勇于牺牲的传统美德为基础，以着力培育艰苦创业，敢为人先，追求卓越，乐于奉献的现代神木人文精神。其二，在基层定期举行理论学习教育，引导党员、干部、群众开展生动的科学发展观学习实践活动。这些实践活动，把中国特色社会主义核心价值体系与神木的传统文化及其现代社会生活相结合，并凝炼出具有神木特色的现代人文精神。

道德建设方面，其一，通过广泛开展道德模范评选、巡讲活动、“我们的节日”、“爱国歌曲大家唱”、“讲文明、树新风”、“送温暖 献爱心”、“网上签名”等形式多样、丰富多彩系列主题实践活动，加强公民社会道德教育；其二，通过开展文明单位、文明机关、文明校园、文明村镇、“十星级文明户”等“五大创建”活动，推进群众性精神文明创建。其三，通过多部门制定信用等级标准、共享市场信用信息平台和培育诚信服务市场，开展社会诚信体系建设。这些实践活动，融弘扬主旋律、精神文明建设和社会诚信建设于一体，从而推动神木道德生活建设，体现了把党的领导与社会协同、公众参与结合起来的新形式。

文化建设方面，其一，通过提升文化软实力，建立文化事业发展新格局；其二，通过开展群众性文化活动，免费开放图书馆、博物馆、科技馆、青少年活动中心等公益性文化场馆，以满足不同层次人民群众的文化生活需要；其三，通过积极组织参加国家、省、市的文化艺术比赛和文化交流活动，力争形成具有全国影响的大型节庆文化活动品牌。这些实践活动，把文化生产力理念、人民群众的文化需求与文化产业的发展结合起来，体现了文化的公益性和市场性的双重性质。

法制环境建设方面，其一，通过开展扫黄赌毒和除黑打恶活动，建起群防群治网络，完善公共安全保障体系；其二，通过老人、妇女、未成年人和残疾人的合法权益保障机制，使虐待、不赡养老人案件的发生率不断下降；其三，通过法制教育宣传，使全民法制宣传教育的普及率达到了 80% 以上；其四，通过推进城市社区居民主建设，完善民主决策制度。这些实践活动，把群众参与、权益保障和民主法制教育结合起来，从而推进法制环境建设，是以民生利益为支点，以社会协同与群众参与相结合的新方式。

时任政法委书记，现任政协主席张宏智（左二）现场调处基层矛盾纠纷

城乡居民就业方面，其一，以“大培训、大转移、大就业”的思路，制定优惠政策，引导发展就业容量大的服务业，劳动密集型产业，中小企业及文化旅游业和争取中、省大型驻神企业优先录用神木籍员工等，创造劳动就业机会；其二，通过健全就业服务体系，加快建立政府扶助，社会参与的职业技能培训机制和加大对就业困难群体的培训力度，完善对困难群众的就业援助制度，等等。这些实践举措和制度建设，既通过政府的产业政策引导以创造就业机会，又通过培训、援助活动支持劳动者充分就业，体现了政府促进城乡居民就业的综合服务定位。

（2）机制特点。在丰富的实践活动中，神木不仅创造了公众参与“广纳民谏、集中民智”的科学决策机制，化解社会矛盾“八大机制”，而且还探索出以下一些新机制。

党政关系方面，他们探索出党委领导，统领全局，政府负责，贯彻实施的决策执行机制。决策环节，重大决策通过常委会议事规则和集体讨论作出决定，以党委、政府联合形式形成政策文件。政策执行环节，建立联合督办机构，采取多部门联合督办、部门联席会议等形式加以落实。这种县级党政机关合一的机制，既打破了传统意义上的党政系统条块分割，部门之间条块分立的局面，又通过科学民主的决策和有力有效的监督系统，保障了政策在实践中不变形、不走样。这是党委领导与政府负责的创新性关系。

政企关系方面，他们创造了“政府创造环境、企业创造财富、人民共享成果”的新理念，并在此基础上实施了政府主要领导包抓企业，民营企业联络员制度，政府与民营企业定期联席会议，民营企业博览会等多种形式的企业服务新机制。这些颇具特色的民主管理机制，实质上就是政府与企业主体（小社会）的良性互动、相得益彰关系的表现，是政府经济管理的创新性机制。

教育管理方面，他们以优先发展教育事业，建设西部教育强县，实施“两优”战略，构建起包括各种教育在内的管理机制。其一，通过增加政府拨款，放开入园条件和加强监管等，着力解决入园难、入园贵问题，普及学前三年教育。其二，通过优化教育资源分布格局，实施“三名工程”，实现义务教育均衡发展，促进普通高中教育特色发展、优质发展。其三，通过引进外域优质教育资源，做大做强本地职业教育，建立行业、企业、学校协调统一的职业技术人才培养格局。其四，通过发展社区教育，促进终身教育，推进书香神木建设，形成“人人学习”的社会氛围。显然，神木教育管理机制属集学习型教育、发展型教育和人本型教育于一体的大教育管理体系。

医疗卫生事业方面，他们在“全民免费医疗模式”的基础上，通过深化医药卫生体制与公立医院改革，以加强乡镇卫生院和村级卫生室标准化建设，实现“小病不出村乡、大病不出县、预防在基层”。这是夯实“全民免费医疗模式”的基础的医疗服务管理的完善机制设计。

（3）模式特点。在社会管理模式方面，神木人不仅创造了“全民免费医疗”、“村矿和谐”等社会关系类型的模式，而且探索出流动人口管理和特殊人群管理等为代表的社会治安管理新范式。

一是流动人群管理模式。其一，针对矿区规模庞大的流动人群的管理难题，神木对即住即离的过往人群，纳入日常社会治安管理范畴。他们从过往人群的服务工作出发，通过树立诚实守信、真诚待人的良好城市形象，对外来就业、创业、经商等常驻人口，积极解决其居住、就医、保险、子女上学等现实问题，寓管理于服务，探索出建立流动人口分层分类管理，动态信息管理，落地查控管理等办法，解决流动人口的脱管、漏管难题。其二，通过“凭一证、办多证，抓房主、房主抓，谁受益、谁负责，以服务，促管理”的经常性工作机制，使流动人群社会服务工作走上了经常化、制度化、规范化、法制化的轨道。这种以流动人群服务为本，以服务统管理的理念为指导，以各种办法和制度为支撑，以程序化的工作机制为落实的流动人群管理模式，贯彻政府管理与社会协同原则，在复杂矿区的社会管理方面作出了创新性探索。

二是特殊人群的“教、管、防、建”模式。特殊人群既包括“两劳”释教人员，也包括潜在的其他社会高危人群。神木在实践活动中，构建起以教、管、防、建四位一体的社会防护系统。其一，通过全面推行刑释解教人员“四有帮教”工作法和完善社区矫正工作体系，确保符合条件的矫正对象全部纳入列管范围。其二，通过探索建立政府购买社会工作者服务的制度办法，加强对社会闲散青少年、流浪乞讨未成年人、服刑在教人员未成年子女、农村留守儿童以及有违法犯罪和严重不良行为青少年的教育和管理。其三，通过协同职能部门，加大对违法违规行为的查处对宾馆旅店、娱乐服务场所、网吧等人群密集场所的经常性治安管理工作，推动业主依法规范经营。其四，通过实行包点、包段、包片和定人、定岗、定责的网状“无缝”巡逻，编织“街面巡逻防控网”、“城乡社区防控网”、“单位内部防控网”、“实时视频监控网”、“区域边界查控网”、“实有人口管理网”、“阵地控制网”、“虚拟社会管控网”等八张大网，以及人防、物防、技防（包括社会管理综合信息系统和应用平台）“三防”并行，提高整体防控效能。其五，通过平安社区创建，保障城乡结合部，消除巡防空白点，强化管控薄弱处等，形成治安防控由点式向网状、单一向复合、封闭向开放的总体态势。这种模式的特色在于它摆脱了单纯“防控”思维的束缚，把“特殊教育”和“大社会”有机地结合起来，把政府对特殊人群的管理与服务特殊人群的理念结合起来，更加开放地以社会的视角对待特殊人群，把他们当作社会的失足者，而不是社会的敌对者。

3. 神木社会管理实践的启示

社会管理体制的提出和实践，是一个全新的领域。“以民生为本”的社会建设意义上的社会管理体制建设和创新，面临许多新情况和新问题。但从根本上看，最主要的是如何理解社会管理的本质，而且只有科学把握社会管理的本质，才能形成符合科学发展观要求，符合各地社会实际情况的社会管理新举措、新机制和新模式。神木在社会管理各个方面的探索性实践活动中，创造了一系列实践举措和制度机制，形成了一系列特色模式，其启示在于：

神木县公安局指挥中心

（1）以“民生为本”的理念引领社会管理实践。神木以经济建设与社会发展两轮并驱，经济发展与社会管理两手并重成为新导向，实际上就是通过社会管理的创新推动社会经济的发展。一切施政的出发点都是为了解决人民群众最关心、最直接和最现实的利益问题，一切施政的落脚点都是以实现人民群众最关心、最直接和最现实的利益为目的。这就说明，无论是什么样的什么领域的管理，都要以人民群众的现实利益为核心，不能脱离，更不能背离，甚至损害人民群众的利益。那些把管理视为权力以把管理视为私物的习惯和做法，在本质上说，就是把人民作为单纯管理对象，而不是最终服务对象，把管理当作玩弄权力、鱼肉百姓的机会和手段，而不是履行为了人民，造福人民的责任。

（2）以政府创新推动社会管理实践。神木社会管理的实践探索，以

“三型政府”创建为枢纽，在根本上体现了政府的本质在于亲民，政府的运行在于阳光，政府的能力在于创新。这种全方位的政府定性，使得社会管理实践探索始终置于政府为了谁、政府如何为、政府能何为的统辖之下，从而有效地推动神木社会管理的实践举措、机制和模式创新。当前，就全国层面看，政府职能转变并没有完全到位。包括法治、服务、责任、有限、廉洁在内的“五型政府”建设，在根本上说，是从“功能”意义上定位政府，而不是从亲民为民本质上的政府定性。神木的实践表明，让政府回归“亲民”的本质，是政府在社会管理实践中担当责任主体的根本问题。

（3）发扬人民民主是社会管理活力的源泉。神木“开门纳谏，问计于民”的社会管理实践表明，无论从任何一个管理领域看，都有民主参与的成分。把人民群众作为主动参与社会管理的主体，而不是作为被管制的对象，是社会管理成功的关键所在。只有把人民群众视为父母和智者，社会管理才能真正成为为人民群众利益服务的手段，各种法律、政策和措施才能得到有效推行和贯彻落实。

（五）共建共享的生产分配形式及机制

共建是创造财富的过程，共享是分配财富的过程。共建共享是责任与权利的统一，没有共建，共享就失去了根基和源泉，没有共享，共建就失去了意义和动力，必须在共建中共享、在共享中共建。共建，人人是主体；共享，个个得实惠；共建共享，年年有发展。共建共享是一个历史过程，也是一个制度创新的过程。共建共享既是社会和谐的基本原则，也是落实科学发展观的本质要求。一般情况下，企业的发展都离不开所在区域社会、经济环境的有力支撑，而企业的协调、可持续发展又可以带动当地经济发展，造福一方百姓。神木企业多，经济发展快，民生建设享誉全国，无疑具有共建共享的典范意义。

1．共建共享的生产分配形式

共建共享的生产分配形式，在神木主要表现在以下方面：

（1）村与矿之间的共建共享。村矿共建共享，在神木比较普遍。其中店塔镇马家梁村比较典型，老张沟煤矿位于该村。2005 年，老张沟煤矿与马家梁村建立联合党支部，共同帮助村民致富增收，让村民真正感受到煤矿发展带来的好处。老张沟煤矿积极转变发展方式，让利于民，与民共享资源红利。据了解，村民 2009 年参股的 15 万元煤矿股份，2010 年底红利和股份达到 150 万元。2011 年，煤矿为了更进一步搞好村矿关系，把三十分之一的股份5000万元（每人20万元）作为风险股给了村民，村民的收入将更上一层楼。此外，煤矿还为全村40多名70岁以上的老人每人每年发放500元慰问金，为全村考入大中专院校的学生每年补贴1000元助学金，为全村村民每人每月发放600元生活补助费，并投资100多万元为村集体办起养殖场，投资200多万元用于村上基础设施建设，硬化维修乡村道路。如今的马家梁村，家家户户都盖起了新楼，买起了高档轿车。碱房沟煤矿在资源即将枯竭时，历经资源整合，由原来年产6万吨提升至年产120万吨，服务年限由5年延长为30年，煤矿所在地西沟办事处沙沟峁村多年集体参股，人人每年等额分红，村矿关系也很和谐。神木活鸡兔镇石岩沟煤矿在没有任何效益的前提下，向店塔石岩沟村赠送股份，并动员全体村民入股，使村民获得了入股收益的实惠，煤矿与村民相处和谐。村矿共建共享，神木县不等不靠，积极搞好利益平衡的制度设计，让更多老百姓参与利益分配。

县委常委、政法委书记双亚萍（中）深入基层派出所调研综治维稳工作

（2）地与企之间的共建共享。神木神华新村就是企业与地方政府共建共享典型代表，开启了地企合作共同建设社会主义新农村的新篇章。2010年3月份，省政府与神华集团公司签订了在陕北加强合作发展的协议，其中，提出由神华集团投资10亿元，分两期建设36万多平方米的高标准住宅生活小区，安置神东矿区塌陷区移民1928户7000多人。神华集团是中央直

管的国有特大型能源企业，神华神东煤炭集团有限责任公司是神华集团的骨干煤炭生产企业，位于陕西省神木县大柳塔镇。神华神东集团本着地企互惠、和谐共建的原则，科学合理地平衡了煤矿安全生产与造福地方、反哺社会的关系，于2010年9月份正式开始投建新村大型人居项目。榆家梁煤矿的采空塌陷区神木县店塔镇红旗村就是神木神华新村的受益者之一。神华新村位于神木新村规划区中部，滨河大道两侧，距离中心广场600米，规划总用地260亩，总建筑面积达36.74平方米。一期工程共包括13栋商业和居住用楼，都在14层以上，最高的达到26层。新村共分为四个组团，每个组团形成独立的山水景观院落。项目主户型为南北向三居以及南北向两居，户均面积125平方米，户型设计上以南北通透为主。小区内以X型商业步行穿行连接，配套有幼儿园、医院、银行、商业等公共服务设施。小区的环保工程设计以现代风格为主线，突出清闲、清新、优雅的绿色格调。并规划在窟野河上修建橡胶坝，形成壮观的水景。公司和地方政府共同致力于把神木神华新村打造成为样板型小区。地企共建，让企业受益于地方支持的同时，让百姓有了“看得见”的信心、“摸得着”的实惠、“盼得来”的希望。从某种意义上讲，这项民生工程，对加速农村城市化、地方现代化进程也起到了很大的推动作用。在神木，这样的地企合作、民生共享的例子不胜枚举。

（3）国企与民企之间共建共享。企企共建共享，在神木主要表现为股份制、股份合作制等组织形式在神木大量涌现，传统的单一产权形式被打破。为关注长远、资源共享、兼顾全面的科学发展，为破解民营企业难以发展壮大的“阿喀琉斯之踵”，神木县通过企业重组、创新转型等措施，积极促进民营企业之间，民营企业与国有大型企业之间，强强联姻，优化组合，提升整体水平和抗风险能力，并在省内率先开创了民营资本与国有资本合作共赢的混合所有制先河。神木北元化工原为一个仅有10万吨产能的聚氯乙烯厂，2007年吸收十个民营企业家参股，股本金由原来的7000万增加到10亿元，2008年又与陕煤集团合作，资本金由10亿元扩大到16.8亿元，并投资80多亿元成功扩建了100万吨聚氯乙烯项目，成为国内最大的聚氯乙烯生产企业，安排员工达2500多人，树立了混合所有制的表率，对神木县、榆林市乃至陕西省区域经济的协调发展都具有积极的推动作用，双方合作建设大型聚氯乙烯生产基地的举措，对西部氯碱化工产业发展也将产生深远影响。此外，联众、来喜、东源、五洲等4户兰炭企业与陕煤组建成立神木能源发展公司，重点实施循环经济一体化项目，在扩大了经营领域的同时，也使企业自身达产率、资源综合利用率和生产效益明显提升；龙华、天元、富油等民企与陕煤集团合并重组，腾龙、四海、精原等6户民营企业与延长集团合作，使民营企业资本实力、管理水平、技术力量都得到有效提升。目前，神木正在逐步培育上市公司，为神木经济的可持续发展提供坚实的载体支撑和不竭的发展动力。

（4）全民共建共享——十大惠民工程。神木自2008年起，连续5年实施十大惠民工程，坚持富民优先，把改善和保障民生作为一切工作的出发点和落脚点，全面提升人民群众的生活水平和幸福指数。切实用财政的钱解决绝大数人的公共服务问题，用财政的钱解决老弱病残，弱势群体的问题，最终的目标是实现共同富裕。这是典型的企业、政府、人民三方共建共享的普遍形式。

2. 共建共享的生产分配机制

实现共同富裕是社会主义的本质要求，也是当前我国经济社会亟待破解的重大课题，备受老百姓和社会各界关注。对于神木来说，建立一套公平公正的“资源红利”分享机制，正是神木实现“共同富裕”破题的第一步。

（1）建立村矿共建共享机制。神木实践证明，只有积极推进村矿共建、共治、共享，建立企业开发资源与当地群众就业、增收致富、改善环境有机结合的新机制，才能让矿区稳定，让全县发展。按照以人为本、共建共享的思路，总结神木经验，就是要做到：各生产矿井每年按一定的标准，提取利益共享基金，用于改善当地村民生产条件；矿区村民以资金、技术和劳动力资本与煤矿合作，民营和新建煤矿从新增资源量中让出一定比例吸收村民参股；为当地群众每年每户提供一定量的生活用煤，给当地60岁以上老人每人每年一定数额的生活补助。与此同时，积极探索村党支部书记同时担任驻地煤矿党支部书记职务和两委成员担任煤矿民调副矿长制度，并探索建立村调解、镇仲裁、县信访的劳动关系协调处置网络，努力做到调解不出村、仲裁不出镇、信访不出县，村矿关系和谐了，农民的钱袋子才能鼓起来，生活才会更幸福，矛盾才会减少。作为驻村厂矿，不仅要拿出股份让村民入股和进矿就业，同时，还要在有条件的地方修建农业科技示范园，雇用村民日常种植，为村民的长远生计解除后顾之忧。对于采空区塌陷治理及移民搬迁问题，要努力探索并走出一条“移民搬迁、产业发展、生态恢复”的综合治理路子，再次造福矿区老百姓。

（2）建立地企共建共享机制。从神木来看，对企业来说，企业的改扩建，以及大批项目的入驻，迫切需要地方的支持、配合和服务；对地方来说，实现地方经济发展的新突破，也迫切希望企业的辐射、带动和支援。地方政府支持企业发展，企业为地方作贡献。地企双方应该树立“共生、共赢、共荣”的思想，互相支持，互相理解，共同积极探索建立地企共建共享机制，整合地方和企业在供水、供电、新闻宣传、电视网络、矿山救护、生产技术、学校、医院、文化、人才等方面的资源，努力把地企双方良好的合作关系维护好、巩固好、发展好。为此，县政府应当积极与驻县厂企进行联系，联合建立县、镇、村三级党建协调组织，成立地企共建共享工作指导委员会等三级联合办公机构，努力做到生活环境联建、社会治安联防、在职党员联管、利民事业联办、科教文化联谊。通过地企共建共享机制，实现“地企共建”的最终目的：确保地方因有企业受益，企业依托地方发展。“地企共建”整合了资源，打破了隔离，拓宽了领域，强化了责任，让矿区群众像城区居民一样共同享受城市建设的发展成果，是地方和企业双方都叫好的一种互动模式。

（3）建立企企共建共享机制。在我国，国有企业与民营企业曾泾渭分明。国有企业资本雄厚、资源充足、管理规范，但也存在包袱重、效率低等问题。民营企业的地位近年来有所提升，是正在成长的新生力量，管理灵活，市场触角敏锐，但也存在人脉不旺、资金和资源缺乏等劣势，管理手段落后。神木经验证明，二者强强联合，便会各取所长，产生出“1+1大于2”的“航母效应”，极大地推进县域经济跨越发展。建立企企共建共享机制，推动混合所有制经济发展，一方面有助于加快了国企战略性重组进度，另一方面也有助于地方企业做大做强，使民营企业建设资金有保证、生产资源有依托、运输有条件、销售有市场、管理有经验，最终借助外力实现“脱胎换骨”。根据神木的实践，特别要加强对竞争力强的民营企业的扶持力度，引导他们在更高的层面来寻求合作，以现代企业制度来规范约束，进行资产重组，进而组建大型民营企业产业集团，积极争取国家资源配置和产业政策的倾斜，逐步提高民营企业在全省乃至全国的竞争力，着力构筑起具有区域特色的混合所有制经济模式。

（4）建立以民生为中心的公共财政分配机制。就全国而言，政府财政总体上来说主要还是“建设财政”和“发展财政”，在每年政府预算支出中，用在医保、社保和教育等方面的支出占整个财政支出的份额还比较少。这种情况要求各级政府决策部门，不仅要关注财政收入增长，同时更要注意现有财政安排的社会正义公平性质，但这在很大程度并不取决于财政收入的具体数量，而是决定于相关的财政支出制度的设计与安排。神木并不是全国最富裕的县，却在全国率先实现免费医疗，最根本原因在于以人为本的执政理念和以民生为中心的公共财政分配机制。神木县站在新的历史起点上，着眼长远发展，着眼人民群众真正的幸福，以科学发展观为指导，全面实施“民生神木、创新神木、民主神木、人文神木、生态神木”的“五个神木”战略，坚持发展一鼓作气，思路一以贯之，凝心聚力，苦干实干，全力打造“幸福神木”，已经形成了“政府创造环境、企业创造财富、人民共享成果”良性互动。

（5）建立社会财富公平分享机制。民生问题无小事，群众利益大于天。如何公平科学合理地分配好蛋糕，让更多的人享受到改革发展的成果，是一个考验政府公信力和执行力的大问题，也是社会公平正义的体现，更是政府的良知，还是社会稳定的“试金石”。从某种意义上讲，在财富蛋糕的分配上，权贵富商的占有和普通民众的诉求，构成“零和博弈”的关系，而民众的合理诉求应该得到立法的支持与改革的助力。政府是建立社会财富公平公正分享机制的首要政治前提；以公平正义为皈依的产权保护制度，保障任何公民的合法财产不受侵犯，是建立公平公正的社会财富分配机制的法治前提。在政府—民众、央企—民企、高收入者—中低收入阶层之间构建怎样的财富分配格局，不能不说，神木的民生慈善基金，这种“地方政府推动、社会积极参与、民间具体运作”的新机制为我们提供了一个新思路。

总之，神木人在践行科学发展观活动中，坚持解放思想、实事求是原则，秉承“六不”理念，在“第二次相结合”中，不仅创造了神木特色的理念和理论，而且取得了科技创新和体制创新的一系列实践业绩，从而在不断创造他们的生产生活关系新形态的同时，达到了理论与实践的与时俱进。神木人的创新，是从其社会生活到社会意识的全面创新，是其社会生活实践过程的持续创新，是由有限到无限的创新。

民主神木

神木人把中国特色社会主义体系的民主政治建设理论，构建和谐社会理论同其政治生活实践相结合，在提出神木特色的理念和理论，尤其是提出民主神木战略的同时，与时俱进地创新他们的政治生活关系，建设自己的政治文明，取得了一系列辉煌业绩，考察其民主政治建设的实在内容，具有重要意义。

一、民主神木的理念创新

在践行科学发展观的实践活动中，神木人率全国之先提出了建设“民主神木”的地方发展战略。以“三大关系论”和神木的民主观为内容的“民主神木”建设，对未来中国民主政治模式的构建，具有特别的意义。

（一）民主神木——率全国之先的地方民主发展战略

2010年10月，神木人在客观总结改革开放以来的发展历程和准确把握县情的基础上，经多次调查研究、充分酝酿和民主讨论，提出了建设包括民生神木在内的“五个神木”总体发展战略。这一发展战略，不仅作为指导思想写进了《神木县国民经济和社会发展规划第十二个五年规划纲要》，而且通过制定《关于加快推进民主神木建设的意见》加以细化和落实。

从全国的地方发展战略看，“民主神木”无疑当属首例。大多数地方发展战略并没有把党关于发展社会主义民主政治建设的总体政策与本地的客观实践相结合，从而能动地、创新性地制定自己的民主政治发展理念与规划，仅仅围绕发展经济、改善民生和提高人民生活幸福指数展开，只是将地方民主建设定位为套用国家的民主建设与发展的一般性政策，从而置之于“应有”而非“本有”之地。2008年，河北省邯郸市提出“干部推荐民主新机制”设想并加以实践，但在其2011年的“十二五”规划中仅仅在政府自身建设方面强调国家的一般民主原则，从而缺乏本地特色。2011年，江苏省江阴市在其十二五规划中，提出“深化幸福江阴建设”和“探索一条具有时代特征、江阴特色的实现现代化之路”，通过突出民生需求、倒逼基层政府的善政善治、民主进程，来营造全民共建民主的氛围，将地方民主建设作为推动地方民生建设的手段，但并没有同时将地方民主建设本身作为地方发展的总体目标之一。“民主神木”之所以在全国地方民主发展战略中居于首例，不仅因为“民主神木”作为地方民主发展战略提出的时间最早，不仅因为包含用民主的办法解决民生问题的发展经验，而且在于把党的民主建设政策与神木的实际要求相结合，并把“民主神木”作为神木未来发展的主要战略性目标之一。在这个意义上，“民主神木”无疑当属全国地方民主发展战略的首例，具有拓荒的实践价值。

（二）民主神木的孕育历程

民主神木发展战略是神木历届领导班子带领神木人民进行不断探索的理论结晶。这种理论探索既来源于神木人在对中国特色的社会主义理论体系、特别是科学发展观的精神实质的把握，并与神木客观县情相结合的生动实践，又在于不断地指导着神木的民主实践，并在实践中得到检验和丰富。

1. “六不理念”是“民主神木”诞生的理论高地。这一神木特色的特殊理念，使得神木能够在理念、精神中以敢为人先、追求卓越的气质和风度，在全国范围的地方民主发展中率先响亮地提出建设“民主神木”的发展战略。神木人满怀豪情地提出："突破条条框框，走前人没有走过的路，做前人没有做过的事，立前人没有立过的规矩。""凡是国家政策让干的，要用好用足，能快就快、能超就超、能突破就突破；凡是国家政策没有规定的，都可以想、可以试、大胆闯，力求在新一轮的竞争中夺得先机。"这些都是神木人在科学发展观的指导下，按照邓小平解放思想、大胆地干、大胆地闯的方法，大胆地利用国家政策给予机遇，包括没有政策的机遇，发展地方经济、政治和社会生活的生动写照。"民主神木"是"六不理念"指导下神木民主政治实践的理论成果。

2. 神木的特殊县情是孕育、倒逼、催生"民主神木"的实践沃土。神木居于神奇的世界级大煤田"神府煤田"腹地，上世纪八十年代神华集团（原华能精煤公司）揭开了煤田大开发的序幕。从此，能源开发成为神木经济社会发展变化的强劲动力。在曲折的发展过程中，一方面推进了能源开发的进程，促进了经济社会的快速变化和进步，另一方面出现了村矿纠纷、矿权矿界纠纷、中省市级企业和地方的利益纠葛、资源浪费、环境和生态衰退、贫富差距持续拉大、社保民生保障缺位乏力、县域内地域差距巨大、经济发展与社会建设不平衡、物质文明和精神文明不同步等等各种直接的间接的利益矛盾突显，巨量无比的财富和成长发展的烦恼并行而来。"三富三不富"、"四个不同步"就是神木发展过程中形成的特殊县情。用什么样的观念和办法去解决这些既推不出，又赶不走的棘手揪心问题？神木人选择了民主的理念和方法。正如有人直截了当地说："神木人是在因为矿区开发而产生大量的社会矛盾情景下提出了用民主的办法去解决问题的。"民主"倒逼"着神木，要求神木必须发展特色的民主，而且唯有在面对其他地方难以遇到、不能遇到、甚至不能想象的复杂县情中杀开一条解决现实社会矛盾的"民主之路"。在长期的民主实践过程中，神木人创造了包含"共有、共建、共享"精神的，以"老张沟"、"碱房沟"、"胶泥圪崂"、"石岩沟"等为代表的，具有不同形式和特点的"村矿矛盾民主化解"模式。神木的历届领导班子通过调查研究、民主讨论，在实践中总结出用民主办法解决民生和社会问题，以及推进民生和社会建设的经验。"民主神木"是在神木特殊县情上生长的民主政治建设的实践硕果。

3. "三型政府"理论及其建设实践是"民主神木"诞生的重要条件。

2005 年，神木在落实科学发展观的实践过程中，提出创建“三型政府”的发展理论，以认真解决群众最关心最直接最现实的利益问题为核心，全力构建神木特色的民生社会保障体系。亲民型政府人民群众亲，阳光型政府人民信，创新型政府人民服。“三型政府”是为神木人民群众切身利益服务的政府，是神木领导班子推动党的为人民服务宗旨神木化的重要载体，是地方党群关系和政群关系的生动体现。神木从转变施政理念，建设人民信任和满意的政府，到提升政府创新能力和行政效率，塑造政府勤廉形象，从科学施政，真抓实干，优化机制，勤廉并重到具有亲和力、公信力、执行力和凝聚力的历史责任担当，秉承人民满意的政府，在政治上走过了从“阳光型”政府到“公信力”政府的演进历程。如果说“阳光型”政府是在“透明”、“无遮”下以完备的民主程序意义上的政府建设，那么，“公信力”的政府，则从政府与人民群众之间建立了经得起现实和历史双重检验的诚信关系，即民主实体意义上的政府建设。“民主神木”是在神木“三型政府”创建过程，及其政府逻辑机理意义上的自然延伸。

4. 海纳百川、博大开放的气度是“民主神木”的精神意境。海纳百川、博大开放是一种学习的境界、吸纳的境界、扬弃和综合的境界。而民主本身是一种博大的精神境界和包容的制度体系。从理论上看，民主是个好东西，表明了民主是“善政”的治理方式；民主是一种现代的生活，表明了民主是人类发展的特定阶段的社会生活状态；民主是需要训练的技能，表明了民主是客观实践的过程；民主是连接社会与国家的现代关系，则表明了民主是在社会结构中获得生成和拓展。神木积极吸收前沿的民主理论成果，以其“敢为人先、追求卓越”的奋斗精神，站在当代民主理论的制高点，并切合神木县情及其实践需要，将“民主神木”纳入其地方民主发展战略。“要和党中央遥相呼应，敢为人先，跳出‘叶公好龙’式对待民主的窠臼，旗帜鲜明地喊出‘民主’的口号，通过民主来保障和促进经济社会发展。”“民主是社会治理的方式”，“不要民主，民主也会敲门。”“对‘民主这个东西不要害怕，要欢迎它、发展它、完善它。’”“民主不仅是解决人们生计的手段，更是人类发展目标之一。”等等，表明了发展民主的必然性，目的和价值，手段和态度等关涉为什么要民主，民主究竟是什么，以及如何对待民主等重大问题的朴实而深刻的答案。理解了这些，人民当家做主、民主集中制、基层民主建设和国家民主发展等问题就获得了思考的基点。“民主神木”是神木人丰厚的精神气质与创新品格的境界展现。

县委书记雷正西（左三）深入农村开展“三问三解”

人民民主是社会主义事业的生命。“民主神木”作为“生命体”，就有其孕育的客观历程。如果说“三型政府”提出前，神木的思想解放大讨论活动中，包含了“民主神木”的“种子”或者“基质”，那么，“三型政府”的建设就是它的“胚胎”；如果说以体现民生的社会革命和自治运动而受到褒贬的全民免费医疗的“神木模式”为代表的“十大惠民工程”建设是它的“胎动”，那么神木领导班子强烈的“心中装着老百姓”的群众意识和为民执政的施政理念，则使它“呼之欲出，横空出世”。

（三）“三大关系论”——神木的民主理论

“民主神木”，在现实和历史的意义上，可以从中国特色社会主义的民主与民生、民主和法制、民主和集中的三大政治关系中获得较全面的理解和阐释。神木人提出了独具特色的民主建设“三大关系论”。

民主与民生的关系是在科学发展观实践活动中逐渐产生的基本政治关系。民生，从广义上看，就是人民的全部社会生活，包括经济生活、政治生活和精神生活等全部内容的生活总体，而从狭义上看，则是保障和满足人民生活需要的基本物质条件，即包括基本医疗、基本教育、基本养老和基本住房等等生活需要的物质条件。在我国的改革过程中，少部分人摆脱了贫穷，并率先富裕起来，而大部分人则仍然在温饱层面生活，并没有富裕起来，贫富差距问题开始显现，相当部分人的基本生活条件难以得到满足，甚至根本得不到满足，社会民生问题开始凸显。用什么办法解决民生问题？是以头痛医头、脚痛医脚的方法，还是在民生领域之外寻找别的方法？神木选择了后者，并率先提出民主与民生是一对“孪生姊妹”和“幸福神木”的两个基本面；在民生和民主的内在的相互关系中，用民主的方法解决民生问题。从民生与民主的关系上看，民生问题出现之后，民主就怀着解决民生问题的锦囊妙计，乘驷马高车姗姗而来。这正是民生与民主发生学意义上的先后关系。当民生和民主都作为人民生活总体的基本面之后，民主和民生之间就形成了以下关系：一是发扬民主有利于促进民生问题的解决；二是改善民生必然推动民主的发展。民生与民主是相互促进、相得益彰的良性互动关系。神木还从反证的意义证成民生与民主关系的这种关系的正当性，防止两种错误的倾向：一是“以民生掩盖民主”，否认民主自身的独立价值和内在目的；二是“以民主代替民生”，离开人民基本物质生活需要的持续满足“谈论”民主。这种反面证成揭示的理论成果就是：离开民主的民生，其发展方向必然是迷茫的；而离开民生的民主，则其内容规定必然是空洞的。

民主与法制的关系是邓小平在启动改革开放伟大事业之时提出的基本政治关系。“为了保障人民民主，必须加强法制，必须使民主制度化和法制化”的科学判断，揭示了社会主义民主与法制之间目的与手段、内容与形式、本质与现象的丰富规定性。在最根本的意义上讲，民主就是敢讲真话的权利和条件，而法制就是保障敢讲真话权利及条件的制度和法律。这是在建设有中国特色的社会主义过程中必须认真对待的政治治理关系，是发展社会主义民主政治中必须审慎思考的基础性关系。在践行科学发展观的实践活动中，神木人提出，民主是法制的灵魂、法制是民主的载体。这是在无形与有形、能动与被动、思想与行动三层关系上提出民主与法制之间的“灵魂”与“载体”的关系：灵魂是无形的，载体（身体、实体）是有形的；灵魂是能动的，载体是被动的；灵魂是思想的，载体是行动的。这种理解把党的十七大“人民民主是社会主义的生命”具体化为以“灵魂和载体”为表现的民主法制关系所构成的“生命体”，丰富了民主与法制关系的基本内涵。他们提出通过依法行政维护政府公信力、加强公检法队伍建设和法制宣传维护公平正义的社会环境，以体现每个公民的人格尊严（生命的最高价值、核心价值），就是对民主和法制的独特理解的实在表现。

民主与集中的关系，作为以马克思主义为指导的无产阶级政党的立党原则和建国原则，是在长久的革命实践中建立起来，并在中国特色社会主义建设进程中必须始终坚持的基本政治关系。这一关系所表现的民主集中制，既是党的机构和国家机构的组织原则，也是党和政府群众工作的首要方法原则。1978 年，邓小平在总结民主与集中关系时说，在过去一个相当长的时间内，民主集中制没有真正实行，离开民主讲集中，民主太少。集中必须理解为建立在人民民主的“基础”之上，而不是脱离人民民主这个基础上的“集中”，民主必须理解为集中“指导”范围下的人民民主，而不是脱离集中（党的领导）的“民主”。在建设民主神木的实践中，神木人提出，民主是集中的前提，集中是民主的必然要求。把民主理解为集中的“前提”，更加深化了“民主”作为“集中”基础的“深度”，因为“前提”就是“基础的基础”，而把集中理解为民主的必然要求，不仅深化了集中对民主的必要性和必不可少的认识，而且把集中理解为发展民主的内在要求和必备手段，因为发展民主就是集中方式的目的，而集中就是发展民主的必要手段。把民主与集中的关系具体化为“前提”与“结果”关系，表明神木人对民主理解的范围更广、层次更深。这里包含了发扬民主在真正实行民主集中制中的关键性作用，是对民主与集中关系的丰富和深化。在这一新的理解的基础之上，神木提出加快推进县委常委会，政府常务会和各部门会议的制度化民主化建设，与自觉维护集体权威，确保政令畅通相结合，以及强调不断增强民主意识，树立民主作风，拓宽民主渠道，把方方面面的智慧集中起来，并通过民意调查、社会公示和听证论证等具体形式，最大限度凝聚各方共识（民主成果），从而形成科学决策。神木特色的“开门纳谏，问政于民”、“广纳民谏、集中民智”，既是在科学发展的实践中把党的群众路线和集体研究结合起来，并根据神木民主实践而提出的科学决策机制，也是发展神木地域社会民主的主要途径之一，是神木对民主与集中关系理解的重要成果。

“三大关系论”，是在“民主神木”理念中，并在民主与民生、民主与法制、民主与集中的“三大民主政治基本关系”上，在神木特殊的生产生活实践的基础上，创造的神木化的民主建设理论。

（四）民主神木的创新性理念与神木的民主观

从神木总体看，“民主神木”作为中国特色社会主义民主政治建设理论与神木实际相结合的必然性结果，首先是以构建神木地域性社会和谐为本质的“幸福神木”的组成部分。因为幸福神木的本质就是和谐神木，幸福神木在总体上彰显了和谐神木，成为和谐神木可感知的总体样式。如果把以和谐神木为本质的“幸福神木”作为神木社会的最高实践理念，那么包括“民主神木”在内的“五个神木”就是这个最高实践理念彰显的具体的实践理念，并共同构成了神木实践理念的体系。

就民主政治的总体性视阈来看，“民主神木”就是神木民主政治的最高理念。而对“民主神木”这一最高理念的内涵的层层解读，就能够在逻辑的意义上对神木特色的民主观作出具体的描述。“民主神木”理念相对于其下的其他理念，是民主神木的总体，即“大民主”，而其他理念相对于民主神木总体，就是“小民主”。

“民主神木”，作为总体性的民主理念，具有以下特殊规定性，并构成神木的一般民主观。第一、民主是服务和维护县域绝大多数人利益的手段，而不是为少数人谋取和维持利益的工具，是关于实在利益的，不再是口号式的。第二、“民主”政治是公开的，祛除“神秘”的。民主是阳光透明的，让人民知晓，为人民服务的，而不是阴暗的浑浊的，让人民愚昧的，被腐化权力所利用的。第三、民主是必然的，代表人类发展方向的。“民主”一定会敲门的，而不是可以拒斥的。在民主理念的总体之下，我们看到：作为民主本身，在宇宙自然境域的意义上，神木人将其比喻为普照大地的“阳光”。只有在阳光的照耀下，大地上的万物才能显现出其本真的、可视的形象，才会出现从一片荒漠到点点绿洲，从万物寂静到生机盎然。在经济伦理境域的意义上，民主是人的社会生活中的“公平与正义”，它是人类生产生活中的“权重”和“天平”，衡量一切行为正当性的法则。在人类文明发展境域的意义上，民主作为人类社会发展进程中不断趋向的“目标和价值”，就是社会的全面发展和人的智能潜能的充分发挥。人在世界中的位格得到充分的彰扬，人的尊严得到充分的展现，就是作为公民的人格和尊严所追求的梦想和可实现的理想。

从系统上看，在民主神木理念之下，有责任、落实和监督构成的相互贯通的特殊的理念系统：（1）责任的理念，包括历史的责任、发展的责任、责任的意识、问责的机制等等；（2）落实的理念，包括落实民主集中制原则要实不要虚，要硬不要软，要快不要慢，要细不要粗的工作要求等等；（3）监督的理念，包括人民知晓无漏、人民参与决策、人民全程评价和人民最终满意等等。

以责任、落实和监督等为特殊理念而展开的民主神木的理论逻辑总体，构成神木特殊的民主观：以对历史负责为核心的责任理念中的特殊民主观包括：（1）物质文明、政治文明、精神文明与生态文明互动的民主政治发展趋向。（2）党群关系、干群关系融洽与人民当家做主相统一的理想状态；（3）经得起实践、历史和人民检验与“为官一任，造福一方”的“为政”担当，与“政声人去后”政绩的历史评价标准；（4）取信于民与政府公信力和执行力建设等等。以让人民满意为核心的落实理念中的特殊民主观包括：（1）想问题、作决策、做工作从群众利益出发，关注群众意愿和要求；（2）民主集中制下的多数人说了算与广纳民谏、集中民智长效机制相统一的科学决策；（3）党代表、人大代表与政协委员作为先行者和实践者的角色定位；（4）干部在一线指挥、决策在一线形成、问题在一线解决的工作机制建设。（5）能办的事不等，难办的事不绕，协调办的事不拖的实践风格等等。以向社会公开为核心的监督理念中的特殊民主观包括：（1）公开即民主、公开即监督与党务、政务、村务、社务和厂务的社会全方位公开；（2）满意不满意老百姓说了算的成效监督评价标准；（3）社会监督与机关内部综合监督、罢免相结合的监督机制等等。

从具体表现方面看，神木人的民主观表现为：（1）民主是“代表多数人意愿治理”的政治模式。以“以人民利益为本”，“代表多数人意愿”为其本质规定的包容理性和治理方法，以“认真解决人民群众最关心最直接最现实利益问题，为一切工作出发点和落脚点”的实践价值原则；（2）民主是社会生活的组成部分，具有其相对独立的目的性价值。民主意识是在物质生活中产生的维护利益的意识，参与活动的意识和独立存在的意识。民主是个好东西，对待民主的态度，要欢迎它、发展它和完善它，而不能没有来时想念它，真正来时害怕它。（3）民主是“激发人民群众积极性、主动性和创造性”的根本方式。人民是历史的创造者和推动社会发展的根本动力。“激发”人民群众的积极性、主动性和创造性，在根本上就是把人民作为具有创造性的主体，而不是对象性的客体。（4）民主是以“多数人说了算”为衡量准则的科学决策机制。决策民主是政策符合实际和科学性的重要保障。科学决策奠基于民主之上，民主机制中的多数人意愿就是决策的依据，并从保障人民群众的知情权、参与权、选择权和监督权出发，广泛听取社会各界的意见、不断拓宽参与决策的渠道，尊重民意，集中民智和集体决策。（5）民主是“解决重大民生问题”关键。把民主建设和民生建设统一起来，用民主的办法解决民生问题，推动民生发展。在民生问题的解决和民生的发展过程中进行民主建设，体现民主公开、公平和公正基础上的人的尊严和价值。(6) 民主是“顺畅沟通党群社群关系”的正当途径。党群关系本质上是“血肉不可分离”的联系，政群关系是人民作为主人和政府作为公仆的“服务”关系。广纳民谏、集中民智，是落实民主集中制的基础上的紧密的党群关系和政群关系，把群众当作执政智慧的来源，科学决策的基础和社会监督的主体。

(五) 民主神木论与未来中国民主政治模式的构建

民主建设是我国社会主义建设和改革开放事业的重要内容，改革开放事业必须把发展高度民主作为庄严的使命。1980 年，邓小平同志在《党和国家领导制度的改革》中指出，在政治上创造出比资本主义国家的民主更高更切实的民主，是检验党和国家各种制度完善不完善的三条标准之一。1986 年，又在经济改革获得明显成果后，就及时提出了政治体制改革的任务，认为“我们提出改革时，就包括政治体制改革”。“不搞政治体制改革，经济体制改革难以贯彻。”从经济体制改革的路径看，一方面是地方首先作出探索，获得经验得到中央肯定后得到推广，如农村土地承包责任制，另一方面是经济体制改革是在中央统一部署下，由地方探索到全国铺开，遵循改革开放总方针，赋予地方的改革探索权，大胆地闯，大胆地试。政治体制改革同样遵循这样的规律。“民主神木”是神木把中国特色社会主义民主政治理论与神木的县情相结合创造的地方民主政治建设的重大理论成果。神木创造的“三大关系论”是中国特色社会主义理论体系中地方化、个别化民主建设理论。这种大胆探索的理论勇气、难能可贵的实践探索和业已获得的丰硕成果，揭示了地方民主政治建设的规律，开辟了地方民主建设的道路。

在改革开放三十多年的历程中，政治改革体制改革经历了一个不断尝试的过程，从最初的“党政分开”、“政企分开”的政治设计到“依法治国，建设社会主义法治国家”的目标趋向，再发展到“转变政府职能”和“建设有限、高效、服务、法治、廉洁政府”的行政管理体制改革，政治体制改革滞后于经济体制改革的局面没有得到根本性改观。实践表明，仅仅停留于表面对“积极稳妥”推进政治体制改革的理解，而不实行“第二次相结合”，政治体制改革就难以得到有效“推进”。当前正值我国开启政治体制改革的重要历史时期，关系到未来我国政治体制改革的方向和政治模式的形成，“民主神木”理论给我们带来以下重要思考：

一是深入思考民主和民生的关系。自2003年以来，党和国家对民生建设予以高度重视，并取得了举世瞩目的成就。但仍然需要思考民生与民主关系的本质，民生建设得以顺利推进和成功的条件，以及民主建设与最终达到共同富裕目标的内在关系。

二是深入思考民主与集中、民主与法制、民生与民主之间的逻辑关系。神木提出的“三大关系论”，在一定意义上揭示了民主在集中、法制与民生之间的普遍性意义。如果分别从单一的关系中考察“民主”的含义，则会陷入“只见树木、不见森林”的形而上学思维框子。

三是深入思考民主与社会公开的关系。公开是公平和公正的基础，也是实现正义的基本前提。权力的形成、运行及其结果都必须在公开的场合（社会）中进行，各种法律和制度的建设，实行和监督也都在公开场合下进行。预防和治理腐败在根本上同样也要在公开场合中进行。阳光是最好的防腐剂，也是最好的生长剂。“向社会公开”是党的组织民主的社会化，政府的行政公开化和人民群众的监督公开化的集中表达。

四是深入思考中央政策和精神与地方的贯彻落实、创造创新的关系。中央的最大精神就是按照实事求是的原则和党的基本路线创造性地推进中国特色的社会主义事业。地方政府必须把中央政策与地方具体实际相结合，这种结合内在地要求地方的理论创新和实践创新。在中央只有精神而没有具体政策的情况下，地方政府就必须以中央的最大精神为指导，大胆地干、大胆地闯。民主神木的提出和实施，实际上揭示了中国特色社会主义民主的理论与民主的实践在不同层次的结合问题。

二、民主集中制视阈中的民主神木

民主神木是落实民主集中制原则的神木地方民主发展战略。民主集中制既是无产阶级专政的政党组织原则，也是无产阶级专政的国家机构的组织原则。“民主神木”是在民主集中制原则下的神木地方民主建设。

（一）民主集中制的“真义”

党的章程规定，民主集中制是党的根本组织原则，也是党的群众路线在党的生活中的运用。我国宪法也规定，国家机构实行民主集中制的原则，中央和地方的国家机构职权的划分，遵循在中央的统一领导下，充分发挥地方的主动性、积极性的原则。民主集中制，是列宁在俄国无产阶级革命进程中逐步发展起来的直接民主制和集中制相结合的，作为无产阶级政党建党的组织原则，不仅包括党内少数服从多数、下级服从上级，而且包括了党员（代表）平等和党员（代表）权利、党组织的民主选举、党员代表随时撤换、同志式的批评和党员的自由讨论等内容，还在民主集中制和官僚主义、无政府主义的比较中提出了“集体管理制（集体决策）和党内监察委员会与党委平行的思想。在斯大林模式中，民主集中制被误解为间接民主制（党代表人民进行管理的制度）和集中制相结合，并在理论的“赞同”和背离理论的“实践背谬”状态中逐渐演变成集中制和个人集权制。

按照马克思恩格斯关于世界无产阶级专政国家的“社会民主制”理论，以及当代单一无产阶级专政民族国家时期的特殊性，民主集中制是当代单一无产阶级专政国家时期的社会民主制，是无产阶级专政国家的政治生活制度和无产阶级专政的民主政治形态，它的发展趋向就是不断地增加直接民主的成分，不断减少间接民主的成分，不断缩小集中的成分，最终达到全球统一的世界无产阶级专政国家的“社会民主制”。从这个意义上看，民主集中制的确切含义就是：（1）民主集中制是以民族国家无产阶级专政历史时期为前提的建党建国的基本组织制度；（2）民主集中制是以“社会民主”为基础的，在民主制与集中制相结合中不断扩大社会民主成分，最终实现完全的社会民主制的基本组织制度；（3）民主集中制是以无产阶级专政时期的政党为领导的基本组织制度。（4）民主集中制是现存社会主义各民族国家的，具有不同特点和形式的无产阶级专政的基本组织制度。

在坚持和完善民主集中制的过程中，以邓小平为代表的中国共产党人对民主集中制的中国特色作出了积极的探索和总结。针对民主集中制在文化大革命时期遭到破坏的情况，他提出，民主集中制没有真正实行的原因是“离开民主讲集中，民主太少。”真正实行无产阶级专政的民主集中制，必须有充分的民主，才能有正确的集中，才能有正确的“集中统一的领导”。真正实行民主集中制，才能做到解放思想、开动脑筋和实事求是，才能开辟中国特色社会主义的科学政治道路，推进建设有中国特色的社会主义事业。

（二）民主集中制的神木特征

民主集中制是民主基础上的集中和集中指导下的民主相互关系的制度，在实质意义上就是直接民主制和集中制相结合的制度。因此，在民主实践中必然要求既有民主，又有集中，既有自由，又有纪律。神木人把民主集中制与民主生活实践相结合，形成了民主集中制的神木特色。这一特色在于：

1. 在民主与集中的关系中，提出民主是集中的“前提”，而集中是民主的必然“结果”。这里的“前提”既包含了民主作为集中的基础意义，更包含了民主作为民主集中制的本质和内核，揭示了民主集中制就是无产阶级专政时期的特殊的民主制度这一内涵（这里的“集中”则是区别于未来社会民主制意义上的，无产阶级专政时期必须是无产阶级政党领导下的民主制度），揭示了这一特殊时期的民主制形式。如果把二者结合起来，就可以清晰地看到，真正坚持民主集中制，就必须在不断发展民主集中制中的民主制度的过程中，逐渐通过减少集中成分，探索集中的新形式，从而在总体上逐渐过渡并不断向未来世界无产阶级专政国家的社会民主制趋近。

2. 在科学决策的实践过程中，总结民主过程长于集中过程的客观规律。人们往往认为民主和集中在决策过程中是双向的过程，但没有注意到民主和集中在决策过程中的不同的“比重”。神木在其丰富的民主决策实践过程中，不仅认识到民主的范围更大、过程更长，更有利于缩短集中的过程，而且认识到通过充分的民主过程，会使得集中过程变得简单，从而达到真正贯彻民主集中制的科学的决策。闻名于世的全民免费医疗改革，就是神木人在实践科学发展观过程中，一方面把握中央政策精神，一方面经过充分的民主讨论和广泛的基层调研基础上的“简单”而科学的决策范例，以至于采取悄悄干，不宣传的策略和发生有褒有贬的争议后采取民主讨论的方式继续坚持并不断完善，从而形成了神木特色的医疗改革模式。“开门纳谏，问计于民”、“广纳民谏、集中民智”是神木特色的民主集中制的真实写照。

3. 在落实民主集中制过程中，以党务、政务的充分向社会公开的形式，保障民主制落到实处。落实民主的最好办法就是“公开”、“透明”和“阳光”，实现程序公正，结果公正和监督有效。神木的社会公开，在内容上，除国家秘密、商业秘密和个人隐私之外的信息全部公开；在范围上，不仅仅是向领导、部门公开的有限公开，而且是向神木42万人民和媒体的“无限公开”。特别值得指出的是，在选人用人方面，神木通过把握多元提名、民主推荐和集体研究的关系，从源头上防止了干部用人制度的不正之风，做到了让群众欢迎和干部服气。

民主集中制的神木特色，在发展民主制的意义上，把“党与群众血肉联系”的党群关系落实到实际生活中去，把“执政为民”的政群关系落实到实际生活中去，实现了党群关系、政群关系的和谐。通过民主化的科学决策，党务政务信息的社会公开，以及干部选拔任用中的民主公开和集体研究相结合，使得民主集中制真正落到了神木的社会实践生活中，成为神木民主政治的“脊梁”。

（三）神木民主集中制建设的普遍意义

民主集中制的神木特色表明：坚持民主集中制，必须坚持直接民主为前提的民主制与集中制相结合。民主集中制落实不好和难以落实的症结在于民主发展的不足，忽视民主的发展，甚至阻碍民主的发展。邓小平同志把贯彻民主集中制的条件理解为“三不”环境下的党内民主生活会、党员、委员和常委的平等权利，把阻碍落实民主集中制的障碍理解为“权力过分集中”为特征的高度集权管理体制及其产生的“中国特点”的官僚主义“总病根”。真正落实民主集中制，不仅要充分落实党章这个最大的“党法”所规定的党员的民主权利和党内的民主形式，而且要从民主作为民主集中制的本质这一意义上，在社会范围内通过不断推动党内民主和社会民主建设方式创新，推动民主集中制中的民主制建设。

推进民主集中制中的民主制建设，关键是扩大民主集中制中的民主成分。民主集中制中民主成分既是党内民主的构成部分，在一定意义上又是社会民主的基因。长期以来，党内民主集中制的贯彻过程中，强调集中的成分过多，而党员民主权利的成分过少。这既与党在革命斗争中的成长的特殊经历有关，也与对新中国成立后的一段时期内对社会主义社会的理解失误有关。自改革开放以来，民主不再是一种单纯的手段，而成为社会主义事业的发展目标之一。扩大民主的成分，缩小集中的成分，把民主集中制建立在充分的党内民主和社会民主的基础之上，从而实现科学决策，避免盲目的甚至错误的决策。

扩大民主集中制中的民主成分，要以公开原则为先导，先党内民主、后社会民主的总体思路逐步展开。无论党内民主，还是社会民主，实行公开是一个通则。先发展党内民主，是依据党的领导地位、执政要求而规定的，并因此具有优先的条件。后社会民主是依据社会民主的广泛性和复杂性而规定的。在具体的推进过程中，并不是党内民主获得充分发展之后，再回头过来发展社会民主，而是党内民主先行，社会民主随后的相互促进、共同发展的进路。以扩大和夯实党内民主为先导，并通过党内民主带动社会民主，最后实现以社会民主为基础的社会主义民主政治，是在中国国情基础上，遵循马克思主义无产阶级专政世界国家的社会民主制度的逻辑设想而得出的必然结论。从间接民主制和直接民主制相结合逐步转向扩大直接民主成分，实行直接民主制和集中制相结合，最后转向真正的社会民主制，应当就是中国未来民主的发展方向。

三、民主神木建设的实践经验及启示

神木县委历届领导班子坚持“解放思想、实事求是、与时俱进”的思想路线，从围绕依法行政、民生建设到“五个神木”建设，在神木的民主建设方面取得了显著的实践业绩、包含了具有普遍意义的经验，启发对中国特色社会主义民主政治建设的重要思考。

（一）实践业绩

1．“县委书记县长公开电话”——变信访为电访的党群、政群关系的“联结线”。2005 年，在学习和落实科学发展观的实践活动中，神木领导班子推出县长不定期接待群众制度，开启了县长群众“面对面”、“心对心”的直接交流活动。2006 年，提出建设“三型政府”的发展目标。2007 年 3 月，信访局承办的“县长热线”正式开通，按照“急事急办，特事特办”的精神，及时、认真地解决群众反映的各类问题。至 2011 年 7 月，共接受群众来电咨询、建议和投诉 3377 次，给予直接答复或研究后答复，按照政策规定需要办理的限期办理、办结后通过网络或者复电方式答复来电群众，并根据信息情况编辑《县长热线专报》71 期、《县长热线动态》7 期、《县长热线快报》4 期，以便县委、政府领导班子决策参考。“县长热线”不仅是政务公开的便捷手段，而且是政府心系群众冷暖，倾听群众呼声的明亮“窗口”。

“五个神木”建设发展战略提出后，又及时总结“县长热线”四年来的成功经验，决定设立书记县长公开办公电话联合办公室，受理群众来电（话）来信（息）。这种创新性举措的特色在于：（1）树立“广纳民谏，集中民智；倾听诉求，排忧解难；解疑释惑，宣传政策；受理举报，强化监督”的服务理念；（2）设立受理中心与办理中心，将办理中心与县委、政府联合督查办公室实行职能对接，增强办理和督办的速度和质量；（3）划拨开办经费、常年经费，确定政府 10 名编制；（4）制定公开宣传计划，制作受理中心工作示意图和办理中心工作流程图等；（5）制定中心办理工作原则、工作人员岗位职责和守则、保密制度、文明用语等具体制度；（6）建立电话督办、带案现场督办和多部门联动督办（办理中心、政府督查办公室与新闻媒介联合督办）的督办结合制度；（7）建立限期办理统计与监督制度，对县级部门和乡镇（街道办）办理情况进行落实和控制；（8）定期编制《县委书记县长公开电话专报》（一般性、经常性和普遍性问题）、不定期编制《县委书记县长公开电话快报》（特殊事态）和《县委书记县长公开电话热点动态分析》（中心工作动态分析和整治意见的报告）等信息报送文件。

县委书记（县长）公开电话受理窗口

2011年8月1日，县委书记县长公开电话办公室在原县长热线办的基础上正式成立。截至2012年4月15日，县委书记、县长公开电话办公室共编发《县委书记县长公开电话专报》14期。共受理群众电话、信息3679件，其中咨询类211件，占总量的6%；建言类376件，占总量10%；投诉类2749件，占总量75%；举报类343件，占总量9%。从来电来信内容和办理部门看，涉及群众生活和生产的40多个方面，基本反映了群众的各方面的需求。咨询类均通过直接答复的方式回复来电来信群众。建言类通过梳理列报方式处理。据统计，在376件来电来信中，梳理出117件有价值的建议转“开门纳谏办公室”处理。投诉类和举报类则通过交办和转办的方式处理，在3092件投诉和举报来电来信中，交办、转办率达100%。对交办转办工作采取流程性监督，依交办转办数量、按期办结数量，按期办结率等指标进行流程性督查、督办。期间，办结2828件，按期办结率高达92％。

这种集受理与办理为一体的机制在实践中显示出受理方便、办理迅速、效果显著的特点。国家信访局领导评价说："中央对信访工作的有关文件和会议精神在神木得到了很好的贯彻和落实，特别是开设了县委书记县长公开电话，分工明确、流程规范，是信访工作的一种拓展和创新，从化解矛盾的角度讲，起到了'缓冲器'的作用；从党委、政府和人民群众沟通交流的角度讲，起到了'连心桥'的作用。"

这种党委和政府联动机制，不仅是党委和政府共同联系群众的"连心桥"和化解矛盾的"减震器"，而且是正确决策的"好参谋"。从制度设计看，将督促落实和及时反馈纳入其中，实际上综合了行政执法指导和行政监督的部分职权，实现了"信办"结合，突破了"信息上达"和"决定下转"、"访者主动、接者被动、办者不动"的传统信访体制的局限；从办理流程看，形成一套内容完备、运行流畅、成本较低的程序，工作宗旨明确、工作制度完备、工作流程顺畅，办理回复高效、准确；从执行政策看，能够做到按政策能办的立即办、符合政策没有条件的创造条件办、不符合政策的讲明理由。这种机制具有普遍推广的价值和意义。

这种机制，如果在指标统计上将投诉类和举报类分别统计，在归口统计按照内容性质合并管理，就可以在总体上更加准确把握信息而得以完善。如果从群众需求的性质和数量分布方面探索出更加科学的部门评价标准，就可以更加激发相关部门的热情和积极性。

2. 广纳民谏、集中民智的机制——"从群众中来"的科学决策。"广纳民谏、集中民智"机制建设是神木在"开门纳谏、问计于民"的基础上提出建立的一种加强与人民群众的联系，保障人民群众的知情权、参与权、决策权和监督权的制度性创新。通过"县委书记县长热线"、《民智》等刊物、神木电视台和《神木报》等方式进行民意征集活动，开辟网络信箱、专栏、建立党员活动中心、村级组织活动中心以及建立党代表、人大代表和政协委员调研和定期接待群众制度等等，来构建"广纳民谏、集中民智"的长效机制。

2008年，在神木新闻网设立书记、县长网络信箱，有网友以"'开门纳谏，问计于民'体现了执政者的'完美之心'"题目惊奇而激动地写到："刚看到这个题目我不禁心头一热，我今天不想纳一件谏，有这么多的民众在参与何差我？我只想说说心里的感受，感觉到神木领导班子更加民主更加阳光，他们为了自己的事业，神木的发展不知想了多少良策，但是仍然不满足，俯下身来倾听民意，集中民智，凝聚民心，能想到这些这么做，他们已经胜出，我们看到的是他们‘力求完美行事.只为百姓谋’之心哪！神木有希望！神木的明天更美好！”2011 年初，神木县政府提出启动城镇立交规划后，有群众建议根据北京建设立交桥的经验，提出在县城大的出入口、城区内路口交叉通行的地方、几大组团之间的连接处、出境路口和县内道路连通处建设立交桥的规划性建议。

2011 年，在原《神木工作交流》基础上，神木创新形式，扩大容量，提高层次，拓宽范围，创办了《民智》双月内部刊物，设立“署名文章、工作研究、调研札记、埠外来风、民谏平台”等专栏，发行范围为乡镇、部门、企事业单位、村级组织、人大代表、政协委员、神木籍在外工作副处以上干部等。已刊登各类文章 100 余篇 50 余万字，实现了“传民声、达民意、汇民智”的既定目标，得到县内外广泛好评。

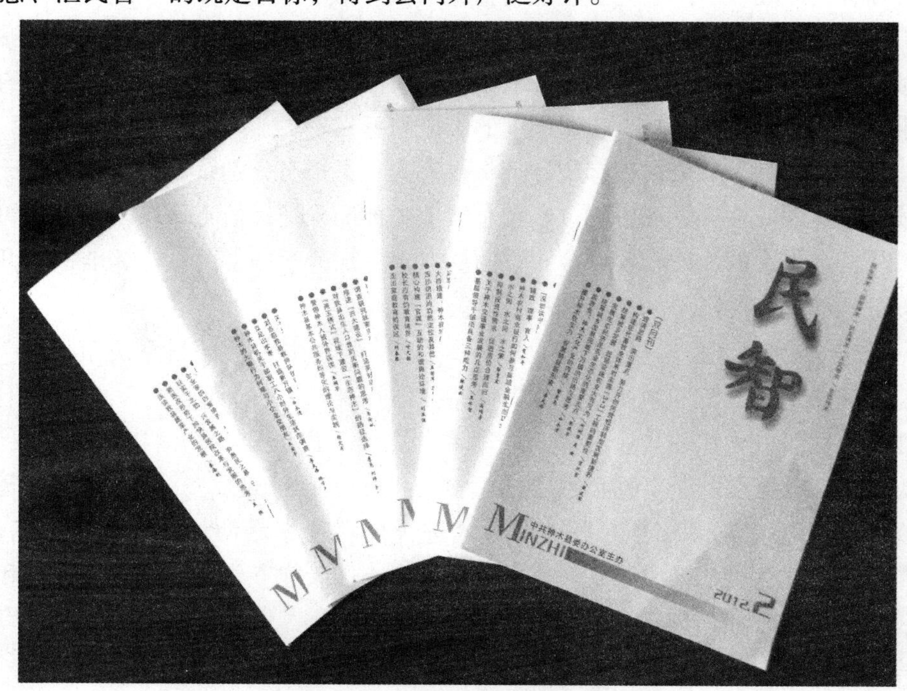

2011 年创刊的《民智》杂志

而神木政协则紧扣社会热点，反映民声民愿，汇聚民意民智，对“凝练、概括出‘神木人文精神’精髓和全面推进‘人文神木’建设”，“幼儿教育管理不容忽视”等社情民意，以“直通车”的形式送县委县政府以及有关部门参阅，持续关注红碱淖湿地的保护等等成为县委县政府决策的重要参考。“广纳民谏、集中民智”机制，不仅是了解民意、解决民困的措施和手段，更是党委和政府在贯彻党“从群众中来”的工作路线基础上，作出符合地方实际的科学决策的综合性机制性创新。

3.“经济民主”的建设——“双创一共享”的机理。邓小平同志在党的十一届三中全会上特别强调“发扬经济民主”，通过赋予生产主体的自主权来破解经济管理体制中权力过于集中这个根本问题。神木经济发展的成果与其“经济民主”方面的特色化的探索相关。在践行科学发展观的实践活动中，县委、县政府高瞻远瞩，以改革开放的精神把“经济建设为中心”的总政策与其促进民营经济发展，壮大县域经济结合起来，制定了包含“经济民主”内容的两个“60条”。在2007年《关于促进民营经济更好更快发展的意见》（旧60条）中提出，（1）非明确禁止的行业、领域全部向民营经济开放；（2）引导民营企业完善法人治理结构，开展现代企业制度方面的培训；（3）政府牵头建立各类民营企业行业协会；（4）重视和加强企业党团工会建设；（5）建立政府与企业定期联系制度和领导包联民营企业制度。这些政策措施具有政府扶助企业意义上的民主建设，做出“放”、“帮”、“联”，属于地方“经济民主”的开拓时期。2008年，决定建立民营经济“县长联络员制度”，分布于11个行业的民营企业经济人士走马上任，通过宣传、建议、调研、协调等方式为政府的民营经济发展决策和服务建言献计。2010年，“五个神木”发展战略提出后，又制定了《关于促进民营经济持续健康发展的意见》（新60条），包括：（1）鼓励和引导民间投资进入法律法规未明确禁止的行业和领域；（2）大力实施民营企业“管理创新工程”，强化企业管理、创新经营机制、推行现代企业制度和完善企业法人治理结构；（3）鼓励民营企业组建各类行业协会和商会，发挥商会、行业协会自我发展、自我约束、自我监督的作用；（4）加强民营企业党团组织和工会组织建设，引导建设“人文企业”；（5）政府决策，必须听取民营企业的意见和建议，反映民营企业的合理诉求。（6）建立县级领导联系民营企业制度、县长联络员制度和非公有经济联席会议制度。这些新的措施，主要体现了鼓励和引导的精神，其核心是充分尊重企业的生产经营自主权，充分激发企业的积极性和创造性，在人民共享成果的意义上建立企业与政府的关系上的“政府创造环境，企业创造财富，人民共享成果”的“双创共享”

民主协调机制，让企业迸发创造财富的欲望和施展潜能的条件。

4. “任职公开承诺”制和公开选拔任期制。任职公开承诺制和部分岗位公开选拔制是“民主神木”实践中人事制度改革的重大成果之一。神木提出把“民主、公开、择优”的方针具体化为把握好多元提名和民主推荐、集体研究的关系，把好民主推荐、民主测评、考察预告和任前公示“关口”，并在部分岗位实行公开直选、公开选拔、组织遴选和差额选拔制度。2011 年，乡镇领导干部换届实践中，神木推行选任领导干部在神木电视台公开向全县人民述职、承诺制度，保障了选人用人的公信度和当选人承诺的透明度。还对神木中学校长（空缺）进行民主推荐、投票任用。在公推方面，由知情人、熟悉行业的人按照政治第一、群众公认、业务公认的标准在教育系统副科级以上干部教师中公开推荐候选人。参加会议的有 76 人，经过公推程序，产生两名候选人。又将第四中学校长（空缺）推选两名候选人。在组织遴选方面，经过县委常委会公开投票、唱票，分别选出神木中学校长和第四中学校长。这选任制度，不同于干部制度中的委任制，闭门讨论的“分配制”，甚至上级直接任命的“空降制”，而是在现实条件下的数次民主投票和数次集中的相互结合，不断推进的过程，是民主制和集中制相互结合的典型性事例。

5. 公开监督制度——让干部安心、让人民放心的“监控器”。监督是“站在高处认真地往下看”，是“局外人”对“干事者”的合法合理的“说三道四”。在践行科学发展观的活动中，以公开、透明、公正为原则，大力推行“阳光政务”、“阳光执法”，不仅规定规范性文件出台后，通过《县政府公报》、神木电视台、《神木报》、神木新闻网等媒体向社会公布，自觉接受社会监督，而且公开县政府常务会议议定事项，每次常务会后都及时将会议内容在媒体上公布。还制定了《神木政府工作人员廉洁从政十条禁令》、《督促检查工作实施办法》等一系列廉政文件和规定，建立了廉政责任制和县委政府联合的督查督办机制，使得民主的公开监督与党委政府联合监督连接，揭示了廉政的根本关键在于在党和政府的领导下以发展社会民主为基础的制度建设的客观规律。干部罢免方面，在《国有企业领导干部管理办法》（2011）中把年度考核、民主测评和组织考核相结合，并把造成国有资产重大损失和流失作为免职的独立理由，是干部罢免制度建设的重要尝试。

（二）实践经验与启示

从神木的民主政治建设的实践看，我们可以获得以下基本经验：

1. 执政者的民主理念激发了人民的积极性、主动性和创造性。但在执政过程中却不一定做到这一点。根深蒂固的“官本位”观念及其表现的官僚主义、形式主义、形象工程等等，同党的民主执政理念及其要求相距甚远。邓小平同志曾说，官僚主义现象是我们党和国家政治生活中广泛存在的一个大问题，它的“总病根”就是计划管理的经济制度及其所要求的中央高度集中的管理体制，而消除官僚主义的法宝就是落实社会主义的民主。神木人把党的十七大“人民民主是社会主义的生命”与县情况相结合，提出激发人民积极性主动性和创造性的根本途径，积极性是态度表现，主动性是行动意识，而创造性则是独立思考，三者步步递进，层层深化。这在根本上把人民作为创造的主体和源泉，是对马克思主义人民创造历史的根本观点的具体化。

2. 人民的智慧为执政者的决策提供了基础和土壤。真正的最高的智慧是人民的智慧。真正坚持党的领导，需要人民的智慧；真正做到执政为民，同样需要人民的智慧。神木人创造的“广纳民谏、集中民智”机制，重要的是把人民作为智慧的源泉，把人民的智慧作为决策的基础和土壤。

3. 执政的最高目的就是让人民生活幸福安康、心情舒畅。神木的县委历届领导班子把神木人民生活和利益放在执政的首位。他们把神木人民看作自己的亲人，把自己定格为亲人而服务的人，并把“以人为本”理解为“以人民的生活为本”，具体化为以神木人民的生活为本，并扎实地贯穿在自己的行动中。

神木民主政治的实践，对中国特色社会主义民主政治建设提供了以下启示。

一是推进民主政治建设，必须理念创新先行。“民主神木”理念，可以与安徽小岗村村民的农村土地家承包制、广西果作村的村民委员会组织相比较。神木创造性地把党和国家民主政治建设的原则和政策与神木建设的实际需要结合起来，提出了既符合党的民主政治的根本原则主张和政策导向，又以其敢干善干的实践气魄，早于他人把民主建设作为地方发展战略的重要有机组成部分。任何一个地方如果要在民主政治建设领域做出的自己特色，就必须首先在观念创新上下工夫，勤思考，真正把党的民主政治主张转化为地方民主建设的理论和实践。

二是推进民主政治建设，必须注重实践需求。任何地方的民主政治建设，都必须围绕本地的实践需要而展开。神木提出“民主神木”，在于他们已经经历了其他地方正在经历，甚至未来才会经历的民主建设的思考过程，在诸多社会矛盾中解决民生问题，是神木的县情和实践的需要开启了神木民主建设的序幕。这就说明，要充分认识地方实际情况，根据实践需要，有步骤地提出自己的民主建设主张。

三是推进民主政治建设，必须贯彻以人民的生活为本。地方民主政治的意义可以很多，但目的只有一个，那就是民主政治建设必须以不断提高地方人民的总体生活为本。从发展阶段的意义上看，经济发展和改善民生具有起点上的优先性和紧迫性，经济发展到一定程度，发展民主必然提上“议事日程”。神木的实践表明，要真正持续发展经济，持续改善民生，就必须以发展民主政治为基本条件。这正是我国改革开放的总设计师邓小平关于没有政治体制改革的成功，经济体制改革最终不能成功思想的当代“表述”。神木的民主政治建设对中国特色社会主义民主政治建设的未来，具有更为重要和更为久远的意义。

四、日益完善的科学决策体系

党代会制、人代会制与政协制，是具有中国特色的社会主义的民主制度。党代表制度是无产阶级专政国体的领导权制度。人民代表制度是“人民当家做主”的最高形式。政治协商制度是在党的领导下的政治协商制度。神木在践行科学发展观活动中，通过党代会制人代会制和政协制相互结合，相互贯通的方式，在县级最高层次保障了科学的决策。

（一）科学决策必须与民主相结合

只有科学的决策，才能产生符合实际的政策。只有符合实际的政策，才能真正做到按照科学发展观的要求，实现科学的发展。科学的决策从哪里来？只能是从科学的决策机制中来。我国决策的机制是由党表会制、人代会度和政协制共同构成的民主决策系统。

神木在践行科学发展观的实践活动中，创新性地理解和贯彻民主集中制原则，在社会民主的基础上，把党内民主制度、人民代表民主制度和政治协商民主制度相结合、相贯通，在诸多方面制订了符合神木实际，推动神木发展的具有特色的科学政策和措施。

县人大常委会主任高崇飞（左二）检查乡镇人大工作

（二）党代会制的科学决策

1．党委常委会议事规则——重大决策民主化。在践行科学发展观实践活动中，神木制定和完善了党内议事规则，规定涉及全县发展的重大决策事项必须充分征求意见，包括广泛征求有关部门领导和常委意见，通过基层调研活动、报纸、网站和电子屏公示的方式征求基层群众的意见，经过集体充分讨论后形成大多数人认为能推行的意见及其理由以及不能推行的意见及其理由。在执行规则上，做到了力度最大、步伐最快，透明度最高。闻名于世的神木全民免费医疗改革的决策就是这种决策规则的真实写照。在县级最高层次上的重大民主决策规则，不仅保证了决策代表的广泛性和决策形成的科学性，而且从制度上排除了个人决定代替集体决策，少数人代替多数人决策的现象，从根本上保障了党委集体决策制度的落实。

2．选人任人的制度创新——“德才兼备、以德为先”的神木化。神木把党的“德才兼备、以德为先”的干部普遍的选任标准转化为特殊的神木标准，即“尊重民意与不以唯选票取人的用人导向。”相结合的选人标准和“让实干的人实惠，吃苦的人吃香，有为的人有位。”的用人标准。

神木县先后出台了《领导干部选拔任用工作暂行办法》、《国有企业领导干部管理办法》、《国有资本控股参股企业县派领导干部管理办法》和《大学生村官管理办法》等4个制度。2011年，《领导干部选拔任用工作暂行办法》规定了动议、推荐提名、考察、讨论决定和任职公示等环节，包括动议、民主推荐、民主测评、考察预告、任前公示、任前廉政等构成的干部选拔的程序。制定《国有资本控股参股企业县派领导干部管理办法》，强调"诚信守法"、"熟悉现代企业经营管理、市场意识、改革意识、创新意识、责任意识和环保意识"、"业绩突出、群众公认"等具体标准；实行任期制和空缺补充制；规定"企业领导干部跨企业、跨行业和跨党政机关事业单位交流"，"民主测评不称职票并经组织考核认定不称职"和"失职、渎职对国有企业造成重大损失或国有资产流失"而免职的情形。这一制度，是神木在国有资产运营公司和混合所有制企业的干部管理方面的制度性创新。制定《大学生村官管理办法》，规定签订定期聘用合同，期满考核优秀者可续聘任；考核比照公务员规定；制定领导联系制度和定期谈话制度；优秀村官可选调进入事业单位，等等。这些创新性制度逐渐突破长期以来的论资排辈，单纯组织委任的做法，走向党内民主和社会民主相结合的民主制和集中制相结合的选人用人制度，具有前瞻性和借鉴性意义。

3. 丰富多彩的民主宣传——外域看神木的"动态印象"。2006年，开通"神木新闻网"，后又追加投资500万全面升级网站功能，开展"开门纳谏、问计于民"活动，设置县委书记、县长征集民意电子信箱，将收集意见分流到相关职能部门，并及时回复办理结果，建立了先进快速的有问必答的网络问政机制。通过网站征集民意机制，及时办理回复达到33件。不仅如此，县委县政府重要会议和文件能够及时集中报道，并向社会公布，保障了人民的知情权。依托神木新闻网，不仅可以查阅到地方重要新闻报道和域外媒体看神木等栏目，还可以轻松阅读和下载政府公报、领导讲话、网友言论等内容丰富，价值实在的各种信息。在全国百强县之中，神木网的点击率位居前十名。另外，神木通过《民智》、《神木报》、神木电视台、神木广播电台和大型宣传栏、宣传牌等形式，让社会公众及时了解神木县情，了解党委和政府的相关政策，从而激发人民群众的民主参与的热情，提升民主意识和民主能力。不仅能够使神木人民和神木之外关心神木的人们能够及时准确地"掌握"神木，更能使县委和县政府能够发现现实的和潜在的问题，找到解决问题的最优办法，并能够公开地检验施政的成效。

4. 廉政风险评估预警暂行制度——防腐倡廉的"履职黄灯"。2011年，神木县委县政府联合制定《神木县廉政风险评估预警暂行办法》，规定“谁提交（承办）、谁评估、谁负责”的全程负责原则，科学划分重大决策风险评估和部门，乡镇和岗位廉政风险评估两大类型类，分类分层，区别对待，做到“因级制宜、对症下药”。其中部门、乡镇、岗位类型引入民主评议和会审制度，是在坚持社会民主（民主评议）和内部民主（行政许可会审制度）相结合、遵循自下而上，循序渐进，民主和集中相结合的规定，是用民主的方法防腐倡廉的重要尝试。

5. 决策咨询委员会和特聘法律顾问制度——提供“施政睿智”的有效方式。成立决策咨询委员会，为科学决策问诊把脉，指点把关。决策咨询委员会成员由在北京、西安等地履职的神木籍或在神木工作的杰出人士担任。他们在神木发展的重大决策方面高屋建瓴，答疑解惑，指明方向。为了使各项决策、政策能够恰如其分地符合国家法律和政策，专门建立聘请法律顾问制度，提供及时专业的法律政策咨询服务。这两项决策和制度是建立自己“智库”的重要步骤，对推动神木把握发展的前沿，前瞻性趋势以及保障神木的创新措施始终在国家政策及其精神范围内，具有重要意义。

6. 规划中的党代表参与科学决策的规划——极具前沿性的党内民主发展设想。神木在民主决策和施政实践中充分利用民主生活会形式，广泛吸纳人大代表、政协委员参与会议，使得党组织内决策民主化科学化，而且这种形式逐渐扩大到企业和社会团体之中。“民主神木”发展战略提出后，又提出党代表每年必须对政府主要决策和重点项目决策提出建议和意见，党代表发言和反馈意见逐步开始落实。在实施意见中，提出适时推出党代表列席县委常委会议制度。这是党的建设中落实党代表权利的重要举措。如果神木率先实行党的会议常任制、定期召开党员代表大会，则一定会走在全国党内民主建设的前列。

（三）人代会制的科学决策

神木人大建立和健全人大工作制度制定《讨论决定重大事项的暂行规定》，修订《常委会会议规则》和《听取专项工作报告办法》，健全了57项机关工作制度，促进了人大机关工作的制度化和规范化，及时制定和出台了《关于讨论决定重大事项暂行规定》。2007年至2011年间，共审议重大事项20项，有力地推动了县域经济社会的发展。其中在县城供水工程方面，通过认真分析工程数据和专家意见，及时作出增加工程预算决定，为解决县城20万居民饮水问题提供了充裕的财力保障；在基建项目的审批方面，常委会按照提前介入，事前监督的工作思路，在项目计划的编制阶段既由财经委员会参与政府立项审查，项目计划草案提出后由主任会议讨论，完善后再由常委会议审议，实现全程参与、全程审议和全程监督。四年来，共审议批准基本建设项目750多项，其中重点项目达420多项。先后对“金融危机对县域经济运行的影响”、“节能减排”、“大学生就业”、“未成年人犯罪”和“文物保护”等十五项内容进行了专题研究，为政府决策提出了合理性建议。

乡镇人大建设方面，他们按照“抓基础、重规范、求实效、创特色”的思路，通过以会代训、乡镇人大主席列席县人大常委会议、参加调研等方式指导乡镇人大建设，通过制度建设和培训、考察学习和创建乡镇“人大代表之家”等方式激发基层人大工作活力，为实现“人民代表在基层”、“人民代表为人民”的工作风格创造了条件。

神木县人大特别重视人大代表工作。在代表建议办理工作方面，特别重视征询代表意见活动、建议和提案活动和落实督办问题，通过联席会议制度、常委会领导包抓督办制度、人大工作部门跟踪办理制度和现场办理答复制度，形成代表建议办理长效机制。2007年以来，人大代表提出建议和意见308件，县政府做到件件有答复、事事有回音。其中已经解决和计划解决的240件，采纳率达到77.2%。重点督办并解决了城区道路建设、环境保护、饮水安全和安居工程等方面的民生问题。

新一届人大代表的政治身份、连任代表比例、企业家代表和代表文化程度比例有较大提高。2011年十七届县人大代表换届期，代表的非党员数量由前届的35名增长到56名，占代表名额的29.8%；连任代表由51名增长到85名，占代表名额的45.2%；非公有制企业代表由13名增长到23名额，占代表名额12.2%；高中文化程度的代表169人，占代表名额的89.4%。人大代表结构的整体性优化，为神木县未来的发展提供更多的智力资源和决策贡献。

在神木人大未来的制度建设和实践进程中，在县委与人大、县政府与人大的关系中，在坚持科学发展、和谐发展的同时，通过听证、质询、罢免等方式逐步落实人大职责、落实人大代表的代表权利，就能更好地发挥议政提案的作用，在中国特色的社会主义国家民主政治的建设中走在发展的前潮。

（四）政治协商制的科学决策

神木县领导班子站在科学发展观的高度，对政协的地位和作用作出了独特的理解。在他们看来，政协是“一本丰富多彩的大书、一所渊博精深的大学、一支乐于奉献的队伍”。在这本书中蕴藏着丰富多彩的各种知识和智慧，在这所大学中获得知识和能力的锻炼，在这支队伍中找到各种各样的可靠的、用得上的人才。这是神木县委领导班子“求贤若渴”、“精诚相待”、“虚怀若谷”的真实写照。

在民主神木建设中，县政协发挥以下作用：一是中介和桥梁作用。政协委员直接与人民群众工作和生活的联系，能够在党委、政府与人民群众关系发挥第二管道的作用。二是收集基层群众呼声的作用。政协委员就是“信息收集员”、“问题调查员”，通过专题调研、走访基层生活的形式获得群众最直接、最真实、最迫切的需求和愿望。三是协助党委和政府科学决策作用。通过提案、列席、参加重要会议等方式，帮助出好点子、提好建议、做好方案。

2007 年至 2011 年，神木政协提案 446 件，内容涉及城建规划、公安交通、文教卫生、民政和农林水利等事关人民生活领域，并全部得到办理和答复。其中关于加快杨家城开发，城市社区综合服务中心建设，规范城乡低保户管理，做大做强大红枣产业，生态治理资金，发展非煤产业，加大采煤塌陷区治理力度和设立创新孵化基金等提案对神木县的经济社会发展具有推动作用。神木政协委员訾诚亮、訾宏亮在特殊人群教育学校和三大公益金筹措方面建言献策，是众多政协委员中的优秀代表。此外围绕中心，服务大局，提高质量，讲求实效，先后多次组织150多位委员分别深入基层，下农村、进厂矿、到机关、学校广泛开展调研工作，收到良好效果。

各界人士联谊会（右三为原县政协主席焦调瑜）

2011年神木政协换届中，政协委员分布行业广泛，代表性增强，涉及党委政府、企业、学校、社会团体等16个领域。民主党派和无党派人士达到107名，占政协委员总数量的61%；新提名委员80人，占46%；55岁以下的委员173名，占总委员人数的98.8%；中专以上文化程度委员174名，占99.4%；董事长、厂长、经理层人士达到67人，占总数的38.2%。委员的年龄结构合理，文化程度较高。政协委员结构优化，为神木未来的科学决策积聚了丰厚的智力人才。

（五）科学决策的关键是从人民群众中吸取智慧和营养

神木的党代会制、人代制和政协制的实践经验告诉我们：科学决策离不开党的领导和集中决策的形式，但集中决策说到底是对人民的智慧的凝练和升华。科学决策，最根本的问题是如何对待人民群众在科学决策中的基础性作用。办事情，以人民群众的需要为要；想问题，以人民群众的意见和建议为基。

在民主神木的建设中，神木人提出党代表、人大代表与政协委员要成为建设民主神木的“先行者”。提出的适时推行党代表、人大代表和政协委员列席县委常委会、人大代表、政协委员列席县政府常务会议制度，实际上把民主决策和民主监督纳入到县级最核心的会议中去。这是“人民当家做主”的政治原则通过代表直接参与决策和讨论过程的新形式。在这个意义上，神木的经验告诉我们：科学决策的关键是从人民群众中吸取智慧和营养。

从政权层面看，党代表制度、人民代表制度和政治协商制度三种制度的相互关系及其融合，是实现科学决策的重要问题。神木人把党代表制度，人民大会制度和政治协商制度相结合，一方面坚持了中国特色的社会主义民主政治的基本原则和架构，另一方面又从神木县情出发，创造性地把三种制度融为一体，体现了中国特色社会主义民主政治的神木特色。

五、“政权型”民主建设

政权型民主建设包括政府民主建设和司法民主建设。在践行科学发展观的过程中，神木县委领导班子提出创建“三型政府”的发展目标，既保障了政府创新性地依法行政，又彰显了政府的公信力和透明度。同时，司法机关勇于创新、文明执法、亲民爱民，各司其职，为神木的良好法治环境做出了显著的成绩。

（一）“阳光型”政府

2006年，神木人响亮地提出包括“阳光型政府”在内的“三型政府”的发展目标。“阳光型”政府是真正实现“亲民”政府的最优方式，因为唯有“阳光”才能带给人民带来持久的温暖，唯有“阳光”才能让人民感到透心的“明亮”，唯有“阳光”才能使人民获得有尊严的公平和正义。阳光型政府是讲规则、重公信的“理性政府”，包括了民主决策、政务公开和民主监督等关键环节。民主决策，解决的是决策的科学性和合理性的问题，防止的是“一言堂”、“拍板定案”的瞎决策。政务公开，主要是指行政服务的社会公开，保障的是行政执行的合法性和合理性，防止的是“暗箱操作”和“人情执法”的问题。民主监督是人民对政府行为“质量”的观察、评议问题，防止的是行政权力被滥用的问题。

十一五期间，神木在政府行政决策、经济发展的特色规范性文件、行政监督制度、民主生活会等方面取得突破性进展和骄人的成绩；在政法、司法、公安、检察和法院等政法工作方面的机制和制度建设方面取得显著成效。

廉租房分配现场

（二）依法行政的政府建设

神木人在其民主神木建设中，着力于公开透明的政府自身建设，通过推行决策民主化、程序化，重大经济特色文件，完备社会保障制度，建立独具特色的县委县政府联合督查室，组织民主生活会，建立“两落实四包办”信访机制，健全民政制度等，推进了民主政府建设。

1．力推行政决策的民主化和程序化，为行政政策颁布合规的“准生证”。2009 年 4 月，神木县政府出台《神木县人民政府行政决策程序实施办法》，把行政决策划分为一般行政决策和重大行政决策，提出依法决策、科学决策、民主决策和效能决策等四大原则。在行政决策民主化方面，不仅规定“反映民意，集中民智，做到公众参与、专家论证和政府决定相结合”的方法和“体现和反映最广大人民群众的根本利益”的目的，而且要求开展“问计于民、问需于民、问政于民”，“开门纳谏、问计于民”和“广纳民谏、集中民智”活动。在行政决策的程序化方面，规定了“提出方案、充分协商、听取意见、咨询论证、公示听证、法律审查、形成决议和结果公开”等八个环节构成的决策流程。2010 年，行政决策机制方面完善重大行政决策集体讨论制度，合法性审查和评估制度，公开征求意见和听证论证制度，专项问题专家意见制度和跟踪反馈，责任追究制度。行政决策的民主化和程序化不仅保障了人民群众行政决策的参与权，保障了行政政策的科学性、合理性和正确性，防止了不科学、不合理甚至错误的行政政策的出生，而且是行政决策中贯彻和落实民主集中制的具体而生动的体现。

听证制度保障行政决策的民主化科学化

2. 制定经济发展的特色规范性文件，助推民营经济快速发展。神木县委领导班子立足县情和大力发展民营经济，创造性地出台了一系列颇具特色的政策性文件。（1）在完善2001年制定的《国有投资管理规定》基础上，于2006年迅速推出《国有资产运营公司投资管理办法》，用“市场经济”办法，不仅盘活了县级国有资产，而且使得其在强力服务民营企业融资中快速增值，形成了混合所有制经济类型。2009年，又出台《神木县国有资产运营公司投资参股管理办法》，实现“扶持民营经济健康快速发展、发挥国有资产投资效益、规范国有资产投资参股行为”的目的。（2）2007年，以“政府创造环境、企业创造财富，人民共享成果”的政企关系新理念，出台了《关于促进民营经济更好更快发展的意见》，从产业发展引导、企业培育扶持、政府服务管理和激励考核评比等四个方面为企业的发展创造“权所能及”的优良环境。2008年，为了加强政府与企业的经常性联系，建立了民营经济县长联络员制度，选聘28名民营企业家意见“直通”县长办公桌；为了满足民营企业对高素质人才的需求，特别推出了政府付薪、服务企业的“白领派遣”制度。2011 年 4 月，为了推进“五个神木”建设，制定《关于促进民营企业持续健康发展的意见》，在更高层次、更广范围内引导民应企业参与产业结构优化调整、推动民营企业实现转型升级、营造优良环境提供优质服务，特别在政府与企业的民主协商决策和民营企业评议职能部门制度方面取得重大突破。

3. 建立完备的社会保障制度系统，扮演扮民生建设发展的“平衡器”。(1) 从 2003 年制定《城镇居民最低生活保障暂行办法》，至“三型政府”的提出，先后制定包括《农村居民最低生活保障制度实施办法》、《新型农村合作医疗管理暂行办法》、《城镇居民合作医疗管理暂行办法》等 6 个文件，形成了覆盖城乡的低保和医疗保障制度体系。(2) 2009 年 3 月，推行全国首例的全民城乡一体化医疗保障医疗改革，并制定了《神木县全民免费医疗实施办法（试行)》，包括“全民受惠，广集资金、财政为主，统筹安排、综合管理”的原则以及免费对象管理机构、基金筹管、住院医疗、费用结算和监管奖惩等等系统内容。(3) 2008 年，制定《新型城乡居民社会养老保险试行办法》，2009 年制定《城乡居民社会养老保险实施方案》。覆盖全县城乡的最低生活保障制度、城乡居民免费医疗保障制度和城乡居民社会养老保险制度体系全面形成。这是神木人在不断“以人民生活为本”的执政理念全力推进民生建设实践的结果，也是促进民生建设健康有序发展的重要保障。

4. 建立独具特色的“联合督查室”，担当保畅通促执行的“巡视员”。1994 年，神木县政府制定《政府系统督办工作暂行办法》，开始探索行政监督的有效途径。2009 年 6 月，建立行政执法投诉举报制度，公布投诉举报邮箱和投诉举报电话，指派专人负责受理、登记，特别规定投诉告知和通知制度。2010 年 11 月，制定《督促检查工作实施办法》，设立县委和政府联合“督查室”。督查对象包括央省驻神单位和企业在内的县域全部法人机构，职能包括督查和督办。其中具有创新性规定有：(1) 决策部署设置分解立项、跟踪督查、抓好落实和及时反馈四个环节；(2) 领导批示落实设置呈批立项、督办落实、报告结果和审核报送等四个环节；(3) 督查方法规定催报、现场检查和明察暗访、协调、调研、催办和监测等多种方法。这种立足县委政府联合监督政策，成立调动党委和政府资源的专门监督机构、建立一套程序规范，保障各种规定和政策的落实，是打破党政部门之间条条框框，解决行政执法和行政服务落实难的制度性创新，具有普遍意义和推广价值。

5．组织畅诉欲言的民主生活会，营造良好平等的讨论氛围。神木制定了党委、政府的民主生活会的议事规则，召开民主生活会议前，首先把相关文件发送给参加会议的各位领导，详细阅读并提出修改意见；然后在民主生活会中邀请人大代表和政协委员列席会议，并提出意见。重大决策和重大项目的出台，都必须经过这种民主生活会的讨论，才能做出最终决定。无论机关、部门、学校还是企业，普遍把民主生活会作为民主讨论和集体决策的形式。在民主生活会中扩大参加会议成员，特别是外界人士参与，是增加民主成分，实现科学决策的好办法，在一定程度上突破了组织限度，值得借鉴和推广。

6．建立“两落实四包办”信访机制，夯实责任贴近群众。一是落实信访责任，实行首办责任追究制；落实领导责任，实行包案、公示、接访、落实工作制度。二是建立县、乡两级信访梳理程序，成立乡镇矛盾纠纷排查调处中心，实行归口包办制度，重点落实包掌握情况、包思想教育、包解决化解、包息诉息访责任制。同时，建立县级领导定期轮流大接访制度，采取定点接访、重点约访、带案下访等多种形式，变“群众上访”为“干部下访”。通过信访联席会议，解决重大信访问题。把落实责任与接访制度有机地结合起来，既保证了承办人的责任心，又找准了工作的着眼点，同时充分利用体制性资源的力量化解决人民内部矛盾。

7．健全民政制度，大力发展县域社会组织。十一五期间，神木制定了《城乡医疗救助办法》、《五保供养办法》、《临时救助办法》和《特殊人群砖项救助办法》等十二项规章，建立了完整的民政制度体系。2010 年 6 月，制定《城市居民最低生活保障对象家庭收入核定办法》，建立“帮扶渐退”制度；制定《农村居民最低生活保障家庭收入核定办法》和《农村低保民主评议工作程序》，确保了低保对象的真实性。2011 年制定《城市居民最低生活保障暂行办法》，建立低保对象的收入核对机制，实行“应保尽保，应退尽退”。制定《农村最低生活保障制度实施办法》，以低保与临时性救助相结合破解按人施保难题、村评和乡审相结合破解收入核算难题。这些制度的建立，标志神木民政制度体系趋于完善。新社会组织健康有序快速发展，由 2006 年 36 个发展到 2010 年底的 121 个，其中社会团体 88 家、民办非企业 23 家，文化娱乐工业服务和农村服务性社会团体 10 个，布及公益慈善、环境保护、文化教育、体育卫生和工业经济等多个领域。2011 年 1 月，亚华集团董事长王凤义设出资500万设立个人慈善资金，并由慈善协会管理和确定援助对象。生态协会、慈善协会和兰炭协会受到中央、省和市的高度关注。

（三）创新为民的司法机关

1. 总揽全局、系统推进和谐社会建设。在践行科学发展观的活动中，神木政法委坚持公正司法与和谐社会建设相统一，针对神木经济社会发展过程中产生的地权地界纠纷、矿权纠纷、塌陷纠纷、社会治安和交通事故等引发的涉法涉诉问题，通过不定期抽查司法机关办理案件方式，提高司法机关的办案质量；通过对“群众上访”的正面社会价值的认识，积极化解各类社会矛盾，促进社会管理创新和公正廉洁执法建设。通过完善社会稳定风险评估，社情民意调查和维护群众权益，情报信息报送和分析研判，社会矛盾纠纷排查化解，接访下访工作，涉法涉诉信访问题处理，重大突发事件应急处置和基层矛盾化解责任等八大机制，化解社会矛盾，维护社会稳定；通过社区矫正、帮教管理、青少年关爱护、流动人口融入、社会治安重点排查整治、平安神木创建、信息网络建设管理、社会组织规范管理和社会管理与服务水平提升等九大工程，推进社会管理创新，加强社会治安综合治理；通过加强执法能力、规范化、信息化、公开化、监督机制、执法考评体系和政法机关党的建设等七大建设，推进廉洁执法，提升队伍素质。这些司法实践及理念提升和一系列的工程和建设，系统地推进了神木的和谐司法工作。

2. 通过基层建设和科技强警，打造“平安神木”。随着神木经济社会的发展，盗窃、抢劫大案频发，人民群众怨声载道，人大、政协提案纷飞，社会治安状况堪危。2005年10月，在县委、县政府的强有力的领导下，神木公安积极践行科学发展观活动，以“平安神木”建设为抓手，通过集中开展“两打两禁一整顿”行动和“集中整顿振警威、改进作风树形象”活动，初步扭转了“糟糕”的社会治安形势。2006年，他们把“抓基层、打基础、苦练基本工”作为“民心工程”，通过“警力下沉、警务前移”、“从优待警”，实施以“1+3社区模式”和“1+2农村模式”的基层警务战略，获得了治安案件下降42%，群众满意度上升28%的好成绩。2009年以来，他们以建设“平安神木”为主线，开展“大学习、大讨论”活动，解决了“为谁执法、为谁服务”的问题，用“问卷评警、基层座谈、内部互评”等民主的方法进行“警民对话”和作风建设活动，设立“群众意见咨询岗亭”，广开门路，纳言纳建。他们还走“科技强警”之路，2006年8

月开通了以公安信息网络为基础、以GIS地理信息系统为支撑、以无线和有线通讯系统为纽带的公安指挥、交通控制和消防接处警为一体的"三台合一"集成平台，快速、有效形成统计分析和预案指导的"平安神木"的"神经系统"。2009年，创造了"城区防范网格化、社区防范物业化、市场防范保安化、重点部位技防化、单位防范责任化、农村防范群众化"和"关城门、抓现行、大协作、信息化"的"六化四术"社会治安防控体系。2010年，又发展为包括以"党政主责为导向的思想观念创新、快速反应为核心的工作创新、社区警务为平台的建设创新、科技强警为依托的保障创新和情报信息为牵动的运行机制创新"等为内容的"五项创新"。司法局成立社区矫正部门，建立矫正对象交接制度和司法E平台，形成了局指导、乡负责、村协助的三级矫正监管机制，建立法律援助联络站、设置残疾人无障碍通道、开辟绿色维权通道，形成了以"举办一场法律宣传讲座，化解一件疑难矛盾纠纷，督办一起法律援助案件，帮助一名刑释解教人员，探访一个服刑在教家庭，指导一名社区矫正人员，包联一个贫困家庭"的"6+1"服务模式。

3. 以管理创新推进群众满意度，实现为民服务宗旨。在践行科学发展观活动中，神木检察院形成了"榜样定心、制度定行、形象定绩"管理模式，提出"敢于监督、善于监督"的法律监督理念。通过寻找思想认识的"突破口"，完善检察长接访机制，邀请人大代表和政协委员座谈及工作情况通报，推行"检务公开"的阳光检察工作，共建"检察平台"，建立社会化大预防体系，实行执法责任制和错案责任追究制和推行人民监督员三类案件评查，监督机制等制度、机制和措施创建，将办案与"检察建议"和法制教育有机结合起来与3所学校共建了"法制教育基地"，由3名业务骨干分别担任法制副校长，努力优化青少年的成长环境，提高了检察工作的社会满意度。神木法院把立足"司法为民"的理念，将"大调解"摆上司法为民的首位，形成了"调解优先，调判结合"的办案理念。利用远程立案系统，将基层法庭和县法院紧密相连，同时大力推行传真立案、电话预约立案、巡回立案、上门立案、假日立案等便民措施建立"绿色诉讼通道"的立案调解速裁程序。引入"法院审判管理系统"，包含"案件流程信息系统"和"案件信息管理与司法统计系统"，实现司法流程信息化覆盖，简化了案件当事人诉讼登记。建立全方位调解工作机制，引入人民陪审员参与调解机制，发挥人民调解的作用。初步建立"党委领导、人大监督、政府参与、法院主办、社会各界支持”的执行联动机制。十一五期间，设立100万元执行救助基金，共发放执行救助基金79.5万元。邀请人大代表、政协委员召开征询意见座谈会9次，旁听案件审理32次。选拔20名政治素质过硬、文化程度较高的群众担任人民陪审员。

（四）政权型民主建设的经验与启示

神木政权型民主建设的实践为我们提供以下重要经验：一是神木政权型民主建设是以“三型政府”创建目标为统领的全县一盘棋，各机关、各部门、各阶层共同参与、共同行动的地方民主发展大行动。向解放思想要理念、向勇于创新要办法，向积极开拓要成绩，不为传统的观念框框所束缚，不为传统的做法条条所羁绊，不为传统习惯作风所困扰。二是在科学发展观的实践活动中，紧紧围绕施政目标，根据实际情况，通过民主程序制定出科学的、行之有效的地方性政策，然后去不折不扣地贯彻执行。先制定政策、后执行政策，保证了执行活动严格按照政策执行和保障政策目的的实现。三是特别注重机制、制度、工程、模式等系统化建设，形成各种重要的、相互联系和配套的机制系统、制度系统、工程集群和多样模式。各部门在自己的权限范围内，能够根据具体实际情况，积极总结工作经验，并上升到具有指导、示范意义的好制度、好做法。这些经验是中国特色的社会主义民主政治建设的深化和具体化。

神木政权型民主建设的实践促发我们思考以下问题：一是如何正确、准确贯彻执行国家政策。国家政策在宏观的层次上指导地方的实践活动，但在与地方实践结合的过程中不应生搬硬套、毫无变化地去执行。要把国家的现有政策用好、用足、用活，就必须以解放思想、实事求是为指导，并根据地方的实际情况制定出既符合国家政策的精神和规定，又符合地方发展的客观需要的地方性政策。在国家只有总体精神而没有具体政策的情况下，就必须按照上级精神创造性地制定自己特色的地方政策。二是如何科学确定地方（县级）的政策制定权。从神木的实践看，他们出台的创新性的政策，不仅在推动本地经济社会发展中发挥了极其重要的作用，而且在形式上具有县级“地方性立法”的性质。按照改革开放的总设计师邓小平“大胆探索”和下放权力的思想，我们需要站在中央和地方的关系的高度，对县级政策制定权问题加以科学研究和合理规定，把党的方针、政策落实到地方建设中去，更好地推动科学发展的实践和实现服务人民的宗旨。

六、神木的基层民主建设

在“民主神木”建设过程中，神木人通过农村“两委”班子建设带动农村经济社会发展，通过城市社区党组织建设促进社区民主建设，以及通过混合所有制法人治理结构创新，在基层民主建设的思路、方法、制度和途径等方面作出了独特的探索。

（一）乡村自治民主建设的特色与经验

神木人在改革开放政策推动下，依托丰富的煤炭开发使得经济走上迅速发展的“快车道”，并逐渐形成了“三富三不富、四个不同步”的县情，城乡之间和南北区域的贫富差距越来越大，统筹城乡发展的压力越来越大。在着力解决这些问题的过程中，形成了乡村民主建设的特色和经验。

村“两委”选举现场

1. 特色。(1) 独创“干部职工到村挂职”制度，为开展农村建设创造全方位的条件。2006年初，神木县委、县政府领导班子深入理解中央“加强领导，加大城市人才、智力资源对农村的支持”的农村发展政策，创造性地提出用“市场经济”的办法解决经济发展的设想。经过全县干部的思想解放大讨论、深入实际的调查研究和动员宣传活动，制定《干部职工到村到企业挂职管理暂行办法》。按照“政策引导、利益驱动、自愿报名、组织选派”相结合的原则，在部门机关选调一批优秀干部到村和企业挂职，政府在项目选择、资金扶持等方面给予全方位支持，到村挂职的时间为一年，挂职干部成为提拔干部的重点考察对象。政策刚出台，799 名敢吃螃蟹的优秀干部在 1100 多报名参加的干部中脱颖而出。2007 年，又有 569 名干部加入到挂职干部的行列。农村挂职干部发挥他们的知识优势、政策优势和管理优势，帮助挂职村搞好新农村建设规划，带领农民发展农产品加工业和现代服务业。畜牧局干部杜林挂职于大保当镇补拉湾村，不仅帮助村上理顺了“两委”关系，而且带领群众引进种羊、建标准化圈舍、建青贮窖，对农民进行技术培训，使当年农民人均纯收入增加 200 元。干部职工到村挂职制度，为农村注入了市场经济的意识、政府的政策支持和必要的人才支撑，推动了农村经济、政治和社会的发展。这一制度创新在一些地方得到复制和推广。

（2）能人富人（致富返乡团）返村任职行动，为选任农村干部拓宽有效渠道。2008 年，县委组织部针对村干部思想保守、难以适应新农村建设的需要的难题，创新性地提出鼓励民营企业家、退休干部、复转军人、社会能人和好人等能人富人返村任职的设想，并确定了 11 名优秀民营企业家到经济落后、基层组织涣散的村庄任职，在村两委会换届选举后领到政府颁发的村支部书记和村主任“任命书”和“当选证”。至 2011 年底，全县共有 300 多名企业家和经济能人组成“致富还乡团”，担任农村村民委员会和村党支部主要领导，涌现了一批返乡任职的先进典型，优秀的“能人富人”的村官已达 150 多人。白兰廷返村任职后，在短短的一年内，就把家乡从“烂杆村”（四类村）提升到“二类村”。赵向东上任村支部书记后，出资 300 万元修建村道路和蓄水池，带动 8 户村民搞运输。刘银娥上任后，不仅投资 300 多万元修建了连通 12 村庄的道路，而且给每个村民家庭赠与价值 2 万元的企业股份，使家家户户成为“企业股东”。2012 年，他们按照“群众威信高、政治觉悟高、化解矛盾水平高”的标准，更加重视从农村致富能手、返乡创业的企业家中选配村两委会班子成员。换届选举中，有 597 名致富能手和企业家获得当选。神木镇前应则村杨小平，以投资家乡修路通水工程和修建移民小区全票连任该村党支部书记。中鸡镇纳林采当村贺振刚，在竞选中承诺投资 2000 万元建设绿色蔬菜大棚和大型养殖场而高票当选村主任。能人富人返乡任职行动，不仅带动了贫困村的经济发展，而且为农村民主政治的发展找到了以农村政治资源从优选择农村当家人为突破口的“先富带动后富”新路子。

（3）大学生担任村书记或村长，为更新农村干部找到捷径。2007 年，神木县在全省率先开展选聘大学生担任村官实践活动，确定“公开选拔、统一聘任、乡镇管理、服务农村”的总体思路，设立专门办公机构，负责选拔管理工作，按照“自愿报名、组织审查、公开选拔、择优录取”的方式，在神木籍全日制普通高校毕业生中，公开选拔聘用了 80 名毕业生。制定《神木县关于选派优秀高校毕业生到农村基层担任村官的实施意见》和《大学生村官管理办法》等文件，实行“县派、乡管、村用”，落实工资待遇、生活保障和政治待遇，为大学生扎根农村、安心村务提供了有力保障，让他们真正“下得来、留得住、干得好”。“大学生村官”温玉福积极联系“四妹子”小杂粮有限公司，将全村和周边村的小杂粮统一收购、盒装出售，为全村增收 60 多万元。2008 年，村两委换届选举中，有 27 名大学生当选为村书记或村主任。至 2011 年，共选聘 287 名大学生担任村书记助理和村长助理。2012 年换届选举中，69 名大学生村官当选村“两委”班子成员，这一举措，有力地增强了基层党组织和村民自治组织的活力，解决了农村管理人才缺乏和乏力的难题，培养了农村两委高素质的接班人，使得他们由“外乡人”成长为农民的“贴心人”，从农村工作的“门外汉”成长为娴熟农村工作的“岗位能手”。

（4）探索小村“两委”负责人“一肩挑”，为凝聚农村政治资源积累经验。神木从探索本地空壳村、空巢村、萎缩村的发展难题出发，针对其既缺乏人才资源，又容易产生两委会矛盾，从而影响农村经济社会的发展的实际状况，在规模较小、人口较少的村庄实行村民委员会和村党支部推行村支部书记和村长一人担任的“一肩挑”制度。2011 年，县委发出《关于进一步加强党的农村基层组织建设的通知》，普遍开展党员民主评议、党员设岗位定责与党员公开承诺书、党组织两推一选制度建设和党建联系点、示范点实践活动。神木因村制宜，在小村实行两委“一肩挑”制度，既凝聚了农村两委会的政治资源，又通过农村基层组织民主建设对两委会“一肩挑”实行民主监督，从而避免了农村党权和政权高度集中而可能造成的不良后果。

（5）建立“民主评议”制度，为确认低保对象敲定路线图。农村实行最低生活保障制度以来，“低保究竟保障谁”的问题突显出来。神木人较早推出了农村低保分配中的民主评议制度，将农村低保享受对象分为“A、B、C”三种类型，低保资金实行一户一卡，并将“民主评议”引入农村低保户对象的确认过程。2011 年全县低保实现城乡一体化。神木将农村党组织、村委会、监委会和村民代表联合组成评议小组，并采取现场评议、无记名投票、公布异议等民主环节，不仅保障了评议的程序公开和结果公正，而且综合运用村民委员会组织法的规定，将民主评议扩大到组织、代表参与和公开程序相结合，实现了农村低保的“分配正义”，具有借鉴性意义。

低保评议制度化

（6）“难点村”治理，为诊治农村难病开出猛药。2010 年 11 月，神木县委根据全县农村实情，制定了《关于全县村务公开和民主管理“难点村”治理工作的实施方案》，以“解决农村群众最关心最直接最现实的利益问题为切入点”，把“难点村”治理与保障村民物质利益和民主权利结合起来。他们把群众满意作为评价治理难点村成效的主要标准，具体分析“难点村”的成因，对难点村作出分类并对症下药：针对村党支部软弱涣散、村干部能力不强的村庄，主要解决党组织和村组织的问题；针对村务不公开的村庄，主要发挥村民监督委员会的作用，推行“村民点题公开”和“答疑纠错”

制度；针对重大决策不透明的村庄，强制召开村民会议和村民代表会议，实现民主决策；针对农村干部作风的村庄，推行民主评议制度。“难点村”往往是村民民主制度长期没有落实或者落实不好而积累起来的村庄，说到底，还是与群众的物质利益和群众的民主权利状况颇有关系。神木人实事求是、因村制宜、解剖难点，并有针对性地对“难点“下手的工作思路，是一切从实际出发和具体问题具体分析原则的体现。

2．经验。从神木乡村民主建设的特色中可以总结出以下一些经验：(1)创造性把党和国家的基本政策与地方的客观实际情况结合起来，制定出符合自己实际情况的政策，是地方真正落实党和国家政策的有效途径。神木“干部职工到村到企挂职”制度，是在遵循国家的异地交流和培养干部的“干部挂职”制度的基础上，将这种政策创造性地转化为服务农村、服务企业、服务基层的培养干部新制度，把干部的培养与农村经济发展的客观需要“水乳交融”地结合起来，让干部带薪到农村带头创办、领办企业，带动农民共同富裕，并成为其他地方学习和借鉴的样本。(2)创造性地利用本土资源引导能人富人返乡任职，改善了农村基本社会关系，为构建和谐农村社会探索了一条可行之路。能人富人带动村民共同富裕的典型依然是改变农村贫困面貌，实现农村可持续发展的最重要的思路，并不是穷人的“对手”，而是穷人致富的“引路人”、“帮手”和“朋友”，不仅改善了农村生产生活条件和增加了农民的收入，而且改变了富者益富、穷者日穷的农村阶层分化的趋向，和谐了农村社会的政治生活关系，开辟了农村民生和民主共同发展的好局面。

从全国层面看，1998年四川“步云实验”，赢得了诸多研究乡村民主建设学者的赞誉，并成为研究基层政权直接选举的样本。我们认为，无论在城市好是在农村，基层民主政治权利的基本条件就是作为公民身份以及因这种身份而有能力正确地行使公民的政治权利。神木的实践表明，在推进农村基层民主建设进程中，发展农村经济，增加农民收入，改善农民生活的方式本身就是基层民主建设的重要部分。在农民看来，“选票”和“票子”是相通的，谁增加了农民的“票子”，谁就能赢得农民的“选票”。乡村民主建设在于建立同本地农民的生产和生活相联系的特殊性的制度。神木乡村民主未来发展的着重点在于：一是继续做好农村村民委员会候选人的能力和品质兼具工作，带动农民走共同富裕之路。二是坚持“收缩转移，集中发展”的统筹城乡建设模式、县城组团链接和重点镇建设规划，加快城镇化和撤县设市进程，并择机将基层民主建设的重点从乡村民主建设转移到城市社区民主建设上来。

（二）城镇民主社区建设的探索与经验

1. 提出与规划。改革开放以来，城镇社区建设起步早、进展慢的局面仍然没有得到根本性的改观，成为我国基层民主建设的“短板”。神木领导班子在践行科学发展观的活动中，及时开展了社区建设活动。

2006 年，在创建“三型政府”实践活动中，神木从矿区社会治安和民生建设的实际需要出发，提出创建“平安社区”、“和谐社区”目标，把党和政府的政策同神木人民的生产生活结合起来，依托城乡社区顺利推进“十大惠民工程”。2010 年，随着践行科学发展观活动的继续深入，又提出颇具特色的“五个神木”总体发展战略，“民主神木”成为在全国范围内具有借鉴和启发意义的创新性政治设计。以实施民主神木发展战略为指导，提出了建设“民主家庭、民主单位和民主社区”的基层民主发展的具体目标和措施。作为快速崛起的矿业县，神木城镇人口快速增长，数量突破 29 万（仅神木镇人口超过 20 万），城镇化率达到 70%，基本形成了以县城为主体，八区六园为骨架，四大镇为重点的发展格局。随着神木县现代化发展的步伐，城镇的地位及其功能将在神木县的整体发展中越来越重要。在“民主神木”的建设过程中，城镇民主社区建设就成为基层民主建设的实验场和主战场。

2. 实践探索。神木对主城区实行行政建制改革，将城区统一规划为四个街道办和十六个社区，近期面积达 22 平方公里，远期规划面积达到 46 平方公里，使主城区全部“城市化”，为主城区实行城市化管理，推进民主社区实验提供了制度性空间。另外，在全县实行乡级政府镇级化，将乡政府撤并、改编为镇政府，并围绕省重点镇建设规划，把店塔、大柳塔等建制成熟镇和锦界、大保当等新兴工业镇作为发展的重点，迅速推进城镇化建设。

神木城区民主社区建设紧紧围绕“五个神木”发展大战略，按照以社区党建带动社区民主建设，以社区民主建设服务社区民生建设的思路，作出了尝试性的探索。以继业路社区和陵园路社区的民主实践活动为例，阐明神木民主社区建设的特点和特色。

（1）通过完善社区党组织制度，推动“民主社区”建设。近年来，继业路社区在党委和政府的领导下，制定了“三会一课”、党总支党内生活、党总支工作、流动党支部民主评议党员、学习培训、群防群治和群众报告等一系列具体制度，创建流动党支部形式，组织社区暂住流动党员参加党员生活，并提供服务，一方面推动了基层党组织民主建设，另一方面把党内民主与社区群众生产生活工作结合起来，保证了“民主社区”的有序开展。陵园路社区党委和社区组织创建了劳动保障站、残疾人工作站、“创卫”办、社区戒毒康复站、社会治安综合治理工作站、计生服务站、温馨家园健身室等服务平台。通过发放“连心卡”和开通服务热线，开展党员帮扶老年人活动。

神木县新型城市社区

（2）通过民主管理信息化和规范化建设，实行“阳光社务”。神木县委县政府重视从硬件方面改善社区办公条件，实现社区工作信息化。将计生对象、社保、医保、残疾人、优抚对象、常住人口、流动人口、党员、帮扶对象等纳入信息管理系统，保证了社区管理的需要，为社区居民提供便捷服务。他们不仅对计划生育政策条例、妇女之家、党员干部章程、综合治理等政策和工作流程进行版面设计，上墙公示，保障社区居民的知情权，保障社区工作依法依章和公开透明，而且对工作档案做好登记保存，便于上级审核检查和公众查阅监督。

（3）通过征求民意征集和民主评议的方式，提高社区民主决策的科学性。陵园路社区针对涉及本社区建设过程中存在的问题及其居民对本社区发展的建议和意见，以社区居民中发放征询意见表方式收集居民建议和意见，进行认真梳理，作为社区决策的重要依据。继业路社区以民主评议方式确定城市低保对象，其具体过程为：第一，由全体居民投票选出符合城市居民低保条件的居民；第二，由社区党员和居民代表组成的民主评议会投票表决，最终确认城市低保享有人员；第三，社区公示，包括城市居民低保享有居民名单、党内民主评议排序结果和参与评议投票人员名单，便于居民监督和投诉。

（4）通过积极培育和发展社区志愿者队伍，引导居民参与民主决策与管理。自2008年以来，陵园路社区培育和发展85人的社区志愿者服务队，结合社区的实际情况，设立治安联防岗、文化娱乐岗和便民服务岗。通过这些岗位的设置，保证了社区居民有序参与社区民主决策与管理，同时还给社区居民宣传了民主意识，一方面实现了政治社会化的功能，一方面拓宽了社区居民参与民主决策与管理的渠道。进而推动“民主社区”有序发展。

（5）积极宣传传统文化中的民主元素，在弘扬传统民族文化过程中构建符合“民主社区”要求的民主文化。神木县的传统文化中具有丰富的民主元素，其中以杨家将的杨家文化为代表，也具有民主元素。如今，神木县人把杨家将的民主元素与黄土文化、草原文化相结合，以丰富多彩的文艺演出、文化宣传为手段，在传承传统文化过程中发扬民主精神，创建了适应“民主社区”建设的民主文化。

3. 经验。神木城区“民主社区”建设实践探索积累了丰富的经验，为“民主神木”的建设提供了有益的探索。（1）把科学发展观“以人为本”的核心具体化为“以社区居民为本”，结合社区区情，以社区党建为抓手，通过基层党支部建设和党员的模范作用带动和促进民主社区建设，全心全意为社区居民服务。这种把社区党的基层组织建设与民主社区建设结合起来的思路和实践，具有普遍性意义。（2）利用现代信息手段和传统宣传公示手段推进社务公开建设，让社区服务在阳光下进行，不仅保障了社区人民群众的知情权和监督权，而且还有利于形成良好的社区民主氛围。（3）把民主测评与民主评议的形式应用到社区服务的实践中去，不仅使社区服务更具有针对性和实效性，而且使得社区居民能够通过生动的民主实践，逐步形成民主的意识和公民的品格，同时，居民通过民主测评与民主评议的形式参与“民主社区”建设，促使居民觉得自己是社区的主人，激发居民群众参与社区管理与建设的积极性。

（三）神木混合所有制企业的法人治理结构民主建设

神木把党发展混合所有制政策与县域实际情况相结合，在推动县域经济和民生建设过程中，催生了数十家国家所有制与民营所有制混合型企业类型，从而形以法人治理结构为代表的特色的企业民主。

1. 国有企业与民营企业民主建设之比较

单纯的国家所有制企业由计划经济时代全民所有制企业经市场化转制而来，是具有浓厚政府背景色彩的特殊市场主体，其民主建设的特点在于：（1）以国有资产作为投资唯一来源，其法人治理结构中无股东会，董事会和监事会由国家行政任命产生，经理由董事会聘任；（2）国有企业公司化改制后，公司章程由国家授权的投资机构或者部门制定，行政化色彩浓厚；（3）公司的运行、改组由代表国家的中央部委或地方政府行政决定；（4）公司党建、工会、妇女组织健全。

单纯的民营所有制企业是在改革开放以来的“放开搞活”的政策，特别是提出建设社会主义市场经济体制以来形成的一般化的市场主体，其民主建设的特点在于：（1）以非国有资本为投资来源，无论采取个体形式、合伙形式还是公司化形式，其治理结构遵循“意思自治”的原则；（2）企业协议、章程由投资者协商、讨论、投票产生，公司化的企业有完备的股东会，董事会和监事会由股东按照资本票决制产生，形成企业分权治衡结构；（3）公司的重大事项由股东会议决定；（4）公司党建、工会和妇女组织发挥作用有限，甚至组织结构不健全。

2. 党的混合所有制政策与神木混合所有制企业的发展

从对外开放的意义看，中外合资企业是最早的混合所有制企业形式。国内资本的混合所有制是党的十五大在“公有制为主体、多种所有制共同发展”这一中国特色社会主义基本经济制度的基础上提出国有企业股份化改革方向，从吸纳社会资本、增强国有企业活力的意义上提出的新的所有制形式。党的十六大在“坚持公有制为主体、促进非公有制经济发展，统一于社会主义现代化建设的进程中”的角度提出“除极少数必须由国家独资经营的企业外，积极推行股份制，发展混合所有制。”自此以后，各地相继推出混合所有制的实践探索。党的十七大在“毫不动摇地鼓励、支持、引导非公有制经济发展”的高度提出“以现代产权制度为基础，发展混合所有制经济”。混合所有制是党在坚持公有制基础上，从发展社会主义生产力，从公有制与非公有制经济共同发展的高度提出的经济发展战略性布局的所有制新形式。这种新的所有制形式的企业的民主建设当属“新鲜”事物，其特征既区别于单纯的国有企业，也不同于一般的民营企业。

在神木大地上，发展混合所有制企业具有得天独厚的优越条件。随着神府煤田的大开发，神华集团、鲁能集团、陕煤集团、陕化集团、延长集团等相继进驻神木，而神木人多年来大力发展民营经济，形成了众多的本地民营企业集团，特别是组建了独具特色的神木县国有资产运营公司。在神木县委领导班子带领下，在践行科学发展观的活动中，从县情和神木的发展需要出发，紧抓政策机遇，开始了壮大民营经济，发展混合所有制的发展之路，推动民营企业做大做强，并与在神国有企业实现强强联合，优势互补，诞生了北元、天元、富能、大通等一批混合所有制企业群体。这些所有制结构独特的企业，在企业民主方面作出了具有特色的有益的探索。

3. 混合所有制企业法人治理结构及其管理的特征

十五届四中全会指出，公司法人治理结构是公司的核心，股东会、董事会、监事会和经理层的职责要明确，形成各负其责、协调运转、有效制衡的公司法人治理结构。2001 年，神木制定《国有资产投资管理办法》，开启了盘活国有资产的征程。2006 年，在创建“三型政府”的过程中，通过设立国有资产运营公司，规定国有资产参股民营企业形式，并向其派遣董事和监事等形式、公司章程关于重大决策报告国有资产运营公司的规定以及财务等重大方面监督的权力等方式，参加企业管理活动，开展混合所有制法人治理结构的探索性实践。通过本地民营企业与央企、省企合作，实现国企管理健全和政策融资之强与民营企业决策灵活和执行效率之强的联合，实现各取所需和优势互补，从而发展出混合所有制法人治理结构，其总体结构与一般规定的公司法人治理结构相同，但有以下特点。

（1）股东会是由出资人组成，包括国有企业出资人和民营企业家出资人，既不同于国有企业单一的国家出资，有不同于完全的社会资本出资，而是混合型出资。以北元集团为例，在总股本 16.8 亿元中，陕西煤炭化工集团出资 6.8 亿元，占总股本的 40.5%，而十位民营企业家出资 10 亿元，占总股本的 59.5%。股本结构方面，从股东出资方面看，陕西煤化工集团为第一大股东，但从国有资本和民有资本上看，民有资本却占大头。这完全是资本混合产生的股东会，在形式方面与民营企业相同，但与国有企业无股东会完全不同。

（2）董事会董事长和总经理按照协议确定，而不是选举或者任命。按照公司法规定，一般公司形式，董事会由股东会按照资本比例投票产生，董事长由董事会投票选举产生。国有企业的董事会采取行政授权任命制，董事长采取选举加任命。而神木的混合所有制企业的董事长和总经理人选是股东按照合作协议（章程）产生，形成了独特的公司治理结构中的“权力制衡”，董事长没有聘任或者解聘总经理的权力，股东会没有选举董事长的权力，所有重大事项按照合作协议约定而定，重大决策集体讨论，快速而灵活。

（3）董事会下设置特别委员会保障企业科学经营和职工权益。例如，北元集团在经理层与董事会之间专门设立战略规划委员会、预算委员会、薪酬委员会和审计委员会，这些委员会只对董事会负责，同时监督经理层。集团公司决策的最高决定权在陕西煤业化工集团有限责任公司与十户民营企业家协商决定。经理层中的各职能部门不仅是经理层的参谋部门，还对经理层的下属部门进行专业上的指导。

（4）以协议进行协商决策是神木混合所有制企业管理的显著特色，由各股东集体协商决定重大决策。陕西天元公司打破传统国有企业管理机制的条条框框限制，在重大项目决策中，从立项、方案、招标投标和决标环节实现决策灵活和落实迅速，企业整体实现了运行平稳和高效率。

此外，神木混合所有制企业在企业文化、党的建设和工会建设也表现出民主的特色：北元集团“物华聚北，天人和元”的企业文化理念和设立党群工作部；神木焦化公司设立党建、政工和工会一体的企业部门和将员工工资、考核和奖金分配情况以公开栏公示，保障员工的知情权等等。

七、神木的“村矿共建”模式

自20世纪80年代中期以来，随着煤炭资源的开发进程，神木人以其敏锐把握时代的远见卓识，在不同的发展阶段不断探索神木地域的科学发展之路。在煤炭市场强劲发展阶段，在县委领导班子的带领下，神木人以科学发展观为指导，把“以人为本”具体化为“以神木人民的社会生活为本”，形成了神木特色的“六不理念”和“五个神木”建设发展总体性理论，在实践中率先创造了神木特色的“村矿共建”和谐模式。

（一）煤炭开发历程与村矿矛盾的突显

1986年6月3日，国务院决定神府煤田由前期准备转入立即开发，拉开了神府煤田开发的序幕。一个由华能精煤公司（神华集团的前身）承担的矿、电、路、港综合大型煤田开发项目在神木县大柳塔镇落地生根，神木从此进入了依托资源、迅速崛起的崭新时代。自1987年以来，大柳塔、石圪台、哈拉沟、前石畔等几个大型骨干矿井全面动工兴建，与煤田开发相配套的公路、铁路等一大批基础建设项目纷纷上马，神府煤田进入大规模、实质性的开发阶段。在国家集体个人一起上的产业发展政策的引导下，国家划出29亿吨资源留给地方发展煤炭产业（占探明煤炭总储量500亿吨不到5%）。在简单的地质开采条件和神东公司高速发展的激励下，县域煤炭事业也乘大开发机遇发展起来。地方煤炭开发产生效益后，乡镇政府率先引导煤矿企业支持所驻村庄的基础设施建设和文化教育事业的发展，开神木"矿帮村"之先，并成为神木村矿和谐模式之始源。进入90年代，在县委领导班子带领下，神木相关部门探索性地开展了地方煤矿异地扶贫式的"接对帮扶"活动，把"矿帮村"经验在全县局部推广，成为"双百帮扶"实践活动之源头。

随着大规模开发的不断深入，至1996年年底，神木乡镇煤矿发展到343个。小规模办矿的热潮一方面带动了地方经济的繁荣，另一方面资源的浪费和环境的污染随之而来，收益和代价的博弈开始映入"眼帘"。1997年，针对"发展的烦恼"，神木紧抓国家关井压产的政策机遇，对地方所有小煤矿进行清理整顿，改善煤矿安全生产条件。此后数年，地方煤炭开发进入国家政策调整和市场低度反应的沉寂期。由于全国煤炭市场价格低迷和开发成本巨大，神木煤炭开发效益急速下滑，煤炭行业的严重亏损，民营煤矿基本上处于停产状态，村矿之间没有利益矛盾，更没有分享的想法，甚至煤老板成为到处躲债、受人轻视的弱势群体。2002年，由于煤炭价格暴涨，煤矿产能快速扩大，效益急速提高，加之带来的环境污染问题日益严重，村矿矛盾纠纷逐渐突显。神木煤炭开发进入了高速开发、巨额收益与村矿矛盾集中爆发并行的特殊发展阶段。

在科学发展观的指导下，神木县委历届领导班子解放思想，审时度势，总结经验，通过一系列的创新性政策支持和实践引导，探索出一条政府引导、企业帮扶、群众支持、共建共享的神木特色的"村矿共建和谐"的新路子，形成了神木特色的村矿和谐共建模式。针对煤炭企业和村民，中省大企业和民营企业，中省大企业和地方等越发凸显，复杂的矛盾交织的特殊县情，开展了包括"双百帮扶"，"混合所有制创新"等等一系列活动和政策措施。

（二）“村矿共建”的政府引导与推进措施

在“村矿共建”进程中，神木县委、县政府秉承以神木县域人民生活为本的“共治”、“共建”、“共享”理念，通过政策引导和实践推进构建和谐村矿关系。面对矛盾和问题，立足超前谋划，在实践中努力做到“三到位”，即政府引导服务到位、企业社会责任到位、村民信赖支持到位，逐步形成村矿和谐长效机制。

1. “共治”理念下的政策制度建设及其实践举措

“共治”的理念，归纳为“两个统一”，即出台统一政策、开展采煤沉陷区和火烧隐患区统一治理。（1）出台统一政策。2005 年，县政府出台了《关于加强地企纠纷调处工作的意见》，核心内容是地方煤矿吨煤提取 2 元，作为环境污染、水位下降、水地减产的补偿费用。补偿工作经地企双方协商后，签订书面协议，由乡镇政府监管协议履行，补偿资金分配方案由村组集体决定，报乡镇政府备案。实践中，这部分补偿资金一般是一半用于水源、植被的恢复治理，一半用于办理当地群众医疗、养老保险以及改善生产生活条件。2008 年，又出台了《采煤塌陷损害补偿暂行办法》，按照“谁开采、谁诱发、谁补偿”的原则，对县域内因煤炭开采导致地表塌陷，影响居民居住或因煤炭开采给当地群众的耕地、林草地、建筑物及其他附属设施造成的损失作出了具体、详细的经济补偿标准，既便于村组和煤炭生产企业共同执行，又为乡镇政府和有关部门调处村矿纠纷提供了政策依据。2011 年，该办法修订完善后明确，补偿标准由原来的人均 8 万元提高到人均 25 万元（不包括林地、草地、水地、建筑物及其他附属设施补偿费），并增加了塌陷区移民安置内容。（2）开展统一治理。从 2009 年开始，启动了采煤沉陷区和火灾隐患区治理试点工作，成立了综合治理领导小组，制定《神木县煤矿采空区和火灾隐患区综合治理实施办法（试行）》，规范了项目申报和审批程序，确定了收费标准，落实了监管责任。作为延伸和补充，出台了《神木县采煤沉陷区和火烧隐患区综合治理试点项目管理工作规程》，特别突出了发挥乡镇政府在试点工作中的协调和日常监管作用，对露天煤矿的一些管理程序也作出了具体规定。

2. “共建”理念下的合力机制建设及其实践经验

“共建”理念，可以归纳为“四个对接”机制。（1）村企对接。大力实施“双百帮扶”工程，选择了 200 户经济效益好、社会诚信度高、能积极参与新农村建设的优秀企业（主要是煤炭企业），对全县200个有发展潜力的村子实施结对帮扶。（2）党企对接。探索建立了村党支部书记同时担任驻地煤矿企业党支部书记职务和两委会成员担任煤矿民调副矿长制度，做到有组织机构、运行机制、章程和监管办法，切实发挥作用，能够解决实际问题。2012年，正常生产的135个地方煤矿已全部建立了联合党支部，并派驻了民调副矿长。（3）党群对接。实行了包乡镇县级领导包案制度和每周二县级领导大接访制度，有效化解村矿矛盾纠纷。（4）上级意愿、当地政府意愿、农民意愿、企业家意愿对接。按照省委赵乐际书记“在共建共享中富裕百姓”的指示和榆林市关于推进和谐村矿建设的要求，把构建和谐村矿关系纳入“工业化富裕农民、产业化发展农业、城镇化繁荣农村”的大思路，加快推进产业向园区集中、人口向城镇集中、生产要素向规模经营集中的“三个集中”，城乡产业互动发展、基础设施共建共享、基本公共服务均衡推进。把宏观管理体现在对农民和企业家的微观服务之中，政府和乡镇职能加快转变。2007年成立了县行政服务中心，各资源大镇、经济大镇、区域重点镇陆续建立了便民服务中心，宣传政策，解疑释惑，方便农民和企业办事，促进农村生产发展、农民生活改善、矛盾有效缓和。

3. “共享”理念下的发展成果分享路径及其实践业绩

共享，可归纳为“两个引导”，即稳妥引导经济收益、积极引导搬迁安置。（1）稳妥引导经济收益。2002年以前，由于煤炭价格不景气，煤矿经营举步维艰，老百姓入股煤矿不积极。2006年之后，随着煤炭市场持续升温，政府开始引导农民自愿入股，与矿方共享资源红利，村矿利益共享机制逐步建立。据统计，全县135处地方煤矿中间村民参与入股的占到44.5%，其中，有35个煤矿吸纳当地全体村民入股，23个煤矿吸纳部分村民入股，3个煤矿由当地村民参与承包经营。（2）积极引导搬迁安置。加强矿区社会服务体系建设，以移民安居和扩大就业为突破口，坚持点面结合，一方面进行县城扩容改造，加快了神木新村和第二新村的建设步伐，争取神东集团投资4亿元建设移民安居工程，同时安排兴办加工制造、仓储物流、餐饮服务等劳动密集型产业，扩大矿区移民就业渠道；另一方面，本着集中、就近、方便的原则，引导煤矿企业在矿区条件较好的地区建设移民新村和移民点。大力开展农民转移培训“阳光工程”，通过培训农民提高农民，通过提高农民减少农民，通过减少农民富裕农民，近年来财政累计投资1000多万元培训农民8万人（次），转移就业1万多人。

（三）神木村矿共建和谐的个别模式与特殊模式

在二十多年的煤炭资源大开发进程中，在神木大地上创造了以村矿共建和谐的个别模式和县域特殊模式为结构的村矿共建和谐模式。

就其个别模式而言，创造出三种模式：（1）基层党建带动的“碱房沟模式”。村民全体入股，村民参与煤矿管理，支部建在矿上，公开透明民主，村与矿共建共享，融为一体。（2）混合所有、诚信共建、成果共享的“胶泥圪崂”模式。煤矿、村民互相信赖，形成利益共同体，起步共有，难关共渡，设施共建，利益共享。目前村民每年煤矿人均分红10万元。煤矿每年拿出100万元用于水源、植被、污染等综合补偿。另每年投入200万元以上资金为村上搞基础设施建设。（3）公司化的“老张沟模式”。拿出煤矿1/30的股权（5000万）赠给村小组集体，煤矿按股份制管理，村民不参与煤矿生产管理。此外，企业投资8000多万用于村民搬迁；拿出90万元支持村民兴办特色种养殖业；污染补偿费高标准发放；村民无条件享受每人每月600元；帮扶困难村民尤其是老年人和贫困大学生。三种个别模式因情而生，因地制宜，在根本上反映了村矿模式的本源性、本土性、本根性和多样性。

就其县域特殊模式而论，一方面上述三种个别模式虽有其特殊性，但都包含了更普遍的本质属性，并构成了神木县域特殊模式，而另一方面，县域特殊模式却在更高层次上展现了三种个别模式的本质规定性。从县域特殊模式来看，其具有如下内涵；（1）“共治、共建、共享”的理念系统。共治，是针对县域总体的主要问题、根本问题的多方治理理念；共建是针对县域总体的主要任务、主要目标的推进发展理念；共享是针对县域总体的利益分配、生活前景的价值导向理念。（2）“统一”、“对接”、“引导”的机制协调系统。统一，包括统一政策和统一治理；对接，包括村企对接、党企对接、党群对接和意愿对接；引导，包括经济收益引导、搬迁安置引导。3. 利益方到位的操作落实系统。包括政府引导服务到位，企业社会责任到位，村民信赖支持到位。“三共”理念系统、“二四二”机制协调系统以及“三到位”操作落实系统就是县域村矿共建和谐特殊模式的结构。

和谐村矿关系，从普遍意义上看，是能源经济发展到一定阶段出现的新情况新课题，是一个长期动态发展的过程。神木村矿共建和谐模式实现了“村民、企业、地方”三方共赢，“经济效益、生态效益、社会效益”三者兼顾的目标，实践效果得到群众和企业普遍认可。

一是农民经济利益有保障。每年仅由煤炭企业直接补给矿区群众的污染补偿费就达 1 亿元，再加上农民在矿上的入股分红、务工、三产和种养加收入等其他经济来源，收入相当可观。2011 年，神木农民人均纯收入达 10798 元，约 60% 来自煤矿及相关产业。

二是农民生产生活环境有改善。陆续建成了訾家河、新圪崂等一批移民新村和移民点，妥善安置了 318 户 897 名矿区群众。其中由东方能源投资公司投资 8000 多万元为 84 户村民无偿建设高标准别墅小区，成为村矿共建的典范。神华新村移民小区目前实施的一期工程即将交付使用，可安置神华大矿采空区 1044 户居民。立足解决各类人群的住房问题，“经适房、廉租房、限价房、公租房”四位一体的保障性住房体系不断完善。“双百帮扶”已累计投入帮扶资金近 8 亿元，落实帮扶项目 940 个，完工 860 个。

神木新村矿区移民安置小区

三是采空塌陷治理有成效。神木县从 2009 年 3 月启动了采煤沉陷区综合治理试点工作，经过 3 年的摸索实践，试点工作稳步推进，取得了初步成效，特别是得到了省、市的支持与肯定。至 2012 年 3 月，全县有 8 个综合治理试点项目得到了各级审批，开挖面积 3700 亩，回填面积 3100 亩，复垦绿化面积 1700 亩；治理企业为当地村民兑现各类补偿款 6.35 亿元，平均每人 20 万元，治理区农民收入实现了大幅增加；已审批的 8 个综合治理试点项目残留煤炭总储量 1748 万吨，预计可收取周边区域配套治理备用金 2.21 亿元，生态恢复治理保证金 1.25 亿元。

四是党群干群关系有深化。从2011年群众上访量看，到市、赴省上访量分别同比下降55%、49%，进京上访量与市上下达指标持平；从网上的民意调查看，老百姓的满意度和幸福指数不断提高。此外，机关干部到村、到企、到户的下基层活动逐渐形成长效机制，在基层和一线解决矛盾问题的工作作风和机制加快形成，党群干群关系进一步密切深化。

（四）“村矿共建”模式的普遍意义及其价值

神木人创造的村矿共建和谐模式是神木人在长期的实践探索中，所进行的政策的创造性转化，特别是在践行科学发展观活动中产生的重大实践成果。它作为模式，包含着普遍的意义和价值。

就矿区治理的发展本身看，这一模式根本上回答了矿区开发为了谁，开发方式谁来定，开发成果谁来享和开发治理谁来做。矿区开发为人民，开发方式大家定，开发成果大家享，开发治理大家做。这些回答，在本质上体现了科学发展观“以人为本”的精神价值。在全国范围内，一些矿区出现了开发动机为了少数人，开发方案由少数人定，开发成果由少数人占，开发治理由当地人民担，由此导致村矿关系紧张，非政府势力插手，群体性事件层出不穷等问题。解决这些问题，不是首先套用个别市、个别县、个别镇、个别村的经验和做法，而是要在党的思想路线和政策，特别是要在“科学发展观是指导发展的”的精神下，在深入研究省情、市情、县情、乡情和村情的基础上，创造性地制定出既符合党的精神或政策，又符合本地实际情况的理念、理论、政策、方案和措施。

就全国能源开发政策与法律看，这一模式能够启发我们对以下问题的思考：（1）能源所有权及其开发权、成果分享权的问题。能源所有权属于国家并无疑义，但由此产生的开发权和成果分享权却有疑义。在建设有中国特色社会主义的进程中，国家所有权并不能顺畅地由大多数人民来行使、发展成果也并不是直接由大多数人来共享。一方面，并非只有国有企业开发权才有资格代表国家和人民行使所有权，民营企业作为民营经济的承载者，有同样的资格和权利实现国家和人民行使所有权，而另一方面作为国家和人民的能源所有权主要表现在成果共享环节，国有企业能够使国家和人民共享开发成果，民营企业同样可以做到这一点。（2）就整个国家、省、市、县层级结构上看，需要以“共有、共建、共享”的理念统筹处理好矿区人民的利益和全体人民的利益关系问题。既不能以矿区人民的利益为由掩盖全体人民的利益，也不能以全体人民利益而忽视矿区人民的利益。

总之，神木人把中国特色社会主义的民主政治建设理论和科学发展观的和谐社会建设理论，与其民主政治建设实际相结合，在不断发展神木化民主政治建设理念和理论的同时，以其“三型政府”论，三大关系论，和谐神木论，及民主神木论作直接指导，不断创造他们的政治生活关系，在民主集中制建设，党代会制、人代会制、民主政治协商制建设，“政权型”民主建设，乡村民主自治建设，城镇社区民主建设，以及混合所有制企业民主建设等方面，取得了一系列重大业绩，在开辟县域民主政治建设战略先河，构建神木和谐模式的同时，率先创造了独具特色的村矿和谐模式，以其和谐政治生活关系的不断构建，推动着整个社会生活的科学发展。

人文神木

神木位于陕北之北。如果把陕西版图比做一个席地而坐的智者，那么神木县的位置恰好在其头脑，代表着陕西人的智慧、坚毅和魄力；红碱淖的位置恰好是其眼睛，象征着陕西人的目光、视野和期望。这可以诠释为神木人文精神的自然基础。

一、神木的价值观及人文精神

神木人在践行科学发展观活动中秉承“六不理念”，在“五个神木”建设中既不断创造他们的理论及生产生活关系，又不断通过打造自己的价值观和不断培育其人文精神，来构建神木特色的意识形态，从而不断推动着神木物质文明和精神文明的科学发展。

（一）神木的价值观

从国定贫困县跃升为全国百强县，从昔日的西北边城到今天的国家级陕北能源化工基地核心区域，神木不仅创造了辉煌的发展奇迹，更创造了独特的文化精神、非凡的价值观和卓绝的文化理念。如果说古代的杨家将为神木抒写了百折不挠、荡气回肠的英雄传记，那么当代的神木人则承继其先辈人文精神之精粹，抒写了敢为人先、追求卓越的现代传奇。他们在科学发展观的指引下，秉承“六不理念”，以五个神木建设为路径，以幸福神木为目标，在传承历史文化传统，探索具有神木特色发展道路的过程中，走出了具有神木特色的文化发展道路——以神木特色理论为统领，以不断锻造神木人的价值观和培育神木人的人文精神为核心，坚持把发展公益性文化事业并不断扩大其社会覆盖面作为基本原则，把发展神木特色文化产业作为主要载体，强调政府主导、社会参与共同发展的基本文化制度建设，不断满足神木人民日益增长的文化需求。显然，锻造神木人的价值观，培养其现代人文精神，对于创造和坚持这条道路具有根本性意义。

价值观是人们对其生活需要及利益关系的一种基本看法，是映现人们生活利益关系状况的一种观念形态。神木的价值观，就是神木人对其生活利益关系的基本看法，是其生活利益关系的主导性观念形态。这个价值观就是植根神木，以人为本（以民生为本），共建和谐，共享成果，奉献神木。在这里，植根神木是其价值前提，以人为本是其价值基础和价值核心，共建和谐是其价值本质，共享成果是其价值原则和目的，奉献神木是其价值取向。这种价值观展示了神木人的高尚行为规范和崇高精神境界，蕴含着神木人的文化精髓。

从字面上看，神木的名字本身就意味着它是有根性的，即：向上伸展于精神的天空，向下置根于民生的大地。而作为有根性、有血性、有韧性的神木人，同样也具备“置个人休咎于身外，与神木大地共甘苦”的品格。“置个人休咎于身外”是一种高风亮节，彰显“神”的意义；“与神木大地共甘苦”是一种现实关怀，彰显“木”的意义。如果没有这种“咬定青山不放松，立根原在破岩中”的植根意志，如果没有这种“些小吾曹州县吏，一枝一叶总关情”的民本深情，神木县就不可能创造出今天的辉煌。神木的价值观包含“根”“本”二字，就是植根神木、以民为本。这种价值观在神木县的跨越式发展中，具有不可估量的价值。在80年代经济大潮的冲击下，很多地方过度强调经济利益，只顾激烈竞争，不顾平衡发展，这种单向度的价值取向，恰恰与上层建筑中的人文需要、精神追求和理想构建相悖反，造成经济取向对人文取向的疏离与消解。这种做法付出的代价太大：经济目标或许实现了，人生价值却变得苍白。而神木县在发展经济的同时，立足破解“三富三不富”、“四个不同步”的难题，更加重视社会建设，更加注重精神领域的建设，为经济建设提供持续动力，最终落脚到以人为本。神木的经验和成就说明，只有坚持以人为本，经济建设才能健康发展，做到既合理又合情，既理性又温馨。神木经验的闪光点就是经济建设与人文建设比翼齐飞，经济建设营造生活世界，为百姓造福；人文建设营造精神世界，为生民立命。

以民为本在这座古老的边城并不是一个简单的口号，神木县委和县政府对“民”的理解很深刻，始终保持着一个清醒认识，即：“权为民所赋，权为民所用。”因此在社会发展方面，神木县坚持“民营为主体、国进民不退”的县域经济发展方针；在政治管理方面，坚持群众呼声为第一信号，坚持群众评价为第一导向，坚持群众利益为第一追求。具体地讲，就是问政于民、问计于民、问需于民，办群众最急需的事，注意“锦上添花”，更重

“雪中送炭”。注意生活保障，更重精神享受；在民生方面，加快实现从“学有所教、病有所医、劳有所得、住有所居、老有所养”向“学有优教、病有良医、劳有丰酬、住有宜居、老有颐养”的更高目标迈进。牢记群众利益无小事，听民声，察民情，解民忧，随着县域经济的发展调整提高各项民生保障标准，保持全国县级前列，发展成果全县人民更多享有，幸福感和满意度持续提高。民营经济和民生建设是神木县在“以人为本”方面的两驾马车，体现着取之于民、用之于民、还之于民的价值观。神木经验再次告诉我们，植根才能保本，奉献才能幸福。即：只有坚强地植根于神木大地，以民为本，无私奉献，才能使神木百姓的根本利益得到保障，才能实现幸福神木的宏图大愿。

明长城遗址

（二）神木的人文精神

相传，汉代出使西域的张骞路经此地，卧于松下，梦到织女赠以星石，梦醒而石在。后人便认为那松树是棵“神木”，神木能招来神石。岂知历史越过两千多年，神木县果真依靠丰富的地矿储藏走向了富裕之路，一个美丽传说竟然变为现实，使这座古老边城创造出令人惊羡的现代奇迹。这一切成就首先应该归功于神木县委县政府的正确领导，以及神木人民自强奋进的传统创业精神；同时，也应归功于神木人按照自己的价值观，结合人文历史传统和现代科学管理，逐步构建出神木的现代人文精神。这种人文精神在于：

1. 独立自主、务实超越的人文创新精神

自秦朝以来，神木尽管地处蛮荒边陲，却并不是一个因循保守的地方。或许正因为祖辈们生存过于艰难，才逼迫他们学会绝处逢生，自谋生路，立足实际，果断创新。往事越千年，如今的神木县已不再是一个边陲，而是一块资源宝地。尽管气候依旧寒冷，却“萧瑟秋风今又是，换了人间”。神木人坚持“六不理念”，这种理念其实就是对神木人文传统的弘扬，在摸石头过河的过程中，最终构建出独立自主、务实超越的现代人文创新精神。

自20世纪80年代开始，神木逐渐从一个西部国定贫困县成长为全国百强县，很重要的因素是依靠一种进取不息、创新不止的发展精神。创新是一个国家，一个民族，一个地区实现可持续发展的不竭动力和灵魂，对神木而言，创新又表现为：第一，在困境中寻找出路；第二，在困惑中开拓思路；第三，在创业中发现进路；第四，在守业中铺设新路。神木人以科学发展观为指导，始终坚持创造性地开展工作，把科学的思想、理论、制度和方法，贯穿于政府的各项工作之中。人文创新精神主要体现为四个字：新，心，实，是。“新”就是苟日新，日日新的自强不息精神；“心”就是用心想事、用心谋事、用心干事的厚德载物精神；“实”就是重实情不尚虚荣、鼓实劲不务虚功、求实效不图虚名的立足实际精神，“是”就是追求没有水分的、经得起历史检验的、让人民群众得到实惠的政绩的科学求真精神。改革开放和煤田开发以来，神木人解放思想，抢抓机遇，先行一步，契合了改革开放的时代要求，创造了罕见的经济奇迹和发达的现代工业文明；“六不理念”和“五个神木”大战略的提出、“民生慈善基金”的创立等，彰显着神木人独立自主、务实超越的人文创新精神。

在神木经济社会的发展过程中，有两个问题尤为困扰：一个是古老边城在短期内迅速现代化的问题，即时间差困境；一个是周边地区在地缘上迅速一体化的问题，即空间边缘化困境。神木在历史上是一座被边缘化的县城，在现实中也由于地缘关系无法与其他地区进行优势互补。那么怎么才能走出一条神木的创新发展之路？这就是难能可贵的“第二次相结合”，即当代中国社会发展的一般理论，同县域层次的生活实际相结合。神木县令人瞩目的实践业绩，应该归功于神木县委和县政府立足实际，独立自主，打破陈规，推陈出新，将中国特色社会主义原理与县域经济发展巧妙地结合在一起。运用之妙，存乎一心，如果不依靠人文创新精神，神木县是不可能走出时间差困境和空间边缘化困境的。在这30多年的发展历程中，人文创新精神不仅帮助神木克服掉经济发展的掣肘因素，而且在未来的发展中会帮助神木安全越过制约软实力提升的瓶颈，从而找到中国特色社会主义理论和神木县域实践的结合点，这种独立自主、务实超越的人文创新精神，正是加快神木科学发展的不竭动力。

独立自主、务实超越的人文创新精神还体现在他们的施政理念上，即：政府创造环境、企业创造财富、人民共享成果。尤其是创造性地提出民营经济和民生建设良性互动的现代民生经济发展模式。民营经济和民生建设相互作用所激发的创业激情、所创造的财富将是神木未来发展的内生动力。古人说："明者因时而变，知者随事而制，强者乘势而进。"正是依靠人文创新精神，神木的发展充满了虎虎生气。面对各种机遇和挑战，神木人别无选择，一鼓作气，顺势而为，用时间换空间，化劣势为优势，在研判大势中捕捉机遇，在抢抓时机中加快发展，在苦干实干中实现既定目标。

神木人自古以来性格沉稳朴素，不喜作伪，勤劳务实，困中图存。他们仁厚单纯，做不出伪诈之事，所以不懂算计，甚至不爱使用巧妙的机械设备。除非为生计所逼，才被迫到边外经商谋得微利。大部分百姓都务本勤业，自食其力。教育虽不够发达，但读书人刻苦用功，习武者蔚然成风。个性鲜明的民风习俗使神木人在几千年的岁月中，锻造出厚重大气、气魄恢宏的人文超越精神。这种精神与"六不理念"中的"只唯实，自己干，求发展"是一致的，在神木人看似持重的性格下，却涌动着修炼自我、成就自我、超越自我的生命潜力。

如今的神木已完成修炼自我、成就自我的阶段，正在向超越自我的更高阶段迈进，走向了真正的成熟。神木人绝不满足现状，而是基于现实，紧跟时代，结合神木是"杨家将"故乡、陕北革命老区的历史传统和处于秦晋蒙三省（区）交界地带独有的地域文化特质，提炼和弘扬神木人秉承先辈的优秀品质，在新的历史条件下培育出神木海纳百川、创业不止、敢为人先、追求卓越的现代人文精神，为发展提供精神动力和智力支持。真正的成熟正是由人的超越精神决定的，即：心灵纯真而不虚假，意志坚强而不懦弱，情感丰富而不偏激，品格高尚而不庸俗，智慧深远而不浅薄，信仰坚定而不动摇。选择什么样的道路，就能拥有什么样的未来。也就是说，只有务实超越，不断创新，才能实现卓越。

晋陕黄河大峡谷

2. 重信讲义、开放豪放的人文交往精神

神木人与别人交往时离不开两样东西：一个是民歌，一个是白酒。民歌代表重情重义的黄土地性格，白酒则代表豪放坦诚的大草原性格。陕北地形千沟万壑，又处于干旱地带，当地人民日出而作，日落而息，整天过着“面朝黄土背朝天”的苦日子，到头来高强度劳动换回来的却是老天赐予的微薄收成，所以陕北人又被称为受苦人。但是坚韧的陕北人未被困难吓倒，他们乐观向上、厚实豪迈，尤其是居住在蒙古草原和黄土高原交融地带的神木人，更多了一份游牧民族热情奔放、淳朴天真的性格，他们善驰骋，不畏死难，风风火火闯营生，忙忙碌碌为他人。神木人擅长用自己的歌声向世人展示对爱情的忠贞、对友情的诚挚以及对未来的希望。除了民间歌曲，在神木县，城里乡间酒店林立，酒文化浓郁，酒是神木人优亲厚友的必备佳品，酒是神木人享受生活的重要选择，酒是沟通交流的媒介，酒更包含着相逢一笑泯恩仇的豁达与豪迈，酒在一定程度上可以说是无所不能。街街有酒店，乡间村村有酒房。无论男女老少，人人喜欢饮酒，酒是神木人不可缺少的饮料。在酒席上，人们一边嚼着大块羊肉，一边自由畅饮，畅所欲言，但是要遵循规矩，不能离席，不能酒醉，不能发酒疯。而最富于地方民俗特色的，就要算民歌与白酒结合在一起的文艺形式——神木酒曲。只要大家喝得高兴，谈得投机，酒席上随时就会有人唱着“拦羊嗓子回牛声，一声惊起个母猪掀墙根。掀倒墙，压死羊，一家叫我打新墙，一家叫我赔绵羊……”、“一杯杯烧酒喝不醉人，多了你听话心里头明。烧酒无心人有心，世上留下个人爱人”等热情淳朴又豪情四溢的酒曲。这些生动活泼的民间习俗展现的正是神木人重信讲义、开放豪放的精神风貌。

与其说神木人的性格是由这片神奇的黄土地和大草原共同塑造的，不如说他们的性格更像头顶那片蔚蓝的天空，虽然经常冒着严寒，却也总能迎着最灿烂的阳光。我们留意到，与一般偏远地方的人不同，神木人热爱生活，有一种怡然自得的美好向往，更有一种将个体置身于社会发展和国家繁荣之中的英雄情怀，正说明神木人并不是庄子所谓的坐井观天的“乡曲之士”。他们不但放眼世界，心系天下，而且是非分明，爱憎分明，敢于仗义执言，敢于讲真话，敢于用普通大众无法理解的方式去做慈善。王凤君走出了一个企业家从做企业到做产业再到做公益的涅槃之路；李爱文带着瘫痪丈夫艰难创业，不离不弃，感人至深。这些优秀的企业家和善良的百姓，正是通过重信讲义、开放豪放的现代人文精神来移风易俗，使世态人心受到潜移默化。所以神木的人文交往精神是和光明磊落、甘于奉献的神木品质联系在一起的。

3．追求卓越、敢为人先的人文拼搏精神

神木的发展不是靠口号式的宣传，而是以追求卓越、敢为人先的实践品格，建设自己的生活，打造自己的特色，开辟自己的未来。多年来在神木县委和县政府的领导下，古老的麟州旧貌换新颜，不仅一改千年边城的贫穷落后，而且在引导百姓致富的道路上“不飞则已，一飞冲天；不鸣则已，一鸣惊人”。可见，神木的争先意识是和危机意识、忧患意识紧密相关的：“敢为人先”不是为了出风头，抢头彩，而是在困境中为神木谋求自存、自强和自我实现的一种必须手段；“追求卓越”不是为了争意气、争名望，而是在发展中为百姓谋求实惠、实绩和实在，创造幸福的一种必要预设。

神木人“追求卓越，敢为人先”的拼搏精神，体现在“说得出，看得出，想得出，做得出”的果敢上。事在人为，言出必行。神木县的领导集体始终保持忧患意识和争先意识，工作中努力做到敢为人先、持续领先。他们始终坚持发展是最硬的道理，机遇是最硬的骨头。认为要发展，就不能满足于走老路、守旧摊，做“太平官”；要发展，就不能怕冒风险、怕告黑状、怕得罪人、怕出乱子、怕丢位子，不敢涉及重点、难点、焦点问题；要发展，就必须多谋善断、拼抢机遇。如果等大家都看明白了再动手，那抓到的肯定不是机遇，顶多是个机会，有时甚至连机会都算不上。虽然说想得到的不一定都能办到，但想不到的永远办不到，对论证充分有利于发展的事，不要等等看，而是要有背水一战的勇气和干劲，砸锅卖铁也要干。因此，神木人追求卓越、敢为人先的人文拼搏精神，集中体现在“六不”理念上，并依此理念营造出优越的发展环境。面对稍纵即逝的机遇，神木人决不是坐而论道，而是善于以敏锐的眼光、战略的思维、艺术化的决策及时捕捉信息，研究对策，先行一步，抢占先机；神木人充满了时不我待的急迫感，他们认为生产要素就像倒一杯水，哪里低往哪里流，谁率先营造洼地，谁就能率先发展，形成先发效应。神木县民营经济的蓬勃发展，民生建设的开拓创新，工业经济的跨越发展，以及兰炭产业浴火重生创制国家产业政策，正是其“追求卓越，敢为人先”的集中体现。

神木人“追求卓越，敢为人先”的拼搏精神总是和英勇无畏联系在一起。神木县自古以来就是一个英雄辈出的地方，它虎踞龙盘，麟角铮铮，杨家将碧血丹心，红三团浴血奋战……唐代诗人罗隐有一首诗写道：“时来天地皆同力，运去英雄不自由。”意思是说英雄的命运并不完全掌握在自己手中，而是受时代局限的。然而，神木人并不相信命运的强压，他们自强无畏，奋力开拓自己的生活世界，建设自己的理想桃源。这种不依赖、不等待的气概就是英雄主义精神。他们表明，“自己不倒谁也打不倒，自己不垮谁也搞不垮，自己不沉沦谁也不能使我们沉沦。地球越来越小，变化越来越快，慢走一步，差之千里；机遇转瞬即逝，耽误一时，追赶不及。”神木人正是以舍我其谁的大气、豪气，藐视困难的勇气、锐气，在加快建设“五个神木”的征途上奋勇前行，以全新的价值观和精神境界寻找着属于他们的价值追求！

神木县在用人方面不拘一格，唯才是举，坚持让那些敢于冲锋陷阵、埋头苦干的；没有后台、但有能力的；不事张扬、但群众认可的干部，进入组织视野，走上领导岗位。只有宽松开放的人事制度才敢举荐英雄、任用英雄，才能让英雄流汗流血不流泪，才能让“实干的人实惠、有为的人有位、吃苦的人吃香”；只有坚持敬重英雄的文化传统，才能在任用干部上比能力不比资历，比水平不比文凭，比口碑不比虚名；只有依靠英雄式的干部，大家才能坚定信心，逆势而上，战胜危机，最终实现县域经济发展“华丽转身”。因此，神木在弘扬英勇无畏的拼搏精神方面，有两个重要的延伸经验：一是爱才惜才；二是群策群力。人才的价值就在于他首先是一位披肝沥胆的奋斗者、迎难而上的开拓者。历史是奋斗者的足迹，未来是开拓者的前程。神木人在抒写历史、开拓未来的过程中，秉承英勇无畏的拼搏精神，在已经取得的成果上深入推进、扎实推进，不折腾、不动摇、不懈怠，不断扩大战果，为“幸福神木”的实现奋斗不息。

英勇无畏的拼搏精神还表现在他们敢于冷静辩证地反思自身的不足和软肋，立足“三富三不富”和“四个不同步”的真实县情，切实破解水源、人才、交通、环保、工作落实等发展瓶颈和现实问题，着眼高平台，站上新起点，走向新辉煌。

4. 舍小顾大，忠勇护民的爱国主义精神

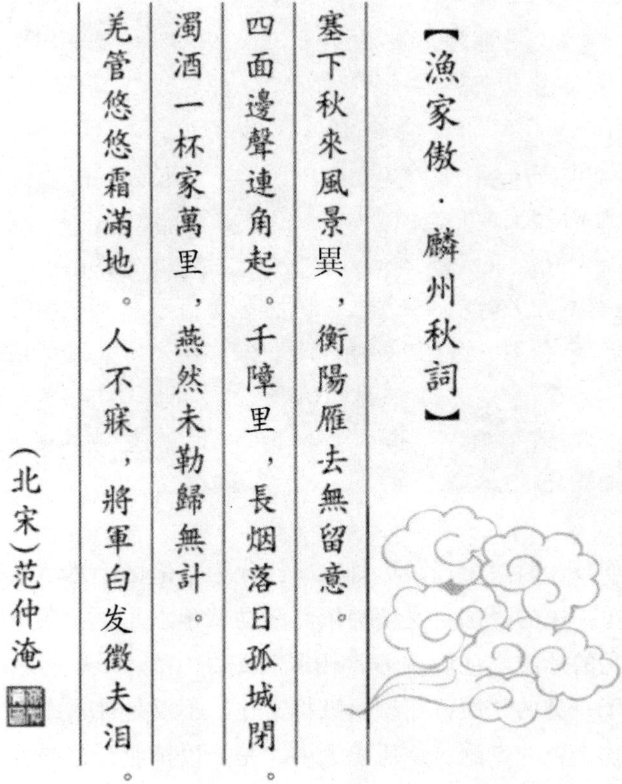

唐宋时期，神木称为麟州，是西北边防大镇。巡察过麟州的北宋名臣有欧阳修、司马光、范仲淹、文彦博等，而用生命来捍卫麟州的则是杨家将。

杨家将在中国人的文化意识中，和关羽、岳飞两位武圣的地位一样高。杨业和他的七个儿子，为了抗辽御敌，保全大宋江山，付出了惨重的代价。在家里的男子战死后，杨业愈七旬的妻子佘赛花，率领杨门女将铁马辚辚、旌旗猎猎地踏上了抗辽救亡的烽火战场。杨家将精忠报国、奋勇抗敌的爱国主义和英雄主义精神，成就了这个震撼中华民族历史的英雄群体，被后人世代景仰、传唱不绝。

杨业手植五指柏

千年如梦，时过境迁，尽管往事已化为了记忆，然而杨家将留下的舍小顾大，忠勇护民的爱国主义精神依然激励着神木儿女。在神木，杨家将被视为神木人文的标志。他们认为，杨家将最集中地体现了陕北人集骁勇、智慧、忠烈于一身的气质特点，杨家将文化，不仅是神木人文精神的亮点，也是陕北传统文化的奇葩；从历史上讲，是指以杨业为首的爱国将领集团和英雄群体，其主线和核心是爱国主义，属于非物质文化遗产。神木的主政者将舍小顾大，忠勇护民的爱国主义精神贯彻在实际工作当中，要求党员干部：以身作则，率先垂范，心底常存一方百姓。尽管今天的神木不再是一座边城，杨家将留下的忠勇护国的精神薪火却并未熄灭，而是以新的形式表现出来，甚至比古人做得更加细腻、更加贴切、更加到位。

5．海纳百川、宽广包容的人文和谐精神

远在四五千年前，神木就有人类繁衍生息，沿着窟野河、秃尾河的两河流域，至今保留着仰韶文化和龙山文化的遗址。夏朝被熏育族占据，商朝龙方族迁来，西周换成了玁狁族，春秋战国又成为白狄和林胡的故地。秦汉以后移民屯边，魏晋南北朝至五代十国经过各民族大融合，在漫长的历史进程中，最终形成了以杨家将文化为代表，黄土文化、黄河文化、长城文化、草原文化、红色文化、宗教祭祀文化交相辉映的多元化文化，成就了神木这片土地的沧桑巨变和大气勃发，造就出包罗万象、宏大开阔的神木气魄和海纳百川、宽广包容的人文和谐精神。

在人与人、人与社会、人与自然的相互和谐方面，神木自古就有着博大开放、兼容并蓄的包容意识和文化传承。以二郎山为代表的三教合一观念，既渗透道家“天人合一”的传统思想，渗透着儒家“仁者爱民”的思想，也渗透着佛家“悲天悯人”的思想。神木的和谐不是口头上的宣传，而是以做好民生为基础的。通过创建和谐示范村镇，提升村镇文明程度，树立良好的乡风民风，神木塑造着属于自己的城市精神和人文品质，构建着共享式发展的新蓝图。共享是和谐的基础，和谐是共享的体现。

海纳百川、宽广包容的人文和谐精神，也表现在开放包容的文化意识上。神木不断地吸纳兼容着各种先进文化的精髓，文化形态包容开放、独立独特，自成体系。神木的路径和集体行为意识表明，“一个地方、一个部门如果没有开放包容的心态和举措来正确对待外来企业、外来投资、外来人才，就必然会处处为难、与之争利，更不可能讲什么快捷服务、优质服务”。在他们看来，包容是开放的思维（心理）前提，只有宽广包容，才能成就伟业。

二、人文神木建设的实践道路

人文精神是一个城市的气质、风格和灵魂，是一个地区文明程度的综合体现。在践行科学发展观活动中，神木人把中国特色社会主义文化建设理论与其精神生活实际相结合，立足神木而又不局限于神木，走出来一条具有神木地方特色的文化建设路径。

（一）意识形态建设路径：提升公民素养，积淀人文内涵

文化由人所创造、为人所特有。神木在人文神木建设中，秉承以人为本的理念，充分尊重人民群众在文化建设中的主体地位，尊重人民群众的文化理想和文化选择，尊重人民群众传承、接受和分享一切优秀文化成果的权利，通过各种途径，着力提升公民人文素养，积淀人文内涵。

首先，用中国特色社会主义理论体系大众化的成果教育群众，武装人民。中国特色社会主义理论体系大众化不仅要求语言通俗易懂，而且必须做到形式上也受到大众的欢迎，即通过宣传形式的多样化来增强中国特色社会主义理论体系的吸引力、战斗力、感染力。神木在宣传中，不断把理论教育与不同社会群体的关注点、兴趣点结合起来，把理论宣传融入文学、艺术、广告、信息等之中，充分利用《神木》、《民智》等刊物，做到寓教于学、寓教于乐、入耳入脑，让人民群众在学习工作、生活休闲中潜移默化地接受中国特色社会主义理论体系。在宣传对象上，坚持因人施教的原则。对领导干部，重要的是搞清中国特色社会主义理论体系本质问题，关键要解决真学、真信、真懂、真用的问题；对普通党员，要着眼于增强贯彻执行党的路线方针政策的自觉性和坚定性，提高思想政治素质；对一般群众，强化创业本领、守法意识和道德观念，把理论宣传、思想教育和道德实践紧密结合起来。

其次，倡导通过以用为本的培训教育体系强化人文建设。如果把人文神木比作一棵大树，那么以用为本的培训教育体系就是其枝干的一部分。近年来，神木县围绕干部培训、民营企业家培训、农民培训三个重点，通过实用技能和人文素质等为主要内容的培训活动，不断探索促进人文精神建设的新路径和新载体。在干部培训方面，积极推进学习型机关建设，更加注重对干部引领经济社会发展能力的培养，先后组织了科级领导培训，新就业大学生、村官培训，专业技术干部培训等多种形式的培训，实施了能人富人返乡任职，白领派遣，干部到村（社区）和企业挂职锻炼等人才工程。在企业家培训方面，通过民营经济论坛、神木大讲堂、外出学习考察等多种形式，强化企业家素质建设。在农民培训方面，通过党员教育、人人技能工程、阳光工程、专家现场培训等不断强化农民素质。“十一五”期间，神木县累计培训干部达5000人次，实现人才支持4000人次，开展企业家培训500人次，开展农民培训50000人次。目前，神木县正在酝酿一个全新的涉及成人教育和干部培训的整体规划，计划全面建立科学完善的培训体系，形成涉及领域宽、培训覆盖面广的长效培训机制，进一步助推人文神木建设。

神木大讲堂

再次，广泛开展书香麟州建设，倡导全民读书学习活动。近年来，神木县围绕书香机关、书香校园、书香企业、书香村镇、书香社区、书香家庭等一系列书香创建评选活动，选树了一批读书学习先进家庭、先进学校、先进企业，积极倡导全民读书学习，为“人文神木”建设营造浓厚的文化氛围。

（二）文化事业建设路径：提升社会文明程度，构筑人文大厦

以创建文明城市为载体，全面推进“人文神木”建设。文明城市创建为“人文神木”建设提供了有利契机，搭建了可靠的平台。为此，神木颁发了《神木县文明城市创建规划》和《实施意见》，对照文明城市创建七大项117条指标，软硬件并举、城乡联动，分类推进、分步实施，逐项落实。要求各乡镇各部门、各行各业创建任务，形成合力，共同创建，力争2011年建成省级文明县城，2014年建成国家级文明县城。为了全面提高公民素质，神木人通过拓展文化设施，积极有效地发挥县图书馆、博物馆、体育馆、乡镇和村级文化活动室、广场文化等的公共服务功能，让更多的人接受知识和文化的熏陶，在潜移默化当中提升自身的人文精神和人文素养。

2011年1月，神木县图书馆开馆，该馆面积达12000平方米，是陕西省面积最大的县级图书馆，馆内藏书15万册，极大的丰富了群众和中小学生的课余文化生活。为了更好地发挥图书馆的作用，图书馆工作人员实行全年360天对外开放，以便充分满足读者的借阅需求。同时，还充分利用现有馆藏文献资源组织开展全民读书日，图书馆服务宣传周等宣传活动，向社会推荐优秀书目，组织读书经验交流会，征文等系列活动。图书馆始终坚持“平等、免费、惠及全民”的办馆理念和“读者第一，服务至上”的服务宗旨，为构建“五个神木”提供了强有力的智力支持和思想保障。

神木县图书馆

神木县博物馆位于县城麟州街第六小学北侧，筹建于2008年3月。该博物馆是集文物收藏保护、陈列展览、科普宣传、传统教育、文物研究为一体的现代化公共博物馆。展馆建筑面积8600平方米，馆藏文物1万余件，设有恐龙展厅、古代文明展厅、汉画像石专题展厅、麟州城与杨家将专题展厅等八大展厅。县上不断加大对农村文化设施的投入，并已安排在新村新建影剧院，目前正在进行方案设计。从2005年起，县上先后投入200余万元，新建或维修改造了21个乡镇文化站，到2008年底，实现了乡乡建有文化站的目标。从2007年开始，结合新农村建设，县上每年投入100余万元，在每个乡镇建设一到两个高标准的综合性村级文化活动室。现在，40余个高标准的村级文化活动室也已全部建成。此外，县上利用空闲校舍，改造建成了300余个村级文化活动室，在城镇社区也新建了40余个文娱活动场所。2009年，县上新安排的文化信息资源共享工程一个县级支中心和3个乡镇服务站、60个村级服务点已建成，一个从县到乡到村的文化服务阵地网络已初步形成。

神木县博物馆

神木还开展丰富多彩的群众性文化活动。（1）举办激情四射的大型演唱会。如2009年神木县第三届陕北民歌大赛和“能源新都·魅力神木”大型演唱活动；2010年“欢乐中国行·魅力神木”大型演唱会和“能源新都·幸福神木”专场明星演唱会；2011年“珍惜资源·生态陕西”大型公益文艺晚会、“百家戏苑 辉煌神木”戏曲歌舞演和《盛世颂歌－喝彩神木》大型演唱会。这些气势磅礴的演唱会带动了神木文艺调演、文艺晚会和民歌大赛等地方特色的“爱乐”活动的开展。

（2）承办国际国内的体育赛事。2010年，承办中（国）古（巴）国际女篮对抗赛和中国乒乓球俱乐部超级联赛；2011年，举行首届全县职工运动会、中国八一飞行队与美国飞鹰队的篮球对抗赛、CBA西部行篮球对抗赛等重大体育比赛活动。借此东风，神木开展了别有生面的“趣味体育比赛”，推动了少儿体育的发展。

（3）启动书香求知活动。2009年启动“书香神木，全民读书”、“新童谣校园传唱”和国内知名人士来神讲学活动，形成人人读书、处处芳香的社会氛围，并于2010年开办“神木大讲堂”，至2011年底，已成功举办了7期。同时，以“少年儿童书信文化”等形式，开展未成年人道德交往教育活动。

山西卫视《走进大戏台》在神木

神木县体育馆

（4）组织广场文化活动。2010 年以来，启动东兴广场周六公演电影活动，为人民广场、东兴广场和迎宾广场等“三大广场”配置吹、拉、弹、唱等设施。2011 年，举办 12 次广场文化活动，激情广场文艺演唱团在人民广场举办新编历史晋剧《清风亭》。神木镇在东兴广场举办了“党在我心中”大型晚会。

2012年6月，“人文神木·陕西诗会”暨陕西省青年文学协会成立大会在神木县隆重召开，中国作协书记处书记、著名评论家李敬泽（右五），陕西省作协党组书记、著名作家、书法家雷涛（左五），陕西省作协主席、当代著名作家贾平凹（左二），神木县委书记雷正西（右四），神木县县长黄建军（右一）。

（5）开展文艺创作活动。2005年以来，先后创办《神木》，《草原》、《杨家将文化研究》、《黄土文化》等兼具学术、宣传的刊物，引导和鼓励神木青年积极创作反映神木文化生活的作品。先后创作了文学作品24部，创作小品、小戏18个。编辑出版了包括小说、散文、新诗、诗词及摄影、书法、绘画等在内的七卷《神木文艺丛书》。制作了《杨家城传说》、《神木二人台》和《神木手工制毯》等三部非物质文化遗产专题片。并以此为契机，开发出神木民间剪纸、“杨家鼓”、神木面人和地方小吃等文化产品，申报了杨家将故里和杨家城等40多个注册商标。“神木面花”被国家文化部命名为“中国民间面花艺术之乡”。

（6）开展社区文化活动。2009年，组织“我们的节日”（清明节、端午节、中秋节），“迎国庆、讲文明、树新风、促发展”和“我推荐、我评议身边好人”等弘扬传统、激励正气的活动。2010年，举办窟野河放河灯和捏面人比赛。2011年，大力挖掘、宣传神木道德模范，组织“做尚德重礼的神木人”、“公民道德宣传日”和“志愿慈善送温暖”活动，激励和引领社会风尚。另外，在全县教育系统举办“感恩养育、感恩教育”励志和爱国主义读书教育活动。

神木剪纸

（7）加强媒体宣传。利用神木报、电视台和广播电台等本地传媒，深度报道“神木形象”。《神木报》由每周一期改为两期，并开设“建立民生慈善基金、造福神木人民”、“建设五个神木 构建和谐社会”、“书香神木”、“乡镇工作亮点”和“聚焦百姓生活”等专刊专栏。

神木电视台开辟《综合频道》和《神木人文频道》两个电视频道，新设《周末讲述》、《法在身边》、《关注》、《师说》和《百家讲坛》等栏目，播放“中华民谣传唱”活动，还对“五个神木”、“三大慈善公益金”、“千名干部下基层调研”、“纪念建党 90 周年”，以及创建国家级卫生城市等重点工程、重要会议、重要活动进行重点宣传报道。2011 年，电视台播出《神木新闻》245 期，播出各类新闻 2800 余条，其中 12 条新闻在中央台播出，32 条在省台播出，市台播出 261 条，连续六年位列榆林市第一。

神木广播电台在新闻综合频道的基础上，2011 年开通音乐、戏曲、小品等为内容的《乐活 904—文艺频率》新频道。全年播出各类栏目 1304 期，各类稿件 3600 条，其中 2 条新闻在中央台播出，8 条新闻在省台播出，35 条在市台播出，取得了显著的成绩。

神木新闻网先后设置“民营经济”、“免费医疗”、“首届十大书香家庭评选活动”、“城乡一体化”、“社会和谐化”、“教育视点”和“开门纳谏”等多种专题栏目。2010 年，刊稿 1700 多篇，原发稿件近 1600 篇，点击人数高达 200 万人次。2011 年，刊稿 2800 多篇，并开辟“网上”祭先烈征文活动。这一网站成为外域人士认识神木、了解神木的快捷平台。

（三）文化产业建设路径：拓展文化发展空间，打造人文品牌

文化产业是专门从事文化产品生产和提供文化服务的经营性行业。它是社会生产力发展的必然产物，是随着中国社会主义市场经济的逐步完善和现代生产方式的不断进步而发展起来的新兴产业。文化产业领域的范围很广，几乎包括了与文化相关的所有带有商业、盈利性质的部门，包括艺术业、文化旅游业、博物馆业、图书馆业、文物业、群众文化业、博彩业、竞技体育业、广告业、新闻出版业、广播电视电影业、娱乐业，网络业、经纪与代理、文化科技与科研、文化交流、装潢装饰业等等。神木人从其文化积淀深厚，文化资源丰富的现状着眼，以旅游产业为突破口来逐渐打造神木现代文化产业。“十一五”期间，全县接待游客850万人次，实现旅游综合收益近20亿元。旅游经济成为全县国民经济的重要组成部分，在产业结构调整中发挥了重要作用。

在积极开发旅游文化产业的过程中，神木人以高标准来致力于品牌建设，逐步提升神木的旅游行业形象，从而打造“西部名城，魅力神木”的旅游名片。首先，实施文化产业促进工程。稳步推进文化体制改革，加快发展文化产业，积极培育以产业集团为骨干、各类中小型文化企业共同发展的文化产业群。支持鼓励演艺业、传媒业、广告业等新兴文化产业发展。其次，实施文化遗存保护开发工程。大力保护、开发、整合以杨家将文化为龙头的黄土文化、草原文化、根祖文化、宗教文化、红色文化、酒文化和民俗文化，把挖掘传统文化和创造现代旅游产品结合起来，带动全县旅游经济和文化产业的发展，推动“人文神木”建设。最后，集聚丰厚旅游资源，打造文化产业内核。神木历史悠久，文化旅游资源丰富，但文化体制改革起步较晚，产业化水平较低，占全县第三产业比值不到10%，全县总产值的2.8%。针对这一情况，神木县委县政府充分吸收国内外文化产业发展的经验与模式，并根据国家发展文化产业的政策趋向，提出以神木旅游业为其文化产业的内核，致力于打造地方特色的文化产业的主品牌。主要有：（1）摸清旅游资源家底，科学规划充分论证。（2）实行园区经营服务，成立旅游投资集团。（3）围绕三个维度（杨家将故里、能源新都、晋陕蒙文化交汇地），打造四大园区（以草原文化为核心、沙漠湖泊风光为衬托的红碱淖旅游区，以杨家将文化为核心、唐宋边塞文化为衬托的杨家城旅游区，以陕北历史文化为核心、古城及新石器文化为衬托的高家堡石峁旅游区，以陕北乡村文化为核心、黄河文化红色文化为衬托的天台山旅游区）。（4）打造演艺精品，筹划文化活动。通过构造景区舞台、演艺资源，提高市场认知度；通过举办各种特色节日文化活动，形成旅游名片。（5）完善旅游要素和配套工程体系，形成游憩体验体系。（6）力推传统文化资源现代转换，研发文化创意产品。

三、神木文化事业建设的经验

近年来，神木文化事业取得了长足的进步和令人可喜的成绩，也引起了

国内外主流媒体的持续、广泛而又深入的关注。其主要经验在于，

（一）县领导集体的人文情怀及舆论引导

神木文化事业的发展离不开神木人的共同努力，同时更离不开县领导集体开放和创新的施政理念，以及他们对于发展当地文化事业的重视和人文关怀。

神木在历史上就涌现出了以杨家将文化为代表的忠勇保民、敢于担当和积极进取的人文精神，这种代代相传的人文精神不仅让历史上的神木人在抵抗外侮、保卫家园的过程中备受激励和鼓舞，同时随着时间的推移和人们的不断认可，这种人文精神又渐渐积淀为一种深厚的人文传统，而这种有着深厚底蕴的人文传统，也一直在滋润着这块热土以及世代生活在这里的人们。

时至今日，这种忠勇保民、敢于担当和积极进取的人文传统依然在滋养着神木人。正是因为这种历史传统，让逐渐富裕起来的神木人不再将眼睛仅仅停留在发展经济上，而是用科学发展的眼光来全面地审视今天的神木。在践行科学发展观活动中，神木县委县政府形成了一整套富含人文情怀的施政理念：（1）在本质规定方面，提出人文就是“以人为本”的价值观；（2）在功能方面，不仅提出人文建设就是树立高尚的道德行为规范，而且提出人文建设即为可持续发展之原动力的理念；（3）在实践途径方面，不仅提出提升市民文化程度、改善社会整体环境，培育和提炼现代神木人文精神，而且提出经济、民生建设与人文建设相互促进、并重发展的理念。神木县坚持把精神文明建设工作纳入年度工作目标考核之中，并把精神文明建设工作的各项主要目标纳入全县发展规划当中，有力地促进了全县精神文明建设工作健康快速发展，群众整体素质不断提高，城市文明形象凸显，为建设“五个神木”提供了强大的精神动力。

县委县政府以创建文化大县为目标，积极探索发展地方文化的新路子，文化事业得到了全面的发展和繁荣。神木先后被省政府命名为“文化先进县”、“文物工作先进县”，被省文化厅授予“农村电影放映‘2131’工程达标县”。

（二）居安思危意识下的积极进取

神木文化事业呈现出了良好发展的态势。可以说，是忧患意识下的积极进取和富含进取精神的居安思危。正是因为神木的文化事业有了多元、辩证性的精神理念的指引，才让人文神木建设呈现出了欣欣向荣的局面。

神木县委、县政府建立民生慈善基金的目的，就是要履行公共职责，平

衡各方利益关系，拉长利益链条，与子孙后代共享资源红利，解决煤挖完或发生经济危机时民生工程如何延续的问题。正是在这种居安思危意识的指导下，神木县民生慈善基金正式启动。

民生慈善基金的建立，彰显了神木人的居安思危意识。近年来，神木正面临着区域竞争的压力、加快发展的压力、富民强县的压力，而这种压力主要来自两个方面：一是从宏观形势看，国际金融危机的影响仍然存在，能化产品市场需求回升缓慢，煤炭产业的区域竞争将更加激烈。此外，发展低碳经济已形成全球共识，“低碳壁垒”正在形成，对以煤炭生产和消耗为主的产业结构将是一个严峻的挑战；二是面对加快发展的紧迫任务，神木还存在不少需要克服的困难和问题。如工业发展总体上还处在产业链的中低端，科技、人才等高级要素支撑不足，产业优化升级的任务艰巨；投资过多地集中在能源产业，煤炭“一业独大”的局面没有根本改变，多元发展、多轮驱动的产业体系尚未建立。特别是交通、土地、环境、水资源、后续煤炭资源等“瓶颈”制约愈加明显。

在这种背景下，神木人利用基金筹集，力求克服过去长期形成的煤炭依赖思维，试图跳出煤和超越煤，以善于发现、创造和把握各种发展机会。由于忧患意识具有一定的前瞻性和动力作用，所以，拥有居安思危忧患意识的神木人，其在人文事业发展进程中所做的各种努力并不是不计后果的，而是带有一定的辩证性和科学性。

（三）注重历史传统，包容外来文化

昨天的神木，有着久远的过去和丰富的人文精神，这种精神历久弥新，终于积淀成为一种传统、一笔财富。今天的神木，以积极进取、开拓创新的精神和海纳百川、兼容开放的气魄来迎接、吸收外来文化，从而让神木的文化事业打破了旧有的发展模式，呈现出了开放、包容和充满活力的新格局。

悠久的历史既孕育了神木人忠勇豪气、勇于担当的气质性格，也形成了宝贵而又影响深远的文化遗产。在新的历史条件下，转换历史传统，以积极、开放的心态去包容外来文化，吸收先进的外来文化非常重要。神木人继承其先辈们宽广包容精神，不断创新自己的文化，他们勇于和善于向实践、向书本、向同行和向外界学习，以一种全新开放、兼容并蓄的心态来面对外部世界，注重本土文化和外来文化的交流与融合，积极吸收外来文化的精髓；坚持“以我为主，主动出击，迎接辐射，促进发展”的原则，在向外部世界提供有效服务中求发展，在接受辐射中求发展，在加强联合中求发

展，在由地域开放向观念开放转变中求发展。取得了文化建设的重大业绩，他们坚持“内外并重”的原则来积极构建神木新文化，积极发掘城市文化资源，发展特色文化产业，建设特色文化城市，不断打造包容开放、极富特色和自成体系的文化新形态。

（四）感恩情怀与开拓创新

神木人的性格里面有着豪爽乐观、坦率真诚的一面，这种性格气质展现着富含浓郁人文色彩的感恩文化。感恩是一种人文情怀，也是一种温暖人心的力量。神木人将企业家和人民群众的感恩情怀转化成具体行动，在制度创新方面做出了一些非常有意义的探索。

除“民生慈善基金”以外，那就是神木县慈善协会。神木慈善协会从2003年成立7年来，一直致力于为全县贫困人群提供实实在在的帮助，让他们感受到了全社会的关爱，截至目前已累计资助优秀贫困大学生1900多名，发放资助金829万元。7年来，县委、县政府主动介入，注入资金，与社会各界一起扶持和帮助慈善事业茁壮成长，逐步形成了政府推动、社会参与、民间运作的新机制，努力使当地的免费教育、免费医疗、社会养老、文化建设等社会事业能够有稳定而可持续的资金保障。

神木人在如何落实感恩情怀的机制、制度创新方面进行了大胆的探索，以有效地保障慈善和公益事业能够永续化，从而有利于形成以慈善和公益为核心的感恩文化，以及助人为乐、助人光荣、助人受到社会尊重的社会新风尚。

（五）以人为本：文化事业发展的路向与旨归

文化是由人所创造，并为人所特有。发展文化事业，终究还是为了人的生存和发展。以人为本便是神木发展文化事业的路向与旨归。

基于这种人文理念，神木县的经济社会建设，紧紧围绕着发展为了人民、发展依靠人民、发展成果由人民共享这一主题，在“十一五”期间，书写出了一份温暖人心的民生答卷。不仅如此，神木县委县政府在发展当地社会各项事业的时候，还时刻注意把文化建设作为转变发展方式的内在要求，把“文化惠民”当做构建“幸福神木”的题中之意和重要元素。

“十二五”时期，是神木转型发展的关键时期，新的征程充满新的希望。我们相信，在神木县委县政府的正确引领下，神木的明天必将向世人呈现出一幅新文化的美好画卷。

老年书画大赛

四、神木文化产业发展的特色及未来走向

神木人在打造他们的物质生产生活的同时，不断发展着自己的精神生活，在创造他们的物质生活生产关系的同时，也不断发展着自己的精神生活生产关系，从而创造着具有神木特色的文化产业。

（一）神木文化产业的发展状况及其特色

神木多元文化并存，文化资源丰厚，文化产业前景广阔，独具特色。

1. 以杨家将为代表的传统文化产业

神木历史久远，古迹甚多，拥有多元化的文化遗址群落。远的有石峁龙山文化遗址，是陕北地区迄今发现的规模最大的龙山文化晚期遗址；近的有高家堡等明清时期建筑群和神木钟楼等，其居民建筑群为典型的北方构筑风格：既有四合院，如北巷的李家大院；又有前庭大院，如东街的卢家大院、西街的韩家大院；还有楼院，如十字巷的李家楼院，同心巷的刘家楼院等。在神木的传统文化产业当中，最为著名的当属北宋杨家将镇守过的杨家城。

杨家城是杨业的故乡，也是杨家将文化的起源地。在神木历史文化长廊中，数杨家将文化的历史地位最高、影响传播最远、社会反响最大，是神木历史传统文化的标本和见证，是神木向世人展示其文化魅力的窗口，也是神木能拿得出、叫得响、推得开的第一文化品牌。

在文化产业战略的具体实施中，神木县决不拘泥于历史传统，而是将传统观念与现代理念结合在一起，着力将杨家将文化产业打造成神木第一文化品牌，开发利用杨家将这一非物质文化遗产，将其推向市场。具体来讲，就是依托古老沧桑的杨家城遗址，制定打造神木第一文化品牌的路线图和时间表，科学规划、合理布局文化产业集聚区，搭建起聚集人流、物流、信息流、资金流的高位平台，打造出能够吸引人们眼球并乐意消费的看点。目前，神木县正在进行调研取证，准备投资建设国内最权威的杨家将文化资料馆和研究中心、人物场景蜡像馆、边关宋城、仿宋街等杨家将文化载体，探索开发和杨家将有关的北宋边关文化、西夏（党项）文化、辽（契丹）文化及相关产业，在表现杨家将根祖源文化的同时，科学展现由杨家城而生发的杨家将群体在杨家城以外所上演的英雄壮举和生活场景及当时的历史人物风貌，使之成为具有瞻仰性、审美性、体验性的活化状态的文化园和文化品牌。同时，神木人在杨家城开发的同时，已经充分考虑到几个关系：一是开发与保护的关系。要做到互不矛盾，相辅相成。在总体上考虑：内城的原址怎么保护，外城怎么建设等等；在细节上考虑：古代怎么进城、攻城，从上山路上，就可以围绕杨家城易守难攻做文章，让游客一开始就有看点等等；在审美上考虑：如何科学开发红楼景观，体现范仲淹《渔家傲·麟州秋词》的意境等等。二是杨家城与其他景点的关系。要形成一个文化旅游产业“圈”。就神木现有的旅游文化资源而言，能拿得出手的也就是二郎山、红碱淖、天台山、汉画像石、石峁遗址等。这就可以以杨家城为中心形成一个旅游文化产业圈，以杨家城为龙头和中心，带动一个圈的繁荣。三是文化产业内部的关系。要形成一个文化产业“链”。加快推动旅游、文学、影视、戏曲的优势互补，共同繁荣，形成合力。邀请大腕高手打造文化精品，例如拍摄电视剧《杨家将》，在央视一套黄金时间播出；运用声光电手段，再现金沙滩和穆桂英大破天门阵等妇孺皆知的场景。要通过构建产业链条，发展相关行业和各层次的衍生产品，带动创作、出版、文化娱乐、旅游、网络等一系列相关创意产业，使文化资源随产业链的延伸而无限拓展，产生巨大经济社会效益。

2．红色文化产业

从延安革命根据地到南泥湾，整个陕北拥有丰富的红色文化资源。神木县地处陕北神府根据地的中心地带和晋绥抗日根据地的大后方，是革命老区，曾在创建陕北革命根据地的斗争史上占有重要的位置，在红色文化资源中得天独厚。

神木县的革命遗址主要集中在中南部乡镇，那里是陕北革命根据地的发源地之一，在长期的革命斗争中，留下了很多珍贵的革命遗址。尤其是贺家川镇是神府革命老区的发祥地，曾为中国革命做出过巨大贡献。早在1927年神府第一个农村党支部就诞生在贾家沟村。1937年1月17日神府苏维埃政府（神府县政府的前身）在贺家川镇温家川村建立。后方医院（西安解放军第四军医大学的前身）手术室曾是晋绥军区后方医院手术室的旧址，白求恩大夫在这里做过手术，群众称“开刀窑”；现在北京市、呼和浩特市、西安市等大医院里的老专家、老教授也有从这所房子里培养出来的。天台山在贺家川镇东南方，地处黄河与窟野河的交汇之处，赢得“独峙中流砥二水，两省风光收一台”的美名。天台山不仅有美丽的神话传说，而且有志士仁人英勇斗争的革命故事。1936年春，刘志丹率领红二十八军东渡黄河时，就驻扎在天台山，胜利地指挥了攻占山西罗峪口的战斗，因而天台山又成为英雄的山，是人们景仰的革命遗址。

天台山

近几年来，随着经济的高速发展，神木人逐渐产生了自觉的文化意识，主动投资保护文化资源。2005 年，对天台山庙群进行了重修、改建、增补、扩建，经一易寒暑，修成现在规模。每年三月十八日，四月初八为天台山传统庙会，届时四方游客云集于此，人山人海，热闹非凡。2006 年至 2007 年县政府投资 780.9 万元，将 7.42 公里上山道路建成了三级油路，并在山上修建了“刘志丹东渡纪念碑”，建成了“刘志丹东渡纪念馆”，使山貌山景焕然一新。为了加快红色文化产业的发展，神木县文体事业局提出如下思路：（1）近期，其一，政府扶持民营为主的模式，有效整合我县红色文化旅游资源，成立红色文化旅游产业公司，对县境内的天台山（刘子丹纪念馆）、王家沟（八路军后方被服厂）、采林（八路军河防司令部）、杨家沟（华国锋蹲点旧址）、贺家川（白求恩手术室），王家寨（红三团旧址）等景点进行必要的维护修缮和包装打造，形成旅游线路和基础景点；其二，上述景点间的交通道路建设，形成快捷便利的交通环境；其三，上述景点建设，加入民俗、生态、休闲、度假和饮食等内容，形成初步综合性服务氛围和相关联的旅游圈。（2）中期，按照文化产业的总体布局，把红色文化资源的发展统筹规划，把南部红色文化旅游业和北部城矿区物流园、工业园区、生态园区及南水北调等各项产业的发展结合起来，特别要抓住天台山景区建设和高家堡古城开发及解家堡陕北民俗文化大观园建设的机遇，统筹运作，形成同生态的大气候，共谋发展。（3）远期，围绕本县培育骨干文化企业及文化品牌的大思路和杨家将文化产业园区的建设，把南部红色文化景点建设成全县文化旅游业的后方基地，在文化旅游产品上下工夫，在提供休闲空间服务上求突破，围绕全县文化旅游产业内成圈外成列的思路，做精内部，做好外在形象，形成内外联动新格局。

红色文化是先进文化的代表与传承，它见证了历史，弘扬与培育了民族精神。在新世纪，文化产业在现代经济结构中已成为新的国民经济增长点，而红色文化则是文化产业的重要组成部分。红色文化具有良好的知名度和品牌效应，革命老区保留下来的遗址和可歌可泣的革命故事，既是宝贵的精神财富，也是发展红色文化产业的重要资源。经济全球化的不断发展，使地域间经济主体的联系日益紧密，文化作为经济联系的纽带，越来越发挥着重要作用。许多经济尚不发达的红色革命老区以红色文化为媒介，充分利用红色文化的吸引力和影响力，招商引资，招才引智，利用红色文化搭台，经济贸易唱戏，收到了良好的经济效益和社会效益。作为陕西第一经济强县，伴随着煤炭型经济结构转型的逐步推进，神木县将迎来新的文化旅游发展的战略机遇期，神木的文化产业将迎来一个大发展机遇期，将红色文化和旅游及相关的民俗、饮食等地域文化相互融合、相互渗透，以红色文化促旅游发展，以旅游促红色文化传播已成为不少地方加速经济发展的新趋势。神木的红色文化资源作为县城六大文化资源中的一大资源，有着十分重要的历史价值和现实意义。

3. 以红碱淖为代表的生态旅游

神木县是草原文化和黄土文化的自然生态交融区，也是游牧文化和边塞文化的人文生态融合区。因此，生态旅游业是文化产业的重要内容，它受一个地区特殊的地理地貌的影响，关系到人与自然的和谐问题，更关系到经济社会的可持续发展问题。从可持续看，建设“生态神木”已成为“十二五”时期神木发展的重大战略之一。为此，神木县委和县政府着力构建生态产业体系、生态保护体系、生态治理体系、生态人居体系、生态文化体系“五大体系”，逐步建立符合生态发展规律的生产方式、生活方式和消费方式，把神木建设成为生态经济发达、生态环境良好、人居环境优美、人与自然和谐相处的生态文明城市。这些举措充分体现了神木人的现代生态观念。目前，神木作为资源开发大县和生态脆弱地区，加快推进生态建设既是实现人与自然、资源与环境、速度和质量协调统一的重要途径，也是改善人民群众生产生活环境、提升公众幸福感的重大民生事业。因此，神木坚持走新型工业化道路，以大柳塔、店塔、锦界、大保当等工业园区为载体，从基础设施建设入手，配套完善软硬件设施，着力展示企业文化、人文环境、现代工艺流程和先进技术管理理念，建立长效机制打造生态工业园区。同时，培育壮大工业旅游产品，全力打造现代工业旅游，最终使现代工业旅游成为我县改善投资环境的新载体，扩大知名度的新渠道，推动经济发展的新引擎。

神木的生态旅游业包括林业生态旅游、农牧业生态旅游、黄河滩地生态旅游、黄土丘陵沟壑生态旅游和草原风沙地生态旅游等等，拥有极其丰富和多元化的生态旅游资源，其中最著名的当属红碱淖风景名胜区。

红碱淖风景名胜区是神木生态旅游业的代表，年旅游收入在 2000 万元以上，年接待游客数量在百万以上，2010 年就被中国旅游产业论坛会授予“中国最佳绿色生态旅游景区”、“中国最佳自然景观旅游景区”。红碱淖形成于上世纪初，位于陕西省神木县与内蒙古鄂尔多斯市陕蒙交界处尔林兔镇，湿地保护面积达 300 平方公里，最大水域面积达 67 平方公里，平均水深 8.2 米，蓄水量 5.5 亿立方米，是我国最大的沙漠淡水湖，也是世界上最大的遗鸥繁殖与栖息地。红碱淖属高原性内陆湖泊，是草原地貌和黄土地貌的交融地带。红碱淖风景区四周有木独石犁河、壕赖河、七卜素河、营盘河、拖河、蟒盖兔河、尔林兔河等七条季节河注入，水源补给量与水分蒸发量基本平衡，历史上水位稳定，是陕西省最大的湖泊，也是中国最大的沙漠淡水湖，素有“大漠明珠”之美称。这个比喻很形象，意谓红碱淖是一颗大漠明珠，镶嵌在陕西的最北端、毛乌素沙漠的边缘。红碱淖这种独特的地形地貌，使它成为神木发展生态旅游业的重要资源。目前，神木正在大力发展新型生态产业：以红碱淖、大漠、黄土地等自然资源为依托，坚持开发与保护并重，积极推进生态旅游业发展。加强红碱淖湿地及遗鸥等稀有物种的保护，积极推进4A级景区建设。立足沙漠、草原、黄土地、黄河等多元自然景观，结合生态林业、农业基地，积极发展观光农业、休闲农业、乡村旅游等新型产业。良好的生态环境是生态产业的根本保证。红碱淖的东侧有尔林兔草原。南北两侧以沙丘滩地为主，滩地上又以沙柳为主的大面积固沙防风林带，沙丘多已固定。生态畜牧业和渔业是生态产业的重要内容。红碱淖盛产多种淡水鱼类，主要经济鱼类是红碱淖大银鱼，红碱淖鲤鱼、鲢鱼、草鱼、鲫鱼。湖中所产鲤鱼以肉质细嫩、味道鲜美而闻名遐迩；湖内所产大银鱼以色泽明亮、圆润、质地优良而闻名海内外。湖的南岸有一个半岛，岛上地形奇特，有粘土，也有坚硬的岩石，还有大片松软的沙滩，最良好的天然浴场，这些都是开发生态旅游业的良好资源。

然而近年来，红碱淖处于发展的瓶颈期，水面萎缩严重，濒临干涸的危险，湿地保护遇到了前所未有的难题。目前，水域面积还不足40平方公里，湖水边线与1991年相比，最大后退830米。水面大幅度萎缩主要有两方面原因：一方面，人为造成地表河流补给量减少。汇入红碱淖的七条季节性河流，现仅有一条流量较小的河流，成为红碱淖唯一的地表补水源，致使红碱淖湖面水位每年下降约60厘米，目前湖面水域面积比2007年的8.3万亩减少了2万亩。这样下去，预计最多十年就会干涸，成为又一个“罗布泊”。另一方面，在水源保护区域范围开矿挖煤。按国家发改委的批复，新街矿区规划为南北长68公里，东西宽54公里，面积2189平方公里。其中，红碱淖约1/4的水面被划入井田范围之内。矿区资源储量为239亿吨，其中，紧靠红碱淖核心保护区直线距离不足4公里的马泰壕煤矿和不远处的尔林兔煤矿年产能力均为800万吨。经神木县勘探，红碱淖沿湖100米深度均为砂砾岩，新街矿区马泰壕煤矿和尔林兔煤矿的开采，必将造成地面塌陷、地下隔水层结构破坏、地下水下降、地表径流断流、水系污染，更为严重的是会引发红碱淖湖水渗漏，直至干涸，导致在红碱淖生存的17种野生淡水鱼和世界濒危物种——遗鸥（国家一级保护动物）等53种受保护的鸟类消失或灭亡，湖周边地表植物枯死，十年退耕还林还草的成果毁于一旦，进而引发周边地区生态和气候恶化。同时，两矿一旦发生透水事故，后果不堪设想。抢救性保护红碱淖湿地，迫在眉睫。2012年，全国政协委员、西北农林科技大学教授杨公社在全国“两会”上呼吁：“红碱淖湿地正面临干涸，流域野生动植物保护形势严峻，一场生态灾难已迫在眉睫，亟待采取果断措施，实施抢救性保护。”

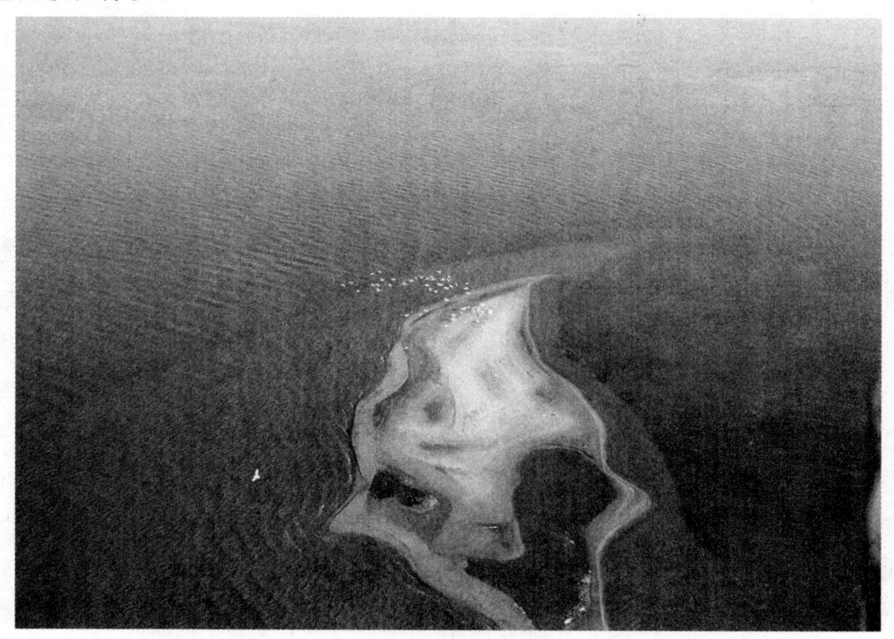

中国第一沙漠淡水湖——红碱淖

从未来前景看，如果红碱淖得以保护，天人合一的和谐境界是生态产业最有价值的部分。开发生态旅游文化产业，首先要构建原生态的自然境界。红碱淖风景名胜区的自然生态环境为许多候鸟提供了理想的栖息地，主要有国家二类保护动物白天鹅以及鸬鹚、海鸥、鱼鹰、野鸭、鸳鸯等。每逢春秋两季，成千上万只禽鸟相聚于此，上下翻飞，翩翩起舞，和乐齐鸣，景象非常壮观。红碱淖水域辽阔，水势浩淼，湖水景观随着时间与季节的变化而千姿百态，春夏秋冬各有特色。红碱淖周围错落起伏的沙丘与大小不等的片状草场相间，雪白的羊群似朵朵白云点缀其间，簇簇沙柳在金黄色的沙丘中格外翠绿，激越的信天游在天空中久久回荡。辽阔的湖面、绵软的沙滩、静谧的原野、翠绿的草原、充满生机的作物、喷薄欲出的朝阳、夕阳西下的霞光、奔腾汹涌的巨浪、随波逐流的小舟、翩翩起舞的飞禽、典型的塞外风光与蒙汉两种民族文化互相交融的地域风情一起构成了红碱淖风景名胜区得天独厚的自然景观资源和人文景观资源。

4. 以二郎山、九龙山为代表的宗教文化旅游业

神木县拥有丰富的宗教文化旅游资源，庙宇久远，教派各异。比如神木大保当镇贾明滩村班禅庙，是由梁武帝用国库库银修建而成的达摩祖师庙演变而来，它距今已有一千五百多年的历史；神木县马镇镇南西津寺与佳县白云山遥相呼应，是完整的佛教寺院；神木的河津寺最为奇特，坐落在河道中央一块巨石之上，约建于明万历年间，迄今已有四百余年。另外，仅道教流派就包括龙门派、华山派、全真派、玄武派等等。而其中最具代表性的当属二郎山、九龙山和天台山。

二郎山雄姿

神木县城屹立着两座神奇的山：二郎山和九龙山。这两座山一东一西，庙宇众多，气势恢弘，几乎包含了中国传统文化中的各种宗教，形成宗教文化旅游胜地中的奇观。二郎山位于陕西神木县城西面，俗称“西山”，文人墨客视其貌似驼峰，亦叫“驼峰山”。二郎山庙群始建于明代以前，后经历代续建修葺，在长达一公里的山脊上依山就势、错落有致地建成集佛、道、儒三教合一的各类建筑三十余处，并存有大量的雕塑、绘画、碑碣等丰富的历史文化精粹；九龙山位于神木县城东面，俗称“东山”，高峰矗立，昂首

奋勇。龙头有二石孔如眼，每当早晨红日从东方升起，光透二洞，直射城头，犹如龙眼放光，甚为壮观，名“龙眼透日”，这便是龙眼山得名的由来。沿小径入龙眼登龙脊高处，举目眺望，城川景物尽收眼底，所以又叫“龙眼山”。云川十咏中对龙眼山诗云：“瞳朦晓日上晴空，一统山河两界中。到此神龙主放眼，内看全汉外全蒙。”

巍峨九龙山

综上所述，如果说形似骆驼的二郎山代表神木人吃苦耐劳、埋头前进的奋发向上精神，那么形似龙眼的九龙山则代表神木人面朝阳光、迎接未来的积极乐观精神。作为宗教文化旅游胜地，二郎山的一切宗教活动均由宗教人士管理，宗教氛围甚浓，历来是晋、陕、蒙等邻近省区游客览热点，年接待游客达30万人次。适逢每年的正月初八、四月初八、六月二十二传统庙会，更是商贾云集，游人涌动，场面极为壮观。三教殿位于二郎山的第一峰巅，雄奇险秀。此殿在二郎山古建群中最具规模性、观赏性，是本山最大的一处庙群。三教殿的主殿祀奉释、儒、道三教鼻祖：释迦牟尼、孔子和老子。三教殿宏伟壮观，三位鼻祖并肩而坐，同受人间香火。与二郎山隔窟野河相望，九龙山的山顶则有祖师庙、极乐寺、鲁班庙等等。祖师庙，是道庙，祀玄武祖师，主宰北方，建于明万历年间。每年农历正月初八、四月初八、六月初八有庙会。其时，市民、远客云集山顶。极乐寺是一座十方庙、过去殿堂、僧房、斋院俱备，不仅广纳云游释子，而且可举办盛大的佛事活动。鲁班庙，在祖师庙东，旧址在县城南关，20 世纪 80 年代末，由建筑行业集资迁建于此，内祀鲁班，是建筑行业的祖师爷。西殿有我国“纸圣”蔡伦的塑像。

宗教文化旅游事业加快发展。目前，二郎山以其险峻雄奇和深邃的历史文化积淀而蜚声省内外，现为陕西省重点文物保护单位，国家 AAA 级旅游景区，旅游资源得天独厚。近年来，神木县政府及各级文物部门非常重视二郎山文物旅游的开发和利用，先后投资 1500 余万元完善了水、电、路、通讯等基础设施建设，旅游服务体系日臻完善。而九龙山上修建的高塔已成为神木县的城市标志之一。二郎山和九龙山不仅是神木县重要的宗教文化旅游资源，也通过自身深厚的文化底蕴对社会风气起到教化作用。正如《驼峰山浩然亭碑记》中所说：“但安逸则忘善，警戒则生畏。切勿自暴自弃而迷于歧途；欺己欺人而伤其忠厚。”这几句话不仅具有教育意义，也是对神木人文化性格的如实写照。正是神木的秀美山川孕育了神木人的审美性灵，而二郎山和九龙山功不可没。它们镇守在神木县的东西两端，就像是这个神奇地方的保护神。相信在未来的日子里，以二郎山和九龙山为代表的宗教文化旅游胜地，将成为神木文化产业中的亮点。

5. *以乡村民俗旅游为特征的新兴文化旅游产业*

乡村民俗旅游是神木县的新兴文化旅游产业。为优化农业结构，提高土地综合利用率，推进旅游产业的发展，使人民群众的收入不断递增，享受到更好的居住环境和发展条件，带动当地经济的发展，神木县旅游局坚持按照“政府扶持引导、市场运作、群众参与、群众受益”的方针，积极培育乡村民俗旅游新的亮点，做好乡村民俗旅游建设工作。

近年来，神木的杏花滩公园、乡村农家乐、农业生态旅游观光园、陕北民俗大观园、西沟沙哈拉度假村等众多的乡村旅游服务场所悄然兴起，现已成为神木县居民休闲度假的首选。这些新兴项目正在引领神木文化旅游产业的热潮。

（1）神木县乡村民俗旅游基本情况

浓郁的乡土文化、独特的民俗风情、多彩的民族特色和秀美的田园风光，使神木县的乡村民俗旅游充满魅力。经过近几年的历练和洗礼，神木县的乡村民俗旅游经历了一个从无到有、从有到优的发展过程，乡村民俗旅游在服务内容、经营形式、文化内涵等方面都有了新的开拓和扩展。

乡村民俗旅游是神木县的新兴文化旅游产业。为优化农业结构，提高土地综合利用率，推进旅游产业的发展，使人民群众的收入不断递增，享受到更好的居住环境和发展条件，带动当地经济的发展，神木县旅游局坚持按照“政府扶持引导、市场运作、群众参与、群众受益”的方针，积极培育乡村民俗旅游新的亮点，做好乡村民俗旅游建设工作。千姿百态的乡村文化为发展以旅游为主导的第三产业起到了良好的支撑作用。将乡村文化当中的物质载体、生活风俗开发为商品和旅游产品，有助于区域形象和品牌的塑造，并带动当地经济的发展。

（2）乡村民俗旅游对神木文化产业的价值和意义

没有一种旅游行为能脱离所到地区或民族的民俗文化。因此，民俗与旅游有着不可分割的关系。旅游者只有通过开展民俗活动，才可能亲身体验和触摸到旅游地民众生活事项，体会到当地活生生的民俗，体会到当地人民的生活方式、思想意识和审美情趣，实现审美与自我完善的旅游目的，从而达到良好的游玩境界。从某种意义上来说，民俗旅游属于高层次的旅游，在不久的将来，它将成为旅游的主流之一。由于地方特色和民俗特色是旅游资源开发的灵魂，也具有独特性与不可替代性。因此，民俗旅游是旅游产业经济发展的重要战略资源。能把握并利用好这一优势资源是提高神木县旅游品位的关键。民俗旅游占有举足轻重的地位，与此同时也给人们带来了其他的意外收获。如体验传统文化的精华等等。

毋庸置疑，乡村旅游将会成为神木县乃至榆林市的一张靓丽的文化名片，也将是神木县、榆林市的拳头旅游产品之一。它将与神湖（红碱淖）景区、未来的杨家城古文化景区及宗教文化景区一起，犹如四根大柱撑起神木县的旅游大厦，将对提升神木县及榆林市在全省旅游业中的地位产生巨大的作用。乡村旅游在引导社会资金投资旅游业方面的示范作用，和对神木县培育接续产业、促进产业结构优化调整方面的启示引导作用也不可忽视。

（二）神木文化产业的未来走向

神木人看到，文化不仅是软实力，也是科学发展的硬支撑，经济社会发展的硬资源。下一步，神木要想在经济社会发展中实现更大突破，实现可持续发展，文化产业发展就必须迎头赶上，让文化成为发展的生力军和领头羊。

神木人在经济高速发展的同时也在不停地自我反思，他们发现有一条短板不容忽视，那就是：软实力建设滞后。由之会产生一系列问题，比如：经济硬实力和文化软实力失调；文化资源的开发与保护、文化产业的发展程度与神木丰厚的文化底蕴和经济发展水平不相称；文化助推经济社会转型发展和可持续发展的力度不够等等。因此，他们把振兴文化产业当做必然选择。

近几年来，文化产业逐渐成为国家发展的主题。神木县敏锐及时地抓住了三个机遇：一是政策的机遇。2009 年 7 月，国务院常务会议通过了继纺织、轻工等规划之后的第十一大产业振兴规划——《文化产业振兴规划》。二是资本的机遇。文化产业作为文化资源集聚的实体，其建设之初的土地规划、建筑设计、网络构建、人员培训等都需要大规模的资金注入。当前，神木民间涌动着大约 500 亿元的民间资本，神木县委、县政府审时度势，积极引导和鼓励民间资本向文化产业流动，初步形成了促进县域转型发展、可持续发展的政策导向。三是市场的机遇。根据国际研究成果，在人均 GDP 超过 1000 美元时，居民消费支出中吃穿用类比重逐步下降，消费的重心开始向精神文化方面转移；当人均 GDP 跨越 3000 美元后，文化消费需求会产生明显的凸起现象，恩格尔系数随之降低；接近或超过 5000 美元时，文化消费则会井喷，而神木县的人均 GDP 在 2009 年时已达到 1.2 万美元，从这个角度讲，神木发展文化产业已经是十分必要的事，这也从侧面印证了神木县委、县政府对县域发展的清醒认识和科学把握。

神木大力发展文化产业，从本质上准确地抓住了两个关键点：一是文化建设的本质。将文化视为民族凝聚力和创造力的重要源泉，经济发展的重要支柱，国家综合竞争力的重要组成。“人文神木”建设的终极目标是通过软实力的提升，促进文化和经济融合，产生县域经济最根本、最持久、最难以替代的内生动力与发展优势。二是文化与经济的辩证关系。经济是基础，对文化建设具有奠基性；文化是灵魂，是经济社会发展的精神导向，对经济具有前瞻性。二者相辅相成，在交互作用中向前发展。就神木而言，一方面，县域经济持续健康发展，为传统文化传承与发扬、发展提供了坚实的物质基础。另一方面，人文精神潜移默化地渗透和影响县域经济社会发展的内涵与模式，并为其提供精神动力。

神木县通过转变观念，逐渐将工作中心移到文化产业和人文神木的建设上，简单地讲就是：（1）一手挖煤、一手“挖”文化。（2）一手抓公共文化服务体系，一手壮大文化产业。政府从职能型向服务型的转型过程，是以文化观念的转变为支撑的。推动文化投入多元化，调动一切积极因素投入文化事业和文化产业。（3）一手抓公益性文化事业，一手抓经营性文化产业。

神木县文化需求的缺口很大，城乡之间、不同收入群体之间的文化消费不平衡，“精神饥渴”现象日益强烈。(4) 一手抓文化自觉与自信，一手抓思想道德建设。文化自觉体现的是神木人对文化的本质和作用的深刻认识，以及神木人对发展文化的主动担当，文化自信体现的是对传统文化的坚守与弘扬，对先进文化的倡导和发展，以及相信发展繁荣文化的大有作为的心理态度。培育高度的文化自觉与自信是推动文化发展和繁荣的思想基础与先决条件。

发展各项文化事业和文化产业，用抓经济的气魄与胆识抓文化；围绕以文化为主要内容的软实力建设，充分挖掘神木历史文化的先进性和科学性，把先进、开放、包容、进取的优秀文化传承好、塑造好、发展好，从更高层次上为建设“五个神木”营造环境、增加动力、激发活力。敬教劝学，建国之大本；兴贤育才，为政之先务。纵观国内外历史，生产力的飞跃，都量变于教育，质变于技术。今天的教育，就是明天的科技、后天的经济、未来的生产力。

生态神木

神木县位于中国黄土高原的腹地，濒临黄河和内蒙古高原，地处内蒙古毛乌素沙漠的边缘，气候相对干旱，生态环境脆弱，破坏容易，恢复治理难。但多年来，神木县委县政府坚持以科学发展观为指导，以建设生态神木为目标，以风沙和水土流失治理为重点，加快生态建设步伐，大力保护生态环境，取得了巨大成绩，使被破坏的生态环境逐步得到恢复和改善。通过多年的探索，神木县已在生态建设方面积累了丰富的经验。

一、生态建设的新理念与新战略

（一）生态环境治理的新理念——生态建设

1．文明形态的演进与生态文明

从人类社会发展的漫长历史看，人类文明经历了四个历史发展阶段。第一阶段是人类文明孕育（原始社会）。第二阶段是农业文明。第三阶段是工业文明。第四阶段是生态文明。生态文明作为崭新的人类文明发展形态，以人与自然、人与社会和谐共生、良性循环、全面发展、持续繁荣为基本宗旨，以建立可持续的经济发展模式、健康合理的消费模式及和睦相处的人际关系为主要内涵，以打造资源节约型、环境友好型、生态宜居型和谐社会为重要目标的文化伦理形态。与此相对应，人们对人类与自然关系的认识和态度，也大体经历了四个历史阶段。第一个历史阶段是崇拜自然的阶段。第二个阶段是利用自然界提供的条件为人类生存服务的阶段。第三个阶段是通过改造和征服自然，由人类主宰自然界的阶段。第四个阶段是人类与自然界和谐相处的新阶段。此阶段人类从征服自然的错误环境观中摆脱出来，开始认识到防治环境污染，维持生态平衡，实现生态文明的必要性和紧迫性，逐步建立起善待自然，保护环境，促进人类与自然界和谐相处，实现可持续发展的自觉意识。

2．环境治理新理念——生态建设

环境治理理念的变化主要从两方面实现，一方面是治理方式的变化，另一方面是治理对象的变化，在此基础上形成综合型环境治理理念。

治理方式正在依末端治理→过程治理→起点控制的顺序逐步深化，从结果的治理转向污染过程的治理和污染源的控制，使其成为环境污染的全过程治理。这种治理方式虽然能解决已经发生的污染，但无法根治环境污染。过程治理是指在生产过程中，通过清洁生产等途径将部分污染消灭在生产过程或环节中的办法。环境污染的过程治理经历了清洁生产和循环经济两个过程，清洁生产虽能解决生产过程中的部分污染，但无法解决生产过程排出的废料、废气和废水等“三废”问题。于是出现了将“三废”再次利用于生产的循环经济模式。这一污染治理方式不仅实现了生产过程的净化，而且解决了废物再利用问题，既降低成本，又增加生产效益，还保护环境，是“一举三得”的环境治理方式，迅速成为世界各国治理环境污染的重要方式。治理对象则依点源治理→区域和流域治理→全社会治理的层面扩展。所谓点源治理是指以单一分散污染源为主要控制对象的污染治理方式，与上述末端治理理念相对应，对治理工厂企业的污染发挥了一定作用，但容易导致治理设施重复建设，难以取得污染治理的规模效益。可见，污染治理方式和治理对象都从末端和点源开始按照各自的路径扩展，经融合深化最后形成了环境综合治理理念。只有坚持这种环境治理理念，才能有效地治理环境污染。

一是以实现生态文明和可持续发展为目的，将循环经济、低碳经济和生态经济等统筹安排，促进生态产业体系的全面发展。循环经济模式与传统经济模式相比，可以充分提高资源和能源的利用效率，最大限度地减少废物排放，保护生态环境，实现经济、环境和社会的共同发展。

二是加快具有长远意义的生态建设。在生态环境中，土地资源和水资源的生态保护以及煤矿采空区治理具有十分重要的意义。神木县土地沙化严重，土地沙化面积达 3890 多平方公里，占全县土地面积的 51%。治沙领域，神木从来都不缺乏愚公式的拓荒者，20 世纪 70 年代的瑶镇乡（现锦界镇）窝兔采当村，80 年代尔林兔镇的造林大户、绿化三秦突击手王永胜夫妇，本世纪初锦界镇沟掌村又冒出了个张应龙。他们在神木县的生态建设史上写下了闪光的一笔。2006 年，神木县政府提出 2010 年基本遏制土地沙化扩展趋势，2020 年整体实现沙化土地的逆转，2050 年沙化土地基本得到治理，实现经济可持续发展的设想。据这一设想，已安排榆北防护林建设工程和沿黄水土保护工程。

三是完成矿区采空沉陷区的生态环境恢复治理任务。神木县河谷区浅部煤层，由于覆盖层薄，多呈“露头煤”，易氧化自燃，安全隐患较为严重。目前，神木县煤矿采空区面积达157.6平方公里，采煤沉陷及火烧隐患区主要分布在大柳塔、中鸡、孙家岔、店塔、永兴、西沟、麻家塔、高家堡、锦界等9个乡镇，共涉及200余个村庄，影响3万余人生产生活，生态修复的任务繁重。同时，神木作为能化基地，控制粉尘、二氧化硫和温室气体排放的任务十分紧迫。

神木县的“三北”防护林体系

（二）生态神木发展战略的提出

神木作为全国闻名的能源富集区，近年来，随着国家能源重化工基地的开发与建设，经济呈现出迅猛发展之势，同时一系列生态环境问题随之纷沓至来。严峻的生态形势，成为制约神木经济社会可持续发展的瓶颈。另一方面，随着神木经济的飞速发展，生活水平的不断提高，人们对自身的生存环境也有了更高的追求。神木人渴望碧水、蓝天，渴望清新的空气，希望创建自己的绿色家园。

生态环境问题不仅是制约神木可持续发展的瓶颈，同时也是影响和制约全国乃至全球发展的瓶颈。面对我国严峻的生态形势，为促进人与自然的和谐发展，党的“十七大”报告首次提出了“生态文明”的理念，并将建设生态文明作为建设小康社会的奋斗目标，这为神木加强生态建设、保护生态环境、实现经济社会可持续发展指明了方向，也为神木未来发展提出了更高的要求。神木县委县政府审时度势，果断提出了建设生态神木的战略目标。

2010 年 10 月 22 日，神木县委书记雷正西在全县领导干部大会的讲话中首次明确提出了“生态神木”的概念，并简要阐述了建设“生态神木”的重要性和必要性，以及奋斗目标和任务。强调：“我们一定要把生态建设当作神木可持续发展的关键来对待，当作经济建设来投入，当作生产性项目来安排，当作长效型产业来开发，以更清的水、更蓝的天、更新鲜的空气，满足人民群众对生存环境的渴求”。明确地阐述了在经济社会发展的同时要建设一个生态文明的神木的发展理念。

2011 年 2 月 15 日，神木县第十六届人民代表大会第五次会议审议通过了《神木县国民经济和社会发展第十二个五年规划纲要》（以下简称《纲要》）。《纲要》明确提出“推进生态文明建设”，并强调：要“加快生态林业建设”、“加强生态修复治理”、“加大环境保护力度”。生态文明建设被提升到发展战略的高度。

2011 年 3 月 28 日，神木县委领导在神木县第五次民营经济工作会议上的讲话中对建设“生态神木”的内涵及目标任务作了具体的阐释。提出建设生态神木，要做到“四化”：“生态建设产业化、产业发展生态化、节能减排刚性化、环境治理人性化”。

2011 年 6 月，依据《神木县国民经济和社会发展第十二个五年规划纲要》，神木正式制定出台了《中共神木县委神木县人民政府关于加快推进生态神木建设的意见》。至此，建设生态神木被作为战略任务正式开始组织实施。

（三）生态神木战略的基本内涵和重大意义

1．生态神木的基本内涵。党的十七大报告第一次明确提出建设生态文明的目标：“建设生态文明，基本形成节约能源资源和保护生态环境的产业结构、增长方式、消费模式。循环经济形成较大规模，可再生能源比重显著上升。主要污染物排放得到有效控制，生态环境质量明显改善。生态文明观念在全社会牢固树立。”可以看出，这里的“生态”已不再是单纯生物学的概念，而是一个综合的整体的概念，涉及产业结构、增长方式、消费模式，涵盖社会、经济、文化等方面的含义，强调经济发展要与人口自然环境相协调，使人民在良好生态环境中生产生活，实现经济社会永续发展。

《中共神木县委神木县人民政府关于加快推进生态神木建设的意见》指出："建设'生态神木'是'十二五'时期神木发展的重大战略之一。神木作为资源开发大县和生态脆弱地区，加快推进生态建设既是实现人与自然、资源与环境、速度和质量协调统一的重要途径，也是改善人民群众生产生活环境、提升公众幸福感的重大民生事业"。必须"以邓小平理论和'三个代表'重要思想为指导，深入贯彻落实科学发展观，以人与自然和谐为主线，以加快发展为主题，以改善和提高人民群众生活质量为根本出发点，以体制创新、科技创新和管理创新为动力，进一步强化生态建设的基础性地位，着力构建生态产业体系、生态保护体系、生态治理体系、生态人居体系、生态文化体系'五大体系'，逐步建立符合生态发展规律的生产方式、生活方式和消费方式，把神木建设成为生态经济发达、生态环境良好、人居环境优美、人与自然和谐相处的生态文明城市。

综上所述，生态神木就是生态文明的神木。它具有丰富的内涵，主要是指人类在遵循人、自然、社会和谐共生的客观规律下，以人与自然和谐为主线，以加快发展为主题，以改善和提高人民群众生活质量为根本出发点，最终实现人与自然、人与人、人与社会全面、协调、可持续发展的价值观念与行为准则，是集绿色、低碳、健康、和谐等为一体的，符合人类社会发展规律和自然生态发展规律的生产方式、生活方式及消费方式的统一体。生态文明要求人类在发展的同时，必须有效解决人类经济社会活动的需求同自然生态环境系统供给之间的矛盾，实现人与生态环境的共同发展。这种以生态文明为基础的发展方式和模式的实施和逐步确立，必将对神木的永续发展产生巨大的推动作用。

2. 建设"生态神木"的重大意义。加快推进生态神木建设既是贯彻落实科学发展观，实现人与自然、资源与环境、速度和质量协调统一的重要途径，也是改善人民群众生产生活环境、提升公众幸福感的重大民生事业。

首先是落实科学发展观的需要。科学发展观是一种人与自然和社会协调发展的新发展观。它坚持以人为本，全面、协调、可持续发展，是从根本上解决经济社会发展与自然资源有限性之间矛盾的根本指针。

其次是转变县域经济发展方式的需要。经济发展方式与生态环境具有本质的联系。粗放型经济增长方式必然导致环境污染加剧，集约型经济增长方式则能有效减少环境污染。建设生态神木是转变县域经济发展方式的目的，转变经济发展方式是建设生态文明的重要途径，转变经济发展方式与生态文明建设两者统一于科学发展之中。

从神木经济社会发展的现实来看，建设生态神木，实现生态建设与经济、社会、文化发展的协调统一，是神木发展的必然选择。神木虽然自然资源丰富，但水、土资源以及气候等条件先天不足，环境承载能力相对较弱，而且正处在工业化、城镇化程度不断提高的发展阶段，面临的资源和环境压力较大。20 世纪 80 年代以来，神木县煤炭资源开采步伐不断加快，按照目前的开采速度和生产方式，原本脆弱的生态环境将遭到毁灭性破坏。因此，转变经济发展方式，加快建设生态神木，既是形势所迫，也是民心所向，更是大势所趋。

再次是改善人居环境的需要。科学发展观的核心是以人为本，发展经济的目的是让人民过上质量更好的生活。而人与自然和谐相处是人类生活的最高境界。生态文明建设的目的，就是要使人口、环境与社会生产力发展相适应，使经济建设与资源环境相协调，实现经济社会建设与生态建设良性循环，走生产发展、生活富裕、生态良好的科学发展道路。所以，建设生态文明的神木，使神木人民群众在良好的生态环境中生产生活，正是“以人为本”的体现。

二、神木生态治理规划和建设实践

（一）神木生态建设的历程

据《汉书》记载，神木县当时的自然生态景象是“水草丰茂，牛马衔尾”。唐朝时，县境多数地表仍被原始森林覆盖。大诗人王维途经蕲秦郡时曾大发感慨：“青青业上松，数里不见今更逢”，就充分印证了这一点。唐宋以后，由于农业人口大量增加，垦荒造田建房造屋破坏了不少林木，加上战火频仍，致使森林大片消失，土地萎缩，流沙南移。到清末和民国时期已是童山秃秃，满目荒凉，自然生态环境已经遭到严重破坏。

新中国成立以后，在党中央的正确领导下，在各级各部门的大力支持下，神木县委县政府带领神木人民对生态建设进行了积极的探索。可以说，神木生态建设既有顺利推进的时期，也经历了严重破坏的发展阶段，它一定程度见证了中国经济社会发展的历程，也是中国人对生态文明建设的认识逐渐深化和发展的缩影。

建国以来，神木县的生态建设大体上经历了以下四个发展阶段。

第一阶段即初步建设阶段（新中国成立以来至1984年）。这一时期的特点可以概括为：经济建设缓慢发展，生态环境初步改善。1956年，毛泽东同志发出了“绿化祖国”的伟大号召，从此，植树造林、绿化祖国一直是我国社会主义建设的战略目标和行动指南。这一时期，生态建设的任务主要是大力实施植树造林，兴修水利。经过20多年的建设，神木县域林草覆盖面积逐渐扩大，到上世纪80年代中期达到20%左右，县域生态环境得到了初步改善。

第二阶段即严重破坏阶段（1985年至2005年）。这一时期的特点可以概括为：经济建设“成果辉煌”，生态环境严重破坏。1985年国务院作出了“加速开发神府东胜煤田的决定”。为了响应中央号召，在开发神府煤田的时候采取了“大中小一起上”，“国家集体个人一起上”的思路和做法。一时间，大大小小的煤矿如雨后春笋般涌现出来。然而，由于缺乏全面系统的规划，缺乏科学的管理体制和办法，加之资金严重短缺导致环保治理配套措施的缺失，使神木原本脆弱的生态环境更加脆弱。随着神府煤田的不断开发，地表塌陷、土地荒漠化、地下水位下降、河水断流、采空塌陷、环境污染等生态环境问题随之产生，县域生态环境形势日益严峻，制约着神木经济社会的可持续发展。

第三阶段即恢复治理阶段（2006年至2010年）。这一阶段的特点可以概括为经济跨越式发展，生态环境整体好转，而局部仍在进一步恶化。这一时期，县委县政府加快了生态建设与治理步伐，并把建设“塞上生态名县”、建设“中国经济强县”与“西部文化大县”并列，确定为经济社会发展三大目标，提出要着力构建“绿色家园、生态家园”。“十一五”时期，是建国以来神木植树造林、治理黄沙成效最好的时期，同时也是着力解决县域资源开发中环境问题力度最大的时期。这一时期，神木县还以调整产业结构为重点，通过整顿和规范资源开发秩序、发展循环经济、“关小上大”等措施，使县域生态建设取得了突破性进展，生态环境整体明显好转。

第四阶段综合治理与全面建设阶段（2011年至今）。这一阶段的特点可以概括为科学规划、综合治理，经济社会生态互促共进，实现多赢。在2010年10月全县领导干部大会上，县委领导向全县第一次明确发出了建设“生态神木”的动员令。2011年6月10日，《中共神木县委神木县人民政府关于加快推进生态神木建设的意见》正式出台。至此，标志着神木生态建设进入科学规划和全面建设实施阶段。

（二）生态建设与环境治理规划

环境保护和生态建设，关系到人类未来的生存与发展。神木作为生态脆弱区和重点开发区，必须牢固树立生态经济理念，更加自觉地加强生态保护和建设，实现物质文明、精神文明、政治文明、生态文明同步推进。

生态建设规划先行。神木县委县政府高度重视做好生态神木的规划，描绘好生态神木的蓝图。按照“经济实惠、可持续运营、惠及大多数人”的原则，在科学论证的同时，因地制宜，统筹城乡发展，做好生态文明建设。一系列与生态建设有关的总体发展规划及专项发展规划相继制定完成并开始实施：

一是加强生态建设的总体规划。按照城在林中、人在园中的思路，科学规划城乡布局，建设功能完备的生态体系，形成以城市绿化为中心、通道绿化为轴线、环城绿化为框架、荒山绿化为屏障、森林公园为节点，山川田园相衔接的城乡绿化新格局。目前，关于生态建设的《神木县城市总体规划》、《大地园林化规划》、《神木县环境保护规划（2011——2020）》、《神木县“十二五”林业建设规划》、、《长柄扁桃生物质能源林发展规划》、《神木县红碱淖湿地保护和治理发展规划》、《神木县采煤沉陷区暨火烧隐患区综合治理总体规划（2011－2025年）》都已编制完成。

二是实施退耕还林封山绿化工程。坚持大封禁、小治理，造林绿化与林业产业相结合，工程造林和全民绿化相结合，生物措施与工程措施相结合，积极实施退耕还林、天然林保护和“三北”防护林工程。严格落实封山禁牧、舍饲养畜各项措施，促进林草、畜牧业共同发展。为保护森林和草地，神木县从1999年开始在全县实行禁牧，让农民从根深蒂固的传统放牧变为种草圈养。计划到2013年，全县森林覆盖率达到40%以上，林草覆盖率达到60%以上，形成比较稳定的区域防护林体系和林业产业体系。

三是建设百万亩生态骨干工程。按照高标准、高起点、高质量建设的思路，重点实施十项林业建设工程。以城镇周边、工业园区、水源地、重要湿地和稀有林种保护为重点，有计划地安排林业重点工程，集中力量加快建设百万亩生态骨干工程，即马场梁10万亩常绿混交林、县城10万亩森林公园、锦界10万亩生态工业园、神湖10万亩湿地保护区、秃尾河20万亩水源保护区、大保当20万亩臭柏保护区、黄河沿岸20万亩红枣经济林，构建坚固的生态屏障，培育生态旅游等后续产业。积极探索生态经济新路径，建设百万亩长柄扁桃生物质能源基地。

四是改善人居环境提高城镇绿化水平。按照绿色、低碳和循环的生态城市理念，以打造国家级绿色园林城市的目标推进城市绿化建设。无论新区建设还是旧城改造，都要保持合理的建设容量，优化用地结构，增加绿地面积。按照《神木县城两山森林生态公园修建性详细规划》的范围、树种、绿化模式、景观林营造技术要求进行绿化建设。启动“面上大植树、点上植大树”的三年植绿大行动。严格实行城市绿化“绿线”管制制度，查处各种挤占城市绿地的行为。同时，综合运用经济、行政、法律、市场等多种手段，引导社会资金投资城市绿化，城市生态建设不断深入推进，正在步入良性发展的轨道。

五是加快生态修复与环境治理。针对煤炭开采对生态环境的破坏以及环境污染，经过近两年时间的反复研究论证，2009 年，神木县启动了采煤沉陷区和火灾隐患区综合治理试点工作，成立了采煤沉陷区和火灾隐患区综合治理领导小组，制定了《神木县煤矿采空区和火灾隐患区综合治理实施办法（试行）》，规范了项目申报和审批程序，落实了监管责任，并确立了科学规划、综合治理，试点先行、有序推进，明确主体、公平竞争，统筹协调、利益共享的治理原则。2011 年，神木县编制完成了《神木县采煤沉陷区暨火烧隐患区综合治理总体规划（2011－2025 年）》，计划到 2025 年全面完成全县采煤沉陷及火烧隐患的综合治理，使全县矿山地质环境及矿区人民生活条件得到彻底改善。

（三）生态建设业绩

“十一五”以来，神木县在经济社会快速发展的同时，持续加强生态建设和环境保护力度，致力于“绿色、循环、低碳”生态经济建设。功夫不负有心人，经过多年的努力，神木的生态建设取得了初步成效，实现了经济社会发展与生态建设的“多赢”。

1. 产业发展生态化初见成效

在实现经济高速发展的同时，神木县把发展循环经济与建设生态文明紧密结合，探索出一条“项目试点—重点发展—园区示范—统筹发展”的科学发展新路，企业发展“小循环”，行业和园区发展“中循环”，县域经济发展以及与周边地区等外界经济发展“大循环”的发展模式已基本形成，并开始向规模化方向挺进。

试点先行，逐步推广。如神木县三江煤化工公司设计的12台5万吨一炉多门60万吨新型节能环保综合利用兰炭生产线，试验取得初步成功。经测算，采用新工艺后，生产1吨兰炭耗电量减少6度，耗水量减少240千克，耗煤量减少0.1吨，尾气每年可发电近40亿度，节能效果显著。2006年，北元化工有限公司被省上确定为循环经济试点企业，累计实施各类技术改造项目70余项，在降低各项消耗指标的同时，加快实施废液提纯制烧碱、盐酸、尾气处理、乙炔气回收、废酸脱吸、循环水使用等循环项目，既节约了成本，又增加了收益。此外，神木还加快试验和推广煤固体热载体热解技术，在试验成功的基础上，将积极稳妥地进行推广。

抓住重点，带动延伸。抓好煤化工企业循环发展模式，延长煤化工产业链，目前已初步形成煤—兰炭—尾气—白灰—电石、煤—电—电石—聚氯乙烯—烧碱、煤—甲醇—醇醚燃料、煤—焦油—燃料油等几条主要循环产业链条，初步建立煤化工循环体系，资源利用尽可能做到“闭路循环、吃干榨尽”。同时，加大力度调研煤焦油及荒煤气的再利用、以及开发甲醇、氯碱下游产品的煤化工企业。

园区示范，规模发展。锦界工业园区作为循环经济发展示范园，园内各个企业是随着产业链的延伸应运而生的。其基本链条为原煤出井——带式输送机——电厂主厂房原煤仓——燃烧发电——电网，产生的粉煤灰——砖厂空心砖——建筑使用，产生的热、蒸气部分用于园区内供热，另一部分通过管道运送至“聚氯乙烯”工厂，对聚氯乙烯生产过程产生的污水，通过自身处理后达到三级用水标准，一部分通过管道直接流向空心砖厂用于制砖，一部分送到污水处理厂处理成一级用水，供园区内企业使用。在聚氯乙烯生产过程最后所剩的废渣，作为制造水泥的一种原料。在煤制甲醇的过程中，形成的一部分可燃物被加工为无铅汽油，另一部分被加工为醋酸和甲醛。在煤转焦油过程中，所形成的荒煤气又被用来发电和供热。将生产过程中产生的蒸汽冷凝水、废水、废渣作为其他企业及下游企业的生产原料，以达到园区各企业间的循环发展。园区达到了增产不增耗，增效不增污的效果，企业实现优势互补，资源得以再生利用。目前，正申报锦界工业园区为国家级循环经济和生态工业示范区。2011 年，神木县出台了《关于神木县发展循环经济推进工业节能降耗工作实施意见》，逐步将县域经济纳入循环经济统筹发展的轨道。

综合利用电厂粉煤灰、炉底渣及脱硫石膏的建筑用砖生产线

总之，通过先行试点、园区示范、逐步推广，再到规模化发展，神木工业产业生态化在探索中正走向点线面有机结合的统筹发展之路。

2. 生态建设产业化积极推进

神木煤炭资源枯竭之后经济社会如何实现可持续发展，如何避免“矿竭县衰”现象发生，生态建设产业化正是神木县基于此而做出的重要战略选择。生态建设产业化，既顺应世界生态文明发展潮流，极大地改善荒漠区生态面貌，同时能带来可观的经济收益，弥补了资源枯竭之后的产业空缺。

生态建设产业化的发展，还能极大地激发广大农民植树造林的积极性，可吸纳大量的农村劳动力，增加农民收入，还可减轻二三产业的就业压力，从而产生巨大的社会效益。目前，神木县推广的林业产业化项目主要有樟子松生态用材基地建设、长柄扁桃生物质能源林建设基地建设、红枣经济林基地建设、种苗繁育基地建设等。据统计，截至 2011 年底，全县各类林木种苗培育面积达到了 14000 亩，约产苗 11900 万株，同比增长了 16.7%；建成红枣丰产示范园 0.1 万亩，实施低产园改造 0.8 万亩，保鲜库容量突破 400

万公斤，落地深加工项目1个；用于生产优质人造板、纸浆的原材料——沙柳转化利用增长势头强劲。目前，有5户企业从事沙柳加工，年可转化沙柳3000吨，创利180万元，实现沙生植物的工业化生产，所获利润可为沙漠治理提供稳定的资金支持，实现沙漠治理的良性循环。

循环经济产业链示意图

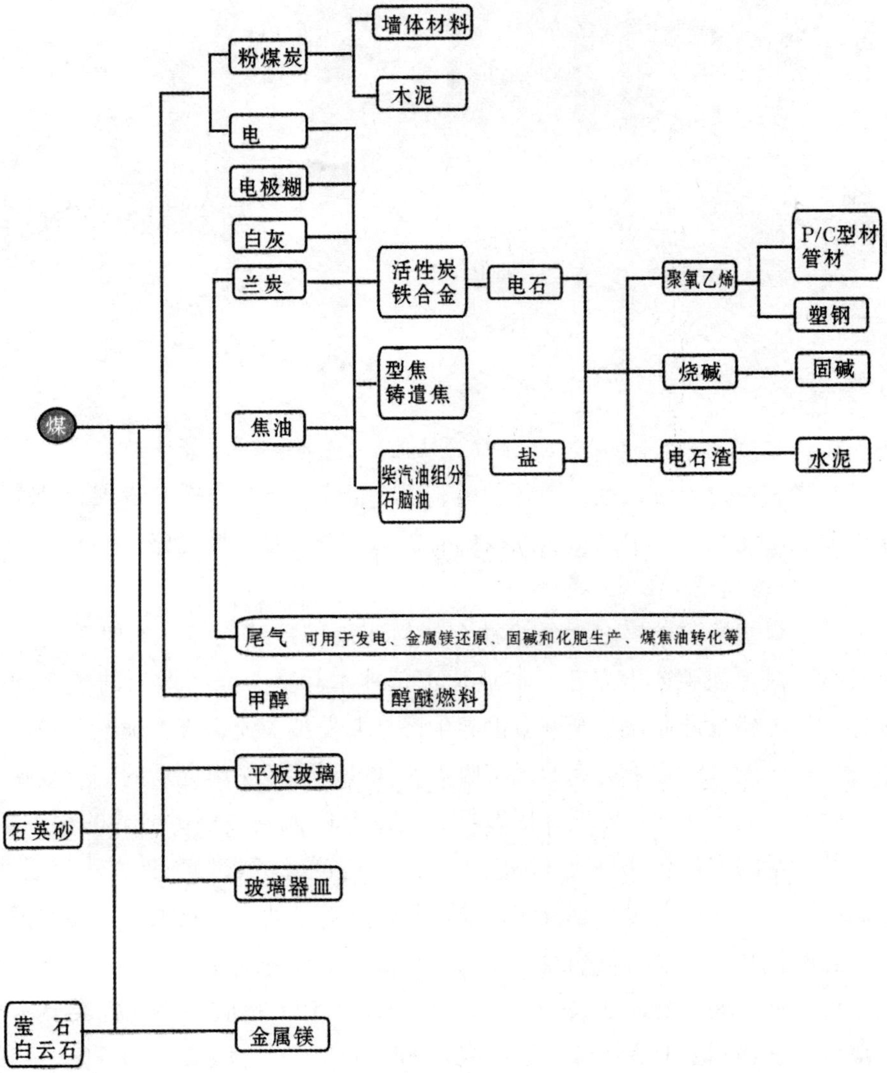

煤
粉煤炭
墙体材料
木泥
电
电极糊
白灰
兰炭
活性炭
铁合金
电石
聚氧乙烯
P/C型材
管材
塑钢
型焦
铸遣焦
烧碱
固碱
焦油
盐
电石渣
水泥
柴汽油组分
石脑油
尾气 可用于发电、金属镁还原、固碱和化肥生产、煤焦油转化等
甲醇
醇醚燃料
平板玻璃
石英砂
玻璃器皿
莹 石
白云石
金属镁

锦界污水处理厂

沙生优质油料作物——长柄扁桃

3. 人居环境园林化稳步提升

近年来，神木县委、县政府高度重视环境治理与保护工作，2008 年 8 月建成日处理 2 万吨的县城生活污水处理厂，2009 年 10 月建成日处理 300 吨、服务年限 18 年的县城生活垃圾卫生填埋场；2008 年启动了城区禁烧烟煤工程，2010 年 9 月底县城基本实现城区禁烧烟煤。城区已经建成景观橡胶坝 3 座，人工湖公园 1 处，城市水面面积达 150 多万平方米；积极实施大地园林化战略，城区绿化面积 320 万平方米，完成退耕面积 26.2 万亩，宜林荒山荒地造林 44 万亩，全县绿化率已超过 30%。同时，不断加大城市绿地建设力度，建成了 1 个多功能公园、7 个绿地广场，城区绿地面积达 664 万平方米，其中公园绿地面积为 196 万平方米。先后建成了一批舒适宜人的现代居住社区，其中 55% 的小区达到“园林式居住区”标准，2011 年，县城空气质量好于二级天数超过 280 天，城乡环境质量得到了明显改善，获得“陕西省园林县城”称号。

城市环境品位提升，使广大民众尝到了甜头，先富起来的企业家群体，也开始了对环境的反哺，积极主动配合环保工作。过去，他们逃避国家环保政策，如今，他们积极寻求发展循环经济、废物利用、节能减排的路子，成为国家环保政策的坚定执行者，神木生态建设的积极推动者。据统计，“十一五”期间，全县林地保存面积达 420 万亩，较 2005 年增长 16.7%；草地面积达 720 万亩，草资源总量较 2005 年增长 24%；森林和林草覆盖率分别达 36% 和 50%。全县已初步形成点、片、网、带相互交织的林业生态屏障。

神木县城杏花滩公园

4. 节能减排刚性化进展顺利

严格实行节能减排目标责任制，综合运用工程、技术和管理等节能减排措施，坚决淘汰落后产能，减少污染排放新增量，先后共关闭小兰炭厂118户，淘汰落后产能1009万吨，关闭砖厂60多户，关停小火电机组5个83MW。加强重点用能企业节能管理，重点用能企业能源利用状况报告制度初步建立，积极开展固定资产投资项目节能评估审查，“节能减排、全民行动”、“节能减排专家行”活动逐步向纵深推进。县城污水处理厂、垃圾处理场和锦界污水处理厂等大型生活无害化处理设施先后建成，稳定运行，生活垃圾无害化处理率、污水处理率均达到85%。在经济高速增长的情况下，节能减排进展顺利。“十一五”末，神木万元产值下降到1.25t标准煤，与“十五”相比降低了54.8%，年均下降18%，万元GDP能耗下降到4.744吨标准煤，较“十五”末降低20%。“十一五”期间，COD和SO_2分别消减约4000吨和80000吨。两项污染物减排均完成市上下达的指标，生态型工业发展之路越走越宽。据统计：2011年，全县大气污染指数小于100的天数高达295天，全县“零”环境污染事故发生。

5．采空塌陷治理系统化扬帆起航

随着煤炭资源的大规模持续开采，神木县矿区范围内形成了大面积的地下采空区，诱发、产生了采煤沉陷、火烧隐患及多种地质灾害，并带来了地表建筑物破坏、占用和损坏土地资源、林草资源、地质地貌景观资源以及地下、地表水资源污染破坏等严重问题，致使生态环境趋于恶化，给当地群众的正常生产、生活带来极大的困难，对人民群众的生命财产安全也构成了严重威胁，同时也造成了严重的资源浪费，制约着县域经济的可持续发展。

2007年，省国土资源厅根据省政府《陕北矿区生态环境保护专题会议纪要》和省政府领导批示精神，编制了《陕西省神府煤田采煤沉陷区综合治理方案》。2008年12月，根据《陕西省神府煤田采煤沉陷区综合治理方案》，神木县选取石圪台、活鸡兔－大柳塔－哈拉沟、孙家岔－柠条塔以及榆家梁－新民四个片区，编制《神府矿区采煤沉陷区综合治理试点示范方案》，从局部开始治理试点，为全面开展工作积累经验。

在试点成功的基础上，2011年启动了煤炭采空塌陷区和火灾易发区综合治理工程。神木县采煤沉陷及火烧隐患区综合治理领导小组办公室委托陕西省地矿局九〇八水文地质工程地质大队承担“神木县采煤沉陷及火烧隐患区综合治理规划”的编制工作，历时一年完成了《神木县采煤沉陷区暨火烧隐患区综合治理总体规划》（2011－2025年）。目前，采空塌陷区和火灾易发区综合治理工程已进入全面具体实施阶段。神木县县长黄建军说，“开展采空塌陷区综合治理是一项功在当代、利在千秋的工作，在开展过程中，要从大局出发，从保护人民群众生命财产安全出发，将经济效益、生态效益和民生效益有机结合。”

昔日黄沙漫天飞的神木，如今正在变成塞外绿洲。2000 年 8 月被国家爱卫办命名为“国家级卫生县城”，同年又被中宣部等五部委确定为“全国文明小城镇建设示范点”，2001 年被评为全国水土保持预防监督管理规范化建设达标县，2004 年—2007 年被陕西省、榆林市评为“城市环境综合整治先进单位”。2010 年 6 月，神木县被评为“全国生态文明建设先进县”，同年 10 月，被省政府授予“省级园林县城”称号，目前正在向创建国家级园林县城的目标迈进。

神木县采空塌陷区治理前后对比

（四）主要做法与经验

神木县以生态文明的理念指导经济和社会发展规划。在经济发展的决策中，首先考虑对生态环境的影响，坚持在平稳较快发展中逐步转变生产方式，探寻生态建设与经济发展新的增长点，解决老百姓可持续致富的问题，积极发展生态农业，推进生态工业，开发生态旅游业，构建绿色、循环的生态产业体系，从而保证生态环境建设的持续性。

1. 构建绿色、循环的生态产业体系。神木县经济结构调整着眼于破解结构性过剩、安全生产与生态环境压力加大的矛盾，抓住科技进步、运输条件改善带来的新机遇，着力构建“三大产业体系”：

一是围绕“煤”，构建经济效益好、环境污染少、安全有保障、健康可持续的新型煤炭工业体系；充分发挥资源优势，放手引进国际国内能源化工领域的领军企业，建设具有国际水准的大项目。积极支持民营资本与外来资本联合重组，合作建设大型资源转化项目。

二是延伸“煤”，构建总量大、结构合理、技术先进、节能环保、市场竞争力强的现代煤化工体系；积极探索利用煤炭资源，实现煤转化的煤液化、煤汽化以及煤化工工业，延伸煤产业价值链。

三是超越“煤”，构建以煤为源头，辐射范围广、市场效益好、管理机制活的非煤产业体系。着眼长远发展，推动能源化工产业向两端延伸，向前发展装备制造业，向后发展精细化工，逐步形成以能源化工为主体、轻重工业协调发展的产业体系。抓住珠三角、长三角等东部地区产业转移的历史机遇，积极创造条件，主动承接相关产业。重视物流商贸、旅游、信息、金融、保险等现代服务业发展，提高第三产业在地区生产总值中的比重。

2. 探索走高端低碳集约发展的新路子。集约发展是以提高效益为基础的新型发展模式，在发展受资源和环境承载力制约日趋严重的今天，必须更加坚定地走集约发展道路。按照节地、节水、节能和循环利用的集约发展要求，神木县开展“五大建设”，即加快建设“大基地、大园区、大项目、大企业、大集群”。大基地，就是要建设环保、节能、循环利用的能源化工重地，实现资源利用高端化、产品加工精细化；大园区，就是要按照建设现代工业园区的理念，集中打造好锦界、石窑店、柠条塔等“八区六园”；大项目，就是要抓好一批带动作用强的重点产业项目、重点基础设施项目、重点社会事业项目，使项目真正变成现实生产力；大企业，就是要围绕主导产业、后续产业以及新兴产业，培育和发展一批年销售收入过百亿元甚至千亿元的集团公司；大集群，就是要培育特色鲜明、竞争力强的煤炭加工转化、加工制造、现代服务业、现代特色农牧业等产业集群，走比较优势充分发挥的新路。大力发展园区循环经济，建立“低碳”经济结构，转变经济发展方式。在完善政策、做好规划、搬迁安置、水资源保护、科学利用边角残留煤等方面，探索矿区生态地质环境恢复治理，高度关注人居健康，塑造全新的生态神木。通过县委、县政府的科学规划和各相关部门的认真实践，如今，神木的循环经济、低碳经济逐步走上了正轨：神木锦界工业园区已被确定为省级循环经济示范园区，神木县金泰镁业有限公司被推荐为省级第二批循环经济试点企业，有22个项目列入市循环经济规划。

3. 切实推进节能减排和节水工程。“节能减排是实现神木可持续发展的需要，是资源型城市转型的突破口，是打造‘民生、创新、民主、人文、生态’神木的保证”。神木县以节能减排为抓手，调整产业结构，转变经济增长方式，发展循环经济，走出了一条节能减排的新路。神木县的经济发展主要是依靠以资源转化为特点的重化工业，加上近年来新建设的煤化工等项目将陆续投产，能源消耗持续增加，节能减排压力很大。因此，以“绿色低碳”理念为引导，调整产业结构是神木实现节能减排的首选。把“关小上大”、产业升级作为基本途径，严格限制高耗能、高耗水、高污染项目，加快关闭小兰炭工作进度，推动企业开展节能减排技术改造。积极探索建筑、交通等节能减排新空间，形成节约资源的生产和消费方式。同时，神木县加大新能源和绿色照明工程实施力度，大力推广使用太阳能灶、太阳能热水器、节能灯和LED绿色照明产品，发展清洁能源，降低电耗能耗。农村沼气逐步发展壮大，全县已建成沼气池近1万座。加大环境污染治理力度，大力开展禁烧烟煤的“蓝天工程”，城市空气质量明显好转，人居环境不断优化。倡导节约用水，减少对水资源的需求。按照“有多少水办多少事”的要求，将工业节水列为当地节水重点，不提倡建设高耗水的项目，尤其在一些能源资源富集、生态相当脆弱的区域，应“量水上项目”。在绿化树种上要因地制宜，选择适合当地条件的树种，以减少植物对水的需求量。加强水源地的调节工作，在环境建设中加大投入，做到雨污分流，把雨水储存下来，以丰补欠。

4. 以“生态神木”建设为统领，实施生态保护与生态建设相结合的生态质量提升战略。首先，实施生态保护工程。1976年，神木建立起全国最大的臭柏自然保护区，2001年，又积极筹建红碱淖湿地遗鸥自然保护区，成为全世界遗鸥最大的种群栖息地，使臭柏、遗鸥、金雕和古树名木得到了有效保护、繁育和发展。1999年开始实施封山禁牧、封山育林、退耕还林还草。为了保护山林和草地，神木畜牧业突破千百年来的传统放养模式，全部实现种草圈养。目前，全县已退耕还林32万亩，人工种草70多万亩，拥有天然草场300多万亩。其次，实施生态建设工程，创新林业生态建设模式，实现了“四大突破”。一是突破了选用小规格树种造林绿化方式。突出绿化效果，在全县大面积推广应用1.5米以上大规格针叶树种造林绿化。二是突破了会战式、义务式造林方式，实现工程造林。植树造林由粗放式、大运动造林，过渡到现在的规范化作业，程序化管理。近年来随着树种的引进和技术的推广，特别是城区两山绿化、马场梁、卧虎寨造林示范区，引进、推广、应用美国干水、容器水栽植、生根保水剂等措施，效果十分明显。三是突破了片面追求造林绿化面积的工作思路。在保证造林绿化面积不断增长的同时，更加注重造林绿化的品位、质量和档次，充分体现林业生态建设的实用性、经济性和景观性。四是突破了片面的林业生态治理理念。推进林业生态建设与产业发展相结合，使全县步入生态建设产业化、产业发展生态化的良性发展轨道，涌现出长柄扁桃生物质能源林基地等创新典范。

神木独有的沙漠卫士——臭柏

总体而言，近年来，神木生态建设是积极的和富有成效的，并积累了宝贵的经验。概括起来主要有以下几个方面。

一是政府主导与市场机制相结合。生态神木建设是一项综合性的社会工程，要由政府主导，组织地方、企业和民间力量全面推动，并充分发挥市场机制的作用。一方面要发挥政府的主导作用。神木县委县政府通过制定科学的发展规划、建立相应的组织机构、配备专职管理人员、提供强大的资金支持，使生态建设工作得以有计划、有重点、有步骤地持续推进。另一方面是发挥市场机制的调节作用，积极开发“绿色市场”。在生态建设中发挥市场机制的作用，是调动企业积极参与生态环保事业的有效途径，在政府的主导下，环境资源和投资的配置、环保工程的施工、治理污染的效益等，都要按照市场机制的要求，导入竞争机制，充分发挥各方面的积极性。同时，还要吸引广大民众参与环保事业，以形成政府、企业和民众三位一体的环保队伍，有力地推动环保事业的发展。

二是环境保护、节能减排、生态建设三管齐下。环境污染必然导致生态破坏，生态破坏也可能导致环境恶化。环境保护与生态建设要统筹考虑。作为生态脆弱区和重点开发区，一方面通过加强环境保护工作，可以促进生态文明建设；通过开展节能减排活动，也可以最大限度地减少生态环境问题的产生，其实也是对生态环境的一种积极保护。如建设能源化工基地必然会对生态环境造成影响，如果污染控制得好，生态环境保护得好，就会实现经济与环境“双赢”，否则，发展就会陷入困境；另一方面通过加强生态建设，又可以扩大环境的容量，推动生态文明建设。

三是非政府环保组织是生态建设的一支生力军。纵观西方发达国家环境保护发展历程的一个显著特点：那就是环保状况较好的国家和地区其非政府环境保护组织（ENGO）都异常发达。许多ENGO正在对国际、地区、国内和区域性重大环境咨询、决策与行动发挥着愈来愈大的作用。

神木作为生态脆弱区和重点开发区，生态保护与建设任务异常艰巨，仅靠政府推动，显然力量有限。神木生态保护建设协会从2004年3月成立至今，始终秉持“科技型、经济型、可持续治沙”的发展思路，大力宣传指导志愿者开展生态保护建设工作；积极进行适生植物的引进推广和沙生植物资源的开发利用科学研究；推进治理区无公害生态农业产业化的试点、宣传、推广和组织实施；不定期举办农技和生态科技培训推广活动；组织参加国内外相关业务的参观、研讨活动，交流生态保护建设工作经验等，对神木生态建设发挥了重大的作用，有力地推动了生态建设的步伐。

三、未来生态神木建设的总体目标与思路

（一）面临的挑战

神木生态建设取得的成绩是巨大的，也是有目共睹的。但是，整体上看，目前神木的生态环境形势仍不容乐观。资源的高强度重点开发与生态环境保护与治理之间的矛盾仍未从根本上解决，脆弱的生态环境始终是制约神木经济社会发展的巨大瓶颈，给神木的永续发展提出了严峻的挑战。主要表

现在：

1. 自然生态环境先天不足。神木县地处毛乌素沙漠与陕北黄土高原的交接地带，年降水量只有250mm—450mm，而蒸发量却远大雨降水量，干燥度1.4—2.0，风沙大、植被覆盖率低、水土流失严重，生态环境十分脆弱。

水资源匮乏。水资源缺乏一直是制约神木经济社会发展的重大因素，全县水资源人均拥有量不足全国的1/3、全省的1/2，水的因素严重制约着优势资源转化和生态人居环境建设。红碱淖是中国最大的沙漠淡水湖泊，在20世纪40—50年代面积有20平方公里—40平方公里，60年代水域面积达到100平方公里。进入80年代以来，随着全球气候变暖，降水量大幅减少，湖面水位逐年下降，湖泊面积减少，面临着消失的危机。

国家一级重点保护野生动物——红碱淖遗鸥

2. 能源工业快速发展加剧生态环境不断恶化。生态危机产生的原因很多，但不合理的人类活动，则是造成全球生态危机的根本原因。神木生态环境问题加剧的重要原因之一，就是不合理地开发利用自然资源。随着西部大开发战略的实施，陕北能源重化工基地建设已成为国家建设的重点，神木也成为我国能源开发的重点区域。能源工业的发展必然带来诸多生态问题，如植被破坏、环境污染、水位下降、沙丘活化等。据统计，全县境内现有污染源单位500多家，其中煤矿152个，煤化工50个，洗煤厂65个，环保工作及生态建设任务异常艰巨。

3．频发的地质环境问题引发严峻的社会问题。据统计，由于过度开采，目前神木县存在采煤沉陷灾害煤矿74处，采空区面积达157.6km2，采煤沉陷总面积达60.92km2。多年来采煤沉陷共损毁水浇地3262亩、旱地21178亩、林草地76525亩，直接受灾人口8213人。火烧隐患面积达45平方公里，其中易燃区21处，着火区13处。采煤沉陷区和火烧隐患区压覆煤炭资源约10亿吨，主要分布在大柳塔、中鸡、孙家岔、店塔、永兴、西沟、麻家塔、高家堡、锦界等9个区域，涉及200余个村庄，影响3万多人的生产生活。由于煤炭开采，全县目前已有数十条地表径流断流，20多个泉眼干涸，黄河主要支流窟野河一年三分之一以上时间断流或基本断流，变成季节河。矿区很多群众被迫到十里之外的小水沟拉水或买水吃，有的村组灌溉用水全部枯竭，农田无法耕种，生活失去基本保障。这一问题如果解决不好，极有可能引发严重的社会问题。

4．现有组织机构和管理能力难以适应生态建设的要求。生态神木建设是一项复杂的系统工程，既涉及工业、农业、林业，畜牧业等行业，也涉及生态建设、生态保护、环境治理等环节和方面。目前，由于缺乏生态建设的专门组织和管理机构，加之环境监测和环境执法的技术装备落后，直接或间接地影响生态建设的进程。

（二）总体目标与思路

生态神木建设的目标是以中国特色社会主义理论体系为指导，以人与自然和谐为主线，以加快发展为主题，以改善和提高人民群众生活质量为根本出发点，以体制创新、科技创新和管理创新为动力，进一步强化生态建设的基础性地位，逐步建立符合生态发展规律的生产方式、生活方式和消费方式，把神木建设成为生态经济发达、生态环境良好、人居环境优美、人与自然和谐相处的生态文明城市。

生态神木建设的总体思路是坚持“四化”原则：即生态建设产业化，产业发展生态化，节能减排刚性化，生态治理人性化，建立生态环境建设的长效机制；着力构建生态产业体系、生态保护体系、生态治理体系、生态人居体系、生态文化体系“五大体系”；构建具有神木特色的生态模式，实现神木人的绿色梦想！

1．*未来生态建设的基本目标*

——生态经济稳步发展。生态产业和服务业得到较快发展，产业结构更加合理，绿色经济、低碳经济、循环经济形成较大规模，生态文化旅游业等生态产业成为县域经济新的增长点。

——环境质量稳步提升。主要污染物排放得到有效控制，城市污水集中处理和生活垃圾无害化处理进一步提高，城市绿化面积逐年增加；主要河流和水库水质达到水环境功能区划要求，城镇集中式饮用水源地水质得到有效保护。

——生态建设成效明显。全县森林覆盖每年增加1个百分点，森林面积达到500万亩以上，使全县生物物种多样化、各类自然生态保护区、湿地得到有效保护；重点区域、重点流域生态环境得到明显改善。

——资源利用效率提升。资源综合利用和清洁能源比重逐步提高，工业用水重复利用和城市洁净能源利用稳步提升；工业固体废物处置利用进一步提高；节能减排指标控制在控制性发展目标内。

——生态文化体系健全。政策法规、科技支撑、监督管理、生态创建和评价指标五大体系更加完善，有利于生态神木建设的体制机制基本形成；生态文明意识显著增强，绿色、低碳消费模式和生活方式初步建立，形成生态文明共建共享的良好氛围。

2. 构建生态建设五大保障体系

以科学发展观为指导，以建设资源节约型和环境友好型社会为目标，按照县委县政府制定的《关于加快生态神木建设的意见》，积极构建“五大生态环境建设保障体系”，推动生态神木建设步伐。

一是绿色、循环的生态产业体系。

——构建绿色循环的工业体系。积极推进发展方式转变，加快产业结构调整，加快煤化工产业高端化、精细化进程，不断完善产业链条。建立完善由煤到甲醇再到烯烃及其下游产品的高端化工产业链；加强煤电产业链中粉煤灰等废弃物综合利用，大力发展新型环保建材；不断加强兰炭生产工段整改，完善尾气利用设施；加快发展兰炭下游产业，推动焦油加工向纵深发展；进一步规范载能行业，积极推进聚氯乙烯及其下游产品。加强“八区六园”的基础设施建设，强化园区间产业衔接、循环利用，严格推进园区绿化、美化工作。

——加快发展生态农业。大力推进以土地资源为基础，以太阳能为动力，以沼气为纽带，进行综合开发利用的种养生态模式。以“一区五园十村”现代特色农业基地为载体，突出抓好龙头企业带动战略，大力实施农业标准化生产，积极推进无公害农产品生产基地建设，建立健全农产品质量安全体系，积极支持农业企业开发认证无公害农产品、绿色食品、有机食品和农业品牌创建。大力发展绿色工业产品，支持企业积极研究开发和生产环境标志产品、节能产品、节水产品，鼓励企业积极开展中国环境标志认证和绿色认证，形成一批具有较强竞争力的绿色品牌，不断提高神木农产品的市场占有率。

——加快发展生态林业。继续推进樟子松生态用材基地和长柄扁桃生物质能源林建设，扶持建设长柄扁桃深加工企业，发展木质食用油产业。加快建设30万亩红枣经济林基地，引进推广丰产技术，建设示范基地，建立政策、资金扶持机制，鼓励企业、个人开展红枣深加工，创立自主品牌。加快种苗繁育基地建设，建成5000亩规模的现代化良种培育基地。进一步开放种苗市场，积极为育苗群众提供技术和良种支持。巩固退耕还林成果，深化林业改革政策，有序推动土地林地流转，积极推动林业资源转化为资金资源，促进农民群众增收致富。加强与科研单位合作，积极开展长柄扁桃、臭柏等本土植物研究开发，探索发展新型建材、生物制药等新型产业。

——加快发展生态畜牧业。大力发展种养加循环产业，加快建设现代畜牧园区，抓好畜牧科技示范园、中鸡万只白绒山羊示范园后续工程、尔林兔现代特色农业示范园内千头奶牛场和特种养殖场建设，完善园区疫病防控体系和科技服务体系。加快百只户、千只场、万头村建设，推进畜牧产业区域布局，以榆神高速路、锦大路、麻锦路、包茂高速引线、大店路、解太路等干线公路为重点区域，形成集中连片、整体推进、板块联动的优势产业体系。大力推行草、粮、畜互动生态养殖模式，将饲草基地建设与规模养殖有机结合，重点抓好养殖小区、养殖大户的牧草良种繁育基地建设，发展生态畜牧产业。

——大力发展新型生态产业。以红碱淖、大漠、黄土地等自然资源为依托，坚持开发与保护并重，积极推进生态文化旅游业发展。加强红碱淖湿地及遗鸥等稀有物种的保护，积极推进4A级景区建设。立足沙漠、草原、黄土地、黄河等多元自然景观，结合生态林业、农业基地，积极发展观光农业、休闲农业、乡村旅游等新型产业。积极发展环保设备产业，立足多晶硅等大型项目，积极推进光伏产业发展。结合产业升级，大力发展兰炭生产装备制造。鼓励企业开展碳排放权市场交易，有效引进外埠资金。

二是科学、立体的生态保护体系。

——建设生态骨干工程。牢固树立栽树就是栽历史、栽人文的理念，强力推进绿色通道、县城两山森林生态公园、樟子松用材林基地、长柄扁桃生物质能源林基地、红枣经济林基地、荒沙治理工程、工业园区与矿区绿化工程、湿地与臭柏资源保护工程、千村万户绿色家园绿化工程、河流水系绿化工程等十大骨干生态工程建设，持续扩大森林覆盖率，积极构建城乡绿色屏障。

——保护重点生态区域。按照主体功能区战略，加强瑶镇水源地、红碱淖（神湖）湿地等重点区域保护，划定水源地、湿地保护区域，出台《神木县水源地保护区域村民搬迁补偿办法》、《神木县红碱淖湿地保护和治理发展规划》等，积极推动红碱淖成为“国家级湿地保护区”。对全县水资源、湿地环境进行摸底备案，实行分类管理，严格禁止在保护区进行资源开采及其它项目建设。进一步加强水源地保护，加强对水源地农药及其它污染物的监测，逐步建立水源地耕地退出与补偿机制。加强森林、草原、耕地保护，巩固退耕还林（草）、“三北”防护林、天然林保护等工程项目建设成果，筑牢生态屏障。

秃尾河源头湿地

——加大节能减排力度。坚持在发展中保护，在保护中发展。严格执行环保一票否决制，通过刚性节能减排推动产业转型升级。实施污染物排放总量控制，实现污染控制从“末端治理”向“源头控制”转变。综合运用行政、法律、市场、技术等多种手段，大力开展节水、节地、节材、节能工作。加快推进工业、商业、建筑、交通运输、公共机构等重点领域节能降耗，加强高耗能行业和重点耗能单位节能管理，进一步降低单位生产总值能耗和工业增加值能耗。建立健全企业和社会节能机制，建成“省级环保模范城市”。

三是全面、综合的生态治理体系

——加快制定生态补偿办法。加强协调，积极推动制定、完善生态补偿法规和政策，明确企业在资源开采、补偿、生态环境治理与保护的主体责任，保障长期稳定的生态治理资金和生态恢复治理机制，出台《生态治理条例》，规范国有企业和大型民营企业生态治理行为，真正做到“谁开发、谁保护，谁受益、谁补偿，谁污染、谁治理，谁破坏、谁修复”，形成合理严谨的生态补偿体系，促进生态补偿规范化、法制化。

——推进矿区生态环境治理。积极探索矿区生态地质环境恢复治理。严格按照矿区生态地质环境治理“三同时”制度，在矿井建设和生产过程中切实做到“安置赔偿同时落实、治理项目同时实施、矿井生产同时进行”。建设生态修复实验区，有序推进采空沉陷区和火灾隐患区综合治理，不断总结经验，完善规划，扩大试点，还原矿区山水林田路，实现经济效益、生态效益、社会效益多赢。科学利用大矿边角、残留资源，提高资源回收利用率和治理水平。

——加强水土流失综合治理。依托国家水土保持重点工程，采取小流域综合治理、淤地坝建设、坡耕地综合整治、造林绿化、生态修复等措施，建设一批骨干水利工程项目，加快水土流失治理步伐，逐步改善生态环境，提高农业综合生产能力，促进全县经济、社会、生态的协调发展和可持续发展。加快推进农业农村水利设施整治和病险水库除险加固工作，大力开展生态清洁型小流域建设。强化生产建设项目水土保持监督管理，切实搞好水土保持工作。

四是优美、和谐的生态人居体系。

——加快园林城市建设。按照城市与自然和谐相融的原则，实施“碧水、蓝天、绿地、洁净”系统工程。加快推进窟野河橡皮坝建设，做好城区禁烧烟煤工作，调整城区绿地布局，完善绿地类型。以“增加绿化总量、提高环境质量”为重点，以主城区绿化为中心、县城东西两山森林公园为基础、进出城主干道防护林带网为骨架，形成圈层式、放射状，乔灌花草藤结合、常绿落叶树种搭配，建立各类绿地全面发展、布局合理、功能完善的城市绿化体系，形成“城在林中、林在城中、城林相依、山水相映”的特色景观。巩固和提升“省级园林县城”成果，加快创建“国家级园林城市”，把神木打造成生态宜居城市。

——推广使用清洁能源。提高天然气、液化石油气等清洁能源在能源消费中的比重，降低煤炭在能源消费中的比重，调整改善能源结构。扩大天然气使用范围，提高天然气入户率。建设一批天然气、液化气加气站，保障公交、出租车等公共交通燃气供应。积极开展公共设施节能活动，机关单位鼓励使用节能产品，公共亮化、美化设施积极推广太阳能、风能设施。在农村大力推广使用太阳灶、节柴灶，积极开发利用太阳能、风能、沼气生物质能等新能源。

——加快环保设施建设。提高环卫作业机械化水平和设施标准，不断改善城市市容卫生水平。新建、改建一批环卫设施，新增、更新一批环卫作业机械。做好垃圾污水收集和处理工作，完善县城垃圾处理场配套设施，加强垃圾处理场管理，实现生活垃圾全部无害化处理。建立垃圾分检中心，强化固废收集、运输、贮存、处置工作，逐步完善城市生活垃圾分类收集和减量化、无害化、资源化利用服务系统。进一步加强农村环境保护，重点乡镇建设垃圾、污水处理设施。加强环境质量监测，全面强化重点区域、重点行业、重点企业的污染整治，确保除尘、脱硫、污水处理等环保设施正常运转。推进城市环境污染综合治理和农村面源污染治理，着力提升环境整治水平，全面巩固“国家级卫生县城”成果。

五是健全、文明的生态文化体系。

——大力弘扬生态文化。念好“道德经”，弘扬绿色公民、循环经济、低碳社会的生态文化主旋律。普及生态科学知识和生态教育，把生态文化建设作为人文神木建设的重要组成部分，使全县树立建设生态神木的共同理想和坚持绿色发展的共同信念，实现公众生态文明程度的显著提高。要坚决克服人是自然的主人、目的和征服者的错误观念，进一步树立人与天地万物同属一个生命世界、生死与共、休戚相关的亲和型环境观；深入开展绿色社区、绿色学校、绿色企业等绿色系列创建活动，加强生态教育，培育校园生态文化，努力培养公众善待生命、善待自然的伦理观，在全社会树立“生态环境就是生产力，破坏生态环境就是破坏生产力，保护生态环境就是保护生产力，改善生态环境就是发展生产力”的生态观。

——倡导健康消费方式。加大宣传教育力度，普及节能环保知识，推广节能新技术、新产品，倡导健康、文明、节俭、适度的绿色消费理念，以一种积极、健康的消费方式，来减少人对生态环境的破坏，实现人与自然、人与人和谐共处，共生共荣。坚决克服环境保护与己无关的模糊认识，进一步树立环境污染人人难辞其咎、难逃其害，环境保护人人可为、人人有责的责任观。积极做好垃圾分类与回收处理，明确生产商、销售商、消费者和社区的责任，建立高效率的废弃物回收处理系统。大力推行有利于节约资源、保护环境的生产方式、生活方式和消费方式，逐步形成崇尚自然、保护环境，循环利用、减量排放，厉行节约、反对浪费的行为规范和生活方式。

四、构建神木特色的生态发展模式

神木的生态建设要有自身的特色，需要根据当地的地质气候条件和经济技术发展水平因地制宜、循序渐进的展开，逐步构建符合本地特色的生态模式。

（一）"生态模式"的概念

要理解生态模式，首先要理解什么是模式。模式也称样式，它由英文 pattern 翻译过来。其实就是解决某一类问题的方法论。把解决某类问题的方法总结归纳到理论高度，那就是模式。亚历山大（Alexander）给出的经典定义是：每个模式都描述了一个在我们的环境中不断出现的问题，然后描述了该问题的解决方案的核心。通过这种方式，你可以无数次地使用那些已有的解决方案，无需在重复相同的工作。

模式有不同的领域，建筑领域有建筑模式，经济领域有经济模式、生态领域有生态模式。生态领域的生态模式是既指自然生态存在的形态和样式，也指生态建设的方法与技术。将生态循环的技术与方法运用于不同的生产建设领域，就形成不同领域的生态建设模式。比如生态农业模式、生态工业模式、生态城市模式、生态企业模式，等等。

（二）构建神木特色的生态模式

"生态神木"是指要建设一个生态文明的神木，强调经济社会的发展要与环境保护同步，有节制地创造物质财富、适度消费和精神文化享受，以转变经济发展方式为主线，积极建设人与自然，人与人之间的和谐关系，充分发挥县域生态与资源优势，统筹环境保护与经济社会发展，最终实现人与资源、环境全面协调可持续发展。

神木生态模式既不仅仅是退耕还林、退牧还草、封山育林、治沙防沙，或者简单的生态修复与环境保护，生态神木也不是社会经济要素与生态环境要素的简单相加，而是二者的有机融合。因此，生态神木绝不仅仅局限于良好的自然生态，还包括建设良好的经济生态、政治生态、社会生态。生态神木首先是绿色、其次是低碳，然后是循环，做到“生态建设产业化，产业发展生态化，节能减排刚性化，环境治理人性化。它至少具有以下几个方面的重要特征。

第一，树立经济发展与生态建设相统一的生态文明理念。生态是经济社会和自然的复合巨系统，是人类行为的社会生态、物质代谢的经济生态和环境友好的自然生态的有机结合，是自然与人文的和谐。树立生态效益是长远的经济利益，保护资源和环境就是保护生产力，加强生态建设就是提高竞争力的理念。树立资源有限、环境有价的环境成本意识，摒弃以牺牲资源和环境为代价来换取经济暂时繁荣的不文明、不科学、不合理的经济发展模式。

建设生态神木，必须致力于消除经济活动对生态环境造成的不和谐的破坏，达到人与自然的完美和谐，逐步形成与自然相和谐的生产方式与消费方式，保护好蓝天、绿野、沃土、碧水和清新的空气等优美的自然环境；以最小的资源环境代价实现经济、社会最大限度的发展，实现产业生产力与生态生产力的共同发展，实现经济发展质量、生态环境质量、人的生命生活质量的共同提升，实现经济发展水平与社会发展水平、人文发展水平的协调共进。生态神木是以资源节约与环境友好为核心，转变经济发展方式，实现人与自然、人与社会和谐相处、经济社会可持续发展为依归发展观念。

第二，生态建设坚持因地制宜和生态修复相结合的原则。榆林，榆木成林之谓也。榆林就是因为这里历史上榆树众多而得名。可惜因为榆树的经济价值不高，老百姓不爱种植了。其实，榆树的生态价值很高，很容易在本地繁殖生长。所谓生态修复是指法乎自然的恢复本地生态系统，就是以本地物种来修复生态系统，也就是生态建设要因地制宜。北部沙漠和草地的生态建设要坚持灌草乔相结合的生态模式，而南部山区丘陵地区以乔灌草相结合的生态模式。目前，神木的林木繁育基地品种过于单一，主要是樟子松和长柄扁桃，这不利于生态系统的修复。生态是一个系统，一定是各种物种群落的聚集。所以，生态建设要尽可能地实现物种多样化。

第三，走高碳产业低碳化、低端产业高端化的生态经济发展路子。神木县是我国煤炭富集区，重要的能源工业基地。燃煤发电仍然是能源结构的主体，煤炭产业和煤化工仍然是神木县的主导产业，碳消耗与碳排放高和产业层次低。发展生态经济必须正确处理“高”与“低”的关系，推动经济生态化和生态经济化。

一要以环境约束为倒逼机制，以低碳环保为依据，以减量化、再利用、能循环、无害化为原则，以节能降耗减排为重点，大力发展循环经济，坚决淘汰落后产能，严格高耗能高排放产业、企业、产品的市场准入，逐步压缩高碳产业存量，着力扩大低碳产业增量，降低经济发展对碳基能源的过度依赖，加快高碳经济向低碳经济转变。充分利用可再生清洁能源，如太阳能、风能、生物能等等，实现能源的清洁安全和可持续性。

县委常委、副县长杨晓琦检查苗木工程实施情况

二要资源循环利用最大化、消耗和排放最小化，大力发展循环经济；产业发展要突破对能源的过度依赖，依托煤、围绕煤、延伸煤，跳出煤、超越煤，善于发现、创造和把握各种发展机会，在能源与非能源经济之间、工业与农业之间、城市与乡村之间统筹发展，实现由传统产业体系向现代产业体系的转型，由资源驱动向创新驱动的转型，由做大做强向做精做优相结合转型，由传统经营机制向现代企业制度转型，高起点、高标准建设一个经济发达，环境优美，社会和谐，人民幸福的新神木。

三要做好“加减法”，坚持“减碳”与“固碳”、生态保护、环境治理与生态建设多管齐下的生态质量提升战略。减少排放、治理污染、改善环境、提升生态质量是建设生态神木的重要内容。要控制二氧化碳总量，提高生态质量，一方面要做好“减法”，就是要从生产和生活入手，真正实现低消耗和低排放；另一方面要做好“加法”，就是要生态保护和生态建设，加快绿化、美化、价值化步伐，进一步提高森林覆盖率，增加森林固碳量，扩大环境容量。

第四，构建技术创新与制度建设相结合的生态建设保障机制。与传统经济发展模式相比，低碳经济与循环经济的主要特征是开发利用清洁能源和提高资源的利用效率，因而能降低能耗，减少排放，减轻污染，是资源节约型和环境友好型经济模式。需要从技术创新和制度建设两方面入手，而后者对前者产生强烈的引导与规制作用。实际上，前者本质上是“正确地做事”，关注的是效率的提高；后者本质上是“做正确的事”，关注的是系统的创新，只有把二者有机结合，才能实现从效率导向演变成效果导向。

生态建设与低碳、循环经济发展模式需要大量技术支撑。应坚持开发与应用相结合、自主创新与引进技术相结合等原则，大力开发节能技术、减少温室气体排放的“碳捕捉”技术、“碳埋藏”技术、减少粉尘和酸雨的煤清洁技术和脱硫技术、废弃物无害化处理技术、节水与净化技术等先进的环保技术以及耐旱耐寒的优良物种和种植技术。以色列沙漠干旱地区的节水农业技术非常成熟，日本的煤汽化、液化技术以及脱硫技术相对成熟；德国和美国的“碳捕捉”技术和“碳埋藏”技术已开始进入试用阶段。神木能源结构中以煤炭为主且储量丰富，煤清洁技术和“碳捕捉”技术具有广阔的应用前景。

转变经济发展方式，建设资源节约型和环境友好型社会，必须以制度创新为保障，通过“恰当的制度安排”，形成对浪费资源和破坏环境的惩罚，并迫使企业和研究机构沿着资源节约路径进行技术创新。要从制定、完善相关法律法规和政策入手，做到有法可依。要努力争取制定出台相关地方性法规，统筹考虑矿区规划建设，进一步规范采煤塌陷补偿和生态环境恢复治理行为，做到有法可依。要加快制定鼓励生态经济、环保行为的财政、税收、金融等激励政策，继续加大对节约型、环保型、循环型产业、企业、产品的鼓励和扶持，严格对“三高一低”产业、企业和产品以及过度消费、奢侈消费行为的限制，完善生态补偿机制，构建从生产、流通到分配、消费全过程的生态政策体系。建立和谐的生态环境体系推进林权制度改革，建立林业与生态建设的长效机制。真正做到全县609万亩集体林地“山有其主，林有其权”、“人定心，树定根”。加快形成能够反映市场供求关系、资源稀缺程度、环境损害成本的生产要素和资源价格形成机制，充分发挥市场机制在促进资源集约节约利用和生态环境保护中的基础性作用，引导各类市场主体积极投身生态文明建设，进一步形成生态文明建设的强大合力。

（三）生态神木建设的路径

生态建设是一项复杂的系统工程，其主要特点是：涉及面广、建设周期长、管护任务重等。因此，除了科学规划，合理布局，群策群力，明确方针，持之以恒外，还必须有过硬操作性强的措施作保证。即需要从思想文化、发展基础、体制机制、发展渠道、发展动力以及发展环境等方面入手，构筑多层次、多渠道、立体式、全方位的环境保护、治理和建设的生态建设模式。

1. 奠定发展前提：加强生态文化建设

每一种社会文明只有融入并积淀成文化，才能从根本上影响、规约人们的行为，才会广为传播并发挥其对人类社会的特有作用。生态文化的形成，首先要从加强生态文明科学知识的普及工作入手，即要做好生态文明宣传教育工作，倡导积极健康的生活方式。要树立“十年树人、百年树木”的观念，要充分利用电视、广播、报刊、网络等新闻媒体广泛开展多层次、多形式的生态神木建设的舆论宣传和科普宣传，及时报道和表扬先进典型。不断提高公众对建设生态神木认知、认同度和参与意识。加大宣传教育力度，普及节能环保知识，推广使用节能新技术、新产品，倡导健康、文明、节俭、适度的绿色消费理念，以一种积极、健康的生活方式，减少对生态环境的破坏，实现人与自然、人与人和谐共处，共生共荣。

2. 夯实发展基础：加强组织、队伍与基础设施建设

生态神木建设是一项系统工程，涉及经济、社会、环境、文化各个领域，要建立生态神木建设领导小组及其办事机构，负责生态神木建设的统一领导和综合协调。各镇、各部门要成立相应的领导机构，各司其职，密切配合，形成合力。要把生态神木建设作为一把手工程，各镇、各部门一把手要亲自抓、总负责，形成职责明确、分工协作的工作机制。通过生态保护协会等民间团体组织和团结一批环境保护与生态建设的志愿者，通过社会志愿者和专业工程队伍相结合建设一支具有现代生态建设技术专业的人才队伍。加

强环境监测、污染治理以及煤清洁技术的引进与利用。做好燃煤电厂的脱硫、脱硝以及除尘设施的安装建设。强化畜禽规模化养殖场粪便、污水无害化处理和资源利用设施建设。

3．拓宽发展渠道：建立多元化投资融资机制

建设生态神木，需要大量的投入加以保障，必须建立多渠道、多层次的投入体系，形成多元化投融资机制，动员各方力量加以推进。要积极争取国家专项资金，推进林业重点工程建设。根据《榆林市生态林业建设实施意见》，每亩按1000元的标准征收造林绿化费，由林业部门组织专业队伍进行造林。加快落实中省采矿企业及地方采矿企业生态恢复治理资金，开展专项治理工程。继续实施生态补偿与采空塌陷区综合治理工程。继续加大县财政直接投资，以重点项目建设的方式加快推进各项生态建设工程。要发挥民间生态基金会作用，鼓励企业、个人参与生态神木建设。要积极吸引国内外生态建设基金会、专业协会参与神木生态建设。

4．汇聚发展动力：激发社会团体及公众的参与热情

建设生态神木是一项全民的事业，其广泛的社会性和公益性决定了必须依靠全社会各方面的力量来共同完成，必须紧紧依靠群众，必须充分调动广大群众的积极性和创造性。鼓励工会、共青团、妇联、生态协会等社会团体、民间机构和公民参与生态神木建设，对生态建设作出突出贡献的单位和个人给予精神鼓励和物质奖励。

中国首个民间防沙治沙社团——“神木县生态保护建设协会”自2004年3月成立以来，坚持以协会为纽带，用生态文化的理念，团结社会公众，共同实施治沙生态建设。截至2011年，协会团体会员达到500多名，涉及国内十几个省市，以及日本、澳大利亚、加拿大等国。协会在承包治理的无人区建起治沙造林基地，拥有办公用房、苗圃、施工队、护林队，实现了公路、电力、通讯、广电“四通”。2007年以来，协会连续5年举办了以“保护秃尾河”为号召的春季公益植树活动，吸引了本县机关单位、企业、团体、社会人士，以及省市、外地和国际友人共达5000多人次参与，植树15万多株，捐赠款项150多万元。30多个单位在沟掌林基地冠名营造爱心公益林，收到生态效益与社会效益双赢的良好效果，其中包括中日友好林。

5．营造发展环境：健全完善环境保护与治理的体制机制

环境治理需要有效的监督和奖惩机制、科学的监测机制和统一的信息发布平台。应尽快建立生态文明建设领导机制、工作机制，把生态神木建设纳

入行政首长目标责任制和干部考核体系，将考核结果作为评价各级领导班子和干部政绩的重要内容。首先，要完善政策法规，加大监督力度。健全法制保障管理机制，严格执行环境保护和资源管理的法律法规，加大执法力度，坚持依法行政，公正司法，严厉打击破坏生态环境的违法行为。其次，要建立平等的生态享有机制、科学的生态决策机制、合理的生态补偿机制和生态神木建设评估机制，按照生态神木建设评价指标体系与考核评价制度，对各镇、各部门生态建设进展情况进行动态评估，科学分析和评价生态神木建设的成效和阶段性成果。再次，要建立健全监督机制，领导小组每年要组织考核，县人大、政协及纪检、财政、审计、督查等部门要组成联合检查组定期和不定期抓好监督检查，保证各项法律、法规和建设任务的有效实施。

我们有理由相信，借助西部大开发的东风，乘着陕甘宁革命老区振兴规划出台的春风，依托丰富的资源优势和深厚的历史文化积淀，凭着神木人勇于创新、敢为人先、开放拼搏的气魄和精神，一个生态经济发达、生态环境良好、人居环境优美、人与自然和谐相处的生态文明城市一定会屹立在中国的西部！

神木因“树”而得名，一定也会因“树”而更美！

“五个神木”与幸福神木

“五个神木”建设的理论成果及实践业绩表明，不仅民生神木、创新神木、民主神木、人文神木、生态神木之间有着内在的必然关系，而且其与幸福神木之间亦有必然联系。

一、五个神木之间的关系

“五个神木”之间关系作为神木人创造的新型社会生产生活关系体系之本身关系，是神木社会生活的不同层次、不同领域关系之间的关系。这些社会生活关系既以其特殊层次、领域规定而相互区别，又以其必然性紧密相连，在总体上形成神木社会生产生活关系新形态。

就民生神木来看，它既是创新神木建设的出发点和归宿，是其根本和目的，又是民主神木建设的追求和基础；既是人文神木建设的前提和基础，又是生态神木建设的目的和动力。就创新神木来看，它既是其他神木建设的灵魂和动力，又是其他神木建设的实践方法和实践路径。就民主神木而言，它既是民生神木建设的政治保障和政治生活方式，又是创新神木建设的舞台及成果；既是人文神木建设的环境前提和氛围，又是生态神木建设的方法和途径。就人文神木而论，它既是民生神木建设的精神前提和动力，又是创新神木建设的领域和舞台，既是民主神木建设的智力支撑，又是生态神木建设的内容和向导。就生态神木来看，它既是其他神木建设的前提和环境基础，又是其他神木建设的部分和内容。

如果我们从神木社会生产生活关系总体视域考察五个神木建设之间的关系，那么就会看到，它们之间乃是一种一体多面的关系。一体是指神木的社会生产生活和谐关系体系总体，五个神木建设皆以其特殊领域、方面或侧面描述并展现了这个总体。民生神木建设作为神木人民生活建设的重要一环，包括了物质生活、政治生活、精神生活在内的整个社会生活；创新神木建设是一个包括生产生活和意识在内的实践过程的全面建设；民主神木建设包括经济民主、政治民主和文化民主建设；人文神木建设既包括物质文化建设，又包括精神文明建设和意识形态建设；生态神木建设既包括经济生态、人居环境，又包括政治生态和文化生态建设。多面是指神木生产生活关系体系的不同方面、不同领域或不同视域，显然，民生神木建设既是人的总体生活建设，又主要指物质生活或经济生活建设，创新神木建设侧重于理论和实践的与时俱进，民主神木建设侧重于政治领域，人文神木建设侧重于精神生产和意识形态领域，生态神木建设侧重于资源节约型、环境友好型方面，等等。一体多面关系，不仅表明，五个神木是一个密不可分、相互联系的逻辑体系整体，而且表明，五个神木是一个以人与自然、人与社会和谐发展为本质的科学逻辑体系。

二、五个神木与幸福神木

“五个神木”如同五条坚实而又方向明确的道路。“五个神木”建设，其目的就是为了人民群众明天的幸福，“五个神木”就是神木人民到达“幸福神木”的实践路径。幸福神木是“五个神木”的共同理想。

（一）幸福神木是神木人的理想目标

人类社会与动物社会的区别，不只在于人们以自己的劳动不断创造人的生活世界，尤其在于人们有着自己更高的理想和追求。神木人也有自己的理想和追求，那就是希望在县委县政府领导下，能够使人民群众通过共同的努力过上幸福生活。

经过几十年的发展，神木人的基本生活已得到了有效保障。在这种情况下，人们的生活追求已不仅仅满足于物质方面的消费和需求，而是希望通过知识学习和道德修养提升，来使自己获得一种更充实、更久远的幸福感，而这种幸福感仅靠物质刺激则是难以实现的。人民的幸福感，不仅来源于物质生活领域，尤其来源于精神领域。精神力量是社会进步的重要动力。

神木人的理想目标，并不仅仅是为了实现“五个神木”当中的某一个，而是希望通过共同努力以使“五个神木”的建设更加全面、更加合理与更加和谐，从而让他们及他们的子孙后代过上物质富足、精神充实、品德高尚、理想远大的幸福生活。具体地讲，就是贫富差距、城乡差距、南北差距缩小的民生神木；发展水平更高、增长后劲更足的创新神木；党群干群关系融洽、人民群众当家作主的民主神木；文化昌盛、社会繁荣的人文神木；环境优美、宜居宜业的生态神木。

简言之，“五个神木”建设的目标就是“幸福神木”，愿景是“幸福”，目的也是“幸福”。幸福经济，幸福发展，幸福社会，幸福生活，这是建设新神木的最终目的。神木人表明，建设“幸福神木”是一个涵盖经济、政治、文化、社会、生态和党的建设的包容性发展战略，是神木人贯彻科学发展观的生动实践，最终要让人民生活上有归属感，经济上有成就感，政治上有尊严感，精神上有愉悦感，环境上有宜居感。

（二）“五个神木”是“幸福神木”的实践路径

“五个神木”是通往“幸福神木”的桥梁和实践路径。其提出具有一定的方法论意义。具体来说，“民生神木”的核心是“共享式发展”，即城乡居民共享、干部群众共享、南北乡镇共享、当代后代共享；“创新神木”要求人们要解放思想、打破常规，敢闯敢试，是更高层次的务实；“民主神木”，旨在营造一个既有民主又有集中，既有纪律又有自由那样一种宽松有序的政治局面，在“开门纳谏、问计于民”的基础上，建立起“广纳民谏、集中民智”的长效机制；“人文神木”坚持认为，人民的幸福感，主要来源于精神领域，精神力量是社会进步的重要动力，而继承与创新是保养文化血脉与发展活力所必须要坚持的方法与原则；建设“生态神木”，则要努力做到“四化”，即生态建设产业化、产业发展生态化、节能减排刚性化以及环境治理人性化。

对于“五个神木”的这一实践路径，神木人在实现目标上作了一定程度的量化，以使人民群众能够比较容易理解、认可和信服，同时也可以让干部群众基本清楚，在通往“幸福神木”的路上，该做什么、为什么做以及怎么做，就可以达到这种理想的生活状态。对此，神木人给出了自己心中的答案，他们认为，民生神木就是要缩小贫富差距、城乡差距和南北差距，创新神木就是使当地的各项事业的发展水平更高、增长后劲更足，民主神木则要实现党群干群关系融洽、人民群众当家作主，人文神木就是要实现文化昌盛、社会繁荣，而对于生态神木，其的目标是环境优美、宜居宜业。

只要持续推进“五个神木”建设，那么“幸福神木”的美好生活就一定能够实现。“五个神木”是中介，是通往“幸福神木”的路径和方法论；“幸福神木”则是目标、目的地，是神木人心中美好的明天，具有感召力和指引性，是神木人不断推进“五个神木”建设的强大动力。

正是有了“五个神木”这一坚实的实践路径，有了“幸福神木”这一美好的生活愿景，才使在从事各项事业的建设当中充满了智慧、干劲。神木人坚信，通过不断推进“五个神木”建设，到2021年建党100周年之际，县域经济社会的发展质量全面提升，综合实力进入全国前10强，初步实现“学有优教、劳有丰酬、病有良医、老有颐养、住有宜居”目标，使人民经济上有成就感、政治上有优越感、生活上有归属感、精神上有愉悦感、保障上有安全感，基本建成“幸福神木”。

从科学上看，幸福神木也就是和谐神木。无论是从幸福概念的客观内容来看，即从幸福作为人的需要的满足状态来看，还是从其表现形式上看，即从人们的主观体验，从人们相对满足的笑脸上看，幸福皆是和谐利益关系的状态表现。因为只有和谐，才能达到需要的相对满足，才能给人带来满意的微笑。同时，建设“五个神木”的实践过程，从本质上看，是一个不断构建和谐神木的由有限到无限的持续发展过程，因此，幸福神木目的的实现，便是一个由一系列有限幸福所构成的无限幸福生活过程。

第三篇　党的建设伟大工程

党的建设是神木科学发展的必要条件，而有效的党建工作必须以科学、现代的党建理念为指导。神木以中央关于党建工作的理论为指导，结合自身实际，秉持立党为公、执政为民，科学执政、开拓进取，廉洁自律、拒腐防变的党建理念，扎扎实实推进党建工作，促进了神木的科学发展。

一、科学发展观指导下的神木党建工作

神木党建工作服从、服务于科学发展的大局。面对发展中成就与问题共在、挑战与机遇并存的形势与任务，神木立基于自身发展实际，把党建放在突出位置，以科学发展观指导党的建设，切实推进党建工作的科学化。而党建工作的科学化作为神木科学发展的必然要求，也进一步推动了神木的科学发展。

（一）神木县科学发展面临的形势与任务

神木县近年来的发展可以说是中国近年来发展的缩影：一方面成就巨大，另一方面发展不平衡，发展中挑战与机遇并存。就发展的外部形势而言，一方面，县域经济实力竞争已呈白热化。不仅全国百强县中有需神木大力追赶与学习者，而且不少后起之秀潜力大、赶超劲头足。在这种情况下，不进则退、小进也是退。另一方面，面对新一轮发展机遇，神木周边地区都争先恐后地制定了一批具有很强挑战性的发展目标。基于此，神木的发展压力自然加大。

就发展的内部形势而言，一方面，在宏观方面，神木“三富三不富”、“四个不同步”以及“三大差距”的现象短期内难以消除。另一方面，就微观而言，受国家宏观政策的影响，政府投资融资难度加大，土地供需矛盾突出。以能源化工为主、“一煤独大”的产业结构短期内难以改变，产业结构性矛盾突出。新资源、生态、环保、交通、水源、金融、人才、作风建设以及政府职能转变等制约全县经济社会发展的一些深层次问题和因素愈加

凸显。

当然，看到问题与挑战并不意味着畏缩不前，而只为更好地针对发展形势，把握发展机遇，化解难题，乘势而上。神木在发展中同样面临着大好的发展机遇，总体而言，机遇大于挑战。县委领导在讲话中将神木面临的发展机遇概括为三点：一是国家的政策导向有利于神木加快发展。国家继续加大对中西部地区的扶持力度，省上继续加大对陕北能源化工基地建设的扶持力度，同时十分重视基础设施和生态环境建设，这为神木争取和实施重大项目，提升产业层次和经济发展水平创造了良好条件。国内发达地区产业继续向内地和西部转移，这为神木利用两个市场、两种资源提供了更多机会。二是中省市对神木的关注度越来越高，这为神木争取项目和资金创造了机遇。三是神木自身发展的基础越来越好、发展思路越来越清晰，“五个神木”大战略深入人心。民营经济和民生建设互相间的“化学反应”会更加剧烈，二者相互作用所激发的创业激情、所创造的财富将是神木未来发展的内生力。在已有成就的基础上，面对发展中的机遇和挑战，从创新党建入手推进科学发展将是神木的必然选择。

（二）创新党的建设是实现科学发展的必然要求

科学发展观与本地实际相结合，在地方层面实际上是一项具有创造性的活动。如果党的建设不能实现有效创新，县委领导班子无法从根本上保持先进性、提高执政能力，只拉车不看路，乃至车都不拉，神木不仅无法取得今天的光辉成就，未来的科学发展更不可能。

目前，从国内的情况来看，不少地方党委领导班子的思维方式、领导素质、执政能力还不适应复杂改革环境和艰巨发展任务的要求，贯彻中央大政方针、科学判断形势、驾驭市场经济、应对复杂局面、依法执政、总揽全局的能力还有待提高。有的习惯于以行政命令和计划体制的方式管理社会经济活动，简单以“控制”代替“驾驭”；有的思想僵化、因循守旧、教条主义、形式主义和官本位思想严重。而这些都严重阻碍着地方层面的科学发展。神木县委领导曾多次在大会上指出党建中的问题以为警示。强调：近年来，神木的干部队伍在跨越发展的实践中经受了锻炼和考验，但距离形成风清气正的政治生态，还有不小差距。干部群体中“精神懈怠、能力不足、脱离群众、消极腐败”等现象不同程度的存在。经过近 30 年的快速发展，神木已进入平稳增长期和所谓的“激情平缓期”、“审美疲劳期”，少数同志的发展意识保守了，改革创新意识淡薄了，相反的是守成意识强了，骄傲情绪涨了。经济发展规律告诉我们，变则通，通则久，如果没有忧患意识，没有更高的追求，没有持之以恒的改革创新，终将陷入墨守陈规、固步自封的困境。改革创新，是各种关系的再调整和各种资源再分配，是从无到有、从有到优的“自我扬弃”过程。这个过程，会随着基数的增大、发展水平的提高越来越难，特别是在目前的攻坚期，难度可想而知。

基于党员领导干部的现状与神木科学发展要求之间尚有差距这种现实，神木县委领导班子认识到，创新党的建设是实现神木进一步科学发展的必然要求。

（三）科学的党建工作是神木腾飞的重要条件

科学发展观是马克思主义关于发展的世界观和方法论的集中体现，是我国经济社会发展的重要指导方针。以科学发展观为指导，尤其在深入领会和切实理解中央提出的经济建设、政治建设、文化建设、社会建设与生态建设多位一体发展格局的前提下，神木提出了实施“五个神木”战略。这个战略是科学发展观的基本要求与根本方法在神木的生动体现和具体表现，是神木版的科学发展观。以“五个神木”绘就的“五福临门”新蓝图与大战略来统一全体党员干部的思想认识，形成改革创新的共识，必将推动神木的发展走向更大的辉煌。

县委书记雷正西看望贫困老党员

科学制度是党的建设的动力保障。制度建设带有根本性、全局性、稳定性和长期性，要提高党的建设科学化水平，就要紧紧抓住制度建设这个重要环节，把制度建设作为贯穿党的建设全过程的基础性工程来抓。比如在干部人事制度方面，神木积极探索“差额推荐、竞争入围、择优筛选”的干部提名选用方式，2011 年初制定出台了《神木县领导干部选拔任用工作暂行办法》、《神木县国有企业领导干部管理办法》、《神木县国有资本控股参股企业县派领导干部管理办法》、《神木县大学生村官管理办法》等文件，建立了全县科级以上领导干部信息库，并不断完善目标责任考核制度。在基层党建方面，探索完善城乡党建一体规划、党建资源一体配置、党建事务一体管理、党建服务一体开展、党建考核一体进行的“五个一体”工作机制，深入推进农村党组织“升级晋档、科学发展”活动，全面推进村矿和谐共建党组织工作等。在干部的思想政治建设方面，制定出台了《神木县 2008 年至 2012 年干部培训教育计划》，开展书香榆林创建活动，为干部职工推荐必读和选读书目，促进了全县读书活动的深入开展。正是通过一系列科学的制度建设，神木的党建工作特别是干部队伍建设才较好地适应了神木经济社会的发展要求，神木的发展才具有了一支充满干劲与战斗力的党员队伍。

科学方法是党的建设的实现路径。增强方法的科学性，是在新形势下提高党的建设科学化水平的重要环节。现代科学技术的迅猛发展，尤其是信息网络化程度的不断提高，为当前党建工作方法的创新提供了前提和基础。十七届四中全会在创新党建工作方法上提出了大量创新举措，如提出“办好党报党刊和党建网站”、“建立全国党员信息库”、“农村党员干部现代远程教育网络一体化”、“加强党员动态管理”、“健全反腐倡廉网络举报和受理机制、网络信息收集和处置机制”等等，目的就是要运用信息网络技术来加强和改进党的建设。

神木在这方面的工作也颇具特色，比如县制定出台了《神木县中长期人才发展规划（2010－2020）》，建立健全了全县人才资源信息库。比如大力加强农村党员干部现代远程教育工作，2011 年神木建设完成远程教育第三期卫星站点 517 个，全县 1 至 3 期 664 个远程教育终端站点全部建成使用并通过省市验收。比如神木县委积极开展经常性的民意征集活动，设立民意征集专线电话，开辟了网上民意征集专栏，搭建了党组织和人民的“连心桥”。科学方法的运用对于神木党建科学化水平的提高发挥了重要作用，也自然成为神木发展与腾飞的重要助力。

县委常委、组织部长温建刚（右二）在锦界镇沙母河新村调研党建工作

二、卓有成效的制度建设

神木县把中国特色社会主义的党建理论同其党建实际相结合，在不断形成神木化的党建理论的过程中，积极推进党的制度建设，取得了一系列可喜成就。

（一）神木的学习观与学习型党组织建设

在谋划神木科学发展的实践过程中，神木以县委领导班子为龙头，注重学习，不断增强理论武装，把党的学习型党组织建设同自己的县情结合起来，形成自己的学习观，以创新理论成果指导实践，走出了一条符合神木自身实际的发展道路。

1．神木的学习观

就学习的目的而言，神木的学习观就是，“为应对挑战而读书，为加快发展而读书，为提升境界而读书，为创新实践而读书，为倡导新风而读书”。神木人表明，学习的本质是改变自己，即改变自己的观念、思维和境界，还认为学习者智、学习者强和学习者胜。“本领不够”实质上就是“学习不够”。因此他们把学习作为领导干部的硬任务。硬任务首先指领导干部要作为一种志向而锲而不舍地追求之，一种境界而追求之。其次作为一种爱好，形成想学、会学和勤学的风气。最后在行为方面，要少一些应酬，多一些书香；少一些浮躁，多一些思考；少一些低俗，多一些高雅。

就学习方法及途径来看，他们不仅认为，书本知识不是不重要，上级政策确实很重要，外地经验的确很必要，但是这些东西都不是原封不动地拿来就用，而是有一个判别标准，那就是是否有利于神木按照科学发展的要求来发展现实生产力。只有这样，书本的知识才能变成活的，上级的政策才能正确地贯彻下去并收到实效，外地的经验才能真正发挥作用。无论书本知识、还是上级政策，抑或外地经验都遵循符合本地实际这一规律。而且始终坚持通过基层调研、贴近基层，在解决难题中学习。调查研究不是“走马观花”，不是“听风就是雨”，一句话，不是简单的观看、简单的听取，也不是带着感觉走。调查必须是一种研究，研究就有深浅，犹如涉水，涉水浅者得鱼虾，涉水深者得蛟龙，调研浅者得材料，调研深者抓核心。抓住核心问题，就能提纲挈领，就能纲举目张，就能做到了然于胸，化繁为简，化难为易，真正解决实际问题。

可见，神木的学习观并不是简单套用党的政策文件，而是把“向书本学”主要转化为领导干部的一种学习的境界和实践的需要，把“向实践学”和“向群众学”主要转化为在基层做扎实的、有目的的调查研究。由此看来，神木的学习观就是党的学习型政党建设中“三种学”的神木化。这种“神木化”是建立在准确理解党的学习精神的基础上，并结合神木实际需要而转化出来的，而不是生搬硬套、囫囵吞枣地学习，不是走过场，不是装样子，也不是仅仅为了完成任务。

2. 学习型党组织建设的实践举措与制度创新

在学习型党组织建设活动中，神木人既采取灵活多样的学习形式和学习举措，又着力于学习制度建设，取得了良好效果。

（1）学习形式。一是实行“请进来”和“走出去”相结合，2010 年开始举办“神木大讲堂”，邀请域外知名学者对全县干部进行专题培训，享受文化大餐；组织有关领导、干部赴沿海经济发达地区学习经验，开阔视野。二是组织心得交流会、知识竞赛、专题研讨、理论征文和演讲比赛等活动。三是举行各种培训活动，把学习延伸到基层各类组织。其一、举办村“两委会”负责人培训班，民营企业党务工作者、负责人培训班和新任大学生村官培训班，为基层干部学习创造条件；其二、开展农村党员干部现代远程教育活动，方便学习政策、技能。其三、通过财政投入、企业赞助、社会捐助等方式，对乡镇“流动党支部”等给予“基础设施”和“日常运转”支持。其中每个“流动党支部”，县财政每年拨款 3 万元，乡镇党委每年 10 万元。四是开展“书香神木”创建活动，形成“学习型社会”氛围。2010 年开始，举办万人签名读书活动、捐书活动，书香企业、社区、家庭、校园、个人评选活动，开展推荐好书、交流经验、读书论坛、知识竞赛和才艺比拼等生动有趣，喜闻乐见的活动。

神木县图书馆第二届“全民读书月”启动仪式

（2）学习举措。神木结合党的建设和上级的部署，在总结成熟制度和经验的基础上，提出以下新的举措：一是把县委中心组的学习制度和经验推广到县委政府部门、乡镇党委，覆盖全部党组织、党员和干部。二是继续采取有效措施，提高对学习型党组织建设活动的认识，更加激发学习的自觉性。三是“学以致用”，以理论知识与神木实践相结合，着力解决好“养兵与用兵”的关系。四是既要学习党的理论、时事政策，也要学习各种科学文化知识和专业知识、实用技能。五是继续完善制度建设，重点完善干部考核制度，狠抓落实。

（3）学习特点。一是领导班子带头学，自上而下做示范。二是理论学习为龙头，实用知识促发展。三是完善制度做保障，多彩活动抓落实。四是党员干部积极学，广大群众跟着学。这种学习方式和实践活动，把学习型领导班子、学习型党组织与学习型社会建设紧密结合起来，从而形成了全社会的浓厚学习氛围。

神木人通过丰富多彩的学习形式，以及行之有效的学习举措和制度建设，不断把学习型党组织建设活动引向深入。

（二）神木的廉洁观及其制度创新

在廉政建设方面，神木人把科学发展观的廉政建设理论与其党建实践相结合，不仅形成了神木化的廉洁观，而且按照这种廉洁观，在廉政制度建设方面，进行了一系列创新性工作。

1. 神木的廉洁观

在神木人看来，一方面，廉洁奉公既是为政之要，又是为党员领导干部的立身之本；廉洁因属内心修养而使人幸福，廉洁因敢于碰硬而产生力量，廉洁因做官之魂而赢得民心，廉洁因提高效率而推动发展。另一方面，廉与勤的关系在于，“勤而不廉要出事，廉而不勤要误事，不廉不勤更坏事。”这就是神木人的廉洁观。按照这种廉洁观，神木提出了包括讲团结、讲清廉、讲勤俭和讲简单的廉政建设实践原则及方法。

其一，讲团结。就是以民主团结、勤政为民为标准，按照党组织的规定办事情，求同存异，合心合力。就是在以党性为基础，既自觉维护领导班子的权威，又互相信任、互相谅解、互相支持和互相监督。就是大事讲原则，小事讲风格，用批评和自我批评的方式团结一切可以团结的人，投入到地方发展大业，形成万众一心、群策群力、谋求科学发展的局面。

其二，讲清廉。就是正确对待名利，正确对待地位。就是有正确的政绩观，立志做为了人民、有利于人民的事情，而不是立志为己之私谋取高位。就是要正确对待群众，心在困难群众身上，生活在群众中间。就是管好自己，当好表率，坚定理想信念、生活正派，慎重交友和遵守党纪。

其三，讲勤俭。就是艰苦奋斗、勤俭节约，反对铺张浪费和摆阔显富。就是抵制拜金主义和享乐主义。就是平常做起，节省纳税人的每一分钱，等等。

其四，讲简单。就是崇尚简单工作，阳光做人，平实生活。就是摒弃繁琐的迎来送往，扫除空洞的文山会海。就是少开会，开短会，开解决问题的会，少讲话，讲短话，讲有用的话，少发文、发短文、发有“干货”的文。就是低调做人，高调做事，潜心当好人民的公仆和勤务员。

2. 神木的廉政制度建设

神木人依其廉洁观，从教育为先、制度创新上开展廉政建设。

在廉洁教育方面，一是以党的《廉政准则》规定为指导，建立倡廉宣传教育的工作机制。充分利用神木电视、报纸、网络等宣传平台，广泛开展党性党风党纪教育、法制教育、示范教育、警示教育、岗位廉政教育、勤政廉政典型和廉政规章制度宣传，来营造勤政廉洁的自律意识和良好的社会氛围。二是发放廉政书籍，做到党员干部人手一册，方便日常自学。三是开展文化“六进”活动，组织书画展、演讲比赛、文艺晚会、知识竞赛等活动，形象生动地进行反腐倡廉教育。

县委常委、纪委书记王志雄（左二）检查基层纪检工作

在制度创新方面，他们通过探索推进电子化政府采购，信访听证终结，电子行政监察，基层便民服务中心和强农惠农补贴“一卡通”和重点工程建设项目设立监察室，开展“抓查岗、抓会风、抓问责、抓评议”的“四抓”活动，以及开展纪检监察干部队伍能力建设等活动，推出一系列公开、民主的创新性制度。

第一，建立党务政务信息社会公开制度。凡是不涉及国家机密、商业秘密和个人隐私的党务、政务信息（包括重要会议），通过政务大厅、《神木县政府公报》、政府网站、政务公开栏等多种形式，全部向社会公开，为党员干部和群众监督创造条件。推行“廉政承诺制”，试行“工作服务承诺制”。各乡镇和部门要将承诺事项和内容向社会广泛公开，自觉接受群众监督，这一制度体现了信息公开与民主监督的特性。

第二，推行民主的选人用人制度建设。其一，干部任用实行公开选拔和竞争上岗，规定民主推荐、民主测评、考察预告、任前公示、任前廉政及基础理论知识考试等必经程序；其二，实行领导干部署名推荐和提名民主讨论制度；其三，实行干部考察工作责任制，规定“谁考察谁负责”的责任原则；其四，实行重要部门、关键岗位干部轮岗交流制度，实现干部跨地区、跨行业、跨部门交流；其五，实行本人和涉及亲属的直接回避制度；其六，推行“一报告两评议”制度。“一报告”是指年度干部选拔任用工作专题报告制度，“两评议”是指民主评议和民主测评制度。民主评议是对选拔任用工作的“总体评价”，民主测评是对任用人员的“定性评价”。这些制度从选拔任用到任用监督两个方面实行民主监督，有利于杜绝人事任用方面的不正之风。

第三，建立独特的廉政风险评估预警制度。2011 年，制定《神木县建立廉政风险防控机制实施方案》和《神木县廉政风险评估预警暂行办法》，规定关口前移和预防为主、依法依纪和客观及时预警监督和鼓励保护相结合的原则，提出了重大决策廉政风险评估和部门、乡镇和岗位廉政风险评估两种类型，对评估程序、评估等级、评估方法做出规定，并以民主评议、许可会审等九项制度对部门、乡镇和岗位风险评估加以严格落实。这种制度，按照因情而定的原则，分层分类对风险进行分级控制，取得了良好效果。

总之，神木人依其廉洁观，通过廉政制度建设，有力推动了党建事业的发展。

（三）神木党内民主制度建设

在践行科学发展观的过程中，神木领导班子解放思想、实事求是、开拓创新，把推动地方经济、政治、文化、社会、生态建设和加强党内民主建设紧密结合起来，把直接民主与集中相结合，提出讲民主必须从党内开始，必须坚持民主集中制原则，通过一系列民主实践活动，不断探索党内民主建设的新体制，不断推进民主选举、民主监督、民主罢免的制度建设。

1．党内民主建设的实践

神木党内民主建设的实践举措在于，（1）实行“党务公开”，设立“公开电话”。其一、实行党务公开与政务公开并行，把除依照法律和政策规定不能公开之外的党务信息，包括党的重要会议、决定文件、人事选拔任用和其他重要信息，及时通过各种媒体向社会公开，接受党员和人民群众的公开监督。其二、通过设立县委书记（县长）公开电话，结合独特的“广纳民谏、集中民智”机制，落实“问计于民、问政于民、问需于民”，建立与人民群众更方便更快捷地的沟通渠道。

（2）充分发扬民主作风，探索民主选举方法。2011 年新一届县乡党委换届选举中，他们既通过严把“代表关，程序关，选举关”等“三关”，做到“思想认识到位、工作部署到位、组织措施到位”等“三到位”。又按照“5 个严禁、17 个不准、5 个一律”和四项监督制度，通过发放宣传资料、刷写标语，举办专栏、制作明白卡和纪律知识测试等方式，提高广大党员的知情权和监督权。另外，在市、省党代表选举中，采取自下而上、上下结合、反复酝酿、逐级遴选的办法，并受到上级机关的充分肯定。

党内民主是党的生命，人民民主是社会主义的生命。神木党内民主建设是“民主神木”建设的核心。以党内民主建设为重点，通过把党内民主建设与人民民主建设，即社会民主建设相结合，与“阳光型”政府建设相结合，与人大提案议案和政协参政议政相结合，在县级层面以党内民主先行，同时不断推进社会民主建设，并在二者“互动”关系意义上推动地方“民主生态”建设，不断探索党内民主建设带动地方社会民主建设的经验和制度，具有重要的启发性意义。

2. 党内民主制度建设

神木在党内民主制度建设上的实践举措在于，（1）制定常委会议事规则，落实民主集中原则。常委会议事规则规定，重大决策，必须首先征求常委、部门和基层群众等意见，然后通过党委集体的民主讨论，并在决策过程中阐释决策意见的理由，最后按照大多数人的意见作出决策。这一规定的特点是以“民主先行和相关方参与”为基础，以“说明理由”保障决策过程的科学性，而在实质上则把党的群众路线贯彻到县级领导班子的权力运行过程之中，体现了民主集中制的原则。

（2）丰富民主生活会，保障党员民主权利。无论是党委机关、政府机关、职能部门、事业单位，还是学校、企业，以民主生活会的形式讨论问题并提出建议，已蔚然成风。例如，神木公安局的民主生活会，参加人员有党委成员，还有各部门和派出机构负责人。会议程序包括筹备阶段、征询意见阶段、座谈会阶段和梳理和总结阶段。从党的章程看，民主生活会是落实党员民主权利，集中党员意见和建议的重要形式，而神木的民主生活会不仅“适用”范围广，而且形成了初步的会议程序，对落实党员的知情权、参与权（讨论权、建议权、倡议权和批评权）具有借鉴意义。

（3）健全民主选拔程序，建立后备干部人选制度。其一、制定民主推荐、民主测评、考察预告、任前公示、任前廉政鉴定等完整程序，真正把能干事，干实事，为党工作，为民解难的人员提拔到合适的岗位。公开选拔和竞争上岗成为干部选拔任用的重要方式。其二、通过资格审核、理论考试、演讲答辩、县委全委会票决制等程序，确定后备干部人选。2011 年，确定了 15 名副县级后备干部人选。

(4) 科学划分部门类型，探索民主考核方法。其一、按照职能部门特点划分类型，完善考核评价标准。按照职能和职责标准，将全县职能部门划分为党务政务综合部门、经济管理部门、社会事业发展部门、执纪执法部门等四种类型，分别制定科学合理的考核评价指标体系。其二、通过民主测评、民意调查、个别谈话、实绩分析等考核形式，按照定性考核与定量考核、平时考核和定期考核相结合，健全干部考核机制。通过这些实践举措，神木在党内民主制度建设上取得了可喜成绩。

（四）民营企业党组织建设

2002 年，党的十六大提出“加强非公有制企业党的建设”。非公有制企业，其实就是蓬勃成长的民营企业。这标志着“非公有制企业党的建设”正式提出。2009 年，党的十七届四中全会提出“抓紧在非公有制经济组织建立党组织”，以扩大基层党组织覆盖面，实现党组织和党的工作全社会覆盖，以及通过非公有制企业党组织建设探索发挥党组织作用的方法和途径。神木县依据党的这一政策，并结合县域民营经济已经成为县域经济的主体和持续快速发展的实际县情，创新性地开展民企党的基层组织建设，在宣传教育、组织设置、组织运行和实践活动方面取得了宝贵经验。

1. 广泛宣传，形成党建共识。2008 年，在县工商联首先设立非公党委，指导全县民营企业开展党建工作。围绕民营企业党的建设的重要性和必要性，利用新闻媒体，运用企业内部报刊、板报等形式，营造良好的舆论氛围，不仅使基层党组织和广大党员了解民营企业建立党组织和开展党的工作的政策和意义，而且使民营企业家逐渐认识到党组织对企业生产、经营、管理的促进和推动作用，从而在广大党务工作者和民营企业家形成党建共识。龙华集团、神府建司主动要求建立党组织，并积极开展党的活动。

2. 摸清“企情”，创新设置方式。针对全县民营企业的规模、种类、效益等方面的差异和区别的实际，探索出包括单建、联建和挂靠等三种方式。其一、单建。3 名以上正式党员的非公有制经济组织，单独建立党组织；50 名党员以上的，建立党总支；100 名党员以上的企业建立党委。跨地域、跨行业的非公有制企业集团，组建集团公司党组织，统一领导所属企业党建工作。其二、联建。不足三名正式党员的企业，按照“行业相近、地域相邻”的原则，联合组建党组织，并将党组织设在条件成熟、党员素质好的企业。其三、挂靠。按照属地管理的原则，将规模较小的民营企业的个别党员“挂靠”到企业所在的村、乡（镇）党组织。对来神打工或进城务工、且有固定职业或固定住所的党员，将其组织关系转到居住地或从业单位的党组织。这些方式，极大地扩大了民营企业党组织的覆盖面。至 2011 年底，全县非公有制企业已建立党委 1 个、党总支 2 个、党支部 163 个，其中联合支部 5 个，工会组织 612 个，覆盖率达 85.4%。

3. 配备人员，创设工作机构。对党员民营企业家，在企业（龙华集团、德润兰炭）配备 1 名副书记，设立党群办，定期开展党组织活动，以党建促工建、带团建。对非党员民营企业家，在企业（神府建设工程有限公司、神木酒业公司）把党员业务骨干培养为党组织负责人。

4. 激励推动，突出示范带动。其一、通过派驻企业挂职干部，实行“白领派遣计划”，利用特有的人才优势，帮助民营企业党组织找准结合点、切入点，从“为企业所需要，为企业家所理解，为职工所拥护，为党员所欢迎”出发，开展党的组织活动，发挥党员在企业生产经营中的先锋模范作用，从而增强党组织的凝聚力和号召力，保证企业依法经营和快速发展。其二、通过以点带面，树立 3－4 户企业党建工作示范点，表彰奖励 3－5 名优秀党员和召开党建工作推进会，对条件成熟的积极分子，及时吸收入党，促进民营企业党建工作的迅速开展和健康发展。2011 年，民营企业党员已达 1079 名。

从总体上看，神木民营企业党组织建设的基本特点就是按照党组织设置和活动要求，结合民营企业的不同特点，确定不同的设置方式，并结合民营企业活动的特点，把党组织活动、党员的利益与企业的发展结合起来。这些探索，对扩大民营企业党组织覆盖面和发挥党组织的作用，具有借鉴意义。

（五）神木的干部管理制度创新

神木县委领导班子在践行科学发展观过程中，解放思想、求真务实、开拓创新，不仅从政府建设方面提高公信力，而且在干部队伍建设方面提出公开“讲业绩、讲创造、讲活力”，以放眼识人、创新选人、公道用人的气度，将党的“德才兼备，以德为先”的原则具体化为神木化的的选人用人制度创新。

1. 创新选人用人理念

从党的为人民服务的宗旨看，选择什么样的人作为党的坚定信仰者和一心一意做人民的公仆，是一个最为关键性的问题。“成败得失在用人”，神木在“发展的好不好、人民群众满意不满意，关键看各级干部怎么干”的意义上，进行了选人用人制度创新。

（1）把党的“德才兼备、以德为先”的选人用人标准具体化为“从实绩看德才，凭德才用干部”的神木化的干部选任理念。他们以“不惟票数、不惟学历、不惟资历”的“三不”标准，来破除现实生活中存在的平均主义、轮流坐庄、论资排辈等封建用人痼疾；让“有为者有位，吃苦者吃香，实干者实惠”，鼓励冒尖，倡导争先，真正让愿意干事和真正干事的人多起来，会干事的，干成事的人红起来。

（2）把以埋头苦实干、坚持原则和实践历练等作为发现人才的途径。埋头苦干的干部不图虚名，信的过；坚持原则的干部，靠的住；实践历练的干部，干大事。与此相应，又提出防止失察任用“四种人”：有口碑无原则的人、有能力不廉洁的人、廉洁而不作为的人和勤政但无效益的人。第一种人实际上就是古代讲的“乡原”，现在熟悉的老好人；第二种人是能力大，但为自己服务，而不是完全为人民服务的人，不少走上腐败之路的就是这种人，他们自恃才高，目空百姓，唯利是图，最终会走向人民利益的对立面。第三种人是不贪不为、态度不端正之人，第四种人就是虽然态度端正，但没有本事的人。后两种人就是“写不了、说不了和做不了”的“三不了”干部。

（3）因才使用，按才设岗。人才队伍中主要是专才，全才太少。神木提出尊重干部特殊禀赋和个性，提出了尊重禀赋个性、按才设岗、用其所长、鼓励创新、宽容失败的用人观。从神木的实际需要出发，提出大胆引进神木外域人才，制定和实施引进人才计划，以引进一个人才，推动一个项目，发展一个产业和带活一个行业的气魄，不仅给予从报酬、住房、家庭困难等待遇方面的优越条件，更是从思维里、观念上对人才的尊重。其实，尊重不是仅仅来自物质利益方面的交易或恩赐，而是以“月下追韩信”和“三顾茅庐”的气度，发自内心地尊重人才。说白了，就是对人本身的尊重，涉及到对人的价值和人的交往规则的认识及其态度。在这一点上，古代把杰出人才作为伯乐所相的“千里马”来用，但不一定把人才当作“人”来用，是有失偏颇的。从这个意义上看，这是对邓小平“尊重知识”和

"尊重人才"观的丰富。

2. 系统科学的干部管理制度

神木人通过大力推进用人制度体系建设，制定包括干部选拔任用，国有企业领导干部，国有资本控股参股企业县派领导干部，大学生村官管理等在内的四项制度，并构成神木化的干部制度体系。

（1）《神木县领导干部选拔任用工作暂行办法》，按照党管干部原则和民主、竞争、择优的原则，规定了动议、推荐提名、考察、酝酿、讨论决定、任免、纪律等七个前后相接的程序性环节，并做出了具体要求。其显著特点是动议理由具体，提名形式多样，差额考察，讨论决定民主，实名推荐和考察负责制。这一制度提高了干部选拔任用的科学性、规范性和公信度，保障把为人正派、一心为民、作风过硬、埋头苦干、敢抓善管、勇于创新、群众公认的优秀干部委以重任。

（2）《神木县国有企业领导干部管理办法》，规定国有企业领导干部的任职条件和资格、选拔任用、考核监督、以及交流、辞职、免职、退休等。其中对任职干部的专业知识，工作能力和市场改革创新和责任意识的规定、选拔任用方面的党委成员与董事会，经理层的交叉任职规定，交流方面的跨企业、跨行业、党政机关，事业单位任职等规定颇具特色。这些规定既坚持了党的干部政策和国家有关法律，同时又切合神木的客观实际需要，用活了人才。《神木县国有资本控股参股企业县派干部管理办法》，在任职条件、考核和责任追究方面与前者规定相同，但在任职方面规定了推荐制和任期制。这一制度是神木适应国有资产管理公司支持民营企业发展而作出的特别制度设计，具有特别的意义。

（3）《神木县大学生村官管理办法》，规定大学生村官实行聘任制，组织部门为聘任方，合同期 3 年，期满后经考核优秀可续聘；管理及考核方面，比照公务员有关规定执行，由乡镇党委、政府具体负责，实行考核制，任期内成绩特别突出的可提拔使用；事业单位补充岗位时，分配一定名额选调。2007 年首批选拔 80 名大学生担任"村官"，2011 年，又选拔 85 名，使总人数达到 278 名。这些大学生经过培养锻炼后，其中相当一部分具备了担任村党支部书记和村民委员会主任的能力，成为村级干部接班的"生力军"。

大学生村官培训

另外，神木还制定了《干部到村到企业挂职管理暂行办法》(2011 年修订)。这项特色制度既解决了民营企业和农村人才、资源短缺和观念落后的问题，又极大地培养和锻炼了人才，使得人尽其用，人尽其才。截止 2011 年，挂职干部达到 4253 人次，创办企业 249 个。

(六) 基层党组织的建设实践及模式

神木县以“围绕中心，服务大局，拓宽领域，强化功能”的总体思路，采取了一系列实践举措，创造了“五联五创”党建模式和“村矿和谐”党建模式，形成了神木化的城乡党建一体化大格局。

1. 基层党的建设实践

在“创优争先、升级进档”中，神木开展了一系列丰富而生动的实践活动。

(1) 通过加强机关党的建设，特别是机关领导班子作风建设，深入开展机关作风整顿和党员干部的党性教育。其一、创建党员先锋岗及党员示范窗口，深化党员承诺制，开展主题教育、专题讨论、岗位创优、献计献策等丰富多彩的活动，提高党员的服务意识和能力，增强党组织的凝聚力和战斗力。其二、深化“学习型、创新型、带动型、制度型、激励型”等“五型”机关建设，推行“机关工作重心下移，领导干部深入基层，基层干部坚守一线”为内容的“一线工作法”，做到为群众办实事、解忧愁、谋发展。

（2）通过推进城市社区基层党组织建设，从划拨专项经费，增加机构设置，配全领导班子和人员，强化服务观念等方面，全力推进党的组织和党的活动进小区、进楼宇、进市场，组建“行业型”、“小区型”党的基层组织，在增强服务基层群众的能力和项目中，提高党组织的信任度。

（3）通过推进农村党组织建设，以党的建设先行，用“县建库、乡建档、村上墙、户建卡”工作法和建立中心村，形成大村带小村，富村带穷村，强村带弱村的思路，建设一批联合型党总支，用“撤村并组”的新突破引领农村经济社会各项事业科学发展。一类村重点抓好村容村貌、文明乡风、民主管理。三类村要着力提高农民收入，抓好转化工作。在一年内，全县一类村党支部由 9 个晋升到 116 个，二类村党支部由 158 个晋升到 221 个，三类村党支部由 221 个降到 181 个，四类村党支部由 241 个减少到 111 个。2011 年一类村党组织达到 334 个，二类达到 201 个，三类达到 96 个。

（4）通过开展“三级联创”和“旗帜工程”，提高农村党员的致富能力和综合素质。以现代远程教育建设等为手段，加强对农村干部的培训工作。2010 年底，建成远程教育终端站点 664 个，培训农村党员 1.2 万人次，培训农村致富能手 4960 人。发放电教片 640 盘，累计播放 2960 场次，参加党员总计达 1.9 万人次。

（5）通过开展千名干部下基层活动，切实解决群众实际问题。2012 年以来，神木县按照省委“三问三解”（问政于民、问需于民、问计于民，解民忧、解民怨、解民困）活动和榆林市委深入推进“干部作风建设年活动”要求，及时启动了“千名干部下基层”活动。其一、对应帮扶“点对点”。从全县抽调了 1294 名干部对全县 649 个行政村和社区进行包抓下基层，并将所抽人员与村、社区一一对应，下基层干部基本实现在全县农村、社区、学校、医疗卫生机构、两新组织等基层组织的全覆盖。同时，明确县级领导包抓的 41 个重点村，县直部门领导包抓的 150 个问题村，镇、办事处领导干部包抓的 455 个贫困村。其二、了解民情“面对面”。要求下基层干部在工作中要善于解开群众思想上的“扣子”，引导群众探索致富的“路子”，防止活动走过场，走形式。活动开展以来，下基层的干部由过去到村只与村干部联系，到现在与村民直接面对面交谈，每到一户都认真写好自己的民情日记，用实际行动体现干群一家亲，做群众的贴心人、知心人和暖心人。其三、化解矛盾“心连心”。神木是资源大县，也是村矿矛盾频发的大县。构建和谐村矿关系，是落实“三问三解”活动的重要着力点，工作中努力做到“三到位”，即政府引导服务到位、企业社会责任到位、村民信赖支持到位。村矿矛盾调处工作常态化，逐步形成村矿和谐长效机制。已形成相对稳定且富有成效的“3 +3”模式，即“村民、企业、地方”三方共赢，“经济效益、生态效益、社会效益”三者兼顾。

“千名干部下基层”——在田间地头服务群众

2. “五联五创”党建模式

大量农村人口进城生产生活，给社区的管理建设带来了极大的考验，而能否使农民适应城市生活，与城市融为一体，实现城乡和谐，直接关系到全县城乡一体化进程与和谐神木建设。在农村“创先争优、升级进（晋）档”活动中，神木结合农村党组织具体情况，把党建创新放在基层组织建设中去实践，把服务基本群众放在基层组织建设中去检验，把党员队伍创先争优落实到基层组织建设中去锤炼，创造了完备的“五联五创”党建新模式。

（1）城乡联动，创新党建工作理念。其一，把城市社区党建和农村党建放置于同等重要的位置，统筹城乡基层党组织建设的规划和发展，通过城乡联动，促进以城带乡、以城促乡。其二，加强城市社区的领导力量和经费投入，将县城原有的2个街道办、9个社区划分为4个街道办、16个社区，以城市社区党组织建设为抓手，充实和细化社区基层服务的能力。同时，从机构设置、领导力量、阵地建设、人员配备、经费投入等方面着力加强社区建设。以服务社区群众为中心，在优质社区服务中提高管理水平。通过社区单位共建社区、服务社区，组建志愿者服务队伍、建立社区服务站和打造5分钟便民服务圈等方式，把社区服务延伸到楼宇庭院和居民家庭；通过社区信息化建设，建立常驻人口信息库和流动人口信息库，实现办公自动化，管理规范化，服务人性化。

（2）城乡联网，创新基层组织设置。其一、以“双百帮扶”、“干部农村挂职”等特色实践活动为基础，确定“以大带小、以强带弱、以富带贫、条块互补、城乡互助、共同进步”的新思路。其二、结合地情，设置新的基层党组织。通过产业化龙头企业，建立产业型党组织（18个）和协会型党组织（14个）；通过“小村并大村、强村带弱村、产业联建村”的方法，对中南部空壳村、萎缩村党组织整合撤并，在乡镇建立联合型党组织。仅太和寨、万镇、花石崖、解家堡4乡镇（办事处）就建立联合型党支部26个。

（3）城乡联选，创新农村干部选任机制。实施能人富村工程，打破城乡、村际、行业、身份界限，扩大选人视野，着力培育“双带型”（带头致富、带领群众共同致富）农村干部队伍，开展“双培”活动（党员培养成致富能手，致富能手培养成党员）。2008年以来，积极倡导、大力推进能人富人返村任职（致富返乡团）活动，拓宽农村干部的选任渠道。截止2011年底，共有260多名企业家和经济能人担任村两委主要领导，涌现了一批“双带”先进典型。培育出了王建国、折忠诚等一批“双培”先进典型。2012年换届选举中，有597名企业家和致富能手当选“两委”班子成员。同时实施大学生村官工程，培养农村党组织和村组织新力量。

（4）城乡联管，创新流动党员管理新形式。其一、创设独特的“流动党支部”，服务流动党员和流动人口。2008年，在充分调研的基础上，摸清农民流出党员3839人，占农民党员总数的41%，外出务工人口达到20万，县城与乡村之间流动人口达到10万多人，针对这一严峻情况，及时提出推动农村党建由本土向流动区域延伸，在县城设立以流出地乡镇为单元，建立“流动党支部”和“党总支”，负责本乡镇流动人口的管理和教育等，并在城市建立农村党组织。截止2010（至2011）年底，中南部10个乡镇，其中9个建立了“流动党总支”，设置48个“流动党支部”。对县内的流动党员较多的乡镇，流动党支部和党总支在城市建起“农村根据地”，负责本乡镇的管理与服务。而且对外县流入的党员，按照工作、居住情况分别管理，流入城区的，纳入社区流动党支部管理，流入矿区的，纳入矿区乡镇所在地的流动党支部管理。流动党支部的管理与服务对象，不仅包括流动党员，而且包括其他流动人口。其二、在管理理念方面，寓管理于服务之中，并将管理转变为多种服务，服务内容包括户口办理、计划生育、政策咨询、劳务培训、招商引资、意见征询、便民维权等10多项。通过建立党员学习、管理制度和开展“组织找党员、党员找组织、党员找党员”的“三找”活动，使“流动党支部”成为流动党员之家，增强了流动党员的组织归属感，做到了流动不流失，离村不离党和组织在身旁的基层组织管理创新。

（5）城乡联抓，创新互帮互助机制。其一、充分利用党政机关、企事业单位、城市社区和非公有制经济组织在资金、人才、技术等方面的优势资源，帮助和带动农村发展，实现以工哺农、以城带乡、城乡协调发展，不断拓宽党建工作领域，形成城市党建工作和农村党建工作协调并进、共同发展、互帮互助的大党建工作格局。其二、结合特色化“双百帮扶”工程和特色化“干部挂职”制度等，在资金、技术、人才、教育和基础设施建设等方面，帮助农村各项事业发展，使城乡党的组织呈现“同走致富路”，“共建连心桥”的互帮互助和共同发展的城乡党组织双赢局面。“双百帮扶”工程还促进了民营企业党的组织建设。

“五联五创”模式，是神木在推进城乡统筹和城乡一体化的背景下形成的，以流动党员党的建设为契机，以地域为划分的全部流动人口服务与管理的创新性实践的总结，它是融合农村党的建设与城市社区党的建设，包含流动人口的社会管理与服务的综合性模式。

3. 独特的“党企党群对接”模式

神木是煤炭富集区，在大开发、大建设的过程中，矛盾纠纷不可避免，但最核心的问题就是村矿关系，因为煤炭开发首先涉及到国家资源所有权与开发权、受益权、以及环境破坏的补偿问题等等。如果出现处理不当，甚至失误，就极有可能导致或演变为十分严重的社会问题。在共建村矿和谐的实践中，形成了独具特色的党企党群对接模式。这是神木村矿和谐大模式中的党的建设模式。

一是党企对接。其主要是建立村党支部书记担任驻地煤矿企业党支部书记职务，两委会成员担任煤矿民调副矿长的制度，形成“村企”共建党组织的特殊形式，并做到组织机构完备、运行机制顺畅、章程和监管办法细致，从而切实发挥作用，能够解决实际问题。这种对接的特点是基层党组织与企业党组织的“联合”和“混合”。成立村企联合的党组织，显示了党组织统领、协调的新型村企关系。在这个意义上说，它的意义超越了“企业帮扶农村”的形式，而在村矿和谐关系中具有举足轻重的地位。截至2011年底，共建立了135个地方煤矿与村级党支部，全部派驻民调副矿长，实现了矿区农村、企业的全覆盖。

各镇（办事处）纷纷在城区设立流动党支部方便群众办事

二是党群对接。其主要是实行县级领导包乡镇、包案的“两包”制度和每周定期大接访制度。并与广纳民谏，集中民智的长效机制与县委书记、县长热线相衔接。这种对接的特点在于，充分利用县、乡党政资源和神木独特的民主，畅通党群、政群联系的机制，快速而高效发现问题和纠纷，并找出解决办法。

“党企党群对接”模式在普遍意义上包括“村矿和谐”模式中的“共建、共享、共治”的理念，以及“政府引导到位，企业社会责任到位，群众信赖支持到位”的方法，并与村企对接（双百帮扶），上级、地方政府、村民与企业家意愿对接（统筹城乡或城乡一体发展）相协调。同时具有特殊性的意义，既它是四个对接中最为核心的“对接”，是村矿和谐关系的基石，也是矿区党的建设的创新性成果。

如果把“五联五创”模式与“党企党群对接”模式加以比较，就可以清晰地看到，前者因重点解决农村流出党员问题而将党的建设延伸到城市，并建立相关的组织机构，而后者则因重点解决矿区开发而产生的村矿关系，整合村、企党组织资源为一体。如果在统筹城乡的大背景下，这两个模式可在不同重点推进城乡发展，完全有理由将二者统称为神木“城乡党建模式”。

总之，神木县基层党建坚持乡镇以“升级晋档、科学发展”活动为载体，激发农村经济发展内在动力和争先进位意识。街道社区以“创文明社区，建和谐家园”为载体，着力构建城市社区党建工作新格局。尤其是他们开创的村企共建基层党组织的实践举措，开辟了一条市场经济条件下基层党组织建设的崭新道路。

三、五个神木建设中的共产党员

神木之所以在践行科学发展观活动中取得如此辉煌成就，不仅在于有一个心系民众、敢闯敢干、奋力开拓、与时俱进的县委领导班子，有一批为群众利益克难攻坚的先进基层党组织，而且在于涌现出一批批为神木人民遮风挡雨、冲锋在前、甘于奉献的优秀共产党员。这些神木共产党员是当代神木社会铸就的新型英雄群体，是践行科学发展观的先行者，是神木人民心中的楷模。

（一）氯碱航母的缔造者王凤君

“我爱你哟，陕北，那山，那水，那百姓。我爱你哟，陕北，那男，那女，那情怀。我爱你哟，陕北，那天，那地，那自然……”。只有怀有真情实感，才能写出感人的诗篇。“只有初恋般的热情和宗教般的意志，人才有可能成就某种事业。（作家路遥语）”这是神木共产党员北元集团总经理王凤君的诗句，也是他真情的袒露。他用满满的赤诚为做大做强氯碱项目而不懈奋斗，用一腔热血铸就着中国氯碱航母，使神府煤田腹地一个名不见经传的小企业经过短短几年发展成为省内外化工行业的一颗耀眼明星。他把勤奋工作当作自己最大的热情，把倾心延伸煤盐产业链条、打造全国一流盐化工企业作为自己坚定的信仰，在探索与实践中走出了一条“文化北元、人才北元、创新北元”的发展建设之路，打造了一种全新的企业发展模式，为企业后续发展注入了不竭的动力。

王凤君

几年来，他所领导的公司取得了社会各界多项荣誉。“北元”牌聚氯乙烯被评为陕西省名牌产品，北元商标被评为陕西省著名商标。他也曾先后获得多项殊荣。1983 年参与编写的《神木畜牧业、综合农业区划报告》获省政府农业类报告一等奖；1999—2002 连续 4 年被评为神府经济开发区先进个人；2003 年被陕西省政府评为诚信个人；2004 年被评为神府经济开发区建区十周年先进个人；2005 年，被评为“榆林市非公有制首届优秀民营企业家”，并当选榆林市第二届政协委员会委员；2006 年被评为“中国石油化工优秀民营企业家”、“榆林市建设有中国特色的社会主义建设者”；2008 年被评为“陕西省建设有中国特色的社会主义建设者”等。

成功与荣誉的背后凝聚着他辛勤的汗水和无私的奉献。身为一名企业管理者，他始终用特有的严谨和坚韧的精神感染着身边的每一位员工，带领他的团队一步一个脚印地向前迈进。

（二）中国兰炭技术创新的领头雁尚文智

十年磨一剑，滴水能穿石。凭着立志兰炭事业的坚定信念，不畏艰险潜心钻研，风雨兼程，唱响了生命的赞歌。他就是现任神木县三江煤化工有限责任公司董事长兼总经理的尚文智。

崛起，并非一朝一夕自然天成，而是经过诸多磨砺才脱颖而出。作为民营企业家，在常人想来从事前沿科技的研究是不可思议的，而尚文智却是这样一个执着的人，他为了一个坚定的信念，用尽全部心智，凝聚一切力量，去攻克那座神秘的堡垒。

一分耕耘一分收获。尚文智率领他的科研团队，经过十多年的风雨兼程取得了一系列科研成果，申报了28项国家专利，25项获得授权。先后承担了国家科技支撑计划项目和陕西省重大科技统筹项目的研究课题，完成了陕西省科技攻关项目、陕西省重大科技项目、陕西省重大科技创新项目、榆林市重大科技项目、榆林市“61211”工程项目等若干科研任务，其中“洁净兰炭生产与资源综合利用成套技术及装备”研究课题获2009年陕西省科学技术一等奖。

尚文智

在通过科技研发，为企业创造价值的同时，他将拥有的技术毫无保留地奉献给社会。同时，他还积极参与当地促进就业、教育、文化等社会公益福利事业等。为下岗职工、农民工、残疾人、复转军人提供就业机会；先后资助20多名困难学生，费用达30多万元，投资当地文化设施建设20余万元；积极参与神木县“双百帮扶”活动，投资52万元为任家伙场村修路5公里、红砂石梁村建桥一座；先后投资889万元在活力害兔完成6000多亩沙地樟子松造林；他及所属企业共捐资“民生慈善基金”4000万元等。他的这些义举受到了县委、县政府多次表彰奖励，也得到了社会的广泛好评，而他却谦虚地说："金杯银杯不如老百姓的口碑。"朴实的语言透露出他将一如既往地勇敢承担起自己肩上沉甸甸的社会责任。

（三）人文神木的忠实实践者訾宏亮

笔耕不辍，润物无声。他们以人化文，以文化人，是神木大地上熠熠发光的精神贵族。鲁迅曾说："精神贵族，是民族的脊梁。"他们是社会思想的领导力量，代表社会文化的最高水平。在神木精神贵族中有一位杰出的代表，他就是现任神木县文联主席、中国作家协会会员、陕西省作家协会理事、陕西省作家协会青年文学委员会委员、榆林市作家协会副主席的訾宏亮。他有一个响亮的名字：塞北（笔名），他被誉为神木"文化沙漠的绿化树"。

数十年来，怀着对生活、对自然、对人民深沉的爱，他以笔作犁，于游牧文化与农耕文化的交融地带开掘耕耘，把个人的艺术追求融入到时代进步的洪流中，以充沛的精力，生动的笔触、优美的旋律、感人的形象，反映神木伟大的实践、讴歌神木取得的业绩、创作出了许多富有时代精神、反映人民心声的精品力作。至今已出版各类文集8册，主编各类文集10余部，发表作品达200余万字，获奖50余次。他的中篇小说《魏延悲歌》曾获"大红鹰杯"全国文学大赛二等奖和内蒙古"草原文学奖"，添补了榆林市中长篇小说获奖史的空白。中篇散文《一浪一浪的恐惧与愤懑》荣获《中国作家》第四届金秋笔会二等奖，他也因此被人们誉为"文化沙漠的绿化树"。

在搞好自身创作的同时，他愿意花更多的时间和精力，致力于文学艺术活动的组织和人才的举荐工作，成为人文神木建设的奠基者和推动者。他先后主编了文学报《驼峰》、反映神木改革开放的报告文学集《高原马蹄声》、《塞上雄风》、《沸腾的高原》、《腾飞的翅膀》，主编了《神木文艺丛书》小说卷、散文卷、新诗卷、诗词卷、《神木》杂志等。与此同时，在他等人的大力举荐下，神木先后有20余人加入了陕西省作家协会，10余人加入了陕西省音乐家协会，20余人加入了陕西省美术家协会、书法家协会和戏剧家协会等。他还发起并组织了"榆林地区首届卡拉OK歌手大赛"、"榆林地区散文大赛"、"98红碱淖笔会"等30余次大型文学艺术活动，受到人们的肯定和赞赏。先后被陕西省文联授予"德艺双馨的优秀文艺家"称号；被评定为"榆林市有突出贡献的拔尖人才"。在他和同事们的共同努力下，神木的文学艺术事业成绩斐然。

想群众之所想，急群众之所急。他深知作为一名人大代表和政协委员的使命，在任市人大代表和县政协委员期间，他总能抓住老百姓最迫切需要解决的问题提出议案和建议，大多数得到县委、县政府的重视，予以实施。他提出的《在县城中心修建体育场馆的建议》、《关于尽快修通东山路的建议》等，均取得了百姓满意的效果。并多次获得“优秀政协委员”、“十佳政协委员”称号。他表示会始终保持一身正气，做人民大众的良知，做时代文明的使者。

訾宏亮

（四）大漠播绿使者张应龙

“通过近 10 年的治沙，我的人生观发生了很大变化，不是我改变了沙漠，而是沙漠改变了我。沙漠在我的努力下成为绿洲，就像我的孩子在我的呵护下健康成长，沙漠让我变得更加真实与纯洁，也给了我在以前的人生道路上从未体验过的快乐。治沙让我人生回归快乐。”这是现任神木县生态保护建设协会秘书长、县政协委员、中国治沙学会理事、榆林市长柄扁桃工程研究中心副主任、西北大学沙漠植物化学研究所副所长张应龙的肺腑之言，也是他生命足迹的真实映照。

张应龙（左一）

张应龙治沙，源于对家乡的热爱。他的家乡——神木，是荒漠化和沙化危害最为严重的地方之一。他始终认为："沙漠是有感情的，你对它友好，保护它、爱护它，它就会对你好，就可以利用它。反之，如果你破坏它，它就会报复你，危害你。"

他守着一个坚定信念，踏上了漫漫的治沙之路——这就是："人只要没有杂念，全身心地投入，没有什么事情是办不成的。"治沙工程投资大周期长，他的个人积蓄很快花光，于是卖掉县城房产继续投入治沙造林。10 年中累计投入个人资金 500 多万元。为此，他曾一贫如洗，家人及亲朋好友一度很不理解。他就问："你们认为我治沙对不对？"大家都说："那肯定是对的"，他说："既然对，就不要阻拦我，我要坚定地做下去。至少可以给他人留下一些经验。"

通过十年的艰苦努力，他及他的团队累计造林治沙面积 1.69 万公顷，成活率均达 85% 以上。他承包治理面积和造林成果，在全国造林大户中处于领先地位。治理区生态环境大为改观，植被覆盖率达到 60% 左右，局部小气候明显改善，野生动植物种群逐年增加，涵养水源能力大大提高，基本实现了"天蓝、沙绿、水清"。

张应龙用自己的实践，开创了一条社会和谐、科技支撑、生态循环、可持续发展的治沙新路。为此，他多次受到中、省、市、县和有关部门、社会团体的表彰奖励，获得全国绿化劳动模范、全国绿化奖章、三北防护林体系建设突出贡献者、陕西省防沙治沙先进个人、榆林市先进科技工作者等多项荣誉。同时得到社会的普遍赞誉。被评为“陕西省十大感动我的人”；被搜狐网提名为年度公益人物；被授予“黄河精神人物”奖等。

张应龙，像他的名字一样，应该是一条龙，一条在沙漠里永不停歇、艰难而坚定地向前爬行的龙。他用真情描绘神木美好的河山。在他的足下，洒下了滴滴汗水；在他的身后，留下了片片的绿色。

总之，神木之神奇不仅在于其经济发展的神奇，还在于那些为这片神奇土地燃烧自己，把光和热献给了这片热土的优秀共产党员们，他们用自己的方式践行着科学发展观，诠释着对党的忠诚，对这片生他养他的神木大地与人民无比的热爱之情。他们就像一面旗帜，彰显着时代精神；他们像一座丰碑，蕴涵着无穷的力量。他们是神木的骄傲和自豪，是神木人文精神的浓缩和映照。在他们的身上，我们看到了神木的未来和希望。

四、神木县党建工作的基本经验与普遍意义

神木人把中国特色社会主义的执政党建设理论与其党建实践相结合，在不断创新神木化党建理论的同时，既着力于党的思想建设，组织建设和作风建设，又不断进行党的制度创新，形成了独具特色的神木党建模式。总结其经验，张扬其普遍意义，至关重要。

（一）神木县党建工作的基本经验

神木党建工作的基本经验在于，党建工作的突出化、系统化和科学化。

1. 党建工作的突出化。神木县委领导班子对党建工作高度重视，强调在神木县的进一步发展中，各级党组织和党员干部要切实增强忧患意识和危机意识，要大兴学习调研之风，以克服“本领恐慌”，要力尽工作落实之责、真抓实干，要树立德才兼备的用人导向、广开选贤纳士之门，要敢担风险、敢闯敢试，要团结一致、群策群力，要广纳民谏、集中民智，要清正为官、永葆廉洁高效之风，并积极推进与之相配套的各项制度建设。通过突出抓党建，全县各级党委的领导核心作用、基层党组织的战斗堡垒作用和共产党员的先锋模范作用得到充分发挥，从而切实推动了其他各项工作的顺利开展。

从基层党建来看，把党建放在突出位置带动其他各项工作的展开这一神木党建的特点同样体现的非常明显。比如随着近年来神木的快速发展，大量的本县农村党员和外地党员流入神木县城打工或长期定居，在这种情况下，神木县根据实际情况，加强了流动党员的管理服务。对本县内的流动动员，在城内流出党员较多的乡镇建立起48个流动党支部、党总支，负责本乡镇外出人口的管理教育等工作，在城市建起“农村根据地”。对于外地流入的党员，或纳入社区流动党支部管理，或纳入矿区乡镇所在地的流动党支部管理。流动党支部不局限于对流动党员的管理教育，而是将服务的对象扩大到整个流动人口当中，变单纯管理为多种服务、寓管理于服务之中。再比如针对煤炭资源开发建设过程中村与矿的矛盾纠纷问题，神木县探索建立了村党支部同时担任驻地煤矿企业党支部书记职务和两委会成员担任煤矿民调副矿长制度，通过党企对接、支部联建，将党支部的战斗堡垒作用最大化发挥，在构建和谐村矿关系领域走出了一条符合神木县情的道路。可以说，正是以党建为突破口、切入点和抓手，神木在应对各种问题、矛盾与挑战方面才能身处主动继而开拓创新。

2. 党建工作的系统化。党的建设作为一个有机整体，是一个系统工程。党的十七大确立了思想建设、组织建设、作风建设、制度建设和反腐倡廉建设“五位一体”的党的建设总体布局。神木的党建工作正是按照这一“五位一体”的总体布局系统展开的。这样一种系统的党建格局，为神木的发展提供了重要的支撑与保障。

在思想建设方面，神木积极推进马克思主义学习型党组织建设，制定出台了《神木县2008年至2012年干部培训教育计划》，抓好全县干部的教育培训工作的整体规划、宏观指导、协调服务和督促检查。创新培训内容及方式，整合各类培训资源，努力提高干部培训的科学化水平。搞好县级领导和组工干部榆林市干部教育培训网络学院学习，完成好省、市委组织部有关进修班、培训班学员选调工作。采取“走出去”和“请进来”的办法，依托国家干部学院和经济发达地区，继续举办乡镇、部门主要负责人专题培训班。继续开办“神木大讲堂”，邀请一批知名专家、学者来神木讲学。通过以上各项措施，神木全面加强各级领导班子和干部队伍的思想政治建设。在组织建设方面，一方面，神木始终坚持干部人事制度改革的正确方向，进一步完善各项规章制度：完善干部选拔使用初始提名权制度，严格遵守单位推荐、组织考察、会议研究、任前公示的用人程序；坚持标准条件，拓宽选人视野，加大竞争性选拔干部工作力度；坚持和完善从基层一线选拔干部制度；健全党政领导班子和领导干部考核评价体系；加大干部交流轮岗力度，健全干部交流机制；全面推行干部选拔任用工作“一报告两评议”制度。另一方面，做好抓基层打基础工作，夯实党执政的组织基础：全面推进和深化城乡联动抓党建工作机制；深入推进农村党组织“升级晋档、科学发展”活动；全面推进村矿和谐共建党组织工作；加强城市社区和各个领域党组织建设。在作风建设方面，神木县积极奉行党的群众路线，建立“广纳民谏、集中民智”的长效民主机制；大力推进创先争优活动深入开展；开展“五查四抓三降两禁止”活动，强化干部作风，着力打造风清气正、令行禁止的神木。在制度建设方面，坚持和贯彻党内民主，加快推进党代会、县委常委会、民主生活会、各部门重要会议的制度化建设，切实落实民主集中制原则。在反腐倡廉制度建设方面，坚持和完善谈话、函询、经济责任审计等制度，逐步完善监督机制，把干部监督贯穿于干部教育、考察考核、选拔任用、日常管理的各个环节；完善各类公开办事制度，让权力在阳光下运行；积极发挥党内监督、民主监督、行政监督、新闻媒体监督、社会舆论监督等方式在反腐倡廉建设中的作用，努力构建教育、制度和监督相结合的惩治和预防腐败体系。

神木党的“五大建设”紧密相关、相辅相成，统一于立党为公、执政为民，科学执政、开拓进取，廉洁自律、拒腐防变的神木党建理念，统一于神木党的建设科学化水平的提高，统一于神木的科学发展与光辉前景。

3．党建工作的科学化。以科学执政、开拓进取为基本理念之一，神木为适应自身科学发展不断提高党建的科学化水平。科学的指导思想、科学的施政理念、科学的发展思路、科学的制度建设、科学的方法路径，党建工作的科学化作为一条基本路径支撑，保证了神木党建工作的卓有成效。

神木经验的一条重要启示就是既要深入理解和透彻把握中央关于党建的重要思想论述与理论观点，同时又要结合本县实际，摸索本县改革发展各领域的规律与特点以及由此决定的党建工作的特点，并在此基础上科学地推进党的建设。换言之，神木党建不充分领会和深入理解中央关于党建的重要思想论述肯定不能做到工作的科学化，但即使理解了中央关于党建的重要思想论述和理论观点而不深入结合自身实际，形成符合自身发展实际的具体思路与制度对策，也无法最终做到党建工作的科学化。

通过深入的调研研究，通过“民主神木”的制度建设，神木县委领导班子对神木改革发展的规律与特点以及由此决定的党建工作的规律与特点有了更为清楚深刻的把握，创造性地推进了神木党建工作的科学化。比如针对城乡发展不平衡的现状，为加强农村基层党组织建设，在深入研究的基础上，神木县实行了五联五创的城乡联动抓党建活动：一是城乡联网，基层组织设置方式实现创新；二是城乡联动，党建工作思路实现创新；三是城乡联管，流动党员管理模式实现创新；四是城乡联建，农村干部选任机制实现创新；五是城乡联抓，基层组织互帮互助机制实现创新。五联五创的城乡联动模式是神木党建的一个亮点，可以说非常准确地诊断了神木城乡发展方面的矛盾与症结，弄通了问题，找到了规律，而这恰恰是以对现实情况的具体深入了解为前提的。

（二）神木党建模式的普遍意义与价值

1. 神木党建模式的创新意义

改革创新是当今中国的时代精神，党的建设同样需要以创新精神来推进。在以改革创新精神推进党的建设的进程中，很多地方与基层都进行了认真的探索、积累了丰富的经验。而神木党建正是以其鲜明的创新性和扎扎实实的成效，成为了地方党建中的典型与亮点。关于神木党建中的亮点，上文已多有提及，下面再着重从三个方面谈一下神木党建的创新之处。

神木党建模式的创新首先体现在大党建模式的确立。神木在推进党的建设的过程中认识到，抓党建不能就事论事，不能就党建抓党建，而必须切实确立大党建的理念与思路。这种大党建的创新思路与模式体现了现代党建的必然趋势。大党建的内涵之一，就是要围绕科学发展大局抓党建，努力把组织资源转化为经济资源，把党建优势转化为发展优势，把发展作为检验党建工作成效的标准，凝聚起推动科学发展的强大力量。经济的快速发展既可以证明党建工作的成效，也能够为党建工作的进一步开展搭建更为广阔的平台，提供更为充分的人力和物力支持。以这种大党建的理念为指导，神木县的党建工作主动融入科学发展大局，努力围绕发展配强班子、围绕发展考核干部、围绕发展培养党员、围绕发展用好人才，努力提高各级党组织的领导力、班子的公信力、党员的竞争力、干部的执行力、人才的推动力，立足自身实际创新方式方法，积极服务于全县改革发展稳定的大局。比如县委领导在中共神木县十六届四次全委（扩大）会议上曾对神木县党员领导干部提出五项要求：立腾飞之志、走创新之路、练实干之功、树团队之威、倡廉洁之风。这五项要求既是党的建设的重要内容，同时也是神木科学发展的必要条件。再比如 2011 年神木县委组织部出台“十项措施”促进“五个神木”建设，这十项措施都是党的建设方面的：集中精力抓好县乡党委换届、大力推进创先争优活动深入开展、全面加强各级领导班子和干部队伍的思想政治建设、推进干部人事制度改革、不断完善目标责任考核制度、全面推进和深化城乡联动抓党建工作、深入推进农村党组织“升级晋档、科学发展”活动、加强城市社区和各个领域党组织建设、切实加强对人才工作的宏观指导和协调、加强组织部门自身建设。这十项措施都积极推动了神木的科学发展。党的建设与科学发展的内在统一充分表明了神木围绕科学发展抓党建的大党建战略思维。

大党建的内涵之二，就是建设开放式党建。随着我国经济社会的不断发展，在很多情况下，党建工作已经不再是组织部门的私事，而是涉及的方方面面越来越多，就此而言，现在的党建格局就必须由原来的相对封闭转向开放。比如近年来，神木县成立了非公有制经济组织党的工作委员会，党工委成员分别由组织部、宣传部、乡企局、工商局、国税局、地税局、工商联、工会、团委、妇联、城建局、交通局等部门负责人担任，形成了由县委组织部牵头，各有关部门密切配合、齐抓共管的工作格局。

大党建的内涵之三，就是适应群众政治参与积极性的不断提高。现在的党建工作必须要更为注重群众的参与及作用，在党风廉政建设、干部任用、干部管理等各方面公开透明，充分保证权力在阳光下运行，只有这样，党建工作才能充满生机和活力，也才能更好地得到民众的支持。比如在干部的选拔任用方面，神木县充分落实群众对干部选拔任用的知情权、参与权、选择权和监督权，民主推荐、民主测评、考察预告、任前公示、任前廉政及基础理论知识成为干部选拔任用必经程序。

神木党建模式的创新性也体现在党的建设的不断科学化。在改革开放的新形势下加强党的建设，就必须从实际出发、与时俱进，根据现代政治文明的特点与要求，不断科学化党建的思路观念、制度机制与具体方法，改革原有党建模式中不科学、不完善之处，使之适应党建本身的新形势，尊重党建本身的发展规律，最终推进党建模式的现代化与规范化。只有这样，党建工作才能抓住自身发展中的深层次问题、关键环节和主要矛盾，才能增强有效性和前瞻性，更好服务于大局和全局。而神木党建工作的科学化恰恰体现了新的历史与时代形势下党建工作的现代化与党建模式从传统向现代的转换这一趋势。神木党建的科学化体现在立党为公、执政为民，科学执政、开拓进取，廉洁自律、拒腐防变的科学党建理念；体现在“六不”科学施政理念；体现在由“三型政府”到“五个神木”的科学发展思路；体现在“差额推荐、竞争入围、择优筛选”的干部人事制度以及“五个一体”的基层党建制度等各方面系统的科学制度建设；体现在运用信息与高科技的党建科学方法；体现在既深入理解和透彻把握中央关于党建的重要思想论述与理论观点，同时又结合本县实际，摸索本县改革发展各领域的规律与特点以及由此决定的党建工作的特点，并在此基础上推进党的建设。神木党建工作的科学化实际上是神木在新形势下推进党建工作的成功尝试与创新，其所包含的普遍理论与现实意义有待深入总结与挖掘。

神木党建模式的创新性还体现在高度关注民生，以民生为本。共产党必须以最广大人民群众的根本利益为价值追求和归宿。这个政治理念转化到神木的发展实际中，就是神木提出的“民生神木”思想。民生问题最直接，百姓关注度高，社会影响力大。神木党建把党员干部的执政思路与民生理念完全对接，奉行民生为本理念，打造现代民生经济，并将之视为一种全新的经济社会发展模式。从2005年提出创建“亲民型、阳光型。创新型”政府，到2010年出台“五个神木”战略，神木都把民生放在第一位。同时，在推进民生神木建设的实践中，神木还对民生经济的内涵、民生经济的理论和实践价值、县域经济就是民生经济等理论问题进行了深入的分析与阐释，观点颇富新意与启示性。不论是民生神木的理论还是实践，神木党建模式在这一方面的创新与尝试都具有普遍的价值与意义。

2．神木党建与神木路径的关系

提到神木路径，人们首先想起的一般是“五个神木”战略特别是民生经济的独特发展模式，而往往会相对忽视神木的党建模式。实际上，神木党建模式并不是外在于神木模式的另外一种模式，而是内含于神木模式之中，是神木模式重要的有机组成部分。党的建设在整个中国改革与发展中至关重要、作用关键。具体到神木而言，科学建党是神木腾飞的重要条件。如果没有卓有成效的党建工作，各级党组织的执政能力与领导水平迟迟得不到提升，党员干部的积极性、创造性与能量得不到充分发挥，神木的发展决不可能有今天的成就，更不会形成享誉全国的神木模式。具体而言，“五个神木”建设，哪一个也不能离开党的建设而进行，党的建设深深渗透于这“五个神木”的建设之中。正是在这个意义上讲，创新性的党建工作及由之形成的神木党建模式在整个神木路径的形成中发挥着基础性的推动全局的作用。

由于具体的经济社会发展战略与发展模式更易为人关注，而党建虽具有推动全局的作用但过于基础，所以人们在关注一个地方的发展模式时，往往只注意其经济、政治、文化、民生等具体方面，而相对容易忽视党建工作对于一个地方发展模式形成的意义。在解读神木路径时，人们也往往有这样一种误读与理解上的偏差。也就好比一座坚固的大厦，人们在欣赏其中景致的时候，往往忽略大厦的地基需要何等牢固。在这个意义上，人们在解读神木模式时，决不应将神木党建模式排除在外，而神木在阐述自身发展模式时，也应强调神木党建模式对于神木路径的内在性。

结束语：五个神木与四个文明

神木人秉承“六不理念”，在科学发展观理论的指导下，按照“五个神木”重大战略，与时俱进地创新他们的理论和生产生活关系，不断打造他们的生产生活世界，从而在创造出一系列奇迹的实践过程中，不断推动着神木县域物质文明、政治文明、精神文明和生态文明的良性发展。因此，考察五个神木与四个文明之间的内在关系，在较高视域阐明五个神木建设的科学内涵，对于彰扬神木经验和神木路径的普遍的理论及实践意义，是不可或缺的。

（一）五个神木建设本身就是四个文明建设。世界著名古人类学家摩尔根，根据人类生存资源的扩充和人类生存技术的改进状况，将人类社会划分为蒙昧、野蛮和文明三大时代，既表明文明是相对于蒙昧和野蛮而言，又表明文明是人类社会特有的社会生活发展形式及阶段，也表明有文字记载的历史乃是人类的文明史。而文明作为人类社会总体发展的特定阶段和特定形态，本身由不同地域、不同领域的文明所构成。就同一地域来看，社会文明则是由物质文明、政治文明、精神文明和生态文明所构成的。由于五个神木建设包含着经济、政治、文化、社会、生态和党建，因此我们说，在神木县域社会生活总体层次上，五个神木建设就是四个文明建设。

（二）五个神木建设推动着四个文明建设。首先在于，民生经济建设不仅直接是神木的物质文明建设，而且民生建设也包含着政治文明和精神文明建设的内容，这种包含集中表现在神木现代民生体系所包括的平安神木工程和文化建设工程方面，同时，不仅民生建设所包括的和谐社会建设也属于物质文明、政治文明和精神文明建设的重要内容，而且民生经济建设也是一种生态文明建设。这就是说，民生神木建设既是四个文明建设的重要基础，也是四个文明建设的重要内容。

其次在于，创新神木作为“五个神木”建设的灵魂和动力，在神木县域总体当然是四个文明建设的重要动力。因为创新作为创造，改革和革命，乃是人类实践的本质。人类社会的生成和发展就是人们在其实践活动中不断创新的结果，而创新具有全面性特征，是包括人类社会各个领域的全面创新。因此，创新神木建设既是神木四个文明建设的内容，也是四个文明建设的实践动力。

再次既在于，民主神木建设不仅直接是政治文明建设，而且经济民主和文化民主建设，也是物质文明和精神文明建设的内容。同时，政治生态建设乃是生态文明建设的内容。又在于，人文神木建设不仅直接是神木的精神文明建设，而且物质文化、政治文化和生态文化建设，又是物质文明、政治文明和生态文明建设的内容。还在于，生态神木建设，不仅直接是生态文明建设，而且经济生态、政治生态和文化生态建设，又分别是物质文明建设、政治文明建设和精神文明建设的构成部分。因此，民主神木、人文神木和生态神木建设，既是四个文明建设的内容和构成部分，又是四个文明建设的动力。

最后在于，党的建设，不仅是民主神木建设的主导性内容，而且是人文神木建设的主导性内容。党的政治和组织建设，属于民主神木建设，党的思想和作风建设与人文神木建设相关。因此，神木的党建，当然是四个文明建设的关键和主导性动力。

由此可见，五个神木建设既是四个文明建设的直接内容，又是四个文明建设的动力。既然如此，“五个神木”建设推动着四个文明建设，就是必然的。

如果我们从党的四个文明概念的形成和四个文明建设任务提出的过程来考察，就会看到，五个神木与四个文明之间所具有的内在联系。在改革开放初期，邓小平提出了物质文明建设和精神文明建设两手都要抓，两手都要硬的理论。以江泽民同志为核心的党的第三代领导集体，在党的第十六次全国代表大会报告中，提出了政治文明概念，并把政治文明建设同物质文明建设和精神文明建设一起，作为全面建设小康社会的重要任务。以胡锦涛同志为总书记的中央领导集体，在党的第十七次全国代表大会报告中，提出了生态文明概念，并把建设生态文明与建设物质文明、政治文明、精神文明建设一起，作为贯彻科学发展观的重要内容。也就是说，四个文明建设，由胡锦涛第一次提出，是科学发展观理论的组成部分，是贯彻科学发展观的组成部分。而神木人在把科学发展观理论同其县域经济社会实践相结合的过程中，自然包含着把四个文明建设理论同其县域实践相结合的客观内容。因此，五个神木理论作为科学发展观理论的神木化形态，也自然包含着四个文明理论的神木化内容，并与其融为一体。所以，五个神木大战略既包含着四个文明建设的内容，或者说它本身就是四个文明建设，又是四个文明建设的动力。五个神木建设推动着神木的四个文明建设。

如果我们从当代人类社会生活的本质及规律视域来考察五个神木与四个文明的关系，就不难看出，一方面，五个神木建设作为神木人践行科学发展观的重大战略，本质上是神木和谐生产生活关系的构建。这种和谐社会生活关系的不断构建，在神木县域层次彰显着当代人类社会发展的实践规律。一方面，当代四个文明建设作为人类文明的崭新阶段和崭新形态，在本质上当然是人类社会的和谐发展，是在不断拓展包容性增长的良性关系中构建和谐世界。因此，和谐生产生活关系的不断构建，在神木县域总体，既是五个神木建设的实践规律，又是四个文明建设的实践规律。

总括而论，神木人在科学发展观理论指导下，不断创新他们的生产生活关系，他们所取得的一系列理论成果和实践业绩，乃是他们建设四个文明的辉煌成就和业绩。我们确信，神木人按照他们的“六不理念”，在其五个神木理论的直接指导下，通过不断的理论和实践创新，通过不断构建和谐神木，必将不断实现其幸福神木的共同理想，沿着从有限幸福到无限幸福的科学道路勇往直前，不断开辟他们幸福生活的新天地。

后　记

《中国县域科学发展研究——神木的创新路径》一书，由陕西省社会科学院中国特色社会主义理论体系研究中心和神木县委县政府共同组织调研和撰写。作为双方合作、共同完成的实证性理论性研究成果，既是前者所进行的《科学发展观在陕西》重大研究工程的内容之一，又是后者所进行的人文神木建设的重要理论成果。

该书的研究和写作具有以下特点：（1）研究内容的总体性、系统性、全面性和多学科性。涉及到经济、政治、文化、社会、生态及党建的各个领域。（2）专家团队人员构成的跨行业、跨学科、跨地域性。既有社会科学院系统的专家，又有中央省市各层次专家；既有高等院校的专家，又有榆林市委宣传部门和神木县委县政府的研究人员；既有陕西省内的专家，又有北京、上海、福建等省的专家。（3）成果既具有展示成就和业绩，总结和推广神木经验的宣传性，又具有实证性理论研究和学习借鉴及指导实践的科学性。其集可读性、实践性和科学性于一体，既是学习和宣传材料，又是科学研究性文本。

该书各专题及作者如下：

总论，（陕西省社会科学院中国特色社会主义理论研究中心副主任权文荣）；

第一篇 县域经济就是民生经济

第一、二、三、六专题（陕西省委党校教授刘旨贤）；第四、七专题（上海社会科学院研究员杨宇立）；第五专题（陕西省社会科学院中特中心贾轶博士）。

第二篇 五个神木重大战略

民生神木：第一、五专题（西北政法大学教授刘进田）；第二专题，第三专题之（一）、（二）题（陕西省社会科学院中特研究中心研究员杨梦丹）；第三专题之（三）、（四）、（五）题（陕西省社会科学院中特中心副研究员段丽娜）；第三专题之六题（郭海峰）；第三专题之（七）题，第四专题（渭南市委党校教授宋筱改）。

创新神木：第一、二专题，第四专题之（一）题（陕西省社会科学院中特中心副主任、研究员权文荣）；第四专题之（二）、（三）、（四）题（陕西省社会科学院中特中心研究员薛金慧）；第三专题之（一）题（许小龙），之（二）题（张金）；第四专题之（五）题（渭南市委党校教授宋筱改）。

民主神木：第一、二、三、四专题，第五专题之（一）、（二）、（四）题，第六专题之（一）题（陕西省社会科学院中特中心研究员白中伟）；第六专题之（二）、（三）题（陕西师大博士李权）；第五专题之（三）题（民革陕西省委管祥）；第七专题（高增力）。

人文神木：第一、三专题（陕西省社会科学院中特中心王晓勇博士）；第二、四专题（陕西省社会科学院中特中心王晓洁博士）。

生态神木：第一、二、三、四专题（福建社会科学院研究员全毅，陕西省社会科学院中特中心研究员王惠君）。

五个神木与幸福神木：（西北大学博士后李友广）。

第三篇 党的建设伟大工程

第一、四专题（中央党校教授李海青）；第二专题之（一）、（二）题（陕西省社会科学院中特中心研究员王惠君）；第二专题之（三）、（四）、（五）、（六）题，第三专题（榆林市委宣传部常生君）。

该书的撰写和研究，得到了陕西省社科院、上海市社科院、福建省社科院、中央党校、陕西省委党校、渭南市委党校，以及西北政法大学、陕西师范大学、西北大学、榆林市委宣传部和神木县杨家将文化研究会等单位和社会团体的大力支持，特别是著名经济学家何炼成老先生已 84 岁高龄，欣然为本书作序，在出版之时，一并表示诚挚感谢！

本书所采用的彩色及黑白照片，来自新华社资深记者陶明先生、中共神木县委宣传部副部长刘生强同志及《神木报》、《神木新闻网》的各位摄影记者，在此表示特别感谢！

图书在版编目（CIP）数据

中国县域科学发展研究：神木的创新路径/权文荣 主编.
-北京：人民出版社，2012
ISBN 978-7-01-011090-5
Ⅰ.①中… Ⅱ.①权… Ⅲ.①社会主义建设模式—研究
—神木县 Ⅳ.①D674.14

中国版本图书馆 CIP 数据核字（2012）第 170416 号

书　　名	中国县域科学发展研究
主　　编	权文荣
出　　版	人民出版社
发　　行	人民出版社发行部
地　　址	北京朝阳门内大街 166 号
经　　销	全国新华书店
责任编辑	娜　拉
印　　刷	西安市佳伟设计印务有限公司
开　　本	787×1092　1/16
字　　数	422 千字
印　　张	25 张
印　　数	0001-4000
版　　次	2012 年 9 月第 1 版第 1 次印刷
书　　号	ISBN 978-7-01-011090-5
定　　价	96.00 元